「関係概念」に基づく古典教育の研究

――古典教育活性化のための基礎論として――

渡辺 春美

溪水社

まえがき
―私の古典教育研究略史―

私の国語教育学研究は、高等学校における国語科授業活性化の探究に始まった。その契機になったのは、創造性に欠けた、文学教材の表現をなぞる私の授業に対して投げかけられた生徒の不満の声であった。1986（昭和61）年のことである。高等学校の教職に就いて10年を経ていながら、生徒を惹きつけ、深く考えさせる授業ができないことが情けなかった。当時私は、文学に関心を持ち、その研究を進めようとしていたが、これを機に生き生きとした授業づくりを正面に据えて、授業の改善に取り組まねばならないと考えた。私は、授業の改善を、①自らの授業の実際を記録をもとに考察し、②実践上の課題を見い出し、③課題解決のための工夫を授業で試み、④その有効性を検証するとともに、⑤新たな実践上の課題を得て、⑥さらなる工夫を行い実践する、ということの繰り返しによって進めていった。授業の活性化の研究を進めていくにつれて、「実践即研究」という言葉がしだいに実感されていった。

目指すべき活性化された授業の姿は、授業改善に取り組む中で次第に形を整えていった。すなわち、活性化された国語の授業とは、一つには、学習者が主体的に参加し、生き生きと取り組む中で、何事かを発見し、認識（感動）を深め、充実感、達成感を得ることのできる授業である。また一つには、一連の学習の過程で、将来にわたって言葉をとおして豊かに生きるための、話すこと・聞くこと・書くこと・読むこと、および言語事項に関わる国語の力を身につけ、一人の学び手として育っていくことのできる授業である。この後者の観点によって、つけるべき国語の力の体系化を意識することになった。このような授業を構築することが、容易なことではないこともまた実感された。結局のところ、活性化の研究を進めるにあたっては、授業改善への思いを強く持しつつ、先行の理論と実践に謙虚に学び、創意工夫して授業を試み、省察を加える営みの集積によってのみ可能となることが理解された。

研究の当初は、文学教材の授業の活性化に取り組んだ。1988（昭和63）年４月からは、文学教材の授業活性化の方法を生かし、古典（古文）教材の授業活性化も進めていった。文学教材の授業活性化を求める実践研究に関する報告は、『国語科授業活性化の探究—文学教材を中心に—』（1993年8月　溪水社）に、また、古典（古文）の授業活性化に取り組んだ報告は、『国語科授業活性化の探究Ⅱ—古典（古文）教材を中心に—』（1998年8月　溪水社）に、さらに表現指導にかかわる活性化の報告は、『国語科授業活性化の探究Ⅲ—表現指導を中心に—』（2002年3月　溪水社）にまとめて刊行した。

私は、文学教材の授業活性化を求める中で、文学とその読みを、次のように考えた。文学は像であり、像は作品（テクスト）と学習者との交流の中で、学習者個々の中に現れ、像は学習者によって意味づけられる。作品は、学習者に像を喚起し、創造的意味づけ・価値づけを求める。学習者は作品に主体的にかかわり、作品に促され、像を結び、意味づける。このような、作品と学習者との交流の過程に文学は立ち現れる。この文学観は、古典においても変わらないと考えた。この文学観は、後に「関係概念」としての古典観に結びつくことになった。

授業の活性化への実践的取組みを継続していた私は、次第に先行の理論と実践に深く学ぶ必要を感じるようになった。そのような折、私の勤務していた大阪府にも現職教員の大学院派遣の制度が発足した。幸いに1992（平成4）年４月、鳴門教育大学大学院に学ぶ機会を得ることができた。

大学院では、古典教育の理論を史的に研究した。時枝誠記と荒木繁の古典教育を中心とした研究であった。時枝誠記の古典教育観は、言語過程説と歴史観を基礎としている。古典の価値を永遠性や現代性に置かず、ある時代に多くの読者を獲得したことに置く点で独自であり、古典の相対化に目を開くものであった。荒木繁の古典観は、時代の現実とたたかったヒューマニズムに基づくものであり、古典教育は、生活から、あるいは文学から喚起された問題意識を学びの推進力とし、文学経験をとおして学習者を歴史的主体として育成しようとするところに特色がある。その文学経験とは、作品と読者主体との火花の散るような交流現象であり、その中で読者主体の内部には何らかの認識的価値的変革が起こるとされた。荒木繁の古典教育の構造は、問題意識を軸とする主題単元学習に重なるものである。この交流現象と主体の変容のメカニズムの解明は、後に古典の内化の問題として追究することになった。

荒木繁の古典教育論の追究は、西尾実、益田勝実の古典教育にもかかわって展開した。大学院を了えた私は、実践研究の継続とともに、新たに益田勝実の古典教育論の史的研究を進めることにした。益田勝実は古典を、言葉の契機を通し、文学として機能させることで、現代を生き抜き、未来を開拓するエネルギーを得る時に出現する「関係概念」とした。益田勝実も問題意識に基づく古典の読みによる文学経験を重視し、文学経験をもたらす古典の言葉を微視の眼と巨視の眼から自覚させる指導過程を具体的に構想した。新教材の発掘も精力的に行っている。益田勝実の「関係概念」としての古典観は、私の古典教育の基盤をなすものとなった。

今日においてもなお、古典を優れた典型、範型であるとする「典型概念」としての古典観に基づく古典教育が行われている。しかし、この「典型概念」に基づく古典教育は、先験的に古典の普遍的価値を認めるために、教え込みに陥る傾向がある。それが、生き生きと想像し、それを意味づけ、価値づけるべき、主体的な古典の読みを損なっていると考えられた。古典の授業活性化のためにも、「関係概念」としての古典観に基づく古典教育が必要であると考えた。時枝誠記・荒木繁・益田勝実のの三者の古典教育論は、後に『戦後古典教育論の研究―時枝誠記・荒木繁・益田勝実の三氏を中心に―』(2005年3月　溪水社)として刊行した。古典教育論の研究の対象は、さらに西尾実・増淵恒吉・西郷竹彦の古典教育論に広がっていった。

加えて戦後の古典教育の内実を把握するために古典教育実践史の研究にも取り組んでいった。茫漠として見えた戦後古典教育実践も、古典教育課程史、古典教育論史に重ねて考察していくにつれて、①学習者の定位と古典教育の方法の追究期（1945～1950年代）、②学習者を主体とする古典教育方法の追究期（1960年代）、③同古典教育の創成期（1970年代）、④同古典教育の展開期（1980～90年代）、⑤同古典教育の発展期（2000年代～）と展開していく過程が看て取れるようになった。「典型概念」から「関係概念」に基づく古典教育論の展開は1960年代に現れ、その実践の展開は、「④」の学習者を主体とする古典教育の展開期の1980年代に始まり、後者に次第に比重を移していると仮説的に考えている。古典教育実践史の研究は、高等学校の実践史を保留し、『戦後における中学校古典学習指導の考究』（2007年3月　溪水社）にまとめることができた。

本書にまとめた研究は、以上の古典教育研究を中心とした私の国語教育学研究の発展として位置づくものである。本書は、古典教育の活性化を求め、高等学校における古典教育を新たに構想することを目的としている。そのために、これまでの研究の成果を生かし、①「関係概念」としての古典観に基づく古典教育、②主体的な読みと古典の内化、③古典教材の開発・編成、④古典を読む力の措定、⑤古典教育実践史、ならびに、⑥カリキュラムの編成と古典教育の構想について具体的に考究し、まとめたものである。

高等学校教育課程実施状況調査等の各種調査によれば、古典の学習に対して否定的に回答した生徒は7割を超えている。古典の学習が文化の継承と発展にかかわることを考えれば、高等学校における古典教育の課題は切実である。益田勝実は、かつて「古典文学を学ばねばならない若者たちの不幸と、古典文学が学べる若者たちの幸福の関係を、私たちはどう考えるべきだろうか。」と述べた。本書が古典の授業の豊かな活性化につながり、「古典文学を学べる若者たちの幸福」に寄与できれば、この上なくうれしいことである。

2017年12月24日

渡辺　春美

目　次

「関係概念」に基づく古典教育の研究

―古典教育活性化のための基礎論として―

序　章　研究の目的と方法

第1節　研究の目的

第1項　研究の目的

1　問題の所在

高等学校における古典（古典古文を意味する。以下同じ。）の授業に対して興味・関心を持たない学習者が増加し、古典離れ、古典嫌いに至っているという実態の報告は、戦後の早い時期からなされていた*1。古典の学習が、学習者の生活と精神を相対化し、認識を新たにするとともに、文化の継承と発展にかかわることを考えれば、古典教育の改善は、国語教育に携わる者の切実な課題の一つである。

この課題に応え、古典教育の現状を根底から改善するためには、古典観そのものをとらえ直すことが必要になってくる。今日、変化が見られるとはいうものの、古典を優れた典型、範型であるとする「典型概念」としての古典観に基づく古典教育がなお広く行われている。このような古典観に立つ時、古典教育は、典型、範型としての古典を学習者に教え与えることになりがちであった。学習者の問題意識によってとらえた創造的な読みは、しばしば恣意的な、幼い読み、誤った読みとして排除された。結果として、読みの内実としての〈古典〉*2は、多くの学習者によって内化*3されることなく、遠い存在になっていった。

一方、古典を典型ととらえる古典観に対し、「関係概念」としてとらえる古典観がある。古典作品を読み手が読み、意味づけ、何らかの価値を発見した時に、すなわち、読み手が創造的に古典との間に価値ある関係性を持った時、初めて古典は読み手の中に生きることになる。ここに「関係概念」としての古典観を見い出すことができる。

「関係概念」としての古典観に基づくとき、学び手としての学習者は、授業の中で、知識を与えられるままに受け入れる存在ではなく、古典との対話を通して、創造的に読み、新たな価値を発見する主体的な学習者として位置づけられなければならない。古典との関係性は、主体的な学習者による創造的な読みによって可能となる。

学習者が古典教材との関係性を築くためには、学習者が向き合い、読み深め、価値を創造することの可能な教材が開発・選定・編成されねばならない。学習者の実体に配慮し、学習者の興味・関心・問題意識に応え、また、「生命と生き方への根源的な問い」*4 に向き合い、深く思考する可能性を持つ教材が求められねばならない*5。

古典の授業は、生活の中で、あるいは古典に向き合う中で生起した興味・関心・問題意識*6 を軸とし、基本（一斉学習）→応用（班別学習）→発展（個別学習）とする段階的指導過程に基づいて構想したい。基本学習において興味・関心・問題意識の喚起とともに、学び方を学び、それを応用して班別による学習者の交流を取り入れた主体的な言語活動*7 に基づく創造的読みに展開する。さらに、まとめとしての発表を行い、その後、基本・応用をとおして身につけた学び方を活用し、個々に創造的な読みを行う。その間、興味・関心、問題意識が学びの軸となり、学びの推進力となるような指導過程を取り入れる。そのような学習指導によって、古典の内化も可能になると考える。

古典教育は、学校教育の期間になされるが、その目指すところは、文化としての古典に生涯にわたって親しみ、読むことをとおして豊かに生きることである。そのように古典教育を生涯教育の観点で考えるとき、学び方を身につけた学び手の育成が求められねばならないことになる。

2 「関係概念」としての古典観

本研究の基本概念である「関係概念」としての古典観を、「典型概念」

としての古典観と比較して以下に述べる。

(1)「典型概念」としての古典観

古典は、過去のある段階における完成的作品であり、時を超えて生きる永遠の書であり、後代文化の源泉、範型となり、あるいは後代に生きる者の人間形成に資するものであるとする考えがある*[8]。また、西尾実は、古典観について、「過去のある段階に於ける完成的作品であって、後代文化の源泉となり、範型となるもの」*[9]と述べている。この古典観を「典型概念」としての古典観と定義することにする。2009（平成21）年版高等学校学習指導要領（国語）における古典は、「長年にわたって伝えられ、現代においても、なおその価値を保っているもの」*[10]とされている。これは、1951年版以来、高等学校学習指導要領の基本的古典観であり、「典型概念」としての古典観である。

(2)「関係概念」としての古典観

益田勝実は、「古典は、ことばの契機を通し、文学として機能させることで、現代を生き抜き、未来を開拓するエネルギーを得る時出現する」とし、古典を「関係概念あるいは機能概念」*[11]とした。「関係概念」としての古典観は、読み手が古典を読み、意味づけ、価値を見い出すことをとおして古典との間に関係性が築かれた時、古典は初めて古典となるとする古典観である。古典は、学習者の積極的、主体的な読みによって個々の中に立ち上がり、意味づけられ、学習者の生活と精神を相対化し、認識、感動、示唆、指針、反省を新たにさせる。古典の価値は、先験的にあるのではなく、学習者の主体的な読みによって創造的に見い出される。このような古典観を「関係概念」としての古典観として定義することにする。

典型概念としての古典観、関係概念としての古典観に基づく古典教育の特色は、以下のとおりである。

	「典型概念」	「関係概念」
概念	典型概念	関係概念
特性	永遠性・規範性・価値性	関係性・機能性
意義	伝統の継承・発展、人間形成	現代の課題の克服、人間形成
解釈	正確な読み・価値の受容	構成的な読み・創造的価値発見

3　研究の目的

本論の研究目的を、以下に掲げる。

> 高等学校の古典教育を改善するために、「典型概念」としての古典観に替え、「関係概念」としての古典観に基づく古典教育の体系化を求めて、古典教育論を整え、カリキュラムを編成し、古典教育を構想することを目的とする。

そのために、以下の点について考究することを下位の目的とする。

(1)「関係概念」に基づく古典教育の可能性の追究

①「関係概念」としての古典観に基づく古典教育を追究する。

(2) 主体的な読みの追究

②学習者を主体的な読み手として位置づけるとともに、読みの学習指導過程を明らかにする。

③興味・関心、問題意識を学びの軸とし、内化に至る読みの過程・構造を明らかにする。

④主体性を重視した協働学習の方法を追究する。

(3) 教材の開発・編成

⑤学習者の興味・関心、問題意識に応じた古典教材の開発・編成の方法を追究し、教材化を行う。

(4) 古典を読む力の追究

⑥古典を読む力を措定する。

(5) カリキュラムの編成と古典教育の構想

⑦上記①～⑥に基づきカリキュラムを編成し、古典教育を構想する。

第２項　研究の意義

研究の意義は、次の点に認められる。

1　学習者の古典離れ、古典嫌いという現状を改善し、充実感とともに認識（感動）を深め、古典を読む力を育てる古典教育を構想しようとする点。〈古典教育の改善〉

2　従来、古典教育の中心であった「典型概念」としての古典観を転換し、「関係概念」としての古典観に基づいてカリキュラムを編成し、古典教育を構想しようとする点。〈新たな古典観に基づく古典教育の創造〉

3　学習者を授業の主体として位置づけ、問題意識を軸として主体的に学ぶ古典教育の方法を追究しようとする点。〈古典教育における主体的な学びの創造〉

4　〈古典〉の内化を促す古典教育を構想しようとする点。〈古典の受容と継承・発展のための内化の解明〉

5　「関係概念」としての古典観に基づき、古典を創造的に読む力を明確にし、学び方を身につけることのできる古典教育を構想しようとする点。〈古典を創造的に読む技能の措定〉

第２節　研究の課題と方法

第１項　研究の課題と方法

次の課題を設定して考究する。

1　古典観［研究課題①］

従来の「典型概念」としての古典観に対して「関係概念」としての古典観に基づく古典教育論を追究する。また、1990年代を中心とする「関係概念」に基づく古典教育を支える理論状況を把握し、古典教育の可能性について考察する。

2　古典教育観［研究課題②］

「関係概念」に基づく古典教育の基礎を研究する。すなわち、古典教育の目標、方法、読む力を明らかにする。ついで、創造的な読みの構造、さらに、内化の過程を解明する。

3　学習者の主体的な読みの過程［研究課題③］

古典を創造的に読み、〈古典〉を内化する古典教育を追究するために、古典教育における学習者の位置づけをとらえる。また、問題意識が学習者の主体性を喚起し、〈古典〉の内化を促すことを考察する。

4　教材の開発・選定・編成［研究課題④］

教材の開発・選定・編成は、学びの主体化に深くかかわっている。教材研究のあり方を史的に考察し、教材化の観点を把握することによって、古典教材の開発・選定・編成を行う。

5　指導法［研究課題⑤］

単元学習を主とする実践事例を参考にし「関係概念」に基づく古典教育の観点から考察し、指導方法を考察する。

6　「関係概念」に基づく古典教育の構想［研究課題⑥］

上記１〜５までの成果を生かし、高等学校３年間にわたる古典教育カリキュラムの開発、古典を読む力のカリキュラム化を行った上で、１〜３の各学年に１例ずつ、「古典教育の構想」を具体化する。

第２項　本書の概要

序章と結章を除く本論部は、次のように展開する。

第１章［研究課題①］では、古典教育論の展開を考察する。主要な６人の古典教育論を対象とし、「典型概念」としての古典観による古典教育と

「関係概念」としての古典観による古典教育論を比較考察する。また、「典型概念」から「関係概念」としての古典観への展開点として昭和40年代の古典教育論を対象として考察し、「典型概念」としての古典観に対し、「関係概念」としの古典観が台頭する時期として昭和40年代の動向をとらえる。さらに「関係概念」としての古典観をめぐる諸理論の平成年代初期の状況と、「関係概念」に基づく古典教育の可能性に言及する。

第２章［研究課題②］は、本論において、「関係概念」に基づく古典教育の基礎論として位置づけている。まず、益田勝実の目標観を検討し、「関係概念」に基づく古典教育の目標の設定を試みる。ついで、西尾実、増淵恒吉、藤原与一、竹村信治の古典を読む力を検討し、読解力、解釈力、批評力の３点から古典を読む力を措定する。また、益田勝実の授業構想に基づき、「関係概念」に基づく古典教育の方法を抽出する。次に、創造的な読みの構造をユーリア・エンゲストロームの「人間の活動の構造」論を基に究明する。さらに、内化の過程を「最近接発達領域の段階構造」（ユーリア・エンゲストローム）の論を応用して解明する。

第３章［研究課題③］では、「関係概念」に基づく古典教育を構想するために、古典教育において学習者がどのように位置づけられてきたかを史的に把握する。また、経験主義単元学習と主題単元学習の授業構造における学習者の定位に関して考察し、主体的学びの方法について考察を進める。そのための方法として問題意識に注目し、荒木繁の問題意識喚起の古典教育を再検討する。

第４章［研究課題④］では、まず、教材研究を史的に考察し、教材研究の観点と方法を把握する。ついで、古典教材開発・選定・編成の実際を概観し、学習者の認識を深め、古典との関係性を築くための教材開発・選定・編成の方法について考察する。

第５章では、加藤宏文・片桐啓恵・北川真一郎・牧本千雅子の古典教育実践事例を対象として考察・検討し、古典教育の有効な方法を把握し、古典教育実践に活用できるようにする。

第６章は、第２章の基礎論に、第３章の学習者論、第４章の教材論、第

5章の指導方法論を生かし、①「関係概念」としての古典観、②主体的な読み手としての学習者の位置づけ、③学習者の実体に応じた古典教材の開発・編成、④発展的指導過程、⑤古典の内化、⑥古典の学び手の育成、という点を踏まえた古典教育を構想する。第1～5章を受けて、カリキュラムを作成し、目指すべき古典教育の構想を各学年1例ずつ、計3例を構想として具体化する。

【注】

*1 平田與一郎「古典教材の位置」(『コトバ』2巻4号 1949年4月 国語文化学会 23頁)では、生徒の古典への興味の乏しさ、入学試験による「苦痛と恐怖」、古典に対する興味をそがれざるを得ない状況について述べられている。また、水田潤「古典教育論の構造」(『立命館文学』1959年5月 立命館大学人文学会 125頁)には、「古典文法のおしつけや注釋」によって「生徒たちは、古典学習に失望し、與えられる古典世界に背を向けている。」と指摘している。2005年度実施「高等学校教育課程実施状況調査」においては、古文72.6%、漢文71.2%が否定的に回答している。内藤一志は、「〈学校古典〉と〈受験古典〉の関係」(『月刊国語教育』1999年11月 東京法令出版 24頁)で、その背景に「受験古典」があることを指摘している。

*2 古典を読解、解釈した後、読みの内実として現象したものを〈古典〉とした。

*3 深田博己監修、宮谷真人・中条和光編著『認知・学習心理学』(2012年3月 ミネルヴァ書房 484頁)によれば、文章理解の研究において、理解の心内表象は、①表層的表象、②命題的テキストベース、③状況モデルの3水準に分けられ、文章をもとに読み手が状況モデルを能動的に構成する過程として把握されている。③の「状況モデル」は、命題的テキストベースと自分の既有知識とをもとに読み手が文章を読みこなしてつくり上げるメンタルモデルである。板東智子は、「大村はま単元『古典入門―古典に親しむ』の考察―学習者は古典世界をどのように内面化したか―」において、内面化を、第1段階 感覚的内面化―「古典に魅力を感じる。」、第2段階 活動による内面化―「古典作品の内容を理解する。登場人物に同化または異化する」、第3段階―「古典作品を自分に引きつけて読む、批判的に読む、古典学習をメタ認知する」としている(全国大学国語教育学会編『国語科教育研究 第115回福岡大会発表要旨集』2008年11月 208

頁参照)。本書では、古典の「内化」について２章で詳しく論じている。

*4　田中孝彦「今日の中学生の知的欲求」(『教育』49巻２号　1999年２月　国土社　12頁)

*5　竹村信治「附論　古典教室へ」(竹村信治『言述論—for 説話論集』2003年５月　笠間書院　575頁) に示されている。

*6　大谷信介編著『問題意識と社会学研究』(2004年３月　ミネルヴァ書房　4頁) によった。

*7　内田伸子は、『発達心理学』(1999年３月　岩波書店　6頁) において、「〈活動 (activity)〉は表に現れた行動を指しているのではなく、頭の中に生じる情報処理過程と外に現れた行動とをつなぐ概念として位置付けられている。活動は、歴史・文化的背景を背負った人との社会的やり取りの中で生じるものであり、内面化 (internalization) や外面化 (externalization) の過程を経て主体が変化発達していくものであると考えている。」としている。

*8　五味智英「古典教育について」(東京大学国語国文学会編『国語と国文学』28巻７号　1951年７月　至文堂)、宮崎健三「古典学習の意義と授業」(宮崎健三・野地潤家・石井茂編著『古典の教え方　物語・小説編』1972年５月　右文書院) 等に見える。

*9　西尾実「古典教材論」(『文学』第７巻第１号　1939年１月　岩波書店、所収『西尾実国語教育全集』第９巻　1976年５月　教育出版　435頁)

*10　文部科学省『高等学校学習指導要領解説　国語編』(2013年６月　教育出版　64頁)

*11　益田勝実「古典文学教育の場合」(解釈学会編『解釈』1976年５月　教育出版センター　16頁)

第１章　古典教育論の展開

―「典型概念」から「関係概念」に基づく古典教育へ―

戦後における古典教育論は、古典教育実践に直接、あるいは間接に影響を及ぼしつつ、また実践の成果を古典教育論の構築に反映させつつ展開された。戦後における古典教育の展開は、仮説的に「典型概念」に基づく授業者主導の古典教育から、「関係概念」に基づく学習者主体の古典教育への発展過程としてとらえることができる。仮説としての発展過程を「イメージ図」（【図1-1】）にすれば、上の通りである。

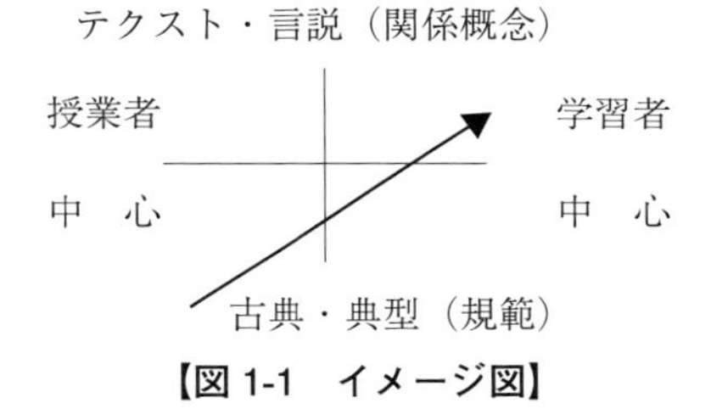

【図1-1　イメージ図】

以下、学習者主体の文学経験の成立を重視した西尾実、言語過程説に基づき、典型としての古典観を相対化した時枝誠記、経験主義単元学習に基づき発問・課題による自主的学習活動を求めた増淵恒吉、問題意識を古典の読みに機能させ、文学経験の成立を古典教育に求めた荒木繁、関係概念としての古典観に基づく古典教育を提起した益田勝実、文芸学による古典教育を追求した西郷竹彦の６人の古典教育論を取りあげて考察し、その特色を明らかにする。考察にあたっては、①「典型概念」に基づく古典教育論―増淵恒吉、②「典型概念」を相対化する古典教育論―西尾実・荒木繁、③「関係概念」に基づく古典教育論―益田勝実・西郷竹彦に分けて特色を把握することにする。また、それぞれの古典観をとらえ、「典型概念」としての古典観と「関係概念」としての古典観が併存しながらも、前者から後者へと展開しているのを昭和40年代の古典教育論を検証したい。さらに、平成年代初期（1989年～2000年）の「関係概念」に基づく古典教育を支える理論状況を概観し、「関係概念」としての古典観に基づく古典教育の可能性についても言及することにしたい。

第1節　「典型概念」に基づく古典教育論

第1項　読解重視の古典教育論―増淵恒吉の場合

増淵恒吉[*1]の教育・研究に関する業績の全体は、山本義美・世羅博昭の「増淵恒吉文献目録」[*2]によって知ることができる。田近洵一[*3]・田所寛行[*4]による研究によって増淵恒吉の国語教育の論と実践の特色を概観することもできる。田近洵一は、特色を「1　能力主義的国語教育観／2　要素的能力分析／3　厳密な教材研究／4　文体分析と言語感覚の重視／5　課題方式の開発／6　国語学習のための単元学習／7　学習者の実態および主体的学習活動の重視」[*5]の7点に整理している。

増淵恒吉は、田近洵一もいうように[*6]、戦前の国語教育に携わった自らを省み、戦後高等学校国語科教育の本質を、民主社会を生きるための国語の能力育成に見い出した。増淵恒吉の戦後の国語科教育は、この本質的教育観に基づいている。戦後に展開する増淵恒吉の国語科教育実践の基盤は、戦前の国文学研究と授業の実践・研究にあり、さらに経験主義教育に学んで展開した。

実践の特徴は、教材に基づく課題を軸として、分団活動を推進力とする教材単元学習・課題学習にあり、それを支える読解主義的な教材研究と言語能力の措定にあった。増淵恒吉の古典教育論もこれに重なるものである。それは、戦後の早い時期にあって、実践と理論の両面から国語教育を言語の教育として推し進める役割を果たすものでもあった。

1　古典観

増淵恒吉は、古典を、次のようにとらえている。

日本古典の中には、民族固有の感受性、感情や思想が脈々として息づいており、我々の生活には、それらがなんらかの形で投影され、受け継がれていると言えよう。（増淵恒吉「高等学校における古典指導の意義」大矢武師・瀬戸仁『高等学校における古典指導の理論と実践』1979年５月　明治書院　３頁）

人間の生活を生々しく具象的に伝え、しかもその奥に考え方・生き方を潜めているのが、本当の文学であり、古典の名に値するものである。（増淵恒吉「高等学校における古典指導の意義」13頁）

長い年月に亘って、それぞれの時代の高い知性の批判に耐え抜いてきたものこそ古典であり、そこに古典の不易性がある。現代的意義を持ち、現代人の好尚に適合したもののみが古典であるはずがない。（増淵恒吉「どんな古典が教材たりうるか」『国語の教育』２巻第７号　1969年７月　国土社、所収「古典教材の基礎的条件」　増淵恒吉『増淵恒吉国語教育論集　上巻　古典教育論』1981年２月　有精堂　134頁）

古典が「長い年月に亘って、それぞれの時代の高い知性の批判に耐え抜いてきたもの」ととらえられている。そこには、「民族固有の感受性、感情や思想」が生々しく具象的に描かれているとし、生活への影響力についても言及している。増淵恒吉の古典観には、古典に先験的価値と不易性を認めるもので、「典型概念」としての古典観が看取される。

２　古典教育観

古典教育の意義については、次のように述べる。

日本古典の学習によって、母国語の由来や変遷を知るとともに、先人が、それぞれの歴史的・社会的状況の中で、どう感じ取り、どう考え、どう生きてきたかを、作品の中に具体的に探り、それらが同時代及び後世にどのように影響し、現代とどんなつながりがあるのか、更に、古典の不易性・普遍性とは何なのか等を学ぶところに、日本古典の学習の意義が認められる。（増淵恒吉「高等学校における古典指導の意義」 大矢武師・瀬戸仁『高等学校における古典指導の理論と実践』1979年5月　明治書院　3頁）

この文章に続け、さらに「ことばの働きに敏感に反応して、国語の持つ美しさ、繊細さ、微妙さを感得せしめる」、「言語感覚の錬磨」*7が古典教育の意義として挙げられている。

増淵恒吉は、母国語の由来や変遷、言語感覚の錬磨、先人の歴史的・社会的状況における生き方と考え方の把握、古典の同時代および後世への影響、古典の不易性・普遍性の理解の5点を古典教育の意義としてとらえていることが分かる。

3　古典教材観

増淵恒吉は、教材としての「古典が具備すべき条件」*8について「特殊な愛好者や特定の研究者が、愛惜し研究しているような、前代の書物が、必ずしも中学校や高等学校の古典教材として、ふさわしいものということはできない。」とした上で、続けて次のように述べている。

価値ある教材とは、伝統によって確保され、長い過去の評価に耐えたもの、より広汎な高き知性と豊かな心性によって共感されるものであり、しかも、中学校・高等学校の生徒たちに、何らかの点で、感動を与えうるものでなければならないであろう。（増淵恒吉「古文教育の目標」増淵恒吉・三谷栄一他2名編『高等学校国語科教育講座第7巻　古文（1）物語・小説』1974年2月　有精堂　2・3頁）

竹長吉正は、増淵恒吉の古典教材観を、①「教科書教材という面を考慮した、きわめて『スタンダード』(standard：標準、典型) なもの」とした。また、②増淵恒吉は、「ことばの芸術としての『文学』を最優先する。すなわち、言語が芸術作品となる、その上昇過程での洗練度にこだわるのであり、『文学』の概念を拡大するのではなく、逆に収束させようとする」*9と考察している。

長尾高明は、①に関して、教材発掘の必要性を強調すると同時に、評価の定まらぬ作品を教材化することにはかなり厳しく批判する。古典研究にいささかの志があっても、代表的な作品を一通り読みこなすことなど、とてもできることではない。一介の国語教師が、そう簡単に裏街道をあさる余裕などないはずだ。増淵先生はそう言いたいのであろう。教師の恣意的選択を戒め、勉強不足のままに価値を即断することを戒めるところに、増淵恒吉の厳しさと真剣さとが如実に示されているとした*10。

増淵恒吉は、古典教材として、伝統と歴史によって評価され、共感を呼ぶもので学習者に感動を与えるものが教材に相応しいと考えた。一方で、「先生方の教材の好悪、選別の基準は多種多様である。(中略―渡辺) 従ってすべての先生方にひとしく好まれる教材を配列するというわけにはいかない。」とし、その場合「教師の教育観に立脚して選んだ教材を教科書教材とさしかえて教室に持っていけばよい」*11と、教材の自主的編成についても加えている。しかし、「とはいえ、教材となる作品そのものを入れ替える必要に迫られることは、まずあるまい。第一級の古典と言われる作品は、どんな教科書にも採録されているからである。」*12と説明している。「自主的編成」も、古典作品内での教材の部分的差し替えを想定しているのである。学習者への配慮はあるが、ここに見えるのは「典型概念」に基づく古典教材観である。

４　古文の学力観―読解力の措定

増淵恒吉は、古文の読解力の骨子を、次のようにとらえている。

①文章を読んで、その内容のあらましをとらえる。

②語彙・語句の読みや意味を理解する。

a．辞書を引く。

b．語句の意味を文中に定着させる。

c．語の構造を明らかにし、その意味を推測する。

d．助詞・助動詞の文中における意味・用法を理解する。

③文中の語句相互の係り受けの関係を明らかにして文意をとらえる。

④修飾語と被修飾語との意味的連関を明らかにする。

⑤主語・述語の関係を明らかにし、文中の根幹となる部分を押さえて、文脈をとらえる。

（増淵恒吉「古文の読解指導Ⅰ」増淵恒吉・三谷栄一他２名編『高等学校国語科教育研究講座　第９巻　古文（3）日記・随筆・戯曲』1974年５月　有精堂　1—10頁参照　増淵恒吉「古文の読解指導Ⅱ」増淵恒吉・三谷栄一他編『高等学校国語科教育研究講座　第10巻　古文（4）和歌・俳句・俳文』1974年８月　有精堂　1—12頁参照）

この読解力の①の能力は、「幾多の読解力の総和となって発揮されるものと考えてよい。内容把握の能力は、その他の読解力の要素の伸長と相関関係にある。」*13とされている。①の能力は、②～⑤の総和として発揮される目標として設定されている。

ここに設定された能力は、「読解力」として、今日の古典教育において育成すべき要素を備えている。ここに見えているのは、「典型概念」に基づく古典観による能力観である。「関係概念」に基づく古典を読む能力は、他に「解釈力」・「批評力」を措定することが求められる。この点については、第２章において考究したい。

５　古典教育の方法

増淵恒吉は、古文教材の一般的指導過程について「古典Ⅰ乙」の学習を想定して、次のように提案している。

①指名読み……一人の生徒に読ませるのでなく、なるべく、多くの生徒にあてて、読みや区切りの誤りを直す。
②範読……生徒が読み誤りやすい箇所や重要な語句は、念を押しながら読む。芦田式教法にいう「着語」を押さえて読むのである。
③通釈……生徒に書かせておいた解釈を発表させる。明らかに誤っているところは、簡単に訂正する。時には、教師の通釈ですませることもある。
④感想発表……初発の感想を自由に発表させる。その中から、生徒の問題意識を鋭く嗅ぎとるのである。あらかじめ書かせた感想を集め、その中からめぼしいものを教師が拾っておいて、指導の中に生かすこともある。
⑤内容の探究……生徒の感想を手がかりにして、板書、カードまたはOHPなどによって、 語句、語法の解明をしながら内容の探究にはいる。発問法によって生徒を活動させるが、語句、語法は、必要最小限にとどめて、情景・人物の動き、作品に現れた、ものの見方、感じ方や考え方などをとらえることを主に指導を展開する。この段階を、古文の指導過程におけるヤマ場とすべきである。
⑥指名読み……内容を理解した上での読みである。生徒にもよるが、①の読みと比べて出来はまさっていなくてはならない。芦田恵之助が言うように、学習の程度、指導の良否がここに結実されるのだから、生徒にとっても教師にとっても、重大な読みなのである。この後で「範読」によって、締めくくることもある。
⑦感想文を書く……各時間ごとに書くのではない。徒然草なり枕草子なりの各章段の学習後には、感想メモをつけさせ、作品の学習がすんだあとで、まとめて書かせる。生徒はどのように作品を受容したか、どんな収穫があったか、また、どんな点に反発したか等を教師が知り、その後の学習計画に、生かすようにする。

（増淵恒吉「古文教育の方法」増淵恒吉・三谷栄一編『高等学校国語科教育研究講座　第8巻古文（2）歴史・戦記・説話・語録』1974年3月 有精堂　9・10頁）

初発の感想執筆が、通釈の後にきている。これは通釈によって意味を理解した後に感想を求めるという意図に沿ったものである。生徒の感想を手がかりに、「生徒の問題意識を鋭く嗅ぎ取り」、問題意識を読解に生かして読みを深める展開になっている。教師主導の授業展開ではあるが、学習者の主体性を引き出し、授業に位置づける指導過程となっている。

他に、増淵恒吉は、方法の上で留意すべきことを、次のように挙げている。

①教材の選択。時には、教科書教材の入れ替えがあってよい。
②生徒に口語訳をつけさせることが実施されてよい。
③音読・朗読を重視する。
④語釈・文法の説明は控え目にして、深入りしないという心構えが必要である。
⑤教師は先入主にとらわれてはならない。
⑥生徒のなまな感想をもとにして指導を進めたい。
⑦発問課題を厳選する。
⑧古文の指導形態としては、一斉学習によるのが無難であろう。学級によってはグループ学習を採用する。
⑨和歌・俳句などの韻文教材にあっては、特に「重点を明らかにして指導する」ということが鉄則である。
⑩古典の作品どうしを、例文によって比較対照して、作品の特質を明らかにしたり、現代の作家・評論家による古典の現代的解釈を指導に取り入れることによって生徒に親近感を持たせたりする。
（増淵恒吉「古文教育の方法」増淵恒吉・三谷栄一編『高等学校国語科教育研究講座　第8巻古文（2）歴史・戦記・説話・語録』1974年3月

有精堂　6—12頁参照）

この留意点の⑤については、「生徒は教師の予想もつかない反応を示すものである。古文のこの文章は、こう読まなければならぬという固定観念に縛られぬようでありたい。生徒の想像力を刺激し、自由奔放にイメージを結ばせる。古文の未知の世界にはいり、そこに獲得するものは、生徒にとって創造である。」*14 と述べていることが注目される。ただ、「古典教育の方法」で見た「一般的指導過程」の「⑤内容の探究」にあるように、教師主導で、「語句、語法の解明をしながら」、「情景・人物の動き、作品に現れた、ものの見方、感じ方や考え方などをとらえることを主に指導を展開する」ことを考えれば、読解的読みを中心にしていると解される。

これは、発問・課題の厳選、指導の重点の明確化による読解的方法を基盤とした読みにおいて、最大限に主体的、自主的学習活動と創造的読みを認め、古典の内容と表現の理解を深める学習指導と見ることができる。

6　考察のまとめ

戦後に展開する増淵恒吉の国語科教育実践の基盤は、戦前の国文学研究と授業の実践・研究にあり、さらに経験主義教育に学んで展開した。増淵恒吉の古典観は、伝統によって確保され、長い過去の評価に耐えたもの、より広汎な高き知性と豊かな心性によって共感されるもので、中学校・高等学校の生徒たちに、何らかの点で、感動を与えうるものというところに表れている。実践の特徴は、教材に基づく課題を軸として、分団活動を推進力とする教材単元学習・課題学習にあり、それを支える読解主義的な教材研究と言語能力の措定にあった。それは、戦後の早い時期にあって、実践と理論の両面から国語教育を言語の教育として推し進める役割を果たすものでもあった。増淵恒吉の古典学習指導方法論もこれに重なるものである。

増淵恒吉の古典教育論は、「典型概念」に基づき、読解による理解を基盤としつつ、課題学習や分団学習を用いて学習者の主体的活動による読みを求めようとしたところに特色が見い出される[*15]。

第２項　文学経験重視の古典教育論―西尾実・荒木繁の場合

1　西尾実の古典教育論

西尾実の国語教育論は、昭和初期から平成期の今日に至る国語教育の理論と実践に大きな影響を及ぼしてきた。それは、古典教育においても同じである。古典教育論は、その文学教育論の展開に重なって展開された。西尾実は、国文学を対象とする文学研究の方法体系として「素読」→「解釈」（主題・構想・叙述）→「批評」を構想した[*16]。その後、言語の実態把握に基づき、文学教育を言語生活に位置づけ、国語教育を新たに構想した。さらに、荒木繁の実践報告、「民族教育としての古典教育―万葉集を中心に―」によって、自己の文学鑑賞論の延長に文学の「問題意識喚起」、すなわち、「生活意欲」・「創作意欲」・「研究意欲」の喚起[*17]の機能を見い出したとされる。西尾実は、その機能を十分に発揮させるために、文学経験を通した鑑賞を強く求めていった。

(1)　古典観

西尾実は、「古典は古語で書かれた典籍であり、わけても、典型的な言語作品である。が、国により、時代によって多少その意義がちがっている。」[*18]として我が国における古典観の変化を、次のように把握している。すなわち、①国学時代における古代絶対主義の古典観、②国文学時代における文化創造の古典観、③戦後における社会科学的古典観の３点である。①は、古代絶対主義に立ち、古典を「神のみふみ」すなわち神典とする古典観である。また、「日本民族の生活原理につらぬかれた伝統として、昔あり、今もあり、将来もあるべき『道』の書」[*19]とする古典観である。②は、古典を、各時代における典型的な文学作品であり、しかも時代を超えた価値を含んだ作品で、後代文化の創造に役立つとする古典観である。ついで、③は、「近代文化発展の基盤となり、来るべき文化創造のエネルギーとなる」*[20]とする古典観である。古典教育については、①②の古典観に基づく、第2次世界大戦前から戦中にかけての古典教育を「古典への教育」とし、③の古典観に基づく、戦後の古典教育を「古典からの教育」と把握している。

西尾実は、第2次世界大戦前の1939年に、古典を「過去のある段階に於ける完成的作品であって、後代文化の源泉となり、範型となるもの」*[21]とし、「過去のあらゆる文化史的段階にそれぞれの古典が存立し得る筈であるけれども、厳密にいえば、その第一次的段階が遺した古典こそ、古典のうちの古典である。」*[22]と述べている。西尾実の古典観は、戦前・戦中においては、①の古代絶対主義の古典観であった。戦後にあっては、③の近代文化創造に資する古典観を持つに至っている。

西尾実の戦前・戦中から戦後にかけての変化の背景の一つに、戦中の古典教育への反省がある。戦時下、国文学は「戦争という時代の波に乗って、一朝にして、皇国の古典や神典として祭壇に祭りあげられ、たちまちにして、一国文化の中心的位置にさえ据えられかねない形勢になった」*[23]。その果たしたものは、戦意高揚と国民精神の統一であった。このような状況に対して、西尾実は、批判はあったにせよ、「当然なすべき任を果していなかったことが、いまになって省みられる。」*[24]と述べている。戦時下の狂信的古典観への批判と自己の態度への反省が理想・範型としての絶対主義的な古典観を排することになったと考える。もう一つの理由に、中世的なもの（「様式」）の発見ということがある*[25]。中世的なものとしての「様式」は、古代の「あはれ」や「をかし」や「みやび」の「否定的発展」として成ったとした。これは、古代における「形態」、中世における「様式」、近代における「思潮」へと展開する過程であると見通し、それぞれは、古代貴族社会、中世封建社会、資本主義社会によって規定されて誕生したととらえた。ここには、戦後の歴史社会学派の影響が認められる。これによれば、西尾実は、文化の創造、発展は、古典に理想、範型を求めて成るのではなく、継承された古典を資源とし、時代社会の発展に規定されてなされるとする。文化創造・発展の資源とする古典観は、中世的なものの発見が深くかかわっている。以上の二つの要因によって、西尾実の古典観は変化したものと考えられる。

西尾実の古典観は、戦後①から③の古典観に変化したと見えるが、その前提には、古典は古語で書かれた典籍であり、典型的な言語作品であるとする古典観がある。「完成的作品」から「文化創造・発展の資源」へと古典観に変化はあるものの、古典を先験的に価値あるものとしている点において「典型概念」としての古典観に位置づけられる。

(2) 古典教育観

西尾実は、古典教育による、文化の創造にかかわる文化活動を、文学経験を重視する「鑑賞」をとおして行おうとした。西尾実は、文芸教育に関して、「文芸教育の目標は、人間の生き方の一つとしての芸術活動の一分野である、文芸活動を経験させて、その人間形成に資し、社会生活の充実と発展に参与させることである。」*[26]と述べている。これは、古典教育にそのまま重ねることができる。この目標の「文芸活動」は、創作と鑑賞とをとおしてなされるが、一般的であるのは鑑賞である。鑑賞活動については、次のように述べている。

> 文芸鑑賞は、文芸作品を読むことによって得られる、「人間いかに生くべきか。」の追求であって、読む人の個性により、境遇に応じて、あるいは人間性を鼓舞し、あるいは悲哀を慰め、あるいは苦悶を解消し、あるいは幸福の自覚を深めるなど、あらゆる人間の生存に意義あらしめる文化活動の一つである。われわれは、これによって、社会的存在としての自己を発見し、人間解放の意義を自覚する。ことに、青少年時代においては、鑑賞によって、生涯にわたる人間形成のうえに、影響を受けることが多い。(西尾実『国語教育学の構想』1951年1月　筑摩書房　127頁)

鑑賞が「文化活動の一つ」としてとらえられている。文芸作品の鑑賞によって、「社会的存在としての自己を発見し、人間解放の意義を自覚する。」とされ、「あらゆる人間の生存に意義あらしめ」、青少年期における「人間形成」への影響の大きいことが説かれている。文化の創造もこのような鑑賞の機能をとおして実現されることになる。ここに見えるのは、文芸全般についての意義であり、いうまでもなく古典も含まれている。この鑑賞の意義には、文芸全般に対する信頼が根底に見い出される。

高等学校における古典教育の意義に関しては、「現代国語における言語生活・言語文化の未熟や不備を充実させ、完成させるためのエネルギーを古典から吸収しなくてはならないから」とし、「われわれの話し聞く口語文をも、書き読む口語文をも、もっと有力な口語文として発達させるために、われわれの口語文よりも文章としてすぐれている和文・漢文・和漢混淆文などの中から、創造のエネルギーを吸収させることができるような有力な文章を学習させるため」*[27]と、口語文創造の意義が強調されている。このような口語文創造の契機も古典の鑑賞をとおして行われることになる。

古典教育の意義は、文芸教育に重なり、「文化活動」を経験させることを通して、①人間形成に資し、人間存在を意義あらしめ、②口語文創造のエネルギーを吸収するところに認められている。

前者は一貫しているが、後者の口語文創造については、後に「有力な口語文」の創造を古典からのエネルギーに拠るのではなく、「われわれの口ことばそのものを口ことばとして発達させること」と「口ことばを文字ことばにするために、その表記法を改善すること」の「二つの方法」*[28]に求めるに至っている。

(3) 古典教育の方法

西尾実の古典教育の方法は、（注釈）→鑑賞→解釈（主題→構想→叙述）→批判（本文批判、美的批判、社会的・歴史的批判）とする文学研究の方法体系に基づいている。これは、1929（昭和4）年11月、西尾実が『国語国文の教育』において、「国文学研究と国語教授の体験から、自己の方法を省察し、これによって国語教育の立場を確立しようとした」*[29]ことに基づいている。ここで西尾実が国語教育に導入しようとしたのが、「全人的鍛錬を基礎とする行的方法」*[30]であり、読方教授の方法体系であった。中等教育における古典教育の方法は、文学体験に基づく鑑賞を重視し、段階的鑑賞論が提唱された。注釈に続く第一次鑑賞は、反復熟読・読書百遍主義により、主体的問題意識・個人的価値意識が生じる段階としている。この時、学習者の純粋な鑑賞のために、指導者の暗示や影響を極度に避けるようにすることが欠くことのできない配慮であり、喚起された問題意識を書くことによって定着させることが必要であるとした*[31]。第二次鑑賞は、同一作品に対する他の読者の鑑賞なり解釈なりを集め、自己の鑑賞と比較し検討することにより、より普遍的、客観的な、知的な意味理解が成立するとした。第三次鑑賞は、作品の価値を判定しようとする立場で、作品の意味構造の分析を方法的に行うことにより、本文批判のための価値判断、芸術的、美的価値判断、歴史的価値判断を成り立たせるとした*[32]。

注釈については、「過去の遺産である古典作品にあっては、現代と衣食住にわたって生活様式が違っており、言語が変化しており、また、作者の予想している読者の常識が異なっている関係上、作品に用いられている事実や言語に関する知識が補われないかぎり、読んでも鑑賞が成立しない。」として、「第一次鑑賞を成り立たせるための補助手段」と位置づけた*[33]。

鑑賞の段階的指導過程【表1-1】は、次の把握に基づいて提唱された。すなわち、①言語の実態（発達段階・領域）と文学教育の位置の把握、②小・中・高等学校の生徒に対する読む作用の体系（素読→解釈→批判）の困難性の把握、③鑑賞の独立と一般化、および鑑賞の機能の把握、④問題意識と鑑賞の機能の把握である。これらの把握に基づき、さらに、⑤主観的鑑賞の克服*[34]を求めて、鑑賞の段階的指導過程を提唱するに至ったといえる。

鑑賞の段階的指導過程をその方法とともに掲げる。

【表 1-1　段階的指導過程】

鑑賞段階	鑑賞の特徴	鑑賞の方法
第一次鑑賞	鑑賞者にとっては絶対的な、好き・嫌いというような主体的、個人的価値意識として現れる。	反復熟読・読書百遍主義。鑑賞の補助手段としての注釈的作業。
第二次鑑賞	普遍的な、客観的な形象性の獲得がなされる。より普遍的、客観的な、知的な意味理解が成立する。	同一作品に対する他の読者の鑑賞なり、解釈なりを集め、自己の鑑賞と比較し、検討する。
第三次鑑賞	本文批判のための価値判断、芸術的、美的価値判断、作品の現実把握、位置づけ、方向づけに対する歴史的価値判断の成立。鑑賞発展の極地であり、「観照」の段階。	作品の価値を判定しようとする立場で、作品の意味構造の分析を土台として、方法的に行う。

（西尾実「文学教育の問題点再論」『文学』1960年9月、所収『西尾実国語教育全集』第8巻　1976年2月　教育出版　68・71・72・74頁参照）

西尾実の鑑賞の段階的指導過程は、生徒の鑑賞に基づく問題意識を軸に理解の深化を求めるものである。浜本純逸は、読む作用の体系から鑑賞の段階的指導過程への展開に関して、「この方法体系（読む作用の体系―渡辺）の枠組みの中に荒木の実践から示唆された問題意識を生かし発展させる方法を取り入れようと試み、文学鑑賞の指導過程の一般化に努力したのであった。」*[35]と意義づけている。また、「西尾実は、人間性を鼓舞し、自己を発見させる文学鑑賞こそ、言語経験主義の国語教育に欠けていた人間形成に資する教育であると考えて、その鑑賞の実質を支えるものとして問題意識の喚起を受けとめ、自己の文学教育論の構造の中に組みこんでいったのであった。／荒木の実践から示唆された問題意識の喚起を、このように主として文学鑑賞の方法（指導過程）の問題に包摂していったのである。」と述べ、「状況に拮抗した荒木実践のアクチュアリティを捨象することによって、時代を超えた普遍的な文学教育論として成立していった」*[36]と考察している*[37]。

西尾実の鑑賞論は、文学の授業に欠けていた文学体験に基づく鑑賞指導を国語教育に位置づけた。文学教育の方法を段階的鑑賞指導として提示し、指導過程を明らかにした。鑑賞における個性を認め、文学体験を通して個々に喚起される問題意識による主体的読みを軸に、個性的な文学の読みが段階的指導過程に基づいて展開するものの、解釈段階に至って普遍的な理解へと収斂させようとするところに特徴がある。

鑑賞の特徴を見れば、独立させた「鑑賞」の段階的指導過程とはいうものの、従来の鑑賞→解釈→批評に重なっている。問題の一つは、問題意識を軸にどのように展開するのかということである。また、この鑑賞の指導過程で、解釈・批評に至るであろうかという疑問が生じる。例えば、上記の表（【表1-1】）にまとめた、第二次鑑賞の、「同一作品に対する他の読者の鑑賞なり、解釈なりを集め、自己の鑑賞と比較し、検討する。」という方法は、「普遍的な、客観的な形象性の獲得」、「より普遍的、客観的な、知的な意味理解」に繋がるであろうか。西尾実が、この後、鑑賞の段階的過程による文学教育から、問題意識を生かしつつも、再び文学研究の方法体系（鑑賞→解釈→批判）を取り入れるに至った理由*[38]もそこに問題を見い出したことによると考えるのである。

(4) 考察のまとめ

①西尾実の古典観は、古代中心主義の古典観（戦前）から文化創造の資源としての古典観（戦後）へと変化した。両者の根幹に古典を優れた典籍とする古典観がある。「典型概念」としての古典観である。変化の背景には、戦時下の国文学研究の反省と西尾実自身による中世的なものの発見があった。

②西尾実の文学教育論の展開は、方法を中心にとらえれば、文学（国文学）中心の「素読」→「解釈」（主題・構想・叙述）→「批評」とする方法体系から、鑑賞→解釈→批判とする方法へと展開した。その変化をもたらしたものに、言語の実態把握と文学の問題意識喚起の機能の発見があった。

③古典教育の方法として、文学体験を重視し、その体験を軸に（注釈）→鑑賞→解釈→批判という段階的過程を提唱した。この段階的過程の解釈

においては客観的形象の把握を求めている。

以上に、西尾実の古典教育論の特徴が見い出せた。この古典教育論の意義は、とりわけ、文学経験を重視し、文学の問題意識喚起の機能を見い出した点に認められる。また、文学教育の方法を問題意識を軸に段階的指導過程として提示した点にある。しかし、この過程を貫く読みの方法としての読書百遍主義は有効な方法であろうか、また、荒木繁の実践に文学の問題意識喚起の機能をのみ見い出したのだとすれば、その大半を見落としたことにもなる。さらに、解釈段階における普遍的な、客観的な形象性の獲得、および普遍的、客観的、知的な意味理解は、そもそも可能であろうか。これらの点に疑問が残る。

２　荒木繁の古典教育論

荒木繁は、1953年（昭和28年）6月14日、「続日本文学の伝統と創造」を大会テーマに開かれた、日本文学協会1953年度大会の国語教育部会において、「民族教育としての古典教育―『万葉集』を中心として―」を発表した。荒木繁の実践は、古典を文学とし、文学の機能を「人間変革」に見い出したものであった。古典の鑑賞に関しては、学習者の主体的で個別の文学体験を重視し、尊重した。荒木繁の授業は、「国民文学論」の立場に立ち、愛国心の育成を目指すものであったが、同時に、生徒の実体（心・抱えている問題）に応える授業の創造を求めるものであった。それは国語教室と学習者の関係を根本的に問うものでもあった。

荒木繁は、この実践報告に対する、西郷信綱・広末保の批判、西尾実の問題意識喚起の論と方法を巡る論争、伊豆利彦の批判などに触発されることによって、文学教育（古典教育）を理論化していった。

(1) 古典観

荒木繁の古典観を明らかにするにあたって、まず、文学観を概観する。つづいて、歴史社会学派の古典観、ソビエト文学理論の古典観との関連を考察することをとおして、荒木繁の古典観の特徴を明確にしたい。

①文学観

荒木繁は、「文学の教育的機能はけっして副次的機能ではなく、その本質である」*39という把握の下に、すぐれた文学の教育的機能について、

> ア．現実の正しい深い認識を与える。
> イ．ヒューマニズムの精神をよびおこし、人間に対する確信と生きていく力を与える。
> ウ．民主主義の精神を強め、解放への勇気を与える。
> エ．民族に対する自覚をつちかい、国語に対する愛情をふかめる。

と、4点を挙げている*40。

それぞれの機能に関する説明は、次のようになされている*41。「ア」については、すぐれた文学はすべて本質においてリアリズムの文学であり、現実の虚偽や矛盾をするどくあばくことによって、私たちに正しい現実認識と批判の力を与えるとする。さらに、偉大なリアリズムの文学は、ヒューマニズムの精神に貫かれ、ヒューマニズムの精神なしには、現実の矛盾を正しく深く描くところのリアリズムを生み出すことができないと述べる。「イ」について、文学は、ヒューマニズムの精神をもって、人間的欲求を抑圧するものとたたかい、人間性を擁護するために書かれていることを挙げている。次に、「ウ」については、真の意味のヒューマニズムは、常に民族の解放を求める人間的要求を反映し、民主主義の精神を強め、解放への勇気を与えることが述べられている。さらに、「エ」の機能は、民族のすぐれた文学遺産が持つヒューマニズムの伝統と、最高の美しさを発揮した精華としての日本語とによって民族的自覚と国語に対する愛情を培うとしている。教育的機能が、四つに分けて提示されているが、「イ」と「ウ」は、ほぼ重なるといってよいであろう。

荒木繁は、この四つの機能は切り離しがたく結びついているとしている。文学の機能については、「形象的認識としての文学の機能は、強い情緒性をもって享受者の知性のみならず感性をふくめてはたらきかけるとこ

ろにその特殊性があり、こうして享受者の魂をゆすぶる全人的感動をとおして人間を変革しようとする。だからすぐれた文学は、享受者の現実認識を深め正しくし、美的道徳的感情を高める教育的機能をもつが、それは常に感動というはたらきをとおしてであり、もし感動が乏しいならば、その文学の変革力は決して人間の深層にまでおよばない。」*42 と述べている。文学の機能は、全人的感動をとおして発揮され、「美的道徳的感情」を高めるとされている。

②古典観

古典観は、先に述べた、文学の教育的機能の「エ．民族に対する自覚をつちかい、国語に対する愛情をふかめる。」ということに関連づけて述べられている。

> 私たちは、日本民族の歴史とともに、すぐれた民族の文学遺産を学ばせることによって、生徒たちにほんとうの愛国心をつちかっていかなければならない。なぜならば古典は（近代文学の古典も含めて）私たちの祖先がそれぞれの時代の現実とたたかって来た魂の記録であり、日本語がその美しさを最高度に発揮した精華であり、また時代をこえて民族によって愛され、まもられて、生きつづけて来たものだからである。私たちの文学教育の任務は、なによりも第一に、すぐれた文学遺産を生徒たちにうけつがせていくことである。もとより、すべての文学遺産がうけつぐのに値するわけではない。私たちはそのうちのヒューマニズムの伝統を再評価し、それをうけつぐのである。日本の古典の評価は戦前の国家主義と戦後のコスモポリタニズムによって、いちじるしく歪められている。古典の再評価のためには、日本文学研究著、教育者による真に科学的な分析も必要であるが、同時に、古典のもっているヒューマニズムの遺産は、私たちの現代におけるヒューマニズムのためのたたかい―平和と民主主義と独立のためのたたかいの中で、蘇りうけつがれ新しく評価しなおしていくのである。

（荒木繁「文学と教育」日本文学協会編『日本文学講座Ⅶ　文学教育』1955年7月　東京大学出版会　268・269頁　注　下線は渡辺が付した。）

古典が、内容、形態、受容という3点からとらえられている。すなわち①内容―「祖先がそれぞれの時代の現実とたたかって来た魂の記録」、②形態―「日本語がその美しさを最高度に発揮した精華」、③受容―「時代をこえて民衆によって愛され、まもられて、生きつづけて来たもの」という3点である。3点のうちで、古典の条件として、もっとも重視されているのは、①である。文学遺産の「ヒューマニズムの伝統を再評価し、それをうけつぐ」というところから、それが理解される。荒木繁の古典観は、荒木繁独自のものではなく、歴史社会学派*[43]に特有のものといえる。文学観・古典観に共通して見られるのは、文学を人民の「抵抗」との関連でとらえ、そこに「ヒューマニズム」を見い出す考えである。荒木繁の古典観は、この歴史社会学派の文学観・古典観とつながりを持つものである。それは、直接には、歴史社会学派がそうであるように、ソビエト文学理論の影響*[44]を受けたものと考えられる。

(2) 古典教育の理論的構造

①文学教育の理論

荒木繁は、文学教育の基本条件として、「文学の授業はまず何よりも生徒・子供の文学経験をなりたたせることだという命題は、しっかりとおさえてかからねばならない。」*[45]と、「文学経験」の成立を重視した。文学教育の方法も、この基本的条件に規定されるとする。荒木繁のこの考えは、次のような、文学の本質的機能観に基づくものであった。

すぐれた文学は、私たちの日常生活や観念の中で弥縫されている矛盾につき入り、あばきたて、私たちの心の中の葛藤を呼びおこす。私たちの内部にひそんでいる問題意識をゆさぶり自覚化させ、人間や社会や自然をこれまでと違った光のもとに照らしだし、見直させるに至る。文学はこのように私たちの人間存在の深部と交渉するものであり、したがってその経験はきわめて主体的なものとかかわる経験である。文学的な言い方をすれば、文学経験とは、作品と読者主体との火花の散るような交流現象であり、その中で読者主体の内部にはなんらかの認識的価値的変革がおこるのである。
（荒木繁「文学の授業―その原理・課題・方法について―」和光学園国語研究サークル編『文学をどう教えるか』1965年10月　誠文堂新光社　9頁）

文学は、「人間存在の深部と交渉するものであり」、「きわめて主体的なものとかかわる経験である」とされている。作品とともに読者主体が重視されている点は注目されねばならない。「作品と読者主体との火花の散るような交流現象」としての文学的経験によって、読者の内部に「認識的価値的変革」が生じるとされる。荒木繁は、文学の人間変革の機能を文学教育において重視したといえる。

②古典教育の理論的構造

古典教育の理論的構造は、文学の本質的機能観に基づくものである。荒木繁は、1968年12月に発表した論考の中で、

そこ（生徒が『万葉集』に感動したこと―渡辺注）には、鑑賞の対象となる文学作品の問題と同時に、鑑賞主体にかかる問題が大きく介在していたと思う。すなわち、生徒たちが己れと己れをとりまく現実に問題意識を持ったとき―その問題意識は、自己を梗塞する現実への批判とその梗塞をはねのけて人間的に生きたいという希求など、さまざまな意識のせめぎあい含むが―そのような主体の姿勢が古典としての万葉の文学的な命を発見させたということができるだろう。
（荒木繁「古典教育の課題―『民族教育としての古典教育』の再検討―」『日本文学』17巻12号　1968年12月　日本文学協会　65頁）

と述べた。ここには、鑑賞主体が問題意識を持ち、文学（古典文学）作品に立ち向かうことによって、文学（古典文学）作品の命は発見されるとする、古典教育の基本的な理論的構造が見い出される。

この理論的構造は、1953年12月に発表された、論考「文学教育の課題—問題意識喚起の文学教育—」の中で文学教育の理論として、言及されていた。この論考の中で、荒木繁は、「生活問題意識の追求と文学そのものの学習との関係およびその統一」について、「生活問題意識の喚起があってはじめて、生徒が文学作品を真に主体的に読むことが出来るのであり、鑑賞主義におちいることもふせがれるのである。」*46とまとめている。この考えは、自己の文学経験を顧みることと、西尾実の、「問題意識の喚起」を文学の機能とする考え方に触発されながら、また一方で批判することとによって得られたものである。

西尾実は、荒木繁による「民族教育としての古典教育—『万葉集』を中心として—」の発表を契機として、文学の問題意識喚起の機能を、自己の文学活動経験の文学教育論に位置づけた。問題意識を、「個人的主観による着色」、「偶然的事情によるひずみ」をも含むものとし、「もし、この鑑賞による『問題意識』の喚起という、否定することのできない文学機能を見逃すならば、文学活動を経験させる教育にはならないであろう。」*47と主張した。荒木繁は、西尾実の主張に対して、①教師の問題意識の喚起における役割について触れていないこと、②問題意識喚起が鑑賞の中で占める位置と意義を明らかにしていないこと、③喚起された問題意識をどうするかについて曖昧であることという3点について批判した。①については、西尾実が「生徒の鑑賞をできるだけ純粋な鑑賞にするために、指導者の暗示や影響を極度に避けようとする」*48のに対し、荒木繁は、指導者は、むしろ積極的に問題を投げかけ生徒たちの問題意識の喚起を促すべきだとする。②については、「私たちが、生活の現実をより深く認識すればするほど、同じ作品でも深く豊かに読み込むことができるようになり、いままでそのすばらしさがわからなかった作品もわかるようになることを経験するからだ。」*49と読みの経験も踏まえ、生活問題意識の喚起があってはじめて、生徒が文学作品を真に主体的に読むことができる、とした。③については、後に、「西尾さんは、生活問題の喚起を、演出創作意欲の喚起、研究と併置し、また生活問題意識も、作品ときりはなして、それぞれの生徒の主体的真実を深めるようにここに指導することを説いておられるのに反して、私のは、喚起された問題意識をてこにしてさらに作品の中に入っていき、作品の客観的理解にまで高めようとするところにあります。」*50と述べている。

古典教育の理論的構造は、1953年12月当時に、文学教育の理論として、となえられていた。荒木繁は、「民族教育としての古典教育―『万葉集』を中心にして―」の授業を再検討することによって、その理論を具体的なものとして確かめえたと考えられる。荒木繁は、生徒が問題意識を持って古典を読むことによって、そこに文学経験が成立したのを見た。それを、古典教育の理論的構造として、定位したところに、荒木繁の古典教育論のひとつの到達点を見ることができる。また、そこに荒木繁の古典教育論の意義を認めることもできよう。

(3) 古典教育の目的

荒木繁は、文学教育の目的に関して、次のように述べた。

> 今回、私たちは、私たちの目ざす子どもの生活主体の内容をより具体化するために、これを国民的主体の形成という方向においてとらえ、それに歴史的主体という概念を導入して見ることにした。歴史的主体というのは、一義的に規定しにくい概念であるが、現代を歴史的過程の中でとらえるがゆえに、現実に立脚するとともに現実を固定したものとして見るのではなしに、未来への展望を持ち現代の課題に立ち向かっていこうとする主体であると、差し当たり言っておこう。
>
> （荒木繁「文学の授業―歴史的視点を媒介として―」和光学園国語研究サークル編『続・文学をどう教えるか』1966年12月　誠文堂新光社

15頁）

「生活主体」の内容を「国民主体」という方向においてとらえ、それに「歴史的主体」という概念を導入することによって、文学教育の、目指すべき目的をより具体化したとする。ここに文学教育の目的が見い出される。この「歴史的主体」は、伊豆利彦の批判に見られる、「歴史を知り、現代を歴史的に把握することによってのみ、私たちは真に時代を知り、現代を自覚的に生きることが出来る」*51という主張に応えて論を発展させたものと考えられる。

荒木繁は、古典教育の意義・目的について十分に論じてはいない。論考「民族教育としての古典教育—『万葉集』を中心として—」においては、「民族の古典を学ぶということは、古典一般の学習に解消されてはならない独自の目標を持つべきだと思う。」として、「古典教育の究極の目標」を、「民族に対する愛情と誇りの感情をめざめさせることである。」*52としている。これは、「古典教育の課題—『民族教育としての古典教育』の再検討—」では、次のように説明されている。

私は、生徒たちの目を、この民族の危機の現実に向けさせようと思った。そして、生徒たちの心を民族喪失感から回復し、植民地的現実とファシズムに対し抵抗する主体として育てていきたいと思った。だが、生徒たちが民族的ニヒリズムを克服し、真に抵抗主体として形成されていくためには、一方ではその心の支えとなる民族への愛情、民族の誇りを必要とするのではなかろうか。（中略—渡辺）植民地的現実の中で民族的ニヒリズムに陥り、受験体制の下でいじけてしまっている生徒たちの心を、日本文学の古典が感動をもってとらえ、かれらの心の中の人間らしく生きたいという願いを目ざめさすことができたなら、どんなにか意味のあることだろう、そして生徒たちはそのような感動を与えてくれた古典に愛情と賛嘆の念を持つだろうし、さらにはそのような古典を生み出した民族に愛情と

> 誇りとを持つにちがいない。そして、そのような民族に対する愛情と誇りは、植民地的現実の中に立たされた生徒たちの抵抗主体の大切な部分になるだろう。
> (荒木繁「古典教育の課題─『民族教育としての古典教育』の再検討─」『日本文学』17巻12号　1968年12月　日本文学協会　62・63頁)

ここでは、「民族に対する愛情と誇りの感情をめざめさせること」が、生徒を「植民地的現実とファシズムに対し抵抗する主体」として育てるために必要な、「心の支え」となるべきものとして位置づけられている。すなわち、「抵抗主体」を育成するための中心的な部分を育成するものとされているといえる。

「古典教育の課題─『民族教育としての古典教育』の再検討─」では、「民族教育としての古典教育」は、「すぐれた古典を教えることがそのまま民族教育なのではなくて、民族的課題にこたえるという観点で古典を教えるということ」*53 とされている。「民族の課題にこたえる」ということを、1968年当時の荒木繁は、「上からの民族主義の攻勢」に対して、「正しい民族意識の在り方を対置」*54 することと考えていた。

社会状況の変化によって、「植民地的現実とファシズム」に対することから、「上からの民族主義の攻勢」に対することへと変化してはいるが、正しい民族意識を持たせることによって民族の課題に応える「抵抗主体」の育成を目指している点は一貫していると見ることができる．この「抵抗主体」は、先に述べた「歴史的主体」に重なるものと考えられる。

文学教育の目的との関連については言及されていないが、古典教育の目的は、古典を文学として教えることによって民族意識の育成を図るという独自性を持ちながら、文学教育の目的である「歴史的主体」の育成につながるものとして位置づけることができる。

(4) 古典教育の方法

荒木繁は、木村敬太郎の「妹の宿題」を教材とした授業について、「私たちの考える文学の授業は、この木村先生の実践にほぼ典型化されている」としている。和光学園国語サークルを代表して書いているために、「私たち」という表現になっているが、荒木繁の考えを表すものと考えられる*55。荒木繁がまとめた、木村敬太郎の授業の特徴を整理すると、次のようであった。

a. 学習者が生き生きと活動できる自由な雰囲気の教室づくりを行う。
b. 学習者の生活・経験に結び付けて読ませる。
c. 学習者の問題意識・感想・意見を大切にすることで、読みを主体的にさせる。
d. 学習者の問題意識・感想・意見を、読みの中で深化・拡充させる。
e. 学習者の問題意識・感想・意見をもとに、作品に向かい、客観的理解に至らせる。
f. 形象把握⟷理解という往復運動的指導過程によって作品の本質を形象ぐるみとらえさせる。
g. 部分⟷全体の関連的理解によって全体のテーマをつかませ作品理解を深めさせる。

（荒木繁「文学の授業―その原理・課題・方法について―」 和光学園国語研究サークル編『文学をどう教えるか』1965年10月 誠文堂新光社、所収 荒木繁『文学教育の理論』1970年9月 明治図書 28・29頁参照）

ここにまとめた授業方法からすれば、荒木繁の目指す授業は、自由な雰囲気の教室で、問題意識を軸に主体的に作品に立ち向かい、生活・経験と結び付けて作品を読むとともに、形象把握⟷理解・部分⟷全体とする関連的理解を行いながら、文学経験の成立をとおして、学習者の認識的価値的変革を目指すものであったと解される。

荒木繁は、歴史的主体の育成を目指した。そこでは、「歴史的認識」をどう育成するかということが問われることになる。歴史的認識を育成するためには、作品内容と外れた主観的読みと知的理解に傾く客観的な読みをどうするかという問題を克服しなければならない。その方法は、次のようなものであった。

生徒に、問題意識を核として作品に向かわせ、指導者が教えるのではなく、作品形象をとおして、社会状況、登場人物の内面の変化・発展をきめ細かく辿らせ、イメージ化させる。「自分たちとは異なる歴史的状況の中に立たされ」ることによって、生徒は立ち止まり、考え、自らを変容させ、歴史的認識を得るに至る。

荒木繁の考える、歴史的認識形成の方法は、基本的には、文学教育の方法と同様のものといえる。

荒木繁の古典教育の方法については、次のようにとらえられる。ア．上からの民族主義に対し、正しい民族意識を対置することが必要であるとする考えに立ち、イ．古典文学の意義を歴史社会的観点から科学的に明らかにし、ウ．古典の人民的伝統をとらえ、エ．鑑賞主体である生徒の問題意識を軸に、古典をあくまで文学として教えることをとおして、古典の民族的で創造的な生命を発見させ、エ．「正しい民族意識」を育てようとするものである。「エ」の「古典をあくまで文学として教えること」とは、鑑賞の自主性の尊重という考えに立ち、生徒に、問題意識（民族的課題に対する問題意識）を持って古典を読ませ、生徒なりの文学の発見を目指す、古典教育の方法といえる。

文学教育の方法と骨格は同じである。しかし、問題意識（民族的課題に対する問題意識）の喚起について、指導者のかかわり方が、異なっている。古典教育の場合、問題意識喚起のための指導者のさまざまな方法が求められている。

荒木繁は、木村敬太郎の授業をも踏まえ、「民族教育としての古典教育―『万葉集』を中心として―」を再検討し、古典教育の理論的構造を具体的な方法として示そうとした。それは、古典の生命に触れることによる民族意識の育成の可能性を示すものであるといえる。

(5) 考察のまとめ

荒木繁の文学教育論の展開と関連づけ、古典教育論の達成を考察してきた。考察したことをまとめると、次のようになる。

①古典教育の理論

荒木繁は、古典教育の理論的構造を、鑑賞主体が問題意識を持ち、文学（古典文学）作品に立ち向かうことによって、文学（古典文学）作品の命は発見されるとするところに見い出した。「民族教育としての古典教育―『万葉集』を中心として―」の授業を再検討することによって、理論的構造を具体的なものとして確かめ、古典教育の理論的構造として定位した。

②古典教育の目的

古典教育の目的は、民族に対する愛情と誇りの感情をめざめさせることによって、生徒を、民族的課題に応える抵抗主体として育てることにある。古典教育は、古典を文学として教えることによって民族意識の育成を図るという独自性を持ちながら、文学教育の目的である「歴史的主体」の育成につながるものとして位置づけている。

③古典教育の方法

鑑賞主体である生徒の問題意識を軸に、古典をあくまで文学として教えることをとおして、古典の人民的伝統、民族的で創造的な生命を発見させ、「正しい民族意識」を育てようとするものである。ここに荒木繁の考える古典教育方法の到達点が見い出される。

問題意識を軸にした古典教育は、内化に導く古典の読みを達成する方法として、別途論ずることにする。

第2節 「典型概念」を相対化する古典教育論―時枝誠記の場合

時枝誠記は、戦後、言語過程説の理論の追究、発展という観点から[*56]、国語教育に深い関心を寄せ、国語教育に対し多くの提言をしてきた。「国語教育の不動の礎石」を求め、言語過程説と学校教育観に基づく、能力主義の国語教育論を展開した。それは、国語教育を根底から問い直すものであった。古典教育においても、時代の教育思潮や社会的風潮に左右される古典教育論を排し、独自の論を提唱している。時枝誠記によれば、戦後古典教育論は、①古典観―現代的意義を求める古典観、②教育方法―感化主義の二つの考え方によって整理できるとし、「内容主義、感化主義の立場」が、「古典の現代的意義」を問題にすることに関連していることを明らかにした。その上で、時枝誠記は、「第一に、言語観の点から、第二に、感化主義に対する批判から、別個の古典教育論を主張」*57していった。

1　時枝誠記の古典観

時枝誠記は、古典について、次のように述べている。

> 私は、古典を次のやうに考へたい。第一に、古典とは、「過去の長い年月に亘って、多くの人に尊重され、愛好されて来た文献」であると規定したい。多くの人に尊重されて来たのであるから、何か人間性の根本に訴へるものに違ひないのであるが、それが必ずしも今日の人々の興味と関心の対象となるとは限らない。しかしそれにも拘わらず、嘗て、多くの人の興味と関心の対象となつたといふ理由で、我々はこれを古典と呼ぶことが出来るのである。
> （時枝誠記「古典教育の意義とその問題点」『国語と国文学』33巻4号 1956年4月　至文堂　5頁　注　下線は渡辺が付した。）

時枝誠記は、古典としての条件を、「過去の長い年月に亘って、多くの人に尊重され、愛好され」た点に求めた。古典は、「何か人間性の根本に訴えるものに違いない」としながらも、そこに古典としての条件を求めず、「過去の長い年月に亘」る多くの読者の支持に求めている。古典は、そうすることによって、現代的意義を求める古典観から解放されることになる。この古典観の根底には、言語は表現行為そのものであり、理解行為そのものであるとする言語過程説がある。読者の支持を条件とすることによって、古典は、作者の表現（創作）と読者の理解（鑑賞）という、精神的営みの総体を示すものとなる。時枝誠記は、古典を、創作と鑑賞という精神的営みの総体ととらえることによって、古典を、「民族の自叙伝」としたのである。このようなとらえ方は、言語主体による表現と理解を、「伝達」という流れの中で、ひとまとまりの具体的な言語の事実、すなわち、「言語生活」としてとらえる考え方によるものであり、言語を表現・理解の行為とする言語過程説に基づくものである*[58]。

「自叙伝」には、民族の栄誉と懺悔とが盛り込まれているとする。時枝誠記は、「ある時代の六十パーセントの大衆が、文学史的基準より見れば、比較的価値の低い作品を愛読し、それを精神の糧としてゐたといふ事実が明らかにされるならば、そのことは、文学史上の重要な事実として記述されなければならない」*[59] とした。時枝誠記のいう、「文学史的基準」がどのようなものか明確ではないが、この基準から見て、「比較的価値の低い作品」も、民族の精神形成史においては、一つの「民族の懺悔」を表すものとしてとらえることになろう。このように、栄誉の歴史ばかりでなく、懺悔の歴史をも含むことによって、古典を規範とし、古典に普遍的な価値を置く古典観からも脱却することができることになる。

古典に現代的意義、普遍的な価値を求めず、過去の長い年月にわたる読者の支持を、古典である条件とした背景には、時枝誠記の「現代は過去の集積の頂点ではない」*[60] という歴史観が反映していると考えられる。

以上、時枝誠記の古典観の特色をまとめれば、次のようになる。

① 古典を「過去の長い年月に亘って、多くの人に尊重され、愛好されて来た文献」とし、読者の支持を古典であることの条件とした。

② 古典を民族の栄誉とともに民族の懺悔を物語るものとしてとらえた。

③ ①②によって、古典を規範と考える古典観、古典に普遍性を求める古典観、古典に現代的意義を求める古典観とは異なる独自の古典観となっている。

④ 古典観には、時枝誠記の言語過程説と歴史観とが反映している。

2　古典教育の目的

時枝誠記の古典教育の目的は、次の文章によって理解される。

古典が、何故に今日において教育の内容とならなければならないかの理由は、それが現在及び将来にたいして、規範としての意味をもつためではない。古典は今日の自己が形成された所似を明らかにするに必要なものとして教育されねばならないのである。古典は善くも悪くも、それが民族の精神的形成を物語るものとして教育される必要があるのである。自叙伝が、今日の個人を明らかにする上に重要であるやうに、古典は、民族の自叙伝である。自叙伝には、栄誉と懺悔とが盛り込まれてあるやうに、古典はある場合には、民族の栄光であると同時に、ある場合には、民族の懺悔である。古典を読むことは、民族が、自己の過去を反省するといふ意味において重要なのである。以上のやうな古典を読む態度は、古典によつて自己を感化しようといふ感化主義の立場を放棄して、古典を読むことによつて、自己を批判するといふ態度をとらなければならない。古今集は、今日では、必ずしも高く評価されてゐる訳ではない。しかし、それが、嘗ては多くの人々に敬愛されたといふ意味で、やはり我々の古典のひとつである。そこに、民族の精神形成の跡を見ることが出来るからである。このやうな態度をとる為には、我々は、過去の文化的遺産に対して、寛容であるといふことが、必要である。寛容といふことは恐らく、あらゆる読書において必要なことであり、それによって、読書の機能が果たされるといふものである。自分が受入れられるものだけ、自分の感覚に合致するものだけしか受入れることが出来ないとすれば、もはや読書といふことは無意味になってしまふ。古典教育の意義の一つは、そのやうな態度を養ふところにもあるといふことが出来る。

（時枝誠記「古典教育の意義とその問題点」『国語と国文学』33巻4号 1956年4月　至文堂　5頁）

これによれば、古典教育の目的は、内容（価値）に関する目的と、態度に関する目的の二つがあると理解される。以下、それぞれについて、述べることにする。

(1) 内容に関する目的

まず、内容に関する目的として、今日の自己が形成された所似を明らかにすることと、民族の精神形成を理解することとが挙げられる。すなわち、歴史的観点からの自己認識と民族の精神史の理解である。二つが列挙されているが、民族の精神史の理解を通じて、今日の自己がどのような民族精神の流れの中で形成されたかが理解されるという関係にある。時枝誠記は、「古典教育の意義は、むしろ現代にないものを求めるところにあるといふべきである。」*[61] と述べた。「古典の中に、今日では忘れられてしまつたやうなものの感じ方、考へ方といふものを、見出すことが出来たとすれば、それは新しい世界の発見である。このやうな新しい世界が発見され、それを現代に蘇らせるところに、文芸復興といふことが可能になつて来るのである。」*[62] とも述べている。ここには、古典を読むことを、民族の精神史の理解と自己認識にとどめず、創造の契機にしようとする姿勢をうかがうことができる。

(2) 態度に関する目的

二つの育成すべき態度が挙げられている。「古典を読むことによつて、自己を批判するといふ態度」と、「過去の文化遺産に対して、寛容である」という態度の二つである。前者は、感化主義に対するものであるが、後者の態度の育成によって、効果的になされる態度であろう。

「古典教育の意義」では、「古典を読もうとする態度は、そのやうな、己の心を以て読む態度（古典に現代的意義を求める態度―渡辺注）ではなくして、古典の中から、現代に無いもの、現代人が、迂闊に落とし忘れたものを求めようとする謙虚な態度でなければならない。」とし、「このやうな態度は恐らく、あらゆる読書の態度に通ずるものである。」*[63] としている。

古典を読む態度は、「あらゆる読書の態度」として育成されるべきものととらえられている。

３　考察のまとめ

時枝誠記の古典教育論について、これまでに考察したことをまとめれば、次のようになる。

(1) 戦後古典教育論批判

①時枝誠記が批判した戦後古典教育論は、現代的意義を求める古典観と感化主義の二つが骨格となっている。

②時枝誠記は、現代的意義を求める古典観に対しては、古典観と歴史観とから批判し、古典再評価論に対しては、言語過程説と、教育論から批判を加え、「別個の古典教育論」を提唱した。

(2) 時枝誠記の古典観

①言語過程説と歴史観とに基づき、作品に対する読者の支持を古典である条件とし、古典を「過去の長い年月に亘って、多くの人に尊重され、愛好されて来た文献」とし、民族の精神形成を物語るものとした。古典教育の意義を現代にないものを求めるところにも見い出した。

②古典を規範と考える古典観、古典に普遍性を求める古典観、古典に現代的意義を求める古典観と異なる独自の古典観となっている。

(3) 古典教育の目的

①内容に関する目的

古典を読むことをとおして、民族の精神形成を理解し、自己形成の所似を認識する。

②態度に関する目的

文化遺産に対する寛大で謙虚な態度と古典を読むことによって自己を批判する態度を養う、とされている。

第3節 「関係概念」に基づく古典教育論

第1項 「関係概念」に基づく古典教育論―益田勝実の場合

益田勝実は、戦後、文学経験を重視する立場から国語教育について積極的に発言を重ねてきた。教科書編集にもおよそ30年にわたって携わり、現代文、古典の双方にわたって「舞姫」(森鴎外)・「椿は春の木」(柳田国男)・「原子の火ともる」(菊村到)・「こぶとりの話」(『宇治拾遺物語』)・「橋合戦」(『平家物語』)・「倭建命」(『古事記』)・「馬盗人」(『今昔物語』)など多くの新教材を発掘している*64。益田勝実の古典教育は、教材の開発にその特色の一端を見い出すことも可能である。

1 益田勝実の古典観

益田勝実は、「古典であるかないかは、この現実社会を生きる現代人の主体的なそれへの取り組み方を媒介にして、はじめて決まるものである」*65とし、次のように述べている。

> 本来、古典とは古い本というだけの意味ではない。古書籍といわず古典と呼ぶのは、それが文化伝統の形成に強力に参加しており、わたしたちがそれに接することによって、現代を生き抜き、未来を開拓するためのなにかのエネルギーをそこからなおゆたかに汲み上げうるであろう、という可能性が認められているからである。(中略—渡辺)それが古典でありうるかどうかは、現代に生きるわたしたちが、それをどのような形で必要とするかの問題であり、たんに古いから古典ではない。そういうふうに〈古典概念〉をはっきりさせていくと、古典を用いての教育は、古典の字句の教育にとどまってはならず、現代人としてそこから何を汲み上げるか、ということ

> を先に立てたものでなければならないことが、明確になってくるであろう。
> （益田勝実「古典文学の教育」西尾実編『文学教育』1969年8月　有信堂　256・257頁）

ここでは、古典は、現代人がそれを「どのような形で必要とするか」、そこから「何を汲み上げるか」ということに関わり、「現代を生き抜き、未来を開拓するためのなにかのエネルギーを」「ゆたかに汲み上げうる」時、現代人にとっての古典になるとされている。後に、益田勝実は、「われわれと先出の作品とが〈古典的〉な関係—古典として取り組み、古典として超克しようと努力する関係を結ぼうとする時、古典は出現する。」*66とも述べている。古典の継承と発展も、このような主体との関わりにおいてなされることである。ここに、「万古不易」の古典観を排する、「関係概念あるいは機能概念としての〈古典〉」*67観を見いだすことができる。

さらに益田勝実は、古典を「ことばの芸術」として措定する。ことばの芸術としての古典は、「ことばの契機を通して」、主体的に「体内で機能させ」ることが前提となる。その上で、「現代を生き抜き、未来を開拓するためのなにかのエネルギーを」汲み上げうる時、古典は古典として出現することになる。

以上から、益田勝実の古典観をまとめれば、次のようになる。

ア．古典は、ことばの芸術である。

イ．古典は、主体的に、ことばの契機をとおし、文学として機能させることで、現代を生き抜き、未来を開拓するエネルギーを得る時出現する、関係概念・機能概念である。

ウ．古典は、主体的なかかわりを介して出現し、文化伝統の形成に強力に参加する。

2　古典教材化の基本

(1) 古典教材化の観点

益田勝実は、古典教材化の観点として、ア. 民族のつかみ直しのための古典教材、イ. 古典概念の拡大による古典教材、ウ. 驚きをもたらす古典教材、エ. ことばを鍛える古典教材を挙げている。

「ア」で、益田勝実は、「日本民族の芸術・文化について深い理解を必要とする時代」であるとの認識のもとに、「根の深い、根源的な民族のつかみ直しがなされるべきである」とする立場に立った教材の発掘を主張する*[68]。

「イ」では、桑原武夫や加藤周一らによる従来の「花鳥諷詠的な」古典観への批判を受けとめて、古典概念を「厚みとひろがりのあるものに編み直す」という観点から、古典教材の発掘を試みようとする。この古典概念の拡大という観点は、民族のとらえ直しという観点に通底するものである*[69]。

「ウ」において、益田勝実は、学習者に驚きを与え、興味・関心、感動をひき起こし、主体的な学習を展開しようとする。そのために、「書簡とか日記とかを見直して、そこから大胆に教材を取り上げ」ようとするとともに、「口語の文学の伝統」を掘り起こすことを考える。この観点は、古典概念の拡大にも繋がるものである*[70]。

「エ」では、ことばを鍛え、「内言」を豊かにするための古典教材の開発を進めようとしている。益田勝実が、「内言」を豊かにするためには、「近代のことばの歴史の諸段階の優れた文章にふんだんに接触させること」*[71] を重要と考え、ことばを鍛えるための教材を、近代の文章に求めようとしたことは、注目される。

(2) 古典の読み方例の教材化

益田勝実は、原文主義が、「古典文学教育そのものを阻止する力になってきている。」*[72] と批判し、古典の読み方例の教材化を、「わたしたちが同時代人の古典との取っ組み合い、その多様な試みのなかに身を置いて、はじめて主体的に現代の人間として古典との関係を作り出しうる、という自明の原則は回復されなければならない。」*73 とし、積極的に推進しようとした。

(3) 教材の構成

益田勝実は、文学史的把握と文学的能力伸長との二系列の教材の体系を考えていた。前者は、意外にも思われる古典教材によって民族の文学史像を心に彫りつけることをねらいとしている。後者は、「人間や人間関係の認識とか、自己の想像力の可能性を探ることなどが中心」となる教材体系である。この点については、改めて４章で取りあげる。

益田勝実は、「教材を豊富に多様化するように、新しい古典を求めていく学習をし、その中で師弟同行でめいめいの古典発見」*74 ができるように、教材集の作成を想定していた。具体的には、「(一) 主教材　各時代の各ジャンルの主要作品の珠玉集／イ　原文を綿密に読みほぐしていく領域／ロ　それに倍する、各自で読んできて集団で鑑賞・討議する領域／(二) 副教材／イ　文学小史／ロ　国語小史／ハ　古典批評・古典鑑賞の諸典型」*75 のように構想されていた。

３　古典教育の方法

古典教育の方法については、次のように考えている。重点箇所や気がかりな表現を取り上げて、表現への驚きや衝撃からくる興味・関心を大切にしながら、繰り返し読み込み、文学経験を成り立たせ、内容理解を深める。内容理解の深め方は、「巨視の眼」(文学史的・言語史的理解) と「微視の眼」(作品の形象による理解) を併用してなされ、内容認識、歴史的認識を深め、主体的受容を確かなものにしようとする。ことばの蓄積は、このような授業方法によってなされるとする。それは、現代を豊かに生き抜き、未来を切り開く力に繋がるものとも考えた。さらに、益田勝実は、「内言」を豊かにする古典教育の基本的方法として、①重点箇所を中心とした学習による古典語の知識に蓄積のための秩序を与えること、気がかりな表現への関心を生かしてことばの蓄積を図ること、という点を見い出した。また、上に述べた②「巨視の眼と微視の眼」を併用してなされる学習指導法も内言を蓄積する方法とした。さらに③比較的に文学史的把握の方を重視する体系と、比較的に学習者の主体の文学的能力を重視する体系との二通りの指導法についてとらえている*[76]。

4　考察のまとめ

益田勝実の古典教育論ををまとめれば、以下のようになる。

①古典観に関しては、古典はことばの芸術であり、主体的なかかわりを介して現代を生き抜き、未来を開拓するエネルギーを得る時に出現する、関係概念・機能概念ととらえている。

②古典教材化については、ア．古典概念の拡大による教材化、イ．文学史的把握を可能とする教材化、 ウ．文学的遺産を発掘し、民族のつかみ直しを行う教材化、エ．人間理解を深める教材化、オ．読むものに刺激（驚き）を与える教材化、カ．ことばの歴史的な動きを理解する教材化、キ．ことばを蓄えるための教材化、という観点が見い出され、具体化されている。

③古典教育の方法

益田勝実は古典教育を「巨視の眼」（文学史的・言語史的理解）と「微視の眼」（作品の形象による理解）を併用して行おうとする。その指導過程は、驚き・衝撃からの興味・関心→重点箇所・気がかりな表現への着目→繰り返し読み込むことによる文学経験の成立→内容理解の深化、となっている。こうした古典教育をとおして「内言」を豊かにする古典教育が目指された。

第２項　関係認識・変革の古典教育論―西郷竹彦の場合

西郷竹彦によって構築された西郷文芸学は、昭和 40 年代のはじめに登場した。古典教育論も昭和 40 年代から登場し、しだいに論を整えていった。西郷文芸学の発展と認識の方法の体系化が古典教育論の基礎になっている。まず、西郷文芸学を概観した上で、古典観、古典教育観をとらえ、古典教育方法論に言及していくことにする。

1　西郷文芸学

西郷文芸学は、次の各論からなる。すなわち、視点論、形象論、構造論（筋・構成・場面）、人物論、表現論、文体論、主題論（主題・思想・象徴）、虚構論、典型論、様式論などの各論である。各論は、以下のように関係づけられる*77。

【図 1-2　西郷文芸学の構造】

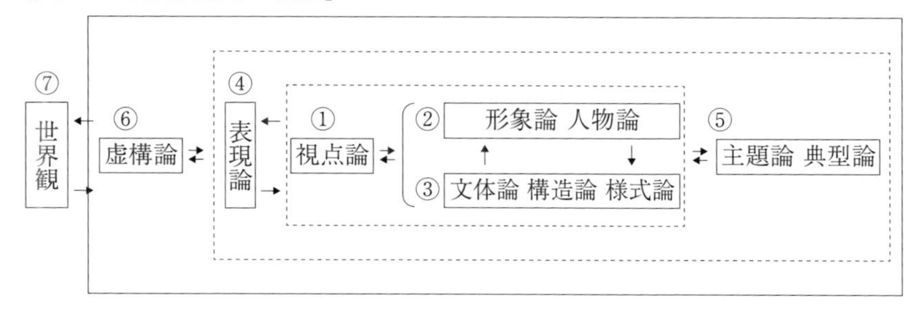

西郷文芸学において、①視点論は、②形象論・人物論、③文体論・構造論・様式論に及び、それぞれを明確にし、関連づける。②形象論・人物論は、③文体論・構造論・様式論と相互に関連する。①②③のそれぞれの総体は、④表現論によってそれぞれの体系化が目指される。①②③は、メタ認知による意味づけを媒介にして⑤主題論・典型論と相互に関連し、それぞれを明確にしていく。①②③④⑤は相関的・対立的に関連しつつ、⑥虚構論に構成されていく。⑥は⑦世界観と相互に関連する。西郷文芸学の上記の各論は、このように関連づけられ構成されている。

2　教育的認識論

西郷竹彦は、教育的認識論に関して、次頁に掲げる認識方法の「関連・

系統指導案」を発表した*[78]。

この小学校段階の「関連・系統指導案」の上位に、中学校・高等学校の認識方法が、◎多面的・多元的・総合的、◎論理的・実証的・仮説的、◎主体的・独創的・典型的、◎批判的・発展的・弁証的、として位置づけられている。

この内、授業論における、教授＝学習過程（文芸研方式）は、古典の読みにも適用される。この指導過程の「とおしよみ」における同化・異化＝共体験について、大槻和夫は、批判を加えている。同化・異化による共体験は、語り手によって語られる世界にかかわって、それ以外には及ばない。そうであるならば、「読みは現代との短絡、非歴史的抽象」に陥りかねない。大槻和夫の批判はこの点に基づくものである。その是正のためには、「作者と語り手と歴史的社会的状況との関わりをも対象化してとらえる視点論」が必要であると説くのである*[79]。

「関連・系統指導案」

〈小学校〉

○観点—目的意識、問題意識、価値意識

○比較—分析・総合　わける—まとめる

　　類似性、同一性—類比（反復）

　　相違性—対比

○順序—展開、過程、変化、発展

　　時間、空間、因果、心情、思考、論理、意味

○理由

　　事象—感想、意見、根拠、原因、実証的

○類別（分類、区別、特徴）

　　特殊・具体⇄一般・普通

○仮定（条件）

○構造、関係、機能

○仮説

必然性をふまえて過去、未来を予想する。
○選択（効果・工夫）
○関連、相関、類推
西郷竹彦「第19回文芸研全国研究集会基調提案　この学年でどんな力を育てるか」（『文芸教育』45増大号　1985年２月　明治図書　27頁）

３　古典観

西郷竹彦は、古典観について、次のように説明している。

> 古典は、現代に生きることによって、いや、生かすことによって、古典たりうるのです。現代の私どもが、古典をどう意味づけるか—私どもの主体的な読みによって、古典は永遠の生命をかちうるのです。
>
> 古典は、そこに封じ込められたある確固不動な「何か」が、不変のままで後世に伝えられていくものではありません。つねに、時代が変わり、人が変わることによって、生まれ変わっていくものです。
>
> 現代に生きる私が、古典とどのように「対話」するかによって、たえず古典は新しい姿を見せてくれます。
>
> 私は、古典の作者たちが作品に語りこめた人間観・世界観をあきらかにしながら、現代を生きる私自身の生きる指針にしたいと考えてきました。
>
> （西郷竹彦「はじめに」　西郷竹彦『西郷竹彦文芸・教育全集　第11巻　文芸の世界　Ｖ　古典文芸』1997年１月　恒文社　12頁）

西郷竹彦は、読者主体による、古典との対話によって、たえず古典は新しい姿を見せるとし、主体的な読みによる新しい意味づけによって古典は、古典たり得るとしている。古典は、「確固不動」でも「不変」でもなく、時代や人の変化によって生まれ変わるとされている。ここに見られるのは、「関係概念」としての古典観であろう。このようにとらえられる西郷竹彦の古典観に対してゆさぶりをかけるものに、「古典の作者たちが作品に語りこめた人間観・世界観をあきらかにしながら、現代を生きる私自身の生きる指針にしたいと考えてきました。」という一文がある。「作者たちが作品に語りこめた人間観・世界観をあきらかに」することを古典の読みとすると、読者による、古典との主体的な対話による意味づけを読みとする読み方に矛盾するとも考えられる。それは、「関係概念」ではなく「典型概念」としての古典観に基づく読みの方法とも考えられよう。しかし、西郷竹彦の『平家物語』(那須与一)の授業を改めて検討する時、その読みは、古典作品を、文芸学と認識の方法を用いて創造的に読んでいると理解された*80。したがって、ここでいう「古典の作者たち」は、古典作品の表現をとおして想定される作者としてとらえられよう。「古典の作者たち」も、作品の創造的な読みによって新しい姿を見せることになる。こうした把握によって、西郷竹彦の古典観を「関係概念」としての古典観と定位することにした。こうして見れば、古典の創造的な読みによって、「人間観・世界観」を読み取り、それが現代を生きる指針として機能する時、古典は古典として生きることになるということになる。

4　古典教育の方法

西郷竹彦は、文芸学と文芸教育の立場から、古典教育で試みたいことについて述べている。

> 一　文学理論の視角からいくつかの古典文芸について私なりの光をあたえてみたり(ママ)(つまり視点、継承の筋、構想、虚構、文体、人物などの各論をふまえての分析、研究ということ)
> 二　生徒に教えるという前に教師として古典文芸に学ぶものがあるにちがいない。
> 三　古典文芸と現代文芸、あるいは現代に生きる私たちの生き方とのかかわりということ、つまり私のいう〈典型〉をめざす読みと

いうことをしてみたい。
（西郷竹彦「序　古典文芸の世界」西郷竹彦『西郷竹彦文芸教育著作集 第10巻　古典文芸の世界』1981年10月　明治図書　11頁）

西郷文芸学における教授＝学習過程（文芸研方式）は、古典の読みにも適用される。その過程に沿って、『奥の細道』（平泉）の授業では、イメージ（形象）、対比・変化・発展・反復といった認識の方法を用いて、〈典型〉を目指す読みが試みられている。文芸学と認識方法を用いて読みを顕在化しようとしたところに西郷竹彦の古典教育の特色がある*81。

５　考察のまとめ

①「古典」は、主体的な読者（学習者）と古典との対話によって、関係認識・変革を可能にするものとして機能するとき創造される。ここに見い出される古典観は、「関係概念」としての古典観である。

②古典との主体的対話は、文芸学・教育的認識方法を用いてなされている。文芸学・認識方法に関する概念を用いることで対話を顕在化させ、共有可能なものにもなる。

③古典教育の方法は、教授＝指導過程（文芸研方式）として定式化されている。この指導過程をとおして、認識を深めることと、認識方法を身につけることが求められている。この指導過程に関して、作者と語り手と歴史的社会的状況とのかかわりをも対象化してとらえる視点が必要だとする批判も見い出される。

④古典の読みは、文芸学と認識の方法を活用して行われている。イメージ（形象）、対比・変化・発展・反復といった認識の方法を用いて読みが試みられている。西郷竹彦の古典の読みの場合、文芸学、認識方法に基づく読みの方法を用いて読みを顕在化したところに特色が見える。他に、文芸学の形象論・構造論（筋・構成・場面）・表現論・主題論（主題・思想・象徴）・典型論、認識方法としての比較・順序・構造・選択・仮説・関連・類推なども用いられている。

第4節　「典型概念」から「関係概念」への移行

―昭和40年代の古典教育論を中心に―

第1項　昭和40年代の古典教育論をめぐる状況

第1節から第3節においては、6人の古典教育論を、古典観に基づき、「典型概念」、「典型概念」の相対化、「関係概念」に分けて特色を明らかにした。それぞれの古典教育論には、今後に生かすべき点が見い出される。

増淵恒吉の古典教育論は、「典型概念」に基づき、読解による理解を基盤としつつ、課題学習や分団学習を用いて学習者の主体的活動による読みを求めようとしたところに特色が見い出される。西尾実の古典教育論の意義は、文学経験を重視し、文学の問題意識喚起の機能を見い出した点に認められよう。また、文学教育の読みの方法を、問題意識を軸に段階的、発展的過程として提示した点に特徴が見い出される。この指導・学習過程は今後に改善して生かすべきものであろう。荒木繁の問題意識喚起の古典教育は、内化に導く古典教育として、章を改めて検討する。

時枝誠記は、古典の読みに客観性を求めた。古典については「過去の長い年月に亘つて、多くの人に尊重され、愛好されて来た文献」とし、長年に亘り継承されたとする「典型概念」としての古典観を相対化した。古典教育の意義は、現代にないものを求めるところにも見い出され、注目されるものとなっている。

益田勝実の古典観は、古典を「関係概念」ととらえるところに特徴がある。また、古典の拡充を求め、教材開発を行い、意外性を契機として古典を読み深め、内言を豊かにする古典教育を求めた。西郷竹彦も「関係概念」としての古典観に基づき、文芸学と認識方法によって読みを深め、関係認識・変革を求める古典教育を求めた。文芸学・認識方法による読みの技能は、今後の古典教育に生かされねばならない。

ここに取り上げた古典教育論は、現在も併存している。しかし、史的に見れば、古典観は、「典型概念」としての古典観から、「関係概念」としての古典観に比重が移りつつあると考える。それに従って、古典の読みの指導も、読解的方法から、古典との対話による価値の創造へと向かってきた。この変化は、古典教育のパラダイム転換と言いうる変化である。その転換は、後に見るように、古典教育論としては、昭和40年代（1965～1974年）に始まる。

昭和40年代は、大局的には戦後史の転換期であったと見られる。社会的価値観とそれに基づくシステムが揺らぎ、新たな価値観とシステムが模索され始めた時代であった。グランドセオリーの解体への流れは古典観、古典教育観にも影響を及ぼしたと考えられる。

昭和40年代には、教育をめぐる状況も大きく変化した。人間疎外、主体喪失といった社会的状況など深刻な状況が生じるに至った。学校教育は問い直され、変化、改善が求められた。昭和40年代には、昭和44年（中学校）、昭和45年（高等学校）に学習指導要領が改訂され、古典教育が見直され重視されるに至った。このような教育をめぐる状況の中で、古典教育も、人間を追求し、人間性に培う教育が求められた。

戦後の古典教育論は、大きくは①「典型概念」としての古典観から②「関係概念」としての古典観に基づく古典教育に至る過程としてとらえられる。昭和40年代はその転換の始まった時期であると考える。以下、①と②の観点から昭和40年代の古典教育論の展開を考察したい。

当時の古典教育論をめぐる状況は、以下のとおりであった。

①古典教育の重視

昭和45年度版学習指導要領において古典が重視され、原文を読み味わうことが主眼とされるに至った。昭和41年に中央教育審議会答申として「期待される人間像」が出され、愛国心が強調された。古典教育の重視は昭和30年代からのナショナリズムの高揚に関わっている。

②古典教育への疑問

情報化社会を迎え、学習すべき内容が飛躍的に増大した現代において古典を学ばせる必要があるかという根源的な問題が投げかけられた[*82]。

③古典観への疑問

昭和30年代に桑原武夫は、日本における古典は、近代以前の古い本の意味か、また、世界的普遍的価値を持ちえぬ地方的なものかと疑問を投げかけ、社会状況の異なる1000年前の古文の理解は時間がかかり過ぎる、また、古典教材の人生態度はおおむねワビ・サビ的、詠嘆的、隠退的であり、未来の教育として不適切であるなどと古典教育にも疑問を呈した。この批判は昭和40年代の古典教育論にも影響を及ぼしている。加藤周一も日本文学の古典が花鳥諷詠的と批判した。

④古典嫌いの増加

学年が上がるにつれて古典教育は敬遠され、大半が古典嫌いになる傾向がある。高校生の多くは、古典教育を、実生活の役に立たない、自己形成上無意味、読解作業が煩わしいとし、否定的である。

第2項　昭和40年代の古典教育論

昭和40年代の古典教育論について、足立悦男は、「一九六〇年ごろから、古典教育関係の誌上論文をみていくと、大きく二つの潮流ともいえる古典教育論が対立的に顕在化してくるように思われる。」と述べている。「二つの潮流」については、「第三次改訂（昭和35年度版学習指導要領―渡辺）においても貫かれてきた戦後の伝統的な古典教育観（注　下線は渡辺が付した。以下同じ）」と「日文協の現場教師に代表される新しい古典教育論の胎動」*[83]とした。前者については、時枝誠記の古典教育論を挙げ、後者については、大河原忠蔵の古典教育論を例に出している。時枝誠記の古典教育論は言語過程説に基づく古典教育論であり、「伝統的な古典教育観」というのは適切さを欠くであろう。しかし、古典教育論に対立する二つの潮流をとらえた点は的確である。

本節では、足立悦男のとらえた二つの潮流を「典型概念」に基づく古典教育と「関係概念」に基づく古典教育ととらえる。二つの潮流は、昭和40年代の古典教育を取り巻く状況の中で、動きを広げ活発にした。以下、代表的な論について検討を加えることにする。

1　昭和40年代の「典型概念」に基づく古典教育

(1)「典型概念」に基づく古典観

飛田多喜雄は、古典を「長い年代の風雪に耐え、時代を超えて価値を持ち続けてきた作品である。いわば、古くても今に通ずる価値を保持している国民の言語文化である。」*84（注　下線は渡辺が付した。以下同じ）とした。古典教育の意義については、「単に国民としての教養を高めると言うだけでなく、人間の記録としての古典の価値を現代の時点で受けとめ、現代人の感覚で摂取し、個々人の生活意識を高めたり生き方の養いにしたりすることによって人間性の開発に寄与することができる。そのことは必然に、国民性の涵養、国語への愛に通ずる。古典が古くて新しいと言われるのは、そうした普遍の価値の源泉だからであり、古典を読む意義はそこにある。」*85と述べている。中学校の教材に関しては、「中学生自身の思考をさそい、生活意識を喚起するような内容の作品」、「いわば人間性開発に役立つような内容価値に照明をあてたい」*86と述べている。

宮崎健三は、古典を、ア．日本の古典、イ．古い時代の所産、ウ．高い価値を条件とし、「代々の人々がこれを愛読し尊重して、これを滅ぼそうとする『時』の力から守りつづけて、今日まで大切に伝えてきた」「永遠の書」*87とした。古典教育の意義については、「社会状況の変遷と並行して、それぞれの時代の人間の表現を読むことによって、人間の姿を探究しようとするものである。」*88と述べている。古典をこのようにとらえた上で、古典の授業で大切なこととして、「その一つは、その授業で教材の、永遠につながる内容をくみあげて生徒の心にそそぐことである。その二つは（その一と表裏の関係に立つ）、その授業で古典への親しみを持たせ、生徒の将来に古典への関心を呼び起こすことである。」*89と述べている。

安良岡康作は、「古典文芸は、その成立において『古』であり、その意義において『典』である」とし、「かかる二つの意義を持っている古典文芸作品は、各時代にわたって、まことに希少である」*90とした。古典を読む意義については、「古典の中にのみ存する価値が、現代のわれわれを導き、向上させる力を持っているからである。」*[91]としている。古典文芸教育の方法は、「まず、読みが先行し、次いで、注釈が補添され、その上に立って、さらに、読みが行われることによって、鑑賞活動が展開してゆくというのが、学習上の順路である」*[92]とし、その鑑賞活動の上に感想・創作・研究に発展させることができるとした。加えて「古典文芸教育の究極の課題」として、「中学の古典教育が、生徒の中に、卒業後、社会人となった時にも、（中略—渡辺）古典文芸を心の糧とし、また、生活を向上させる力とすることも可能であるような道を開いてやるまでになるべき」*[93]と述べている。

増淵恒吉は、古典を「長い年月にわたって、それぞれの時代に、高い知性と豊かな情感の持ち主たちによって享受され、批判に堪え抜いてきたもの」ととらえる。古典教材としては、「伝統によって確保され、長い過去の評価に堪えたもの、より広汎な高き知性と豊かな心性によって共感されるものであり、しかも、中学校・高等学校の生徒たちに、何らかの点で、感動を与えうるものでなければならない。」*[94]と説いている（第1章第1節第1項3参照）。増淵恒吉は、古典教育のねらいを、ア．祖先の生き方・考え方・行動の仕方の理解、イ．現代に生かしうるべきもの、生活の糧とすべきものの把握、ウ．祖先の発見し、形象化した美の認識、エ．国語に対する認識の深化、言語感覚の育成、および、オ．読解力の伸長に求め*[95]、「こうしたねらいをもって指導を進めていけば、おのずから、わが民族の特質についての理解が深まり、生徒は民族としての誇りを自覚するに至るであろう。最初から、民族について自覚させ、誇りを持たせることを目標として指導をするのではなく、指導の結果として、わが民族がすぐれた文学遺産を所有していることに喜びと誇りとを覚えるようにするのである。」*[96]と述べている。

遠田晤良は、古典教育の必要性、日本の「古典」への懐疑といった「古典教育を根底から揺るがす否定的な懐疑論」を意識しつつ「文学の教育と研究」という観点から古典教育論をまとめている。まず、古典については

「時代の淘汰を経たすぐれた言語文化であることは論外として、『現代に生きる我々が、現代に生きるものとしての自己のあり方と自己の意識のあり方を、それによって検証し、反省する契機となりうるもの。』」*[97]とした。古典教育の役割については、「古典の中に存在する人間および人間として生きた彼らの意識を形象を通して克明に追求してゆくことによって味わうことのできる感動へ導いてゆくことを大切にすべきである。そして感動することによって変革された自己がさらにその眼で自分を取り巻く状況や自己の希求を客観化し、状況の変革へと立ち向かってゆける人間を育てることが古典教育また文学教育の果たすべき重要な役割でなければならない。」*[98]と説いている。

石井茂は、「永遠に古くして永遠に新しい生命を持つものが、古典である」*[99]とする。古典教育のあり方については、「古典への無条件的な傾倒や陶酔を改め、今一度、本文そのものを鋭く見つめなおす必要を感じる」とし、「これから古典を学ぶ子どもたちは、新しい時代環境の中に育ち、古い日本人的体質から脱皮して、新しい時代を建設する責務がある。その子どもたちに、古典を固定した古典観を通して、しかも自由な見方を封じて、一方的に押しつけてよいものであろうか。私ははなはだ疑問に感じている。かくいうからといって、古典を軽視したり、従来の古典研究の成果を否定したりするものではない。それをふまえ、重視しつつも、学習の場ではそれにもたれかかることなく、生徒たちとともに自在な見方を啓発してゆくこと、それがむしろ古典を愛し尊重することであり、真の意味の文化遺産の継承であると思う。」*[100]と主張している。

(2)「典型概念」に基づく古典教育の方法

次に、「典型概念」に基づく増淵恒吉・飛田多喜雄の方法論について見ていきたい。

増淵恒吉は、古典教育の方法について、次のように留意点を述べた*[101]。ア．教材の選択—教科書教材を入れ替える。イ．内容のあらましを読みとるために生徒に口語訳（家庭作業も考える）をつけさせる。ウ．音読・朗読を重視する。エ．語釈・文法の説明は控え目にして、深入りしない。オ．教師は先入主にとらわれてはならない。カ．生徒のなまな感想をもとにして指導を進める。キ．発問・課題を厳選し、課題学習も生徒の学習活動促進のために適用する。ク．一斉学習が無難だが、グループ学習も考える。ケ．和歌・俳句などの韻文教材は、特に重点を明らかにして指導する。コ．古典作品の比較による特質の明確化、現代の作家・評論家による古典の現代的解釈を取り入れ、作品に親しませる。以上の他に、サ．一般的な指導過程を、①指名読み、②範読、③通釈、④感想発表、⑤内容の探究、⑥指名読み、⑦感想文の作成とした。

飛田多喜雄は、中学校における古典指導の重点として4点を挙げている。ア．古典を読む意義を理解させ、古典に親しむ態度を身につけさせること、イ．古典に対する興味や関心、意識など、生徒の実態をふまえた指導の徹底を図ること、ウ．古典の指導方法に改善を加え、適切有効な指導によって実践的確立を図ること、エ．原文主義の精神を正しく理解して、無理のない適切な指導をすることの4点である*[102]。この内「ウ」では、伝統的指導法の代表的な①素読中心の訓練的方法、②注解中心の解釈的方法、③内容中心の教化的（説明的）方法を挙げている、これらは教師中心の指導になりがちであった。飛田多喜雄は、その改善について3点を提言している。①は教師中心の反復練習に傾斜がかかる方法であるが、音読・朗読の指導方法として活用するようにし、②は教師中心に文法的な説明を細かく丁寧にしていきがちであるが、知的訓練の長所を生かしながら、生徒主体の解釈に改善する。③は、教師の作品観を説明し、生徒をその方向に引きずっていく傾向があるが、主体を生徒に置き、生徒自らによる感動体験による共感や自覚を目指そうとする*[103]。

(3)「典型概念」に基づく古典教育論の検討

飛田多喜雄は、典型としての古典観に立ちつつも、古典の価値をそのまま生徒に受容させるのではなく、「現代人の感覚で摂取し、個々人の生活意識を高めたり生き方の養いにしたりすること」を目指した。増淵恒吉も教材選択において「生徒たちに、何らかの点で、感動を与えうるもの」を求めた。古典教育において学習者の主体的かかわりへの配慮が意識されている。遠田晤良は、古典教育に自己変革、状況変革を求めた。ここに見られるのは、学習者の古典教育における位置づけの明確化が、必然的に伝統の継承よりも学習者の自己変容・変革、生き方の模索・追求に向かわせているということであり、その意味では三者には通底するところがある。

宮崎健三は、古典を永遠の書とし、「高い価値を持つこと」を条件としたが、「古典の世界には、当然現代と異なる面、たがいに矛盾する面も少なくない。」と言う。それでは、相互に「矛盾」している古典のどのようなところに「高い価値」を認めるのであろうか。また、その学習については、「そのようないろいろの古典の一つ一つから、それぞれ異なるものを享受し、現代と共通する面や異なる面のそれぞれを読み、あるいは古典相互間の異なる面をそれぞれに読み味わえばよいのである。」*[104]と述べる。しかし、この「享受」と読み味わいは、「永遠につながる内容を汲み上げて生徒の心にそそぐこと」とどのようにつながるのであろうか。宮崎健三の古典教育論には、揺らぎが見い出される。

安良岡康作の古典教育論の問題は古典観に見い出される。安良岡康作は、古典文芸作品は「まことに希少」とし、『万葉集』を日本民族の古典と評価するが、「『新古今集』の定家を中心とする、あの夢幻的歌風をわれわれの古典とする根拠は乏しい」*[105]としている。増淵恒吉も、『枕草子』・『更級日記』・『宇治拾遺物語』の価値については疑問を呈している。三者は典型としての古典観に立ちながら個々の古典作品に関しては評価が違っている。三者の評価の違い自体が古典の価値の相対化を意味するものとなっている。古典の相対化は石井茂の論にも表れている。

２　昭和40年代の「関係概念」に基づく古典教育

(1)「関係概念」に基づく古典観

益田勝実は、先に論じたとおり（第１章第３節第３項参照）、「本来、古典とは古い本というだけの意味ではない。古書籍といわず古典と呼ぶのは、それが文化伝統の形成に強力に参加しており、わたしたちがそれに接することによって、現代を生き抜き、未来を開拓するためのなにかのエネルギーを、そこからなおゆたかに汲み上げうるであろう、という可能性が認められているからである。」と述べ、さらに、「それが古典でありうるかどうかは、現代に生きるわたしたちが、それをどのような形で必要とするかの問題であり、たんに古いから古典なのではない。」（注　下線は渡辺が付した。）*106 と古典概念を明らかにしていた。ここに見える古典観は、読み手との関係性の中で古典が意味づけられ、価値づけられたときに〈古典〉になるという関係概念としての古典観である。この古典観に立って、益田勝実は古典の選定と発掘による古典のとらえ直しを求めることになる。古典教育について、文学教育として定位し、とらえ直しによって選定された古典教材によって「現代人と歴史との内面的なつながり、現代人と民族の文化伝統との内面からのつながり」*107 を可能にする古典文学教育を求めた。それは、「現代にだけ固執して生きる以上の人間的な強靭さを培う」*108 教育であった。指導に関しては、「学習は知らなかったものとの葛藤であり、葛藤として組織されねばならない」とし、「芸術伝統との格闘は、巨視の眼と微視の眼とを併用してなされる必要がある。時代の文学のイメージ、そのジャンル固有のイメージに眼を注ぎつつ、同時に、その作家、その作品の個性的な特色を荷う、具体的な細部描写を手離さないことが、大切となる。」*109 としたのであった。

長谷川孝士は、

> 古典を広くそれぞれの時代・社会において行動し感動し思索した典型的な人間の記録だと考えるにしても、その大きさは読み手の大きさだけしか機能しない。つまり、そうした古典の価値は古典から読み手への、いわば上から下への一方通行ではないということである。古典から読み手への働きかけとは、読み手から古典への働きかけを意味するものととらえるべきである。古典を古典たらしめるものは実は読み手主体なのである。その価値も意義も、読み手主体が

> それを発見し、引き出して、初めて存在するのである。要するに、古典から読み手への働きかけと読み手から古典への働きかけと、この相互作用のうえに、初めて古典が古典として成立し機能すると考えるべきであろう。（長谷川孝士「中学校における古典の学習指導」長谷川孝士編著『中学校　古典の授業―全国実践事例―』1973年12月　右文書院　8頁　注　下線は渡辺が付した。）

と述べている。ここにも関係概念としての古典観が見い出せる。古典学習の目標については、「人間認識・現実認識につちかうことであるという基本的な考えから、そこに形象化されている人間典型――それぞれの時代・社会において行動し感動し思索した人間典型に、形象・表現に即してふれることによって人間・現実についての認識につちかう。このことが、古典学習指導の基本であると考えたい。その学習の当然の結果として『民族性』あるいは『民族精神』についての理解も深まるであろう。それは『結果として』であって、第一義的な目標ではない」*110と記している。

大河原忠蔵は、「古典は、古典なるがゆえに価値があるのではない。現代の苛烈な状況下に、なお、文学としてたえることができるときのみ、価値がでるのである。」（注　下線は渡辺が付した。）*111と述べている。大河原忠蔵は、文学は、活字から頭の中で作るものとし*112、読者の役割を大きく評価した。「現代の苛烈な状況下に」、「文学としてたえる」とは、「現代の空白を克服する力」*113、すなわち状況認識の力によると考えられる。

(2)「関係概念」に基づく古典教育の方法

益田勝実が編集に加わった教科書『古典Ⅰ（古文）』（1962年　筑摩書房）の『平家物語』の指導を見ることにする。教材は、「祇園精舎」・「橋合戦」・「木曽の最期」・「先帝身投げ」によって構成されている。『平家物語』の史的意義は、「古代から中世への変革期における大小の英雄的人間像が見事に形象され」、「国民的な語りものとして創作されたところに重大な歴史的意義が認められなくてはならない。」*114ととらえられている。

『平家物語』のこのような把握に立って、指導目標は、次のように述べられている。

> この単元は、そうした『平家物語』の中の積極的な意義をになう人間像の代表的なものをえらんで、それぞれの性格と運命によって、かれらがその歴史的な役割をどのように果たしているかということを読み取り、『平家物語』の最も主要な側面を理解し、中世文学の世界の主要素をとらえさせようとしている。「橋合戦」における明秀や、「木曽の最期」の義仲、さては、「先帝身投げ」の知盛などの行動と運命は、『平家物語』における英雄叙事詩的要素と詠嘆的世界観との渾然たる階調を、学習者の心に深く刻みこませずにはおかないであろう。(「平家物語」西尾実編集者代表『古典(古文)学習指導の研究　一』1963年3月　筑摩書房　289・290頁)

指導目標が、①明秀・義仲・知盛ら「平家物語」の「積極的意義をになう人間像」の「性格と運命」を読み取らせ、「英雄叙事詩的要素と詠嘆的世界観との渾然たる階調」を感じ取らせることをとおして、②「『平家物語』の最も主要な側面」を理解し、「中世文学の世界の主要素」をとらえさせることに置かれている。

全体の指導計画の概要は、次のようである。

導入―『平家物語』の概要(成立・冒頭の思想)
展開―三章段の理解・鑑賞(「橋合戦」・「木曽の最期」・「先帝身投げ」)
まとめ―全体の理解・鑑賞、『平家物語』の本質(芸術的性格・諸本の成長・影響)、受容と継承

益田勝実は、各章段の指導過程の基本は、次のように考えていた*[115]。

ア．読後に感じ考えたことを記述する。
イ．各自の考えを集団の場に出し合い、深める。
ウ．じっくり本文を読み直す。

エ．発見したものを加えて考えを記述する。
オ．学習の過程で生じた疑問を先生に質問する。
カ．静かに本文を読み直す。

例えば、「木曽の最期」は、①「学習ノート」による学習（含、感想文）→②解釈上の質疑→③グループ討議→④講義→⑤自己の読みの評価→⑥黙読となっていた*116。

以上から考えると、指導過程の項目は、概ね満たしているが、指導過程の基本はア・イを中核的な軸とし、ウ・エ・オ・カの指導は、柔軟に組まれていると見ることができる。

『平家物語』の学習指導に関する益田勝実の古典教育の方法は、整理してまとめれば次のとおりである。

①　指導過程

「平家物語」全体の指導過程には、ア．感想・印象を足場とし、展開の核として、イ．集団的・主体的学習を系統的に指導し、ウ．形象とその意味を追究する指導を行うとともに、エ．『平家物語』を史的に位置づける指導が組み込まれているといえる。指導過程の基本は、読後に感じ考えたことを記述し、各自の考えを集団の場に出し合い、深めることを中核的な軸とし、柔軟に組まれている。

②　理解・認識の深化に関する指導方法

ア　感想を生かす学習指導

読後の感想・印象が、a. 学習展開の足場とされ、「かぎられた視覚・感じ方をゆさぶったり、補強したりする」学習深化の核とされるとともに、b. 学習の成果と比較させることで自己評価にも生かされようとしている。ここに、個々の生徒の感じ、考えることを大切にする主体的学習法を見い出すことができる。

イ　集団学習の指導法

集団学習の系統的発展が、以下のとおりに目指されている。

a. 問題発見の対談、b. 学習のまとめ的な性格の対談、c. 問題発見のためのグループ討議とその解決を目指すクラス討議、d.自由に話し深め、まとまりを生み出す、大人数によるクラス討議、という集団学習の系統的発展が目指されている。

ウ 「微視の眼」と「巨視の眼」による指導

「微視の眼」と「巨視の眼」による指導が授業構成の縦横の柱となっている。

③ ことばに関する指導方法

各段の文体の特色を「ことばの問題」として的確にとらえ、表現（形象表出）効果と関連させた微視的指導を行うとともに、そのようなことばと文体が生み出された必然性を時代状況とかかわらせて理解させる巨視的指導が意図されている。これらの指導は、生徒が表現の細部に留意し、作品を読み味わう力、表現（文体）の変化を時代状況の変化とともにとらえる力を養うものといえよう。

長谷川孝士は、教材編成に関連して古典教育の方法にも触れ、次のように説いている。

> 現在の生活実感にささえられた問題意識のほうから話題や主題を選定し、それを第一原理として、そのうえにジャンルと時代との観点を重ねていくほうが有効のように思うのである。たとえば、「愛の姿」というようなテーマをかかげ、親子・男女夫婦などの間の愛情を典型的に表現した作品を、万葉・古今・新古今からそれぞれ数種ずつ選んで配列編成したとする。学習者は「国民的教養を身につける」ために万葉などの代表的な作品を読もうとする身構えではなく、現在、切実な問題として意識している愛のありかたについて認識を深めるために、祖先の愛情表現の典型にふれるのである。そして、万葉時代のそれと古今あるいは新古今の時代のそれとの傾向のちがいについても具体的に認識の目が開かれるという筋道で学習を組織しようというのである、あるいは、「自然と人間」というようなテーマで、万葉・古今・新古今それぞれから選んで教材化すると

> いうのも、同じ考えに立つものである。（長谷川孝士「中学校における古典の学習指導」長谷川孝士編著『中学校　古典の授業―全国実践事例―』1973年12月　右文書院　26頁）

益田勝実、長谷川孝士に共通するのは学習者の問題意識を軸にした授業展開である。教材の選択（開発）・編成をとおして、あるいは、指導過程をとおして学習者の主体的学習の成立を求めている。

⑶「関係概念」に基づく古典教育論の検討

益田勝実は、古典を、時代を生きる主体が必要とすることによって、文化伝統の形成に強力に参加していると考える。古典は、読み手、学習者と関係性を築くことによって文化伝統の形成に関わっていくのである。古典を現代に生きる者がどのような形で必要とするかによって古典は〈古典〉として現象すると考える点で関係概念としての古典観に立つものである。益田勝実は、学習を葛藤として組織し、「巨視の眼と微視の眼を併用して」行うことによって、「歴史との深い交渉」を可能にし、「現代に孤立させない」古典文学教育を目指した。ここに他の二者とは違った特色が見い出される。

長谷川孝士は、古典教育について、中学生の「現在の生活実感にささえられた問題意識」*117に基づく古典教育を求めた。大河原忠蔵は、状況認識の古典教育を求めたところに新しさがあるが、それはなお、実践に移されず、試論の域を出ていない。

3　考察のまとめ

①昭和40年代の古典教育を取り巻く状況の中で、古典教育論は検討を余儀なくされた。この時期の古典教育論は、大きくは「典型概念」としての古典観と「関係概念」としての古典観に基づくものに分けられる。

②「典型概念」としての古典観においては、古典の捉え直しが模索され、「古典」が論者により異なり、それが古典、および古典観の相対化をもたらせている。

③「典型概念」としての古典観に基づく古典教育において学習者の主体的関わりが大切であることが意識されている。古典教育における学習者の位置づけの明確化が、必然的に伝統の継承よりも学習者の自己変容・変革、生き方の模索・追求に向かわせている。

④「関係概念」としての古典観に共通するのは学習者の問題意識を軸にした授業展開である。教材の選択（開発）・編成をとおして、あるいは、指導形態、指導過程をとおして学習者の主体的学習の成立を求めている。

⑥昭和40年代は、「典型概念」としての古典観、「関係概念」としての古典観のそれぞれに基づく古典教育論が没交渉的に共存している。しかし、学習者の古典教育における位置づけ、古典の相対化によって、後者に立つ古典教育に傾いていくことが予想される。

【参考】

A　昭和40年代の刊行図書掲載古典教育論一覧

番	執筆者	論文題目	掲載書	発行所	刊行年月
①	大河原忠蔵	現代国語と古典の関連をどうとらえるか	現代中等教育研究会編『現代の高校教育　第10　現代国語の読解指導』	明治図書	1965年9月
②	益田勝実	古典の文学教育	大河原忠蔵他3名編『文学教材の理論と教材の再評価』	明治図書	1967年3月
③	増淵恒吉	古典教材の基礎条件	『国語の教育』（国土社）、所収『増淵恒吉国語教育論集　上巻』（1981年2月有精堂）	右文書院	1969年7月
④	益田勝実	古典文学の教育	西尾実編『文学教育』	有信堂	1969年8月
⑤	安良岡康作	古典　指導の意義と方法	倉澤栄吉他2名編『中学校国語科教育講座　第2巻　読むことの指導Ⅰ』	有精堂	1972年2月

⑥	宮崎健三	古典学習の意義と授業	宮崎健三他２名編著『古典の教え方〈物語・小説編〉』	右文書院	1972年５月
⑦	松隈義勇	学習指導要領の改訂と古典教育	宮崎健三他２名編著『古典の教え方〈物語・小説編〉』	右文書院	1972年５月
⑧	石井茂	古典の指導法	宮崎健三他２名編著『古典の教え方〈物語・小説編〉』	右文書院	1972年５月
⑨	長谷川孝士	中学校における古典の学習指導	長谷川孝士編著『中学校　古典の授業―全国実践事例―』	右文書院	1973年12月
⑩	増淵恒吉	古文教育の方法	増淵恒吉他１名責任編集『高等学校国語科教育講座』第８巻	有精堂	1974年３月
⑪	飛田多喜雄	国語科古典指導の基本的な考え方	飛田多喜雄編著『中学校国語科指導細案　第５巻　古典指導法編（全学年）』	明治図書	1974年４月
⑫	増淵恒吉	古文の読解指導Ⅰ	増淵恒吉他１名責任編集『高等学校国語科教育講座』第９巻	有精堂	1974年５月
⑬	増淵恒吉	古文の読解指導Ⅱ	増淵恒吉他１名責任編集『高等学校国語科教育講座』第10巻	有精堂	1974年８月
⑬	増淵恒吉	古文教育の目標	増淵恒吉他１名責任編集『高等学校国語科教育講座』第７巻	有精堂	1974年12月

B　昭和40年代の雑誌掲載主要古典教育論一覧

番	執　筆　者	論　文　題　目	掲　　載　　書	発行所	刊行年月
a	遠田晤良	文学の教育と研究	『国語国文研究』31号	北海道大学国文学会	1965年９月
b	岡部政裕	古典と現代―古典教育試論―	『高校国語教育』４号	三省堂	1965年６月

c	難波喜造	古典教育の意義と方法	『高校教育研究』3巻10号	高校教育研究会	1967年1月
d	中西　昇	国語科教育と思考力　古文と思考力	『国語展望』30号	尚学図書	1967年3月
e	長谷川敏正	古典教育について—中学校における国語教育の反省—	『東横学園女子短期大学紀要』	東横学園女子短期大学	1967年2月
f	益田勝実	古典教材の再評価〈義務教育段階でとりあげることの意義〉1　近代の厚みを再認識することが先決	『教育科学国語教育』107号	明治図書	1967年9月
g	森山重雄	古典教材の再評価〈義務教育段階でとりあげることの意義〉2　民族の創作の精神活動を探る	『教育科学国語教育』107号	明治図書	1967年9月
h	松永信一	古典教材の再評価〈どういう観点から行うか〉1　小学校段階を中心に	『教育科学国語教育』107号	明治図書	1967年9月
i	飛田多喜雄	古典教材の再評価〈どういう観点から行うか〉2　中学校段階を中心に—「人間性開発」を主たる観点として—	『教育科学国語教育』107号	明治図書	1967年9月
j	小野牧夫	古典教材の再評価〈どういう観点から行うか〉3　高校段階を中心に	『教育科学国語教育』107号	明治図書	1967年9月
k	益田勝実	古典文学教育の曲がり角で	『国語通信』127号	筑摩書房	1967年9月
l	小林國雄	高校古典教育への提言	『実践国語』28巻337号	穂波出版社	1967年11月
m	酒井為久	古典（古文）教育論の検討	『国語国文学論集：松村博司教授定年退官記念』	名古屋大学国語国文学会	1973年

n	益田勝実	古典の新しい相貌を	『国語通信』174号	筑摩書房	1975年3月
o	足立悦男	古典教育試論	『国語科研究紀要』7号	広島大学教育学部附属中・高等学校	1975年3月
p	益田勝実	古典文学教育でいまなにが問題なのか	『文芸教育』14号	明治図書	1975年4月
q	増淵恒吉	古典教育管見	『文芸教育』14号	明治図書	1975年4月
r	永積安明	古典文学の可能性	『文芸教育』14号	明治図書	1975年4月
s	益田勝実	古典の新しい相貌を(二)	『国語通信』175号	筑摩書房	1975年4月

第５節　「関係概念」に基づく古典教育の可能性

第１項　「関係概念」に基づく古典教育を支える理論状況

１　「読者論」の展開

戦後期の1960年代まで、文学研究は、ロマン主義文学理論による作家論が主流であった。1970年代に至って、構造主義やフォルマリズムに関連する作品論が研究の主軸になり、その後、1980年代には作品論を残しつつではあるが、ポスト構造主義の影響とともにテクスト論の時代に入って行く。読者論は、テクスト論の時代に重なって展開した*118。石原千秋は、作家論の特徴を、「いわば『近代的自我に向けて成長する作家の物語』を論じるのが、典型的なパターンだった」と記し、読者の意識と研究のあり方を、次のように述べている。

> 作家論パラダイムにおいては「真理」は作家の側にあるのだか

ら、極端に言えば、読者は自分が読者であることという意識さえ持ってはいなかっただろう。読者は自分を消して、作家の「真理」に触れたと感じられさえすればよかったからだ。研究ではそういう「錯覚」を「学問」として制度化するために、個人全集に収められた日記や書簡が参照されるだけの話である。厳密に言えば日記や書簡に書いてあったことを小説と結びつけるのは研究者の恣意でしかない。その恣意を必然に見せるのがパラダイムの威力だ。（石原千秋『読者はどこにいるのか　書物の中の私たち』2009年10月　河出書房　23頁）

石原千秋は、作家論を作品に「近代的自我に向けて成長する作家の物語」を読みとるという「錯覚」を「『学問』として制度化した」と批判している。ついで、作品論に関しては、2点の特徴を挙げている。1点目は、作家論パラダイムにより、作品から作者の意図を読み込むことである。これは作家論を抜け出せていなかったことによる。2点目は、作品論をとおして近代批判を行うことであり、それが作品論の最終目的となっていた。ここには、研究者の無自覚な立場性、イデオロギーが反映していたとする。作品論が十分に作家論から切り離されてはいなかったが、作品論は、「作品をある程度作者から切り離して相対的に自立させた意味において、次のパラダイムのための準備期間を果たした」*119といえる。ついでテクスト論の次代に移っていくが、そこには、ロラン・バルトの作品の脱構築と読者の復権、ミハイル・バフチンの対話論の展開、ヴォルフガング・イーザーの読書行為論等の輻輳的な影響が見い出される。読みは、テクストに対する読者の能動的な働きかけにより相互作用として立ち上がり、イメージ化され意味づけされると考えられるに至った。テクスト論によって、作家論は相対化され、文学研究の後方に退くことになった。

読者論は、国語教育にも浸透していった。関口安義『国語教育と読者論』（1986年2月　明治図書）は、その最初の著作であり、読者論の国語教育への広がりの契機となった。その後の理論的・実践的蓄積をもとに、

1990年代に入り、井上一郎『読者としての子どもと読みの形成』(1993年2月　明治図書)、田近洵一『読み手を育てる—読者論から読書行為論へ—』(1993年1月　明治図書)、藤井知弘『読者としての子どもを育てる国語教室—読者論を導入した読みの指導—』(1993年12月　東洋館出版)等が立て続けに刊行された。ついで、竹長吉正『読者論による国語教材研究　小学校編／中学校編』(明治図書出版　1995年1月　明治図書)、田近洵一・浜本純逸・府川源一郎編『「読者論」に立つ読みの指導　小学校低学年編／小学校中学年編／小学校高学年編／中学校編』(1995年2月　東洋館出版)が刊行されている。さらに、万屋秀雄『感想文の読者論的研究』(1997年4月　明治図書)、上谷順三郎『読者論で国語の授業を見直す』(1997年3月　明治図書)が刊行されるに至っている。

田近洵一・浜本純逸・府川源一郎編『「読者論」に立つ読みの指導』の各巻共通の「まえがき」には、「『読者論』が提起した問題を国語教育の問題として改めてとらえ直した場合には、以下に挙げるような諸点が確認できる」*120として、次のように記している。

- ・作品を読むという行為は、読み手の主体的な参加がなければ成り立たないこと。
- ・読み手が作品の中に入り込み、その中に生きること、およびその体験を位置付ける作業全体が作品を読むということであること。
- ・作品は読み手に読書反応を引き起こす一種の装置＝仕掛けであること。
- ・作品の文体をくぐることによって、作品と読み手との間に生まれる相互依存作用そのものに教育的な意味があること。
- ・個人の読みと他者の読みとの交流に積極的な意味があること。
- ・読みは最終的には、個人のものとして定位されること。

(田近洵一・浜本純逸・府川源一郎編『「読者論」に立つ読みの指導　小学校低学年編』1995年2月　東洋館出版　2頁)

作品は「一種の装置」であり、読み手の主体的な参加によって読みは成立するとされる。創造的な読みは、作品と読者との関係性に基づくものである。それは、「相互依存作用」としてとらえられ、そこに「教育的な意味」がとらえられている。作品の仕掛けは「読書反応」を引き起こすとあるが、さらに読みを主体的、積極的、創造的にとらえる必要がある。教室という場における学習者の交流は、個々の読みを活性化することになる。それは「相互依存作用」としての個々の学習者の読みの深さ、豊かさとして、個々に評価され、定位されることになる。読者論に基づく国語教育は、「関係概念」としての古典観に基づく古典教育に通底するものといえる。

2　文化学習指導研究

細川英雄は、日本語教育の歴史を「日本事情」教育と関連させつつ「言語文化教育研究史」*[121]として考察している。細川英雄は、1960年代から1999年10月までに見られる「日本事情」関連論文の調査による300余編の論文・レポート等を資料として、40年間をおよそ三期に分けた。第1期（1960年代から80年代前半まで）は、言語と文化の関係について考える時期、第2期（80年代後半から90年代前半にかけて）は、体系的な知識と異文化コミュニケーション能力の問題としてとらえる時期、第3期（1990年代後半以降）は、ことばと文化の関係をめぐる転換の時期の三期である*[122]。細川英夫は、「『日本事情』の教育研究の歴史は、日本語の第二言語習得と文化獲得の問題がどのように考えられてきたかということの歴史でもあった。」とし、「日本語教育から日本文化をどう見るかといういくつかの観点」*[123]を、次のように設定した。

A　日本文化実体視型

　一　実体教授型

　二　実体発見型

B　日本文化流動視型

この視点に関連づけて、「日本事情」教育の歴史を次のように述べる。

> 「日本文化実体視型」は、第一期及び第二期の体系的な知識と考える立場である。この場合、その「実体」としての「日本文化」を教授することが必要だとする立場であり、教授方法としては一方向的な講義形式の「実体教授型」であることが多い。
>
> これに対して、「実体発見型」は、第二期の後半に生じたコミュニケーション活動を中心とする考え方で、体系的な知識をめざす内容理解の教育(「実体教授型」)が、一つの模範的な解答を与える傾向があるのに対し、個人の体験の中での疑問点から出発し、問題解決のために討議を重ねる等しながら、自分の考えをまとめていくことを支援する教育は、コミュニケーションをしながら自分なりの答えを出していく方法を学び、自己を鍛えていくことを目的とするものである。しかし、一方で、体系的な知識も必要であるという立場から離れることができず、そのどちらかであるという明確な視点も得られぬまま、実践のプロセスが提示されている例が多い。
>
> 「日本文化流動視型」は、具体的な事物や事柄を「日本事情」の教育内容とするのではなく、その流動性そのものを「見る」学習者の側にこそ、ことばと文化の関係を考えさせる教育の意味があるとする考え方である。
>
> (細川英雄『日本語教育は何をめざすか―言語文化活動の理論と実践―』2004年4月　明石書店　70頁)

細川英雄は、「以上が、一九六〇年代から九〇年代末にかけての大きな流れ」とし、「実際のクラス運営の中では、『実体視型・教授型』タイプが幅をきかせているというのが現実かもしれない。」としながらも、「『実体視型』から『流動視型』へという流れを把握」*[124]している。細川英雄は、文化を「流動的で絶えず変化する、異質性、多様性の産物であるという認識」に立ち、「学習者主体の文化学習を実践するためには『文化』をコミュニケーション行為の中で学習者自らが認識するものという視点が不可欠」*[125]と述べている。文化の流動性そのものを「見る」学習者の側にこそ、ことばと文化の関係を考えさせる教育の意味があるとする考えは、細川英雄の文化観と教育観に重なる。これは、また、長谷川恒雄の「権威者による知識の伝達よりも、学習者に直接日本という異文化に触れさせ、学習者が自ら日本人・社会と相互作用を持つ中で、自らの目で確かめた日本文化を自らの知識・体系として構築していく。それこそ真の学習であり、"その学習法"こそが『日本事情』として学ぶべきところである。」*[126]とする「日本事情」教育観と同様である。

小川貴士は、細川英雄に先だって、「日本事情」の設置後の展開を、「端的に言えば、日本語教育の付随的な役割において日本社会・文化の或る種のステレオタイプを提示していた時期から始まり、日本人論の変遷に伴う文化論の多様化を反映した見直しの時期を経て、学習者の文化背景や経験に照らし合わせながら双方向的に文化の把握を試みる視座が提示されつつある。」*[127]と概括している。細川英雄の「日本事情」教育の展開史の骨格はこの把握に重なっている。小川貴士は、その背景に、1970年代から先行する文化人類学、文芸批評論、歴史解釈論の思潮の影響を見る。文化人類学は、文化把握が記述者の立場によると認識されるに至り、歴史学も記述者への疑問から歴史の見直しが行われている。文芸批評論も、読者を中心に置いた「テクスト」の解釈作業の結果として文学作品を論ずる方法論がポストモダニズムの重要な潮流となった。このような思潮の変化が「日本事情」教育に影響を及ぼしたとしている*[128]。

3　国文学研究

三田村雅子は、『源氏物語事典』の「テクスト」の項目において、次のように述べている。これによって、1990年に至る1980年代の国文学研究の状況が理解される。

> 源氏物語研究において、教科書・原文・本文の意味であったテキスト・テクストが「作品」に代わる対象概念として導入されるようになってきたのは、ここ十年のことだといってよい。「作品」という概念が、作品は作者の支配物で、作者の意図に従って理解されることを求めるものだとするならば、テクストは読者によって見出され、意味づけられ、構成されるものなのだという作者から読者への転換は従来の作家主体論的なアプローチを相対化し、複数の、多層的な意味の豊穣を生産するものとして受けとめられた。作者の主体によって統括される前提の近代小説とは違って、さまざまな類型性や、引用・盗用に満ちた「語り」の前近代性そのものがテクスト概念の必要性を痛感させたのである。（三田村雅子「テクスト」秋山虔編『源氏物語事典』1990年10月　學燈社　222頁）

国文学界へのテクスト論の登場が1980年代初期であったことが理解される。本文は、源氏物語研究に関してであるが、それは国文学界全体に関わっている。また、その登場について、古典の「さまざまな類型性や、引用・盗用に満ちた『語り』の前近代性そのものがテクスト概念の必要性を痛感させた」と、テクスト論登場の必然性についても触れている。ついで、「作品」と「テクスト」は、「作品は作者の支配物で、作者の意図に従って理解されることを求めるもの」とし、「テクストは読者によって見出され、意味づけられ、構成されるもの」とされ、対立概念として説明されている。それは、次のように続けられている。

> テクスト論の中軸をなすロラン・バルト の「作品からテクストへ」「作者の死」の二つのエッセイによれば、作品とテクストの違いは、作品が一種の実体概念であるのに対して、テクストは関係概念であって、読みと言う行為の中で、他のテクストとの関係構造のもとに構成されるものであるということ。作品は一つの閉じられた

記号内容（シニフィエ）の体系であり、正しく解釈されることを求めるが、テクストは記号表現（シニフィアン）の銀河であって、構造化されているが、中心をもたず閉じることを知らない記号の永久運動の場なのだということ。作品が作者の限定のもとに独自の存在として閉じ籠もっているのに対し、テクストが織物と言う語源通り、さまざまなジャンルのさまざまな文化・エクリチュールの引用と反響と参照の織物であることなどが主張されている。（三田村雅子「テクスト」秋山虔編『源氏物語事典』1990年10月　學燈社　222頁）

ここでは、ロラン・バルトの論を基に、作品は「一種の実体概念」であり、「正しく解釈されることを求める」とされ、「テクスト」は、「関係概念」であって、「中心をもたず閉じることを知らない記号の永久運動の場」と比喩的にとらえられている。後者が「中心をもたず」とする点には疑義があるが、絶えず「読みと言う行為の中で、他のテクストとの関係構造のもとに構成されるもの」の意であると考える。三田村雅子は、このように述べた後、「このような作者の否定、織物としてのテクストの比喩は、従来の作家主体論や、作者の紡ぎだすものといった単線的理解を越えて、テクストを読者に解放するもの」と、テクスト論の可能性に言及するとともに、その後のテクスト論の展開と1970年代後半から80年代の源氏物語研究の展開を概観した後、「不安定で、決着のつかない揺れの中にさらされることになる」*[129]危険性についても指摘している。

『源氏物語』の主題に関して、秋山虔は、1950年代初頭において「作者の現実に対する問題の立て方というほどの意味に解していた。」*[130]と述べている。このような主題観に対して、秋山虔は、阿部好臣によって、「作品への読みが、作者の精神や状況に、いつのまにかすりかえられている　すりかわる以上、その先に主題が見えてこないのは、至極当然というべきであろう」*[131]とする批判がなされたことを明かしている。秋山虔は、平成年代には、「作者その人の生き方と作品の世界をつなげていこうとしても、作品は、それが成立するや否や作者の手を離れ、それ自体として読者の享受する目と心に所有されているのだといえよう。いわば作品は、至極自明のことながら、読まれることにおいてのみ存在するのであり、私たちがそれ—今さしあたって『源氏物語』と対面することができるのも、時代時代の読者たちに享受され続けることによって現代にまでもたらされたのである。（注　下線は渡辺が付した。以下同じ）」*[132]と述べるに至っている。ここから「作品」（テクスト）は、読者との関係性によって立ち上がるとする古典観が窺われる。

4　古典（カノン）化の研究

古典（カノン）の創造論は、1978年に、外山滋比古『異本論』によって登場した。『異本論』の「読者の視点」には、次のようにある。

> 作品は読者に読まれることで変化する。
> そして、あとからあとから新しい読者があらわれる。文学作品は物体ではない。現象である。読者が新しい読み方をすれば、作品そのものも新しく生まれ変わる。後世、大多数の読者が、作者の夢想もしなかったような意味を読みとるようになれば、その新しい意味が肯定されてしまうのである。（外山滋比古「読者の視点」外山滋比古『異本論』1978年11月　みすず書房、引用は、外山滋比古『異本論』2010年7月　筑摩書房　15頁）

ここでは、文学作品が、読者の読みによって生じる「現象」としてとらえられ、読者の新たな読みによって「新しく生まれ変わる」とされている。古典には、「多かれ少なかれ、こうした読者の改変が加わっている」*[133]と古典の創造に言及している。「読者の改変」は、「異本」とされ、作者の「第一次的創造」に対して「第二次的創造」とされている。この「第二次的創造」には、個人的な批評・研究による異本に加えて、読者による無意識の解釈による「異本化作用」による異本も含められる。その上で、「作品が古典となるのは、こういう広義の異本によって、新しい時代の、ときとして破壊的なコンテクストに耐えた結果である。」*[134]と論じられている。この「異本」による古典創造論は、後の『古典論』において、「そうした異本化作用をいく度となくくぐり抜け、後続の異本から決定的な変化を受けることがなくなるほどの耐性をもったとき、作品は古典として確立する。」*[135]と論及するに至る。古典は、数ある異本の中から、耐性を持って生き残った異本であり、原本とは異なる。

外山滋比古の古典創造論の根幹には、読者の読みの創造性がある。この創造性が異本を作り、その湮滅を免れたものが古典となるという論である。この古典創造論にない観点は、政治権力との関係性である。

1990年代末には、ハルオ・シラネ、鈴木登美編『創造された古典』が刊行された。その意図は、「静的で永遠不変の普遍的な価値を示唆する『古典』が、実は、優れて政治的な言説闘争のなかで歴史的に築きあげられてきた、その動的なプロセスを明らかにしたい」*[136]と述べられている。本書には、『万葉集』・『平家物語』・『古事記』『日本書紀』・『伊勢物語』・俳聖芭蕉等の古典化が研究されている。

古典の創造の要件としては、次の10項目が挙げられている。すなわち、①あるテクスト・異本の保存・校合・伝達（印刷術が登場する以前は特に重要）、②該博な注解・解釈・批評、③テクストの学校カリキュラムでの使用、④ことば遣い・文体・文法のモデルとしてのテクストの使用、⑤歴史上・制度上の先例（「有職故実」）に関する知識の源泉としてのテクストの使用、⑥一連の宗教的信仰を体現するものとしてのテクストの採択、⑦テクストのアンソロジーへの選入、⑧家系・系図の構築、⑨文学史の構築、⑩制度的言説、とりわけ国家的イデオロギーへのテクストの編入である。

例えば、『伊勢物語』は、近代国民国家建設の始まりにおいて、地位が曖昧であったとされている。

その後、国家の求める、国家の誕生を映し出し補強するような文学の奨励にかかわって、『伊勢物語』は、年代的古さと、後世に与えた影響の大きさによって尊重された。そこには、平安期の最高傑作とされる『源氏物語』に先行し、その誕生に影響を与えたとして価値づけられた。一方で近代日本が西洋化していくにつれ、1930年代から1940年代初頭にかけて、日本独自の文化的価値を求めるようになり、『伊勢物語』はその純粋な具現とされた。さらにそれは、「みやび」の概念をとおして、大東亜の正統な相続者として大陸の文化遺産とも結びつけられた。戦後は、テクストの展開に関する詳細な研究がなされた。1970年代には、『伊勢物語』を、平安時代を女性的とするロマンチックな解釈と結びつく、「みやび」の文学とするとらえ方が統一見解になった。テクストは女性をめぐって解釈され、伝統を女性に担わせる傾向がある。また、『伊勢物語』は、日本人論ブームや王朝文化の新たな強調とも結びつき、さらに、象徴天皇制下の「国民的美」の範疇に引き入れられた*137。『伊勢物語』の古典化は、なお、根底に揺らぎを抱えている。

『創造された古典』は、「典型概念」としての古典観を根底から鋭く批判するものとなっている。その古典化に関する研究の一つに、大津雄一『『平家物語』の再誕　創られた国民的叙事詩』(2013年7月　NHK出版)を位置づけることができる*138。

5　学習理論研究

学習理論は、大きくは行動主義を転換し、1970年代に構成主義に至っている。後者に立って佐藤学は、「学習は、対象（教育内容）との関係で言えば、モノや事柄に問いかけ働きかけて名づけ意味づける認知的・文化的実践である。この認知的・文化的実践において、学習者は、対象と自分自身との関わりを構成し、知識と知識の間の意味の関係も構成している。」*139と学びの意味を明確にしている。また、佐藤公治は、認知心理学の立場から、読むことの学習について、「テクストとの対話を通して自分の視点から作品世界を作り上げていく創造的で生産的な活動としての読みがまずは尊重されなければならない。」*140とし、さらに、読みを交流させ「対話の場の中に学びを位置付けること」*141を説いている。

国語教育学において、塚田泰彦は、国語教室の中心的となるべき学びの姿として、次のように提言している。

> ①文学・語学領域の文化遺産を価値の体系として系統的に指導する教室から、学習者ひとりひとりの言語学習を能力や行為の発生・展開過程として実現していく教室へと転換する。
> ②その場合、学習者の学びの焦点を「知識・技能としての学力」にあわせるのではなく「意欲・態度の実現による充足感」にあわせる。
> ③その方法として、テクスト概念や談話（ディスコース）概念を導入することでこれまでの作品中心主義の教室を解体して、学習者の「テクスト表現過程」が中心化され意義づけられる学習を追究する。（塚田泰彦「パネル・ディスカッション：学習者のテクスト表現過程を支える21世紀のパラダイム」『国語科教育』46集　1999年3月　全国大学国語教育学会　8頁　注　段落番号は、渡辺が付した。）

塚田泰彦は、①段落に関しては、「（ジャンル・ディスコースのauthorizeされている）作品（これまでの教材）から、（ジャンル・ディスコースが学習者にauthorizeされていく）テクスト（これからの学習材）へと学習の対象や目的の転換をはかる」、また「『私のテクスト』の表現活動（学習者の表現行為）を通して『作品』を学ぶ（ジャンル・ディスコースを確認する）という学習過程の方向転換をはかる」*[142]と述べている。②段落については、学習者のテクスト表現に至る学びの過程を貫くものは、「学習者の主観的個人的な意識」だとする。それゆえに、「充足感」に焦点化するとしている。③に関連して、談話研究が社会文化的脈絡を重視している点を挙げた上で、「国語教室では学習者が社会文化的脈絡において『自らのテクスト表現過程』を立ち上げ、『言語批評意識』を培いながら、言語コミュニケーションという社会的実践を行うことが望ましい。この社会的実践の過程を支えるものは学習者相互の関係であり、この関係を包むものが社会文化的脈絡である。」*[143]と強調している。

第2項 「関係概念」に基づく古典教育の可能性

以上、「関係概念」としての古典観をめぐる諸理論の状況として、読者論の研究、文化学習指導研究、国文学研究、古典（カノン）化の研究、学習理論研究を取り上げた。

読者論においては、読みを作品と読者との「相互依存作用」としてとらえている。「相互依存作用」の内実は、作品と読者との関係性に基づく、対話をとおした読みの創造である。それは、「文化」をコミュニケーション行為の中で学習者自らが対話をとおして認識するという、文化学習研究における文化の学習観に重なっている。

国文学研究では、実体概念としての「作品」から、関係概念としての「テクスト」へと、大きく研究対象の概念の変化が生じている。「作品」は、作者の支配物とされ、「テクスト」は読者によって見い出され、意味づけられ構成されることによって存在するとされている。「テクスト」概念は、読みの可能性を拡大するが、それゆえのリスクについても言及されている。

古典（カノン）化の研究は、古典を、過去のある段階における完成的作品であり、時を超えて生きる永遠の書であり、後代文化の源泉、範型となり、あるいは後代生きる者の人間形成に資するものとする古典観を厳しく批判することになった。学習理論研究では、行動主義から構成主義にへの転換がなされている。

こうしてみれば、取り上げた諸理論は、「関係概念」に基づく古典教育論に深くかかわるものであり、それを支える理論的基盤となっている。

ここに挙げた研究領域のいずれについても、1970年代～1990年代にかけてパラダイムの転換が生じている。「関係概念」に基づく古典教育も、そのパラダイム転換の一つに位置づけられる。これらを総合すると、次のように言える。

①学びの対象、読みの対象は、先験的な価値の喪失を起こし、非実体的、流動的なテキストとされるに至っている。

②学習者は、対象としてのテキストに働きかけ、対話することをとおして意味付け、価値づけを行う。

③学習者に意味づけられ、価値づけられることによって、テキストは、学習者の中に学びの内実、読みの内実として現象する。これらは、そのまま、「関係概念」に基づく古典教育の可能性を拓くものとなっている。

【注】

＊1　増淵恒吉は、1907（明治40）年、栃木県に生まれた。1931（昭和6）年3月に東京帝国大学文学部国文学科を卒業し、中等学校勤務を経た後、陸軍予科士官学校教授に至り、敗戦を迎えた。戦後は、新制日比谷高等学校時代を中心に、本格的に国語教育の実践・研究に取り組んだ。増淵恒吉の単元学習、課題学習、分団学習は、国語学力を基盤として手堅く展開し、戦後の国語教育に大きな影響を及ぼした。その後、東京都教育委員会指導主事、東京都立航空工業専門学校教授、専修大学文学部教授を経て、1978（昭和53）年5月から土浦短期大学教授となる。大学に転じた後は、国語教育を中心に、教材論、読解導論、古典（古文）教育論、文法指導論などの研究に携わった。主要な著書に、増淵恒吉『増淵恒吉国語教育論集』上・中・下巻（1981年2・3月　有精堂）がある。1986（昭和61）年2月に永眠した。

＊2　山本義美・世羅博昭「増淵恒吉文献目録」（『国語教育史研究』第9号　2007年12月　国語教育史学会）

＊3　田近洵一「人と業績―増淵方式の特質―」（佐々木定夫他13名編『近代国語教育のあゆみ　Ⅲ―遺産と継承―』1979年11月　新光閣書店）

＊4　田所寛行「古典および文法教育の側面から」（佐々木定夫他13名編『近代国語教育のあゆみ　Ⅲ―遺産と継承―』1979年11月　新光閣書店）

＊5　田近洵一「人と業績―増淵方式の特質―」（佐々木定夫他13名編『近代国語教育のあゆみ　Ⅲ―遺産と継承―』1979年11月　新光閣書店　128―132頁参照）

＊6　田近洵一「人と業績―増淵方式の特質―」（佐々木定夫他13名編『近代国語教育のあゆみ　Ⅲ―遺産と継承―』1979年11月　新光閣書店　127頁参照）

＊7　増淵恒吉「高等学校における古典指導の意義」（大矢武師・瀬戸仁『高等学校における古典指導の理論と実践』1979年5月　明治書院　5頁）

＊8　増淵恒吉「古文教育の目標」（増淵恒吉・三谷栄一編『高等学校国語科教育講座　第7巻　古文（1）物語・小説』1974年2月　有精堂　2・3頁）

＊9　竹長吉正「高校古典教育の教材―増淵恒吉の古典教育観の検討を視座として―」（『埼玉大学紀要　教育学部』第36巻　1987年10月　埼玉大学教育学部　5頁）
＊10　長尾高明「増淵恒吉の人と業績」（増淵恒吉『増淵恒吉国語教育論集』下巻　1981年2月　有精堂　286頁参照）
＊11　増淵恒吉「古典教育管見」（『文芸教育』14号　1975年4月　明治図書、所収　増淵恒吉『増淵恒吉国語教育論集　上巻　古典教育論』1981年2月有精堂　143・144頁）
＊12　増淵恒吉「古文教育の方法」（増淵恒吉・三谷栄一編『高等学校国語科教育研究講座　第8巻　古文（2）歴史・戦記・説話・語録』1974年3月　有精堂　6頁）
＊13　増淵恒吉「古文の読解指導Ⅰ」（増淵恒吉・三谷栄一他編『高等学校国語科教育研究講座　第9巻　古文（3）日記・随筆・戯曲』1974年5月　有精堂　2頁）
＊14　増淵恒吉「古文教育の方法」（増淵恒吉・三谷栄一編『高等学校国語科教育研究講座　第8巻　古文（2）歴史・戦記・説話・語録』1974年3月　有精堂　8頁）
＊15　渡辺春美「戦後古典教育論の展開―昭和四〇年代の増淵恒吉の古典教育論―」（『語文と教育』23号　2009年8月　鳴門教育大学国語教育学会参照）
＊16　西尾実『国語国文の教育』（1929年11月　古今書院、所収　西尾実『西尾実国語教育全集』第1巻　1974年10月　教育出版　56―81頁参照）
＊17　西尾実「文学教育の問題点再論」（『文学』28巻9号　1960年9月　岩波書店、所収西尾実『西尾実国語教育全集』第8巻　1976年2月　教育出版　66頁）
＊18　西尾実「古典教育の意義」（『国文学　解釈と教材の研究』6巻2号　1961年1月　學燈社　8頁）
＊19　西尾実「古典教育の意義」（『国文学　解釈と教材の研究』6巻2号　1961年1月　學燈社　8頁）
＊20　西尾実「古典教育の意義」（『国文学　解釈と教材の研究』6巻2号　1961年1月　學燈社　11頁）
＊21　西尾実「古典教材論」（『文学』7巻1号　1939年1月　岩波書店、所収　西尾実『西尾実国語教育全集』第9巻　1976年5月　教育出版　435頁）
＊22　西尾実「古典教材論」（『文学』7巻1号　1939年1月　岩波書店、所収　西尾実『西尾実国語教育全集』第9巻　1976年5月　教育出版　435頁）
＊23　西尾実「国文学に於ける民族主義の問題」（『文学』16巻第11号　1948

年 11 月　岩波書店、所収　西尾実『西尾実国語教育全集』別巻 1　1978 年 9 月　教育出版　172 頁）

＊24　西尾実「国文学に於ける民族主義の問題」（『文学』16 巻第 11 号　1948 年 11 月　岩波書店、所収　西尾実『西尾実国語教育全集』別巻 1　1978 年 9 月　教育出版　172 頁）

＊25　渡辺春美「西尾実の古典教育論の展開―古典教育方法としての段階的鑑賞論を中心に―」（『高知大学教育学部研究報告』第 71 号　2011 年 3 月　高知大学教育学部　89・90 頁参照）

＊26　西尾実『国語教育学の構想』（1951 年 1 月　筑摩書房　126 頁）

＊27　西尾実「古典教育の意義」『国文学　解釈と教材の研究』（6 巻 2 号　1961 年 1 月　學燈社　10 頁）

＊28　西尾実『新しい文章への道（ＩＤＥ教育選書）』1963 年 1 月　民主主義教育協会、所収　西尾実『西尾実国語教育全集』第 8 巻　1976 年 2 月　教育出版　342・343 頁参照）

＊29　西尾実『国語国文の教育』（1929 年 11 月　古今書院、所収　西尾実『西尾実国語教育全集』第 1 巻　1974 年 10 月　教育出版　187 頁）

＊30　西尾実『国語国文の教育』（1929 年 11 月　古今書院、所収　西尾実『西尾実国語教育全集』第 1 巻　1974 年 10 月　教育出版　189 頁）

＊31　西尾実「文学教育の問題点　その二」（『文学』21 巻 9 号　1953 年 9 月　岩波書店、所収　西尾実『西尾実国語教育全集』第 8 巻　1976 年 2 月　教育出版　57 頁参照）

＊32　西尾実「文学教育の問題点再論」『文学』28 巻 9 号　1960 年 9 月　岩波書店、所収　西尾実『西尾実国語教育全集』第 8 巻　1976 年 2 月　教育出版　74 頁参照）

＊33　西尾実「文学教育の問題点再論」『文学』28 巻 9 号　1960 年 9 月　岩波書店、所収　西尾実『西尾実国語教育全集』第 8 巻　1976 年 2 月　教育出版　72・73 頁参照）

＊34　西尾実「言語教育と文学教育」（文学教育の会編『講座文学教育　第 2（文学教育の歴史と現状）』1959 年 8 月　牧書店、所収　西尾実『西尾実国語教育全集』第 8 巻　1976 年 2 月　教育出版　93 頁参照）

＊35　浜本純逸「西尾実の文学教育論の展開」（『日本文学』31 巻 8 号　1982 年 8 月　日本文学協会、所収　浜本純逸『文学教育の歩みと理論』2003 年 3 月　東洋館出版　42 頁）

＊36　浜本純逸「西尾実の文学教育論の展開」（『日本文学』31 巻 8 号　1982 年 8 月　日本文学協会、所収　浜本純逸『文学教育の歩みと理論』2003 年 3 月　東洋館出版　43 頁）

＊37　小野牧夫は、問題意識喚起の文学教育論と鑑賞の段階的指導過程を比較し、「五三年の『鑑賞の独立』と『問題意識喚起』との占めた文学教育における位置は、方法論を獲得する過程で微妙にずれてくるようである。」（小野牧夫「西尾実の文学教育論の今日性」『大東文化大学紀要』第21号　1983年3月　大東文化大学　153頁）と両者の「ずれ」を指摘している。

＊38　西尾実は、西尾実「文学教育の課題」（西尾実編著『文学教育』1969年8月　有信堂　6頁）において、再び文学研究の方法体系に基づき、「生徒たちは専門作家が創作の筆を執る場合の立場に立つことは精神年齢上、また創作経験上、困難であり、無理である」、「したがって、この鑑賞・解釈・批判の内、特に批判の立場に立つことは十分にはできないはずである」として、「（一）鑑賞・享受—注釈／（二）解釈—叙述をくわしく探って構想を見出し、主題的なものを見当づける。／（三）批判—感じたこと・考えさせられたことを簡明に書く。」とする過程を提言するに至る。

＊39　荒木繁「文学教育の課題—問題意識喚起の文学教育—」（『文学』21巻12号　1953年12月　岩波書店　2頁）

＊40　荒木繁「文学と教育」（日本文学協会編『文学教育　日本文学講座Ⅶ』1957年6月　東京大学出版会　263—273頁参照）

＊41　荒木繁「文学と教育」（日本文学協会編『文学教育　日本文学講座Ⅶ』1957年6月　東京大学出版会　263—273頁参照）

＊42　荒木繁「文学教育の方法」（西郷信綱代表編集『岩波講座　文学の創造と鑑賞　文学の学習と教育』1955年3月　岩波書店　47・48頁）

＊43　渡辺善雄によると「マルクス主義（Marxism）に立つ歴史社会学的研究」（「日本近代文学研究の状況」『宮城教育大学紀要』1987年　宮城教育大学　40頁）とされ、法政大学の小田切秀雄、東京都立大学の森山茂雄等を挙げている。浜本純逸は、「この派は、文芸の歴史的な役割性を重視する立場で、石川徹郎、風巻景次郎などがその代表であった。この歴史社会学派の研究者が中心となって、戦後日文協（日本文学協会）が設立された。」（野池潤家編『国語科重要養護三〇〇の基礎知識』1981年8月　明治図書　34頁）と述べている。

＊44　渡辺春美『戦後古典教育論の研究—時枝誠記・荒木繁・益田勝実の三氏を中心に—』（2004年3月　溪水社　172—174頁）において、荒木繁の文学観が、マルクス・レーニン主義美学、ルカッチ「マルクス・エンゲルスの芸術論序説」に見られるソビエト文学理論の文学観と深いつながりがあることに言及している。

＊45　荒木繁「文学の授業―その原理・課題・方法について―」和光学園国語研究サークル編『文学をどう教えるか』1965年　誠文堂新光社　8頁）
＊46　荒木繁「文学教育の課題―問題意識喚起の文学教育―」『文学』21巻12号　1953年12月　岩波書店　9頁）
＊47　西尾実「文学教育の問題点―問題意識喚起の文学教育―」（『文学』21巻9号　1953年9月　岩波書店　91・92頁）
＊48　西尾実「文学教育の問題点―問題意識喚起の文学教育―」（『文学』21巻9号　1953年9月　岩波書店　92頁）
＊49　荒木繁「文学教育の課題―問題意識喚起の文学教育―」『文学』21巻12号　1953年12月　岩波書店　4頁）
＊50　荒木繁「文学教育について―大会での討議のために―」『日本文学』4巻9号　1955年9月　日本文学協会　33頁）
＊51　伊豆利彦「文学教育に関する一面的感想―荒木繁氏の『文学の授業』に関連して―」『日本文学』15巻4号　1966年4月　日本文学協会　31頁）
＊52　荒木繁「民族教育としての古典教育―『万葉集』を中心として―」（『日本文学』2巻9号　1953年11月　日本文学協会　8頁）
＊53　荒木繁「古典教育の課題―『民族教育としての古典教育』の再検討―」（『日本文学』17巻12号　1968年12月　日本文学協会　66頁）
＊54　荒木繁「古典教育の課題―『民族教育としての古典教育』の再検討―」（『日本文学』17巻12号　1968年12月　日本文学協会　74頁）
＊55　伊豆利彦は、「文学教育に関する一面的感想―荒木繁氏の『文学の授業』に関連して―」（『日本文学』15巻4号　1966年4月）で、荒木繁個人の論考として批判している。荒木繁も、それを好意的な批判として応えていることによって、荒木繁の考えを表現したものとして扱うことにした。
＊56　時枝誠記『改稿　国語教育の方法』（旧版　1963年6月　有精堂、所収『改稿　国語教育の方法』1970年4月　4頁）の「はしがき」に、「本書は、旧版とともに、言語過程説の理論の国語教育への応用として成立したものといふよりは、言語過程説の理論の追及、発展として成立したものである。」とあることに拠った。
＊57　時枝誠記「古典教育の意義とその問題点」（『国語と国文学』33巻4号　1956年4月　至文堂　4頁）
＊58　渡辺春美「古典教育論の基底」（渡辺春美『戦後古典教育論の研究―時枝誠記・荒木繁・益田勝実三氏を中心に―』2004年3月　溪水社　55―67頁参照）
＊59　時枝誠記『国語学原論　続篇』（1955年6月　231頁）
＊60　時枝誠記「国語教育に於ける古典教材の意義について」（『国語と国文学』

25巻4号　1948年4月　至文堂　15頁）

＊61　時枝誠記『国語教育の方法』（1954年4月　習文社　145頁）

＊62　時枝誠記『改稿　国語教育の方法』（1970年4月　172・173頁）

＊63　時枝誠記『国語教育の方法』（1954年4月　習文社　145頁）

＊64　鈴木醇爾「益田勝実教科書編集の歩み」（『日本文学』40巻8号　1991年8月　日本文学協会）を参照した。

＊65　益田勝実「古典の文学教育」（大河原忠蔵他編『文学教育の理論と教材の再評価』1967年3月　明治図書　63頁）

＊66　益田勝実「古典文学教育の場合」（解釈学会編『解釈』1976年5月　教育出版センター　16頁）

＊67　益田勝実「古典の文学教育」（大河原忠蔵他編『文学教育の理論と教材の再評価』1967年3月　明治図書　63頁）

＊68　益田勝実「古典の文学教育」（大河原忠蔵他編『文学教育の理論と教材の再評価』1967年3月　明治図書　62頁参照）

＊69　益田勝実「古典の文学教育」（大河原忠蔵他編『文学教育の理論と教材の再評価』1967年3月　明治図書　63頁参照）

＊70　阿部秋生・益田勝実他「古典教材は現状でいいか」（『国文学　言語と文芸』41号　1965年5月　大修館書店　67頁参照）

＊71　益田勝実「古典教材の再評価〈義務教育段階でとりあげることの意義〉1近代の厚みを再認識することが先決」（『教育科学国語教育』107号　1967年9月　明治図書　7・8頁）

＊72　益田勝実「古典文学教育の場合」（解釈学会編『解釈』1976年5月　教育出版センター　15頁）

＊73　益田勝実「古典文学教育の場合」（解釈学会編『解釈』1976年5月　教育出版センター　15頁）

＊74　益田勝実「古典文学教育の場合」（解釈学会編『解釈』1976年5月　教育出版センター　17頁）

＊75　西尾実編集者代表『古典Ⅱ（古文）学習指導の研究』（1965年10月　筑摩書房　12・13頁）この箇所は、益田勝実・秋山虔の執筆になるが、益田勝実の主張に重なる箇所が多く、参考として掲げた。

＊76　渡辺春美『戦後古典教育論の研究―時枝誠記・荒木繁・益田勝実の三氏を中心に―』2004年3月　溪水社　250―255頁において考察した。

＊77　渡辺春美「戦後古典教育論の展開―古典教育の基礎論を求めて―」（『語文と教育の研究』13号　2014年3月　高知大学教育学部国語教育研究室　1―21頁）で考察した。

＊78　西郷竹彦は、1978年8月の第13回文芸研文芸教育全国研究集会において

「『国語』科教育の未来像」という提案を行い、本格的に国語科教育における関連・系統指導の作成を目指すに至る。その後、実践的検討、批判的検討を重ね、1984年8月2日、一応の総括案として、「関連・系統指導案」を発表した。それは、西郷竹彦「第19回文芸研全国研究集会基調提案　この学年でどんな力を育てるか」(『文芸教育』45増大号　1985年2月　明治図書　27頁)に掲載されている。

*79　大槻和夫「西郷文芸学とそれに基づく文芸の授業の今日的意義」(西郷竹彦『西郷竹彦　文芸・教育全集　第13巻　文芸学入門』1998年2月　恒文社　490頁)

*80　渡辺春美「戦後古典教育論の考察―西郷竹彦氏の古典教育論の場合―」(『小田迪夫先生古稀記念論文集』2008年5月　大阪国語教育研究会編　代表：松山雅子　40・41頁)

*81　渡辺春美「戦後古典教育論の考察―西郷竹彦氏の古典教育論の場合―」(『小田迪夫先生古稀記念論文集』2008年5月　大阪国語教育研究会編　代表：松山雅子　34―43頁参照)

*82　益田勝実「古典文学の教育」(西尾実編『文学教育』1969年8月　有信堂　1頁　参照)、宮崎健三「古典学習の意義と授業」(宮崎健三他2名編著『古典の教え方　物語・小説編』1972年5月　右文書院　28頁　参照)

*83　足立悦男「古典教育試論」(『国語科研究紀要』7号　広島大学教育学部附属中・高等学校　1975年3月　91頁)

*84　飛田多喜雄「古典教材の再評価〈どういう観点から行うか〉2　中学校段階を中心に―『人間性開発』を主たる観点として―」(『教育科学国語教育』107号　1967年9月　明治図書　38頁)

*85　飛田多喜雄「古典教材の再評価〈どういう観点から行うか〉2　中学校段階を中心に―『人間性開発』を主たる観点として―」(『教育科学国語教育』107号　1967年9月　明治図書　39頁)

*86　飛田多喜雄「古典教材の再評価〈どういう観点から行うか〉2　中学校段階を中心に―『人間性開発』を主たる観点として―」(『教育科学国語教育』107号　1967年9月　明治図書　44頁)

*87　宮崎健三「古典学習の意義と授業」(宮崎健三他2名編著『古典の教え方　物語・小説編』1972年5月　右文書院　4・5頁)

*88　宮崎健三「古典学習の意義と授業」(宮崎健三他2名編著『古典の教え方　物語・小説編』1972年5月　右文書院　6頁)

*89　宮崎健三「古典学習の意義と授業」(宮崎健三他2名編著『古典の教え方　物語・小説編』1972年5月　右文書院　10頁)

*90　安良岡康作「古典　指導の意義と方法」(倉澤栄吉他2名編『中学校国語

科教育講座　第2巻　読むことの指導Ⅰ』1972年2月　有精堂　233頁）
＊91　安良岡康作「古典　指導の意義と方法」（倉澤栄吉他2名編『中学校国語科教育講座　第2巻　読むことの指導Ⅰ』1972年2月　有精堂　234頁）
＊92　安良岡康作「古典　指導の意義と方法」（倉澤栄吉他2名編『中学校国語科教育講座　第2巻　読むことの指導Ⅰ』1972年2月　有精堂　238・239頁）
＊93　安良岡康作「古典　指導の意義と方法」（倉澤栄吉他2名編『中学校国語科教育講座　第2巻　読むことの指導Ⅰ』1972年2月　有精堂　243頁）
＊94　増淵恒吉「古文教育の目標」（増淵恒吉他1名編責任編集『高等学校国語科教育講座』第7巻　1974年12月　有精堂　2頁）
＊95　増淵恒吉「古文教育の目標」（増淵恒吉他1名編責任編集『高等学校国語科教育講座』第7巻　1974年12月　有精堂　3―8頁参照）
＊96　増淵恒吉「古文教育の目標」（増淵恒吉他1名編責任編集『高等学校国語科教育講座』第7巻　1974年12月　有精堂　9頁）
＊97　遠田晤良「文学の教育と研究」（『国語国文研究』31号　1965年9月　北海道大学国文学会　69頁）
＊98　遠田晤良「文学の教育と研究―古典教育のアプローチ」（『国語国文研究』31号　1965年9月　北海道大学国文学会　70頁）
＊99　石井茂「古典指導法」宮崎健三他2名編著『古典の教え方〈物語・小説編〉』1972年5月　右文書院　78頁）
＊100　石井茂「古典指導法」宮崎健三他2名編著『古典の教え方〈物語・小説編〉』1972年5月　右文書院　78頁）
＊101　増淵恒吉「古文教育の方法」（増淵恒吉・三谷栄一他編『高等学校国語科教育講座　第8巻　古文（2）歴史・戦記・説話・語録』1974年3月　有精堂　6―12頁参照）
＊102　飛田多喜雄「国語科古典指導の基本的な考え方」（飛田多喜雄編著『中学校国語科指導細案　第5巻　古典指導法編（全学年）』1974年4月　明治図書　15―20頁参照）
＊103　飛田多喜雄「国語科古典指導の基本的な考え方」（飛田多喜雄編著『中学校国語科指導細案　第5巻　古典指導法編（全学年）』1974年4月　明治図書　17―19頁参照）
＊104　宮崎健三「古典学習の意義と授業」（宮崎健三他2名編著『古典の教え方　物語・小説編』1972年5月　右文書院　9頁）
＊105　安良岡康作「古典　指導の意義と方法」（倉澤栄吉・小海永二・増淵恒吉編『中学校国語科教育講座　第2巻　読むことの指導Ⅰ』1972年2月　有精堂　237頁）

＊106　益田勝実「古典文学の教育」（西尾実編『文学教育』1969年8月　有信堂　256・257頁）
＊107　益田勝実「古典文学の教育」（西尾実編『文学教育』1969年8月　有信堂　273頁）
＊108　益田勝実「古典文学の教育」（西尾実編『文学教育』1969年8月　有信堂　274頁）
＊109　益田勝実「古典文学の教育」（西尾実編『文学教育』1969年8月　有信堂　274頁）
＊110　長谷川孝士「中学校における古典の学習指導」（長谷川孝士編著『中学校　古典の授業─全国実践事例─』1978年8月　右文書院　11頁）
＊111　大河原忠蔵「現代国語と古典の関連をどうとらえるか」（現代中等教育研究会編『現代の高校教育　第10　現代国語の読解指導』1965年9月　明治図書　221頁）
＊112　大河原忠蔵「状況認識を目標においた文学教育」（日本文学協会編『文学教育の理論と教材の再評価』1967年3月　明治図書、所収大河原忠蔵『状況認識の文学教育』1982年7月　有精堂　196頁参照）
＊113　大河原忠蔵「現代国語と古典の関連をどうとらえるか」（現代中等教育研究会編『現代の高校教育　第10　現代国語の読解指導』1965年9月　明治図書　221頁）
＊114　「平家物語」（西尾実編著者代表『古典（古文）学習指導の研究　一』1963年3月　筑摩書房　289頁）
＊115　「倭建命」（西尾実編著者代表『古典Ⅱ（古文）学習指導の研究』（1965年10月　筑摩書房　56頁）
＊116　渡辺春美『戦後古典教育論の研究─時枝誠記・荒木繁・益田勝実の三氏を中心に─』（2004年3月　溪水社　296頁参照）
＊117　長谷川孝士「中学校における古典の学習指導」（長谷川孝士編著『中学校　古典の授業─全国実践事例─』1973年12月　右文書院　26頁参照）
＊118　ラマーン・セルダン著、栗原裕訳『ガイドブック　現代文学理論』（1989年7月　大修館書店　131─140頁、188─225頁参照）
＊119　石原千秋『読者はどこにいるのか　書物の中の私たち』（2009年10月　河出書房　27頁）
＊120　田近洵一・浜本純逸・府川源一郎「まえがき」（田近洵一・浜本純逸・府川源一郎編『「読者論」に立つ読みの指導　小学校低学年編』1995年2月　東洋館出版　2頁）
＊121　細川英雄『日本語教育は何をめざすか─言語文化活動の理論と実践─』（2004年4月　明石書店）

＊122　細川英雄『日本語教育は何をめざすか—言語文化活動の理論と実践—』（2004年4月　明石書店　27・28頁参照）
＊123　細川英雄『日本語教育は何をめざすか—言語文化活動の理論と実践—』（2004年4月　明石書店　69頁）
＊124　細川英雄『日本語教育は何をめざすか—言語文化活動の理論と実践—』（2004年4月　明石書店　70・71頁）
＊125　細川英雄「まえがき—ことばと文化を結ぶために—」（細川英雄編『ことばと文化を結ぶ日本語教育』2002年5月　凡人社）
＊126　長谷川恒雄「『日本事情』—その歴史的展開—」（『21世紀の『日本事情』』創刊号　1999年10月　『日本事情』研究会　11頁）
＊127　小川貴士「日本語学習者の日本文化把握の変化と日本事情教育への試論」（『21世紀の『日本事情』』第3号　2001年11月　「日本事情」研究会　4頁）
＊128　小川貴士「日本語学習者の日本文化把握の変化と日本事情教育への試論」（『21世紀の『日本事情』』第3号　2001年11月　「日本事情」研究会　5頁参照）
＊129　三田村雅子「テクスト」（秋山虔編『源氏物語事典』1990年10月　學燈社　223頁）
＊130　秋山虔「源氏物語の主題—主人公への視角から」（高橋亨・久保朝孝『新講　源氏物語を学ぶ人のために』1995年2月　世界思想社　2頁）
＊131　秋山虔「源氏物語の主題—主人公への視角から」（高橋亨・久保朝孝『新講　源氏物語を学ぶ人のために』1995年2月　世界思想社　2頁）
＊132　秋山虔「源氏物語の主題—主人公への視角から」（高橋亨・久保朝孝『新講　源氏物語を学ぶ人のために』1995年2月　世界思想社　3頁）
＊133　外山滋比古「読者の視点」（外山滋比古『異本論』1978年11月　みすず書房、引用は、外山滋比古『異本論』2010年7月　筑摩書房　15頁）
＊134　外山滋比古「古典への道」（外山滋比古『異本論』1978年11月　みすず書房、引用は、外山滋比古『異本論』2010年7月　筑摩書房　197・198頁）
＊135　外山滋比古「批判原理」（外山滋比古『古典論』2001年8月　みすず書房　135頁）
＊136　ハルオ・シラネ・鈴木登美編『創造された古典—カノン形成・国民国家・日本文学』（1999年4月　新曜社　4頁）
＊137　ジョシュア・モストウ（岡野佐和訳）「『みやび』とジェンダー　近代における『伊勢物語』」（ハルオ・シラネ、鈴木登美編『創造された古典—カノン形成・国民国家・日本文学』1999年4月　新曜社　322・365頁

参照）

＊138　他に古典を問い直す研究に、有働裕『これからの古典ブンガクのために古典教材を考える』（2010年9月　ぺりかん社）がある。

＊139　佐藤学『教育方法学』（1996年10月　岩波書店　68頁）

＊140　佐藤公治『認知心理学からみた読みの世界—対話と協同的学習をめざして—』（1996年10月　北大路書房　71頁）

＊141　佐藤公治『認知心理学からみた読みの世界—対話と協同的学習をめざして—』（1996年10月　北大路書房　72頁）

＊142　塚田泰彦「学習者のテクスト表現過程を支える21世紀のパラダイム」（パネル・ディスカッション）、『国語科教育』46集　1999年3月　全国大学国語教育学会　9頁）

＊143　塚田泰彦「学習者のテクスト表現過程を支える21世紀のパラダイム」（『国語科教育』46集　1999年3月　全国大学国語教育学会　9頁）

第２章　「関係概念」に基づく古典教育の基礎

第１節　「関係概念」に基づく古典教育の目標

第１項　「関係概念」に基づく古典教育の目標観

「関係概念」としての古典観に基づく古典教育の目標を設定するために、益田勝実の目標観を参考にする。益田勝実の目標観は、以下の文章によってとらえることができる。

①古典文学教育は、あくまでも、古典文学による文学教育であり、それ以外であってはならない。だから、古典文学というものを教えるとともに、古典文学を通して、文学教育本来の目的である能力を育てていくのであり、ものべったりであってはならないことにもなる。多くの場合、その点が不明確になってしまっている。文学的認識、想像の力をどれだけ伸長するか、という目標をたて、そのためのコース・階程を考えて、そのために作品が配置される。古典文学教育は、単なる歴史的知識の習得とは異なるわけである。（益田勝実「古典の文学教育」大河原忠蔵他編『文学教育の理論と教材の再評価』1967 年 3 月　明治図書　68 頁　注　下線は渡辺が付した。以下同じ。）

②現代の立場に立って、古典文学の芸術性から多くのものを汲み上げ、現代人の芸術の魂を研ぎ、ゆたかにしていく教育、と一応の定義を下すこともできようか。（益田勝実「古典文学の教育」（西尾実編『文学教育』1969 年 8 月　有信堂　263 頁）

③〈古典〉が学習対象の中心であった前代教育の変形した遺制でありつつ、その内面の構造改革によって、現代人と歴史との内面的なつながり、現代人と民族の文化伝統との内面からのつながりの実体験が可能な、唯一の教育の場となり、そこから他教科の今後のあり方にも方針をあたえうるものとなりうる可能性が考えられもするのである。（益田勝実「古典文学の教育」西尾実編『文学教育』1969年8月　有信堂　273頁）

④国語教育はことばの蓄えという大きな役割も果たさなければならないのではないか、古典教育でそこを頑張る以外ちょっと土俵がないんだという詮ない気持ちも持っているのです。（阿部秋生・益田勝実他「《シンポジウム》古典教材は現状でいいか」『国文学　言語と文芸』41号　1965年7月　大修館書店　75頁）

⑤『一体古文学が国語教育に必要なのは、云ひ表し方の技術の点にある。』（柳田国男『国語史論』―渡辺注）という見解は、古典文学教育においてひとつの重要なかなめだと思います。文学において民族の思想・感想を読みとることはもちろんですが、それは言葉の契機を通してであり、その言葉がわたしたちの手持ちの言葉を撃つ、衝撃を与えてくれるのです。ということは、あくまでも文学としてわたしたちの体内で機能させなければならない、ということであります。（益田勝実「古典教材の再評価〈義務教育段階でとりあげることの意義〉近代の厚みを再認識することが先決」『教育科学国語教育』107号　1967年9月　明治図書　11頁）

①～④は、古典教育の目指すべき目標にかかわっている。⑤は、古典教育が文学の機能に基づくべきであるとする。①～⑤を整理すれば、次のようになろう。学習者は、古典文学作品を、読みという「ことばの契機」を

通すことによって形象化する。その過程で、想像力・文学的認識力を用い、その能力を伸長させるとともに、学習者の既有のことば・認識は、「衝撃」を与えられ、新たな、より深いことば・認識として血肉化され、「ことばの蓄え」[*1]となる。また、形象化による「民族の思想・感想」の認識は、学習者に、「現代人と歴史との内面的なつながり、現代人と民族の文化伝統との内面からのつながり」を実感的に認識させるものとなる。このような古典学習によって、学習者は、「現代人の芸術の魂を研ぎ、ゆたかにし」、「現代を生き抜き、未来を開拓するためのなにかのエネルギー」を得るのである。

すなわち、益田勝実の古典教育目標観は、古典文学の形象化による認識過程を通して、能力の伸長（文学的認識力・想像力）、ことばの蓄積、認識（内容認識・歴史的認識）の深化を図り、現代を豊かに生き抜き、未来を切り拓く力を育成するという点に見い出される。また、古典を学ぶことの意義について、西郷竹彦は、古典をとおして「自分のあるべき姿」を理解することであるとする。それは、「古典に学ぶ、古人に学ぶ」ということであり、「ものの見方、生き方を、自分の中に身につける」[*2]ことだとしている。さらに、古典の表現方法に学ぶことも挙げている。学ぶことの意義を目標観に重ねてとらえたい。以上の目標観を図示すれば、おおよそ、【図 2-1】のようになる。

【図 2-1　益田勝実の目標観】

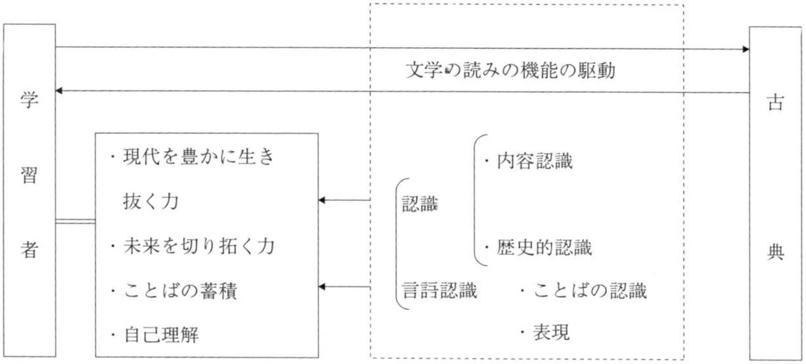

学習者

文学の読みの機能の駆動

古典

・現代を豊かに生き抜く力
・未来を切り拓く力
・ことばの蓄積
・自己理解

認識
・内容認識
・歴史的認識

言語認識
・ことばの認識
・表現

第２項　「関係概念」に基づく古典教育の目標設定

「関係概念」としての古典観に基づく古典教育の目標を、前項の益田勝実、西郷竹彦の目標観も参考にして設定したい。

1　「関係概念」に基づく古典教育目標の基底

目標の設定にあたっては、以下の点を考慮する。

①古典の世界

a. 古典の世界に関する認識。

b. 古典の世界に対する評価（意味づけ、価値づけ）。

②古語と表現

c. 古語の意味用法、表現に関する認識。

d. 古語の意味用法、表現に関する評価。

③古典読解・解釈・批評の技能

e. 古典読解力

f. 古典解釈力

g. 古典批評力

④古典に対する態度

h. 古典に親しみ、古典を読もうとし、古典に学ぼうとする態度。

i. 古語と表現に関する認識を深めることによって、言語に関心を寄せ、

【図 2-2　「関係概念」に基づく古典教育目標の構造】

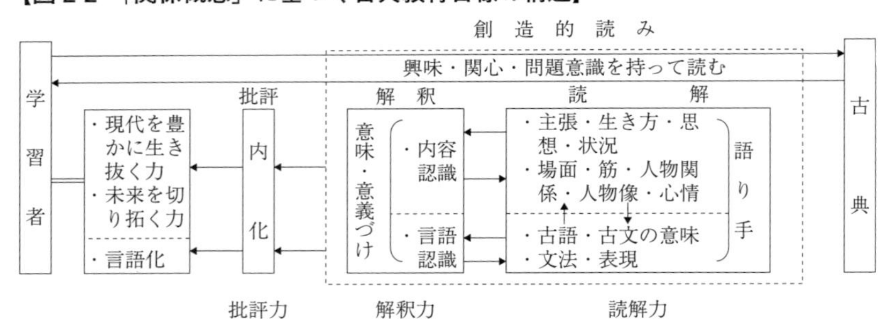

よりよい表現を求めようとする態度。

「関係概念」に基づく古典教育の目標の基底を構造化すれば、【図2-2】のとおりになる。

２　「関係概念」に基づく古典教育の目標

上記の「関係概念」に基づく古典教育の目標基底に基づき古典教育の目標を、①価値目標、②技能目標、③態度目標に分けて、次のとおりに掲げることにする。

(1) 価値目標

①古典を主体的かつ創造的に読むことをとおして、認識（感動）を深め、新たな示唆、指針、反省等を得るようにするとともに、古典に学ぶ意義を見い出せるようにする。〈認識の深化と古典を読む意義の発見〉

②古語の意味・用法、および表現の機能、効果に関する認識を深めるとともに、現代の言語に関する認識を深めるようにする。〈言語に関する認識〉

(2) 技能目標

③古典の学び手として古典を創造的に読む力（読解力・解釈力・批評力）を育成する。〈技能の習得〉

(3) 態度目標

④古典に親しみ、進んで読み、古典に学ぼうとする態度を養う。また、古語と表現に関する認識を深め、よりよい表現を求めようとする態度を養う。〈態度の育成〉

①の主体的かつ創造的な読みとは、「読み手が既有知識を使って、文章材料に働きかけ、まとまりのある解釈を再構成すること」*3 である。創造的な読みとは、空所を補充し、文脈を整え、意味を創造する読みである。古典の内化と技能の育成は、①②の達成によって可能になろう。①の達成には、興味・関心、問題意識を重視し、それに応じた古典教材を準備するとともに、古典に向き合い、古典を読む力を発揮できるように支援す

る必要がある。③は、①②と関連させることによって育成が可能になる。④は、創造的に読む力として措定されねばならない。それは、①②の達成の過程で育成されるとともに、その過程で生きて働く力となるようにしたい。

古典教育は、「関係概念」としての古典観に基づき、古典の内化を目指して行いたい。ここでいう内化とは、主体的な解釈、批評を行い、価値を発見するに至った状態と考えることにする。この内化なしには、古典への親しみも、継承と発展もなしえない。

第2節　古典を読む力の把握

古典を読む力に関する研究は、乏しいのが現状である。国語教育研究の成果を整理し、展望したものとして『国語教育学研究の成果と展望』(2002年6月　全国大学国語教育学会編　明治図書)と、その後の成果と展望を整理したものとして『国語教育学研究の成果と展望　Ⅱ』(2013年3月　全国大学国語教育学会編　学芸図書)がある。いずれにも古典教育研究の読む力に関する言及はない。

読む力に関しては、1929年、①形象理論に基づく西尾実の読む作用の体系*4、1950年代に小西甚一の分析批評*5、②藤原与一の読解の三段階法*6、③1960年代には、増淵恒吉の読解力*7、1970年代末には、④西郷竹彦が、関連・系統指導案を発表し*8、認識の諸能力を用いた読む力を古典の読みにも応用していった。近年では、⑤言説論による竹村信治の「読解力育成に向けた5段階学習」などが読む力にかかわる論として考えられる。

以下、①～⑤を取り上げて検討し、「関係概念」としての古典観*9に基づく読む力について考察を進めることにする。

第1項　形象理論における読む力

1　形象理論に基づく読みの方法

西尾実は、形象理論に基づき、読みの方法を提唱した。時代の文芸理論他をも参照し*10、新たな解釈の方法を生み出した。この方法に読む力を認めることができる。西尾実は、素読・解釈・批評の「解釈」について、「鑑賞の底から浮かび上がってくる、統一体としての意味の闡明」と定義し、「鑑賞」は、「読みの反復によって発展し来るものであることは、すでに、古人によって様々な形をもって表明せられている。」*11と述べている。その方法に関しては、次のとおりに述べている。

> 私は、読みによって得た主体的把握を客観的知識に展開させる解釈の方法体系を主題・構想・叙述の探究に見出し、主題とは、表現に即して見出される、示現せんとしているものであり、構想とは、主題展開の作用関連であり、叙述とは、主題展開の究極面であって、主題の結晶としての一語・一句・一箇文であるとする。（西尾実『作品研究つれづれ草』1955年６月　学生社、所収　西尾実『西尾実国語教育全集』第９巻　1976年５月　教育出版　16頁）

「主題・構想・叙述の探究」を「主体的把握を客観的知識に展開させる解釈の方法体系」*12として打ち出している。例えば、『徒然草』７段（「あだし野の露きゆる時なく」）について、主題・構想を、次のようにとらえている。

> 主題　　無常の美。
> 構想　　（一）世間無常の意義。
> 　　　　（二）人間の生涯における無常の意義考察。
> 　　　　　イ　早死にのめやすさ。
> 　　　　　ロ　長生のあさましさ。
> （一）は、感想を感想としていい、（二）は、それを人間の一生涯の上に観察して立証しようとする態度に出ている点において、論証的

傾向を特質としている。
（西尾実『作品研究つれづれ草』1955年6月　学生社、所収　西尾実『西尾実国語教育全集』第9巻　1976年5月　教育出版　21・22頁）

さらに、「叙述」の探究において、（一）に当たる本文の「[いかに、もののあはれもなからん。世はさだめなきこそ、いみじけれ。]」に関しては、「世間無常を悲しむのが人情の常である。それに対して、誰にも忘れられている反面の道理を提示したのである。そこに一種の快味を覚えさせるものがある。無常讃美の基準が『もののあはれ』であることが注目される。」と考察し、ついで、（二）に関する叙述が探究されている。「反復読誦によって読者の意識に実現し来る『義』」を把握し、構想・叙述との往還の中で検証した結果が記され、西尾実の中では、動かぬものとして提示されている。

読みの過程である主題→構想→叙述は、「制作作用とその方向を一にするものでなければならぬ」*[13]とする表現過程の追体験を前提としている。また、その方法は、読みの修練を経た者を前提として提示されており、一般読者、学習者には、主題の把握から入るのは難しいことも推察される。

2　形象理論に基づく古典教育の実際

坂本英一は、西尾実の読みの方略を実用的に生かし、授業を試みた。坂本英一は、昭和40年代にあって、真実を求める、考える主体を育成する国語教育を試みた。古典教育においても、読みの方法を工夫して、人間の生き方を求める実践を試みている。例えば、「かげろふ日記」の実践は、ア．心の表現としての日記の読解、イ．人間の真実と時代との関係の理解、ウ．文法知識の復習という目標のもとに展開した。作者の悲しみをとらえさせ、人間のしあわせにつながる生き方を考えさせようとした点に特色が見い出せる*[14]。

実践は、生徒の主体的学習を尊重し、主題の想定・大意の把握・情緒の感得→構想の検討→語句・文の解釈→総合（主題・情緒の言表の確認）→批評（→朗読）に至る読みを明確な指導過程に位置づけ、読解力の育成を図るとともに、考えさせる古典教育を展開している。

「読解の方法」は、①主題の想定・大意の把握・情緒の感得、②構想の検討、③語句・文の解釈、④総合—主題、情緒、言表の確認、⑤批評、⑥朗読の順に進められている。それぞれの内容について、次にまとめる*[15]。

(1)　主題の想定・大意の把握・情緒の感得

新鮮な第１回目の読みを重視。第１回目の読みの主要な目的は、大意の把握と主題の想定にあるとしている。主題の想定とは、作者はわたしたちに何を訴えようとしているのかをつかむことで、想定というのは、１回だけの読みではなかなか主題をはっきりとらえにくい場合が多く、まだ確定するまでには至らないからだとする。なお１回目の読みでは、情緒の感得という作業も行う。また、第１回目の読みでは音読をとおして誤読の訂正をも行う。

(2)　構想の検討

第２回目の読みの目標は構想の検討である。段落を切って各段の大意を考える作業であるが、これも単に段意を取るだけでなく、各段がどうからみ合って、主題の中心になる段をもり立てているかという組み立て方を考えるものである。

(3)　語句・文の解釈

第３回目の読みの後、初めて語句や文の意味を調べる。構想の検討や語句・文の解釈は、第１回目の読みで概観した主題をこまかく分析して、いっそう明らかにしていく段階である。

(4)　総合—主題・情緒の言表の確認

第４回目の読みは概観・分析の結果をまとめる総合の段階。作者の主題や情緒を確認する段階である。

(5) 批評

第5回目の読みは、表現から作者の性格や思想、作風を考え、作者の考えの妥当性、その意味などを発展的に広く深く考えていく段階である。

(6) 朗読

文芸作品については、朗読を行う。第6回目の読みとして、主題や意味を理解した上で、今度は自分のものとして発表するもので、感情をこめた音読を目指す。

次に、授業の板書の中で、上で取り上げたことに関する箇所を、次頁に掲げる。板書に見える読解の方法は、次のような特色を持つものと考えられる。

①主題の想定・大意の把握・情緒の感得→構想の検討→語句・文の解釈→総合(主題・情緒の言表の確認)→批評(→朗読)と、読みの過程が明確である。

②読解の方法は、仮説の設定→仮説の検証→批評→鑑賞(文芸作品の場合)という構成を取り、主題を抽出し、まとめるための思考、分析・考察し、主題を検証するための思考、批評するための思考の各段階において、考える国語教育が行えるようになっている。

③この読解の方法は、創造的読みによる主題の追求ではなく、「作者の訴えようとするかんがえ」・「表現意図」としての主題の追求を目指すものである。

④読解の方法には、西尾実の解釈法の影響がうかがわれるが、独自の工夫もなされている。

⑤指導過程の中に基本的に5回目(文芸作品の場合は6回目)の読みが組み込まれ、繰り返し読みが行えるよう配慮されている。

⑥読解の方法が、生活における読書に生きることを目指している。

蜻蛉日記の板書	読みに関わる指導事項
国語の学習 記憶　　思考 読解の方法 第一回の読み（誤読の訂正） 要旨 ｛a. 大意の把握　ことがら 　　　 b. 主題の想定　かんがえ｝ c. 情緒の感得　あじわい　｝概観 第二回の読み d. 構想の検討　くみたて　｝分 第三回の読み e. 語句・文の解釈　いみ　｝析 第四回の読み f. 主題の確定 g. 情緒の確認　｝総合 第五回の読み h. 作者作風の考察 i. 批評　　いけん 第六回の読み j. 朗読　｝発展	a.. 読む前に、大意・主題・情緒を考えながら聞くよう指示。大意をとらえる方法として、標題への注目、登場人物・時・場所・行動内容という観点からとらえてみるべきことを、具体的に指導。 b. 全体の内容を考え、貫く主題を想定（後で確定）。 c. 文字のあじわいを感じ取ること。形式と内容とから来るあじわいがある。 d. 形式段落の段落ごとに大意。その後意味段落にまとめ大意。大意を基に主題の検討、確定。 e. 語句の意味が、基本的意味や語源的意味から説明され、文法の注釈もまぎらわしい語の識別にまで及ぶ。作者の表現意図を正確につかむために、文法の理解と古語の意味理解の必要性を強調。 f.g. 主題・大意・情緒、各段の大意・構想、語句・文の意味の学習を生かし、主題・情趣の確定を行う。 h. 表現に根拠を求め、性格や思想、作風をまとめる。 i. 社会的歴史的背景から、作者の考えの妥当性、意義など、発展的に広く、深く考える。 j. 読み味わうための朗読。

（坂本英一「第一章　最初の授業」『高等学校国語指導の実践』1982 年 9 月　右文書院　13 頁参照）

３　形象理論における読む力

上記の授業展開によれば、①大意・主題・情緒を把握する力〈概観〉、②表現（構成・語句・文）を分析する力〈分析〉、③主題・情趣を確定する力〈総合〉、④作者作風を考察する力・批評する力・朗読する力〈発展〉を抽出することができる。

この授業展開では、第１回目において大意・主題・情緒を把握する力が求められている。しかし、最初の読みにおいて、大意・主題・情緒を把握することは容易ではない。第1回目から取り組ませることの適切さが問われることになる*[16]。そのために「概観」において、「大意をとらえる方法として、標題への注目、登場人物・時・場所・行動内容という観点からとらえてみるべきことを、具体的に指導」していることに留意したい。これによって、大意を把握する力の下位に、標題、場面（登場人物・時・場所）・行動内容を読む力を想定することができる。

第2項　読解の三段階法における読む力

1　読解の三段階法

次に、藤原与一「読解の三段階法」を取り上げて考察する。これは「素材読み→文法読み→表現読み」から成る読みの階梯である*[17]。「読みの三段階法」は、次のとおりである。

(1)「素材読み」は、教材の文章表現の基礎的素材をとらえさせる指導である。なにが書かれているか、なにについて書いてあるかを考えさせるものである。この「素材読み」は、語義から文意に至る語義段階の作業であり、「素材読み」の作業内容は、①素材の把握、②語義の探索、③文章大意の理解とまとめることもできる*[18]。例を『徒然草』（117段）にとって解説している*[19]。

> 友とするにわろき者、七つあり。一つには、高くやん事なき人。二つには、若き人。三つには、病なく身強き人。四つには、酒を好む人。五つには、たけく勇める兵。六つには、虚言する人、七つには欲深き人。
>
> よき友三つあり。一つには、物くるゝ友。二つには医師。三つには、知恵ある友。

この「素材読み」について、「第一文に、『友とするにわろき者、七つあり。』とあるから、素材は七つときめて受けとることができる。以下、『一つには、』『二つには、』とあるから、大事な素材はまぎれなくとらえられよう。」としている。

(2)「文法読み」は、文章の大小の組み立てに目をつけて、これを、ときほぐしていくものである。方法は分析を中心とするものであり、徹底的に、文章を分析していくことを目標とする。ここでいう分析は、厳密には総合的分析であり、文章構造を分析して得られるさまざまな要素の関係を見い出して、その大小の関係を、縦横に把握していく関係把握である。「文法読み」の作業定式は、①全文章についての段落の読み分け、②一段落そのものの読み分け、③センテンスについての主部・述部の見分け、④修飾部の見分け、⑤語句のはたらきの追求、⑥微視と巨視の相関把握である。

藤原与一は、先の『徒然草』（117 段）によって、「⑤語句の働きの追求」を行っている*[20]。七つの友とするにわろき者の句末に注目し、人・人・人・人・兵・人・人となっており、「ほどよい所で、いちど変化をつけている。」とし、三つのよき友については、句末の三つを違ったことばで言い表している。ここに「変化の妙」がとらえられている。

また、はじめの三者では、修飾語に形容詞が用いられ、次の三者では、修飾用に動詞が用いられ、最後は形容詞となっているところに、「作者のしぜんのはからい」を見い出している。藤原与一は、「こうしたおどろきを、教室内の相手がたに持たせるのが、語句をおさえさせる文法読みである」とした。

(3)「表現読み」は、「文章読解での最後的な読みであって、理的追求での極限に、『理的追求と情的把握との一如のはたらき』によって成就されるもの（―最高の読み）である。」*[21] とされている。この作業定式は、①大切な部分に食い入り、表現全体を統合的に把握、②全体を直視しつつ統合的に把握、③深く、人間・社会・思想を読み取る、となっている。藤原与一は、前掲の『徒然草』（117 段）について、「表現読み」の作業方式の「①」を次のように例示している。「友とするにわろき者」の中で、「病なく身強き人」に着目する。「この、意外とも言えるような作者の指摘に、じつは、作者独自の人生観があろう。そこを、作者の身になって追求していけば、こころからも、よく、作者がここの七とおりのものを列挙する心理が深く読みとれることになる。」*[22]としている。

2　読解の三段階法に基づく古典教育の実際

伊東武雄は、「読解の三段階法」を授業実践において応用のきくものにしようとした。1965年6月に、『紫式部日記』（「しはすの二十九日」）を教材に、授業を行っている。授業は、次の問と指示に基づいて展開した。

①時と場所を指摘せよ。
②心情語を三つぬき出せ。
③それぞれの心情はどのようなところから生じているか。
④自発の助動詞をぬき出せ。
⑤紫式部の心境と性格を考えよ。
（伊東武雄「古文読解の一つの実践―素材読みとその深化の方法―」『高校古典教育の探究』1983年3月　渓水社　7頁）

この問と指示は、①②③が、外的素材と内的素材をとらえるものとされている。②については、「『うとまし』『心細し』『すさまじ』の三つの心情語を分析して、あわただしい年の暮れにも自己をじっとみつめないではいられない作者の人がらと、自己嫌悪、寂寥感、孤独感という心境を読み取らせようとした。」とねらいが述べられている。④に関しては、「自発の『らる』をおさえることによって」、⑤の求める「式部のもの思いが自然になされるものであること」*[23]に気づかせた。板書は、次のようになされた。

時	しはすの二十九日夜いたうふけにけり→年暮れてわがよ（夜・世） 寝聡し　　　　　　　　　ふけゆく
場所	宮中　いさときくつのしげさかな （里にては）今は寝なましものを　　　風の音 →[新年をむかえるあわただしさ]〈身を切られるような冷え切った風〉
心情	〈初心〉　　　　　　　〈マンネリ・惰性〉

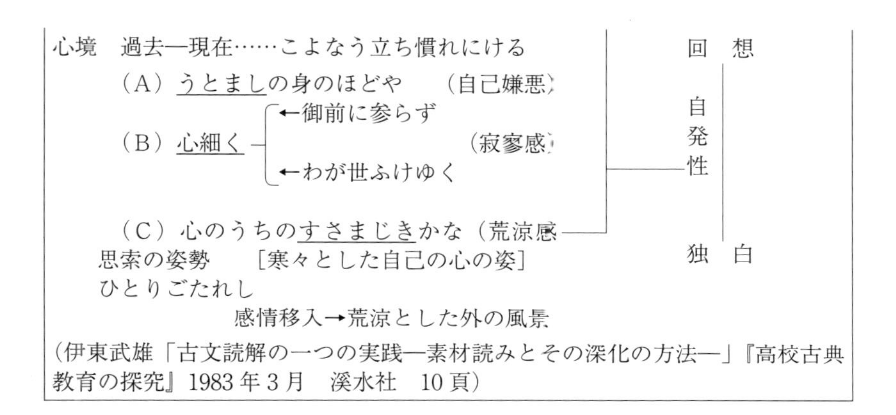

（伊東武雄「古文読解の一つの実践—素材読みとその深化の方法—」『高校古典教育の探究』1983年３月　溪水社　10頁）

問と指示に基づいて外的素材（時・場所）、内的素材（心情語）をとらえ、外的素材と、内的素材の関連、内的素材を生じさせる背景を明らかにし、文法的把握を介在させつつ、紫式部の心情と人となりとをとらえようとしたことが分かる。

３　「読解の三段階法」における読む力

上記実践では、「素材読み」「文法読み」「表現読み」を、①時と場所を指摘せよ、②心情語を三つぬき出せ、③それぞれの心情はどのようなところから生じているか、④自発の助動詞をぬき出せ、⑤紫式部の心境と性格を考えよといった問と指示によって絞り、方向づけて、読みを深めている。しかし、ここに来て、藤原与一の提唱した素材読みは、変質し、場面と心情とを中心とする読みになっている。藤原与一の「読解の三段階法」は、長文には応用しがたいことが理解される。古典教育実践におけるこの変質は、読む力が、人物の行動・心情・場所を中心とした場面の読みを基本にして措定されることの適切さを示唆している。

第３項　古典の読解力

古典の読解力に関して言及されたものは、多くはない。その中で増淵恒吉の提示した読解力*[24]は、読解の実際に即して、次のように設定されている。以下は、知識、技能、態度に分けて提示されたもののうち、技能を整理して挙げたものである*[25]。

①文章の内容のあらましを、よりすばやく、より的確に把握する力。
②語句の意味を理解する力。
　a．自己の経験とことばとを結びつける力。
　b．辞書を必要に応じて有効に利用する力。
　c．語句の意味を文脈から推定する力。
　d．漢字の構造・語句の構造を理解し、それを応用する力。
　e．助詞・助動詞の文中における意味・用法を理解する力。
③文の組立をとらえ文意を明らかにする力。
④指示することばが文中の何を指しているかを指摘する力。
⑤文と文との連接関係をとらえる力。
⑥文・文章の内容と表現の強弱軽重をとらえる力。
⑦必要ならば、注釈書、参考書、口語訳を利用する力。
⑧表現形態に即した読み方をする力（文学的文章の場合）。
　a．作品の形態や傾向に応じた読み方ができる力。
　b．作品のあらすじ・場面（時・場・人物）・構成を読み取る力。
　c．作中人物の思想や性格および心理の動きを読み分ける力。
　d．文体の特色や表現のうまみなどを感得できる力。
　e．作品を通して、ものの見方・感じ方を理解する力。
　f．作品の主題を読み取る力。
⑨読んだ古典を主体との関わりにおいて理解し、批評する力。

この読解力の一覧は、「全体から部分へ、部分から全体へという、読みの基本原則」*[26]、および「学習の手順」*[27]を意識して作成されている。

上記の①は、注解に頼ることを前提*[28]としており、②～⑦の読解力の総和ともされる技能である。①～⑦までが、表現形態にかかわりのない共通的な読解力とされている。⑧に文学的文章を読解する力が設定されている。

上記一覧は、類別して整理すると、(1) 概要把握（①、⑧のｂ）、(2) 人物像の把握（⑧のｃ)、(3) 表現の検討（②～⑥、ｄ)、(4) 思想・主題の把握・解明（⑧のｅ、ｆ)、(5) 批評（⑨）としてとらえることができる。ここでの (4) 思想・主題は、「読み取る」ものとされている。すなわち、主題を、学習者による創造的生成としてではなく、「作者は、その作品で何を書きたかったのか」*[29] における「何」を解明するものとされている。⑨の批評を除いて、全体的に読解を前提とした読みの力が措定されているといえる。

第４項　文芸学における読む力

1　西郷文芸学の「教授＝学習過程」

西郷竹彦は、虚構としての文学を理論的に解明し、理論を読みに生かすことを試みてきた。西郷竹彦の文芸学に基づく授業は、「教授＝学習過程」（文芸研方式）として、次のように定式化されている。

(1) だんどり…………読者である子どもたちに、読みの「かまえ」を作る段階。
(2) とおしよみ………「はじめ」「つづき」「おわり」の筋に沿って視点を媒介として切実な文芸体験をさせる。
- ・ひとりよみ………… 最初のイメージ化と文学体験をさせる段階。ある人物の身になって、わがことのように、あるいは、わきから人物
- ・よみきかせ………… 教師が読んで聞かせ、作品世界をトータルに体験させる段階。をながめるようにまざまざと共体験をさせる段階。
- ・たしかめよみ……… きめ細かくことばを押さえながら、豊かにイ

メージ化させる段階。

(3) まとめよみ………主題、思想をとらえる段階。典型化を目指す読みの段階。

(4) まとめ……………しめくくりと他の活動への橋渡しをする段階。

西郷竹彦『新版・文芸の授業—理論と方法』(1996年9月　明治図書、所収　西郷竹彦『文芸・教育全集 第27巻　文芸の授業Ⅱ』1997年4月　恒文社　17-20頁参照)

「とおしよみ」、「まとめよみ」は、次の枠内に示した文学作品の構造論に基づいて行われることになる。

【図2-3　文学作品の構造】

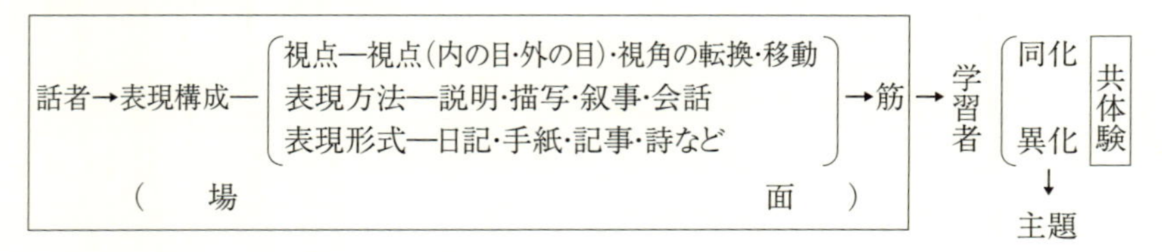

構造論に基づけば、学習者には、表現構成(視点・表現方法・表現形式)を読む力、その効果を読む力、また、古典を読み、同化・異化・共体験する力、総合的に主題をまとめる力を必要とすることが推察できる。

2　西郷文芸学に基づく古典教育実践

西郷文芸学に基づき、前野昭人は「那須与一」(『平家物語』)の実践を行った。

前野昭人は、『平家物語』巻第11「那須与一」「弓流(冒頭)」(高橋貞一『平家物語(下)』講談社文庫)を教材として、2年生を対象に5時間をかけて、「那須与一」の授業を展開している*[30]。授業の目的は、「①文芸学の理論と方法を古典の授業に導入して具体的に展開する。/②通常の教科書教材にしばられないで、自主的に教材化したもので授業を行い、その可能性を実験する。／③文芸学の基礎的な理解を図ることによって、古典の世界のおもしろさを味わわせる。」（94頁）という３点であった。指導過程は、たしかめよみ（とおしよみ）→まとめよみ→つづけよみという文芸研方式に基づいている。西郷竹彦の「『平家物語』の教材化」*31 に従い、「那須与一」と「弓流し」の一部を合わせて作った教材によって授業を展開している。そのうち「たしかめよみ」の第３時は、次のとおりである。

(1) 「那須与一」第二段落終末文～第三段落「矢頃少し遠かりければ、……時には源氏箙を叩いて、どよめきけり。」の原文・現代語訳を読み聞かせる。
(2) 語り手━与一━扇の相関関係を押さえる。

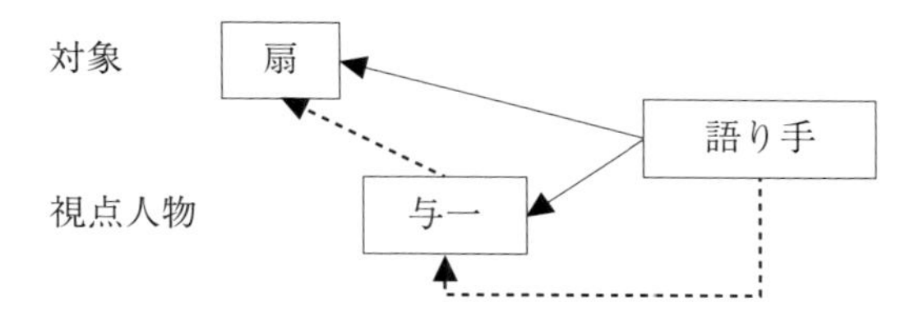

〇読者が与一に同化する。
〇語り手の〈外の目〉が与一の〈内の目〉に重なる。
(3) 与一が祈念する前の叙事・描写
〇描写の裏にあるもの
〇「とき」「海のようす」「とりまく人物」と与一の心のひびきあい
(4) 与一になったつもりで、祈念のことばを音読しなさい。
〇与一の悲壮感
〇読者の同化体験
(5) 〈目を見開いたれば、……扇も射よげにこそなつたりけれ。〉について
〇祈念後の与一の心境
(6) 射切られた扇の描写をどう読めばよいか。
〇平家没落の暗示

(7) 〈平家……感じたり。」「源氏……どよめきけり。〉の傍点表現の語感・意味の違いについて

○源氏と平家のイメージの違い

(8) 〈弓流〉第一段落〈余りの面白さに、……どよめきけり。〉の原文・現代語訳を読み聞かせる。

(9) 〈年の齢五十許んなる男〉が舞うところを、与一が主命で射倒すことについて

○ 〈ああ射たり〉―肯定・賞賛
〈いやいや情けなし〉―否定・慨嘆 ―みなさんはどちら側に立つか（討議）。

(10) 語り手即琵琶法師の立場、リアルに表現された平家物語の世界について

（前野昭人「『平家物語』―那須与一」『文芸・教育』12号　1974年7月　明治図書　95・96頁）

語り手による視点、視点人物、叙事・描写などの表現構成の把握、イメージの比較、討議に重ねて、表現を押さえて、わがことのように、あるいは、わきから人物をながめるようにまざまざと共体験をさせることが目指されている。学習指導の実際から、どのような読む力を用いることが求められているかをとらえることも可能である。

3　西郷文芸学における読む力

構造論、および文芸学に基づく教育実践から読む力を抽出し、読解力と解釈力に分けると、次のとおりである。

(1) 読解力

表現構成（視点・表現方法・表現形式）を読む力

同化・異化・共体験する力

人物相互・人物ととりまくものごととの相関関係を読む力
イメージする力

(2) 解釈力
表現構成の効果をとらえる力
主題をまとめる力
描写の裏面をとらえる力
心情をとらえる力
象徴の意味をとらえる力
自分の考えを持つ力

西郷文芸学の読む力は、ここに整理したものがすべてではない。認識に関する「関連・系統指導案」の認識の諸能力も読む力に関わっている。認識諸能力の多くは、解釈力、批評力に分類されることになる。

第５項 言説論に基づく読む力

近年注目されるのは、言説論（言述論）に基づき古典研究を進める竹村信治の提言である。竹村信治は、「読解力育成に向けた５段階学習」*[32]を提唱している。それは、理解から批評に至る段階的読みと、そのメタ化による認識の深化を求め、さらに、読解力の育成も目指して、次のように提示している。

Ⅰ 理解：物語内容の把握（叙述に即した内容全体の理解）
　語句の意味用法、文体や修辞などの表現上の特色を的確にとらえ、叙述（場面展開・登場人物等の描写）を注意して読み、文章の内容の全体を理解すること。

Ⅱ 解釈：物語言説の検討（意味や構造の解釈）

人物、情景、心情の描写の仕方を注意深く読み、登場人物・段落・事実と感想意見・全体と部分などの関係、展開、変化を整理し、キーワードやキーセンテンスなどにも目を留めて要点を探り、部分の意味付けと全体の構造化による要約をもって文章を解釈すること。

Ⅲ　鑑賞：物語行為の考察（テキスト内対話の聞き取り）

文章全体内容の理解、要点の把握と全体の構造化をもとに、問題化されている問い（「状況」への問いかけ＝主題）と問いへの応答（呼びかけ）を弁別し、その間にテキスト空間で展開される対話の過程を整理して応答（呼びかけ）の妥当性を吟味すること。

Ⅳ　応答：テキスト内対話への参加

“問題領域”への書き手の応答は、読み手からの応答を期待した呼びかけである。その呼びかけに対して応答すること。

Ⅴ　批評：テキスト内対話のメタ化（→メタ認知→自己認識）

“批評”は、物語行為の全体（何を問い、どのような知識・情報・言説を参照しつつ、どう語ったか。その間の主体のあり方はどうだったか）およびその呼びかけに応じた学習者自身をも問い直すものとなること。このような“批評”によってこそ「人間、社会、自然などについて自分の考えを深めたり発展させたりする」（学習指導要領「現代文Ｂ」、ウ）ことができる。

（竹村信治「国文学領域から ⑵ 古文学習論―「読解力」育成に向けた５段階学習 ⑵」研究代表者　佐々木勇『中等教育における教科教育内容の開発とその指導に関する研究』プロジェクト　2009年３月　広島大学大学院教育学研究科　34―38頁参照、竹村信治「古典の読解力」『充実した読解力養成のために』2011年　学校図書 23―24頁参照）

この５段階学習のⅡには、「キーワードやキーセンテンスなどに目を留めて要点を探り、部分の意味付けと全体の構造化による要約をもって文章を解釈すること」*[34]とある。「要約をもって文章を解釈する」とあることを考えれば、坂本英一の「大意」、増淵恒吉の「あらまし」に通う概念と見える。そうであれば、Ⅱは、Ⅰの延長の読解過程ととらえうる。そのように考えれば、Ⅰ・Ⅱを合わせて読解過程としてまとめることができる。Ⅲ・Ⅳは、物語行為への参加・応答である*[35]。ここでは、「物語行為」における「"問題領域"への書き手の応答」と「読み手からの応答」が想定されている。ここで言う「書き手」は、古典の表現をとおして想定された概念であろうが、物語を書き手と切り離し、物語行為を語り手の行為として考えたい。1980年代からの文学教育の歴史は、書き手の権威からの解放を求める歴史であった。石原千秋は、「『作者は』生徒を抑圧している」とし、「解釈がそこで停止する地点、それが『作者』なのだ」*[36]と作者を読みに関連づけることの問題を指摘している。秋山虔も、『源氏物語』の主題に関連して「作者と決別して読者の側への転換において主題論の有効性が期待され、主張され」*[37]ることに賛意を表している。このような点に課題が考えられるが、作品の応答と読み手の応答は、古典の読みにおいて重視されねばならない。

このように考えれば、竹村信治の「読解力育成に向けた５段階学習」は、大きくは、読解、物語行為への参加・応答、批評の３段階に分けてとらえることができよう。

第３節 「関係概念」に基づく古典を読む力の措定

第１項 「関係概念」に基づく古典を読む力の観点

前節において、①形象理論（西尾実）、②読解の三段階法（藤原与一）、③読解力（増淵恒吉）、④文芸学（西郷竹彦）、⑤言説論（竹村信治）の読む力について考察した。形象理論による読みは、追体験を基本にしたもので、まず、大意・主題・情趣を捉えさせようとするところに読みの困難と限界がある。読解の三段階も素材読みの段階に課題が見えた。それは古典教育への応用の過程で変質し、場面（人物・時・場所）展開の読みに至っていた。このことは古典文学（物語）の読みを場面の展開を軸に行うことの適切さを示唆するものとなっていることを指適した。指定された読解力は、創造的な解釈や批評力の想定が十分ではなかった。文芸学による読みは、教師中心に行われる点に課題が見い出されるが、構造論を生かした「教授＝学習過程」に基づく読みは生かすべきものがあった。さらに、言説論による読みは、古典における表現（物語行為）としての問題をめぐる応答と、それにかかわる読み手の応答を求めている。そこに古典と学習者との関係性を築く読みが見い出せた。

以上を踏まえて、読む力の観点を、読解・解釈・批評に分けて、次のとおりに設定する。

「関係概念」としての古典観は、自立した学習者を求める。そのような学習者を育成するためには、古典を創造的に読む力が必要になる。

①読解：主題の想定のための基礎作業である。場面（時・場所・人物）の展開を基に、ストーリーのあらましをとらえ、形象化する。また、全文の要旨・論旨をとらえ、物の見方・感じ方・考え方などを読み取る。

②解釈：人物の行動・心情を中心に場面を、描かれ方に注意して読み、創造的に意味づける。そのためには、読みにおける空所の創造的補充、疑問の発見と解決を大切にする。また、論の適切さ、事例の適切さ、表現の的確さ、主張の妥当性を検討しながら、内容を把握する。

③批評：読みの内実に基づき、内容・表現・情意的観点から批評する。また、ことがら・論・表現と主張の適切さ、主張の一般性・妥当性・普遍性から評価する。

第２項 「関係概念」に基づく古典を読む力の措定

ここでは、古典を読む力を、知識・技能・態度に分けてとらえたい。［知識］には、①言語要素、②言語表現、③古典に表れる生活・社会、有職故実、宗教、④古典の書かれた時代背景や時代思潮に関する知識が含まれる。また、［態度］については、①古典への興味・関心、②古典に親しみ、進んで読もうとする態度、③古典を読むことによって、豊かに生きようとする態度が考えられる。［技能］については、表層的な意味理解のための「読解」*38と、深層的、総合的かつ創造的な読みのための「解釈」*39、および価値発見のための「批評」に分けて、次に挙げることにする。

Ⅰ【読解】

①古典の語調やリズムを生かし、音読・朗読・群読を行う力。

②文章の内容を、より的確に把握する力。

③題名から内容を予想し、展開をとらえる力。

④語句の意味を理解する力。

ａ．自己の経験とことばとを結びつける力。

ｂ．辞書を必要に応じて有効に利用する力。

ｃ．語句の意味を文脈から推定する力。

ｄ．漢字の構造・語句の構造を理解し、それを応用する力。

ｅ．助詞・助動詞の文中における意味・用法を理解する力。

⑤文の組立をとらえ文意を明らかにする力。

⑥指示することばが文中の何を指しているかを指摘する力。

⑦文、文章、段落相互の連接関係をとらえる力。

⑧文・文章の内容と表現の強弱軽重をとらえる力。

⑨エピソードと語り手の主張を分けてとらえる力。

⑩必要ならば、注釈書、参考書、口語訳を利用する力。

⑪表現形態（日記・随筆・物語・和歌など）に即した読み方をする力。

【文学的文章の場合】

a. 作品のあらすじ・場面（時・場・人物）を読み取る力。
b. 表現に基づきイメージ豊かに読む力。
c. 作中人物の思想や性格および心情を読み分ける力。
d. 文体の特色や表現のうまみなどを感得できる力。

【論理的文章の場合】
a. 段落内の内容を要約する力。
b. 段落相互の関係や文章の展開のしかたを読み取る力。
c. 文体の特色や表現の適切さなどを理解する力。
d. 全文の要旨・論旨をとらえる力。
e. 物の見方・感じ方・考え方などを読み取る力。

Ⅱ【解釈】

【文学的文章の場合】
①疑問を見い出し、疑問の解決を求めて読む力。
②寓意・象徴・比喩・例示から解釈する力。
③比較・類比・関連・推論・演繹・帰納などの思考力を用いて解釈する力。
④既有の知識や経験を動員して解釈する力。
⑤空所を補充し、文脈、場面を整える力。
⑥文脈や場面、語り手の主張等を総合し、人物の思想、性格、心理（変容）をとらえる力。
⑦主題を創造的に把握する力。

【論理的文章の場合】
①エピソードと語り手の主張から適切さを検討するとともに、挿入されている事例の適切さを検討し、当てはまる他の事例を考える力。
②構成・展開・論の適切さを検討する力。
③表現の的確さを検討する力。
④主張の妥当性を検討する力。

Ⅲ【批評】

【文学的文章の場合】

①解釈したことを基に、ア．内容的価値、イ．表現的価値、ウ．情意的価値を主体との関わりにおいて創出し、批評する力。

【論理的文章の場合】

②解釈したことを基に、ことがら・論・表現と主張の適切さ、主張の一般性・妥当性・普遍性から評価するとともに、ア．内容的価値、イ．表現的価値、ウ．情意的価値を主体とのかかわりにおいて創出し、批評する力。

第４節　「関係概念」に基づく古典教育方法の基底

第１項　「関係概念」に基づく古典教育の構想

本項においては、益田勝実による『古典Ⅱ（古文）学習指導の研究』掲載の「倭建命」の授業構想*[40]を考察することによって、具体的な古典教育の方法を実践理論としてとらえたいと考える。

１　「倭建命」教材化の意義

益田勝実は、「倭建命」の教材としての意義を、次の点に見い出している。「倭建命」には、暗黒な原始の迷妄の中で、それに背いて輝いている人間的なもの―力・知・愛を求めてやまない魂の悶え、ヒューマンな浪漫的精神がある。また、それは、私たちの文学の遠い水源としてあり、かけがえのない古代日本人の心である。教材としての価値はこの２点にあるとされ、これを学ぶことによって、学習者に、ういういしい理想追求の心持ちを蘇らせることを求めている*[41]。

益田勝実の言う「ヒューマンな浪漫精神」は、「倭建命」に関する、①男性的なたけだけしさと女性的な美しさという二つの理想の追求（女装して熊曽建に接近する倭建命には、男性的なたけだけしさと女性的な美しさの二つが見い出される)、②人間の知恵への強烈な憧れ、③神々と英雄との戦い―そこに見られる豊かな人間らしい愛情、④人間の魂―生命への賛歌、故郷への思慕、⑤デスポチズム進展下の人間性の主張という5点に認められている[*42]。

2　指導目標

次に、指導目標を摘記する[*43]。

①内容と響き合うリズムの感得。

②時代のことばの理解。

③原始社会的状況の理解―人間精神の暗黒面の理解。

④新しい人間精神に対する憧憬の理解。

以上、4点が目標とされた。この内、①②は、文体とことばに関する目標であり、③④は内容に関する目標となっている。

3　指導方法

「倭建命」の授業計画[*44]の考察から、益田勝実の古典教育の特徴的な方法を抽出して整理すれば、次のようになる。

(1) 指導過程

益田勝実によって提示された「倭建命」の授業計画における指導過程の一つの型は、次の通りである[*45]。

①各自の考えを、要点をメモしながらまとめる。

・「学習ノート」・「学習の手引き」による着眼点に基づく自主的な学習。

②要点メモを基に、各自の考えを出し合ってグループで考えを深める。

・各自の考えの要点メモを基にした主体的な学習による理解・疑問・葛藤の深化。

③もう一度じっくり本文を読み直す。

・イメージ形成、理解と認識の深化、発見。

④新しい発見を加えて自分の考えを文章にまとめる。

・理解と認識、疑問を文章化することによって明確化。

⑤学習の過程で生じた疑問を先生に質問する。

・古典に向かって問を発し、自己の歴史的現実を荷なう者としての生き方を問う姿勢。

⑥静かに本文を読み返す。

・イメージ形成、内容の感得。

この指導過程は、ア、多様な指導形態、イ、問題意識の喚起と持続、ウ、問題の発見と解決、エ、イメージ形成と内容の感得、オ、主体的学習を考慮して設定されていると見ることができる。

(2) ことばに関する指導方法

ことばに関する指導法は、次のとおりである。

①辞書を利用し、文脈の中で適切なことばの意味をとらえるとともに、国語史的に意味・用法をとらえさせる指導。

②特徴的なことばについて学習させる。ことばの意味・用法やことばによる形象の方法の、他の時代との違いを示し、時代によってどう違うかという興味から古典語の知識に学習者の蓄積のための秩序を与える。

(3) 理解・認識の深化に関する指導方法

理解・認識に関する指導方法を、導入時・展開時・終結時に分けて、次に整理する。

Ａ．導入時の指導方法

①朗読の練習による内容とリズムの響き合いの感得。

②違和感を持つと考えられる箇所を「学習ノート」の着眼点とし、考えをまとめさせる指導。

③鑑賞・批評のための着眼点、鑑賞・批評方法の提示。

Ｂ．展開時の指導方法

④一語一語読み解くのではなく、疑問点を基に理解を深める指導。
⑤「巨視の眼」として時代背景や物語を生んだ人々の思いを講義によって理解させる指導と、「微視の眼」として表現を押さえ内容をとらえさせる指導との併用。
⑥内容と表現のそれぞれに眼を向け、内容と表現の緊密な関係を理解させる指導。
⑦繰り返し読ませ、イメージ形成と認識の深化、疑問を見い出し新たな発見をさせる指導。
⑧グループや全体で、考えを相互に突き合わせ、主体的に討議、話し合いをさせることで理解を深める指導。

C．終結時の指導方法

⑨巨視と微視の眼のうち、巨視の眼、すなわち、時代の文学のイメージ、そのジャンル固有のイメージを理解させる指導。
⑩作品に立ち返りイメージを形成させるために最後に読ませる指導。

第２項　「関係概念」に基づく古典教育方法の基底

「倭建命」の授業構想の特徴は、以下の点に認められる。

①ことばの指導に関して、言語史に位置づけることで、言語の蓄積を図っている。
②導入時において、ア．違和感を基にした問題意識の喚起と追求、イ．鑑賞・批評の観点の提示を行っている。
③全体の網羅的指導ではなく、疑問を軸として焦点化した指導による理解の深化を求めている。
④微視の眼と巨視の眼に基づく指導によって、作品の固有のことばによる作品世界の理解とともに、歴史的状況に位置づけることがなされている。
⑤繰り返し読ませ形象化を図るとともに新たな意味づけを求め、理解の深化を図っている。

⑥主体的な学習に基づく交流による理解の深化がなされている。
⑦終結において、理解の上で読ませることによって内容の感得を図っている。

上記、③に関しては、最初から講義とするよりも、学習者の疑問の声を受けて、あるいは疑問が生じるように指導した後に追求を行い、理解を深めることが意図されている。

こうして特徴をとらえれば、益田勝実の示した「倭建命」の授業構想は、1965 年発表のものでありながら、現在なお、新鮮さを失ってはいないことが分かる。

こうして見れば、「関係概念」に基づく古典教育の方法として、a. 読むことの観点提示と読む技能の習得、b. 問題意識の喚起と追求、c. 追求の焦点化、d. 形象化と意味づけ、e. 主体的学習と交流による追求、f. 感得と内化を見い出すことができる。授業はこれらを複合的かつ有機的に取り入れて構成している。

これらの諸要素を「関係概念」に基づく古典教育の方法の基底に置きつつ、さらに、次節において、戦後における古典教育実践に見える方法を取り入れ、授業構想に生かしたい。

第５節　内化を求める古典の読みの過程

第１項　読みの過程論

学習者の読みの内実に関しては、文学の読みに絞っても、浜本純逸・大槻和夫・田近洵一・鶴田清司・山元隆春他*[46] 多くの研究がある。他に、文学理論の研究、認知心理学*[47] による読みの研究も多い。大槻和夫は、文学の読みに関して「諸説紛々といったところであるが、およそ次のような点では合意がほぼ成立している」として、次の３点を挙げている*[48]。

すなわち、①テキストは、「読む」という行為を通じて、読者の中に作品として成立するということ、②テキストには、読者にある世界を体験させる装置が仕掛けてあり、読者はその装置にはまって作品に描かれている世界を体験するということ、③作者が何を言いたかったかということもよりも、読者がその作品世界をどのように体験したか、その体験を通してどういう意味を発見したかが重要だということである。その上で、文学の読みの過程を、文字の言語化と解読を別に二つの過程に分けている。「テキストの表現を、自己の経験や既有知識と結びつけて理解する過程」と「意味付け」[*49]の過程である。田近洵一も読みを二つに分けている。「通し読みの段階」と「振り返り読みの段階」である。二つの読みの段階については、「前者（初読）は、読み進む過程における、本文の成立にかかわる問題であり、後者（再読）は、自身の〈読み〉を振り返り、全体を構造化して、その意味を明らかにしようとする深層の〈読み〉の問題である。」[*50]と説明を加えている。高等学校の古典教育における、内化を目指す古典の読みの過程には、この二つの読みに批評の読みを加えたい。この三段階の読みは、古典文学の読みにも適用する。古典の読みは、現代文学の読みと本質的に変わるものではない。

第２項　内化に至る読みの過程

1　内化に至る読みの過程

古典の内化に至る読みの過程を、最近接発達領域[*51]における学びに重ねて考えたい。ユーリア・エンゲストロームによる最近接発達領域の段階構造は、古典の読みの過程に通じる。古典の読みは、指導者の読みのモデルに基づく支援を受けてなされることになる。

【図2-4】における「古典の読みの過程」は、次のとおりに想定したものである。

①既有の知識・認識に満足するよりも、興味・関心、問題意識に基づ

き、新たな知識・認識の獲得を求めて、積極的な読みに向かうことになる。〈問題意識：第一の矛盾〉

「作品を読んで、どんなことに興味・関心を持ちましたか。」
「考えてみたいことがありますか。」

②読解の段階である。場面を形象化し、プロットをとらえ対話しつつ意味づけていくが、整合性のある意味づけに達することができない状態にある。〈初期の意味づけとしての感想の表出：第二の矛盾〉

「どんなことが書いてありますか。」→「感想を述べてください。」（感想の交流）

③解釈の段階である。読みを対象化し、形象の読みに基づき、根拠を意識しながら対話しつつ整合性のあるモデルとなるよう、創造的に意味づけを行う。〈主題１として表出：モデル化〉

「〜には、どんな意味がありますか。」・「〜は、どんな主題を表していますか。」（交流）

④モデルとした意味を、読みでえられたこと以外の事象に適応できるように修正し、一般化する。〈主題２として表出：第三の矛盾〉

「その意味は、何かにあてはめることができますか。」・「その主題に関連した例がありますか。」

⑤創造された主題とともに古典を対象に批評を加える。〈批評として表出〉……→〈内化：モデルの補強・修正、批評〉

「読み終えて、あなたにとって、どんな意義がありましたか。」

【図 2-4　最近接発達領域の段階を読みの構造】

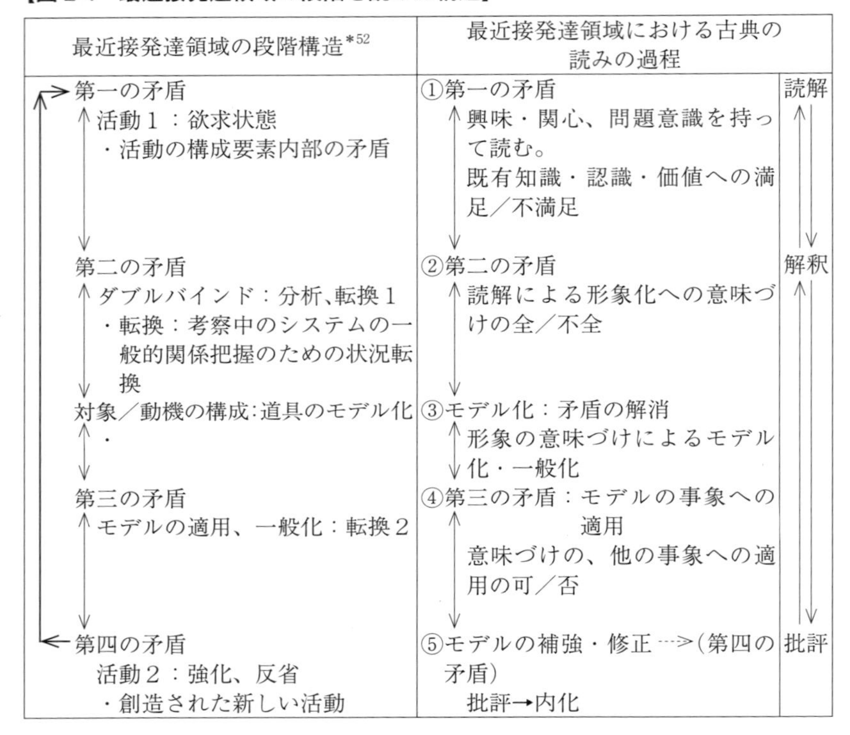

最近接発達領域の段階構造*52	最近接発達領域における古典の読みの過程	
第一の矛盾 活動１：欲求状態 ・活動の構成要素内部の矛盾	①第一の矛盾 興味・関心、問題意識を持って読む。 既有知識・認識・価値への満足／不満足	読解
第二の矛盾 ダブルバインド：分析、転換１ ・転換：考察中のシステムの一般的関係把握のための状況転換	②第二の矛盾 読解による形象化への意味づけの全／不全	解釈
対象／動機の構成：道具のモデル化 ・	③モデル化：矛盾の解消 形象の意味づけによるモデル化・一般化	
第三の矛盾 モデルの適用、一般化：転換２	④第三の矛盾：モデルの事象への適用 意味づけの、他の事象への適用の可／否	
第四の矛盾 活動２：強化、反省 ・創造された新しい活動	⑤モデルの補強・修正…＞（第四の矛盾） 批評→内化	批評

２　内化に至る読みの実際

高等学校における学習者の古典の読みに関する感想には、「古典の読みの過程」が、そのまま書き込まれることが多い。学習者の感想例をもとに内化に至る読みの実際を見ることにする。

Ａ　事例１―「若紫」「御法」（『源氏物語』）の読みの場合

学習者の感想例を次に挙げる。読んだのは、単元「『源氏物語』―様々な愛の姿」をテーマとし、小テーマ「愛と不信」の下に「御法」を教材化したものである。その中で紫上は、女三宮の降嫁に葛藤しつつ、ついには源氏へ不信の内に病を得、死を迎える。

あんなにゆるぎないものだと思っていた、源氏と紫の上の間も、女三宮の降嫁という①悲しいできごとで少しずつ狂ってくる。源氏が須磨に流され、孤独に耐えていた日々、明石の上のことで悩んでいた日々を乗り越えて、紫上にやっと訪れた安泰も長くは続かない。

一生懸命何でもないようにふるまう紫上の様子を見ている②源氏の心の内はどんなだろう。こういう時、③もし私が源氏なら、「そんなつらいとはやめて、思っていることをすべて言ってくれ。」というだろうな。でも紫上は周囲のことを考え、結局自分は④心身をすりきらせて死んでしまうのです。

死ぬ直前に交わした歌の中には、本当に⑤見事に愛し合う二人の姿が見られます。そして⑥その裏には紫上の孤独と、源氏の空虚な気持ちがからみあって、本当に見事に⑦人間の心情の様子を描いています。源氏は紫上を失ってはじめて出家を願い出た彼女の気持ちがわかったのでしょう。この作品から、紫式部は、どうかすると⑧愛を過信しがちな人間すべてに警告をしているかもしれないと思いました。（F・M 女）（渡辺春美「『源氏物語』の学習指導の試み (3) ―古典の学び手を育てる単元学習の試み―」渡辺春美『国語科授業活性化の探究Ⅱ―古典（古文）教材を中心に―」1998 年 8 月　溪水社　183 頁

注　下線・番号は渡辺が付した。）

感想文に見える①～④は、物語世界に身を寄せて述べられている。そこには、共体験が見い出される。その内の①と④は、形象に対する意味づけに向かう心性が窺えることばである。

作品の形象を意味づけたのが⑤⑥である。⑥の「紫上の孤独」と「源氏の空虚な気持ち」を心の裏にからめた、⑤の「愛し合う二人の姿」に場面の形象の意味づけが見い出される。それらを踏まえて一般化したことばが、⑦の「人間の心情の様子」であった。⑧はその価値を問う批評のこと

ばであると言えよう。ここでは「警告」としての価値を備えていると評価したことになる。

感想文は、次のとおりに、内化に至る読みの過程を反映している。

(1) テーマ「様々な愛の姿」に興味・関心・問題意識を持って積極的な読みに向かう。〈問題意識〉

(2) 読解の段階で場面を形象化し、物語世界に身を寄せるようにして感想①〜④を述べている。内、①④については、形象を対象化して意味づけようとすることばである。〈感想として表出〉

(3) 形象を総合的にとらえ、⑥に述べる「紫上の孤独」と「源氏の空虚な気持ち」を潜めた⑤の「愛し合う二人の姿」を創造的に意味付けるに至った。〈主題1として表出〉

(4) さらに、創造的な意味を、読み以外の事象への適応を求めて一般化し、⑦に言う「人間の心情の様子」を描いた場面と修正を加え主題とした。〈主題2として表出〉

(5) 創造された主題とともに作品を対象に、⑧の通り、「愛を過信しがちな人間すべてに警告をしている」と批評し、評価した。〈批評として表出〉……→〈内化〉

こうした読みの過程を経て、学習者の内に現象した形象とその意味づけが、批評・評価を経て内化されることになる。

B 事例2—井原西鶴作品の場合

本単元は、「鼠の文づかい」(『世間胸算用』)・a「見たてて養子が利発」・b「北浜に箒の神を祭る女」・c「茶の十徳も一度に皆」(『日本永代蔵』)を教材として展開した授業である*53。「鼠の文づかい」を読んだ後に、生徒が読み進むに従って理解が深まるようにa〜cの教材の配列が工夫されている。感想文は、aの感想、bの感想と書かせて、cの感想は、『日本永代蔵』の三つの作品のまとめとして「西鶴文学を読んで」と題して書かせている。学習者（M・T女）の感想は、次のとおりであった。

〈a「見たてて養子が利発」の感想〉①鼠の文づかいの〝お祖母〟にもあきれさせられたが、この〝小者〟もそれに劣らないくらいスゴイ人だと思った。悪知恵というか、要領がいいというか……。ここまでくると、もう天才的な頭を持っているのだとしか思えない。でもそれを、お金のためだけに使うのは、②なんだかもったいないような気がした。でも、このような小者がいたからこそ、この家が大金持ちになれたのだと思うと、なんだか③世の中、皮肉なものだなぁと思った。

〈b「北浜に箒の神を祭る女」の感想〉本当に④この世の中は、どうなってしまったんだろう。そう思うくらい、目に見えて⑤金中心の世界が成り立っているように思う。それは、時代が進めば進むほど、大人になればなるほど、激しくなっていくのではないだろうか。一言目には金。二言目には金。それほど金がいいものだろうか。なんだか人間は、金を求め続けているうちに、心が狭く、小さくなって、しまいには心がなくなり、だれも信用できない世の中になっていきそうな気さえしてくる。私は、もっと他のことに目を向けて生きていきたい。それは世間から見るとズレた人のように思われるのだろうか。いや、⑥そんな世界ではなく心豊かな世界に発展していくことを願いたいと思う。

〈c「茶の十徳も一度に皆」一西鶴文学を読んで〉⑦これほどまでに、お金に執着した人の物語ばかりを書いた西鶴は、一体何を伝え、何をいいたかったのだろう。やはり、読んでいけば、⑧金中心の社会を批判しているというふうに言えると思う。西鶴は、人間の心の奥底を知り、〝このままではいけない〟という警告をこの文章にたくして、人々の前にさらけだしたのではないだろうか。その証拠に、⑨これらの文章を読んだ後は、金欲に対しての自分と言うものを見つめ直してしまう。そして、やはり、物語の中の世の中を批判してしまうのだ。⑩現代の私達までも、そのような気持にさせてしまう。西鶴の有能ぶりを、スゴイなぁと思った。

少しでも多くの人が、これらの物語を読んで、そして同じ世界を考え、今の自分が本当に大切なものが何か、求めたいものは何かなど、見失っている本当の自分を見つけ出せたらステキだなぁと思った。（渡辺春美「古典の授業活性化の試み―『日本永代蔵』の読みを中心に―」『和泉紀要』22号　1996年3月　大阪府立和泉高等学校、所収　渡辺春美『国語科授業活性化の探究Ⅱ―古典（古文）教材を中心に―』1998年8月　溪水社　54頁　注　下線・番号は渡辺が付した。）

この感想を読むと、次のとおりに内化がなされたと考えられる。

(1) aの①を読むと、「鼠の文づかい」の「祖母」の「あきれさせる」生き方への関心が、「小者」の生き方につながり、次第にaの④やbの⑦のように問題意識として醸成されていったことが見てとれる。〈問題意識〉

(2) aの②③は読みによって立ち上がる形象を対象化してはいるが、感想を述べるにとどまっている。〈初期の意味づけとしての感想として表出〉

(3) bの⑤は、描かれた作品世界（形象）を意味づけたものと見ることができる。（これは積極的創造的な意味づけというより、重ねられた教材によって導かれたとも言うことができる。）〈主題1として表出〉その上で、bの⑥のように「金中心の世界」を批判している。

(4) bの⑤の「金中心の世の中」に対する⑥の批判は、cの⑩にあるように「そのような気持にさせてしまう」教材の力によるとしている。この、批判に導く教材の力の実感が、作品の主題を創造的にcの⑧のように「金中心の社会を批判」しているととらえる

ことになったと考えられる。〈主題２として表出〉
(5) ｃの⑩には､｢西鶴の有能ぶりを､スゴイなぁと思った。｣とある。作品への高い評価が、西鶴の才能を「スゴイ」とする評価につながっている。〈批評として表出〉……→〈内化〉

こうした読みの過程を経て、学習者に現象した形象とその意味づけが評価を経て内化されることになる。このような古典の内化によって学習者は、古典との間に関係性を築くことができる。

第３項　内化を目指す古典教育の構造

1　内化の構造

ヴィゴツキーは、学び（活動）を主体が道具によって対象に働きかけることで成立すると考えた。学びをとおして、外化された社会的・文化的・歴史的知が主体の内に内化されると考えた。内化に関して「私たちは他人を通してのみ自分自身となるのであり、そのことは人格全体に対してだけでなく、すべての個々の機能の歴史にも当てはまるということができよう。」*[54]というところに、ヴィゴツキーの考える学びの本質が窺える。この学び論を受けつぎ、発展させたのがユーリア・エンゲストロームであった。エンゲストロームは、ヴィゴツキーの主体・ツール・対象による三角形の底辺を拡張して、下記の【学習活動の構造】図を完成させた。佐藤学は、この発展を、「ヴィゴツキーは、学びをコミュニケーションによる社会的過程として認識していましたが、『主体』と『媒介（道具)』と『対象』とで構成される三角形は個人を単位とするもので、その個人の活動が遂行される社会的文脈についての分析は不十分でした。しかし、個人の学びはすべて、特定の社会組織の中で行われ、特定の文化的共同体の中で遂行されます。エンゲストロームは、ヴィゴツキーの『活動』の三角形の底辺（活動の社会的文脈）を拡張して、社会組織と文化的共同体の中で遂行される学びの構造を提示したのです。」*[55]と説明している。

エンゲストロームの【図2-5】の三角形は、最近接発達領域における内化に至る学びを古典教育においてどのように構築するかを明らかにする。すなわち、学習規律（ルール）に支えられた学習集団（共同体）における学習者（主体）が、興味・関心、問題意識に基づき、教師が提示する学習の方法・技能（道具）に基づき、主体的に話すこと・聞くこと・書くこと・読むこと、質疑・応答、調査・発表、グループ学習等の役割（分業）を担いながら対象に働きかけ、共同体における学びの交流によって認識を深め、技能を習得し、批評をとおして学びを深め内化していく。「学習活動の構造」の要素を学習活動の実際に重ねて述べれば、内化に至る学びを効果的にするためには、学習者の①問題意識を喚起し、それに応じた②教材を開発・編成し、③基本、応用、発展とする指導過程の各段階において④主体的学習規律を育み、⑤提示された読みの方法を学びのモデルとして用いるということである。⑥学習者は、様々な学びの役割を担いながら教材に働きかけ、⑦創造的読みを行い、⑧協働学習において読みを交流させながら読み深め、意味づけ、批評することになる。

【図2-5　学習活動の構造】

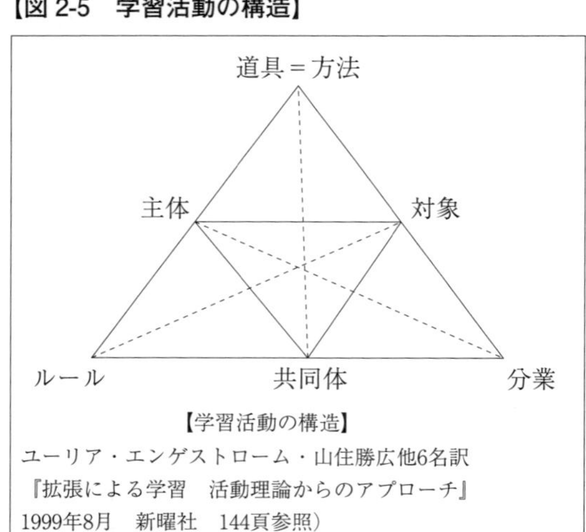

【学習活動の構造】
ユーリア・エンゲストローム・山住勝広他6名訳
『拡張による学習　活動理論からのアプローチ』
1999年8月　新曜社　144頁参照）

学習活動の構造の要素

【主体】学びの主体
【対象】古典教材
【ルール】主体的学習を集団で行うための規律
【道具】読みの技能
【主体→対象】創造的読みと批評、学習者による古典の批評を通した内化
【共同体】協働的学習
【分業】集団における役割分担

２　内化を目指す古典教育の基本モデル―段階的指導過程

指導過程の基本モデルを、基本→応用→発展とする段階的指導過程としたい。「学習活動の構造」図（【図2-5】）に基づき、段階的指導過程の構造を明らかにし、基本モデルとして提示することにする。

(1)　基本段階

基本段階では、【図2-5】から特化して切り取った三角形の【図Ⅰ】に基づいて説明する。基本段階では、まず、学習者（主体）の教材（対象）への興味・関心、問題意識を喚起する。ついで、指導者は、学習者（主体）が教材（対象）を読むための方法（道具）をモデルとして示し、一斉学習形態で読みの方法を用いて読み進める。学習者は、モデルに従い、読み進め（読解⇔解釈⇔批評）、内化に至る過程を体験する。これは、画一的な教授型の授業を意味するのではない。また、当然ながら、学習の場には、学習規律（ルール）、学習者間の対話・交流、役割（分業）がかかわるが、ここでは単純化するために省く。基本段階は、指導者が方法をモデルとして提示するところと、一斉形態であるところに特徴がある。

【図Ⅰ】

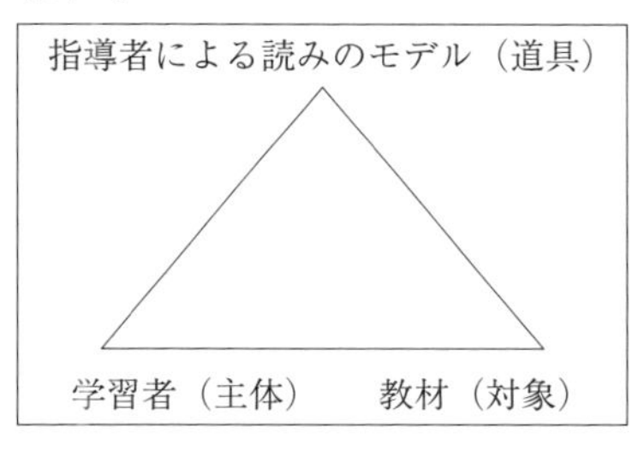

(2)　応用段階

応用段階については、【図Ⅱ】に基づいて説明していく。応用段階では、引き続き、学習者（主体）の教材（対象）への興味・関心・問題意識を喚起し、維持し、発展させなければならない。その上で、学習者（主体）は、グループの学習集団の中で、基本段階で学んだ読みの方法（道具）を応用し、協働で教材（対象）を読み進め（読解⇔解釈⇔批評）、内化

【図Ⅱ】

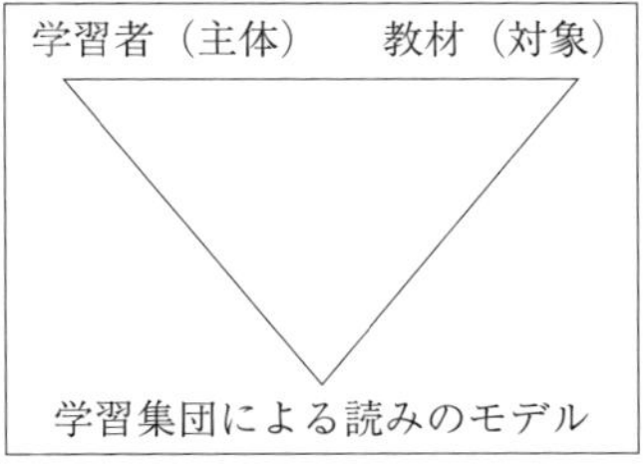

に至る過程を体験する。指導者は、授業において学習者の主体的学習の場を作り、支援に徹するようにする。この体験をとおして読みの方法を身につけていく。応用段階では、「学習活動の構造」(【図2-5】)図の、主体、共同体、対象という三角形に特化して説明を加えた。他の部分も関連しているが、ここでは省いている。応用段階の特徴は、学習者が、教材を読み進める時、読みの方法を、指導者からではなく、学習集団を構成するグループメンバーから相互に学び合い、交流し合うところにある。その成果は、発表資料を作成して、全体に対して発表することになる。

(3) 発展段階

発展段階では、【図Ⅲ】に基づいて説明を加える。【図Ⅲ】は【図Ⅰ】に重なるが、「道具」を用いる主体が異なる。発展段階においても、学習者の興味・関心、問題意識を高め、維持、発展させなければならない。

【図Ⅲ】

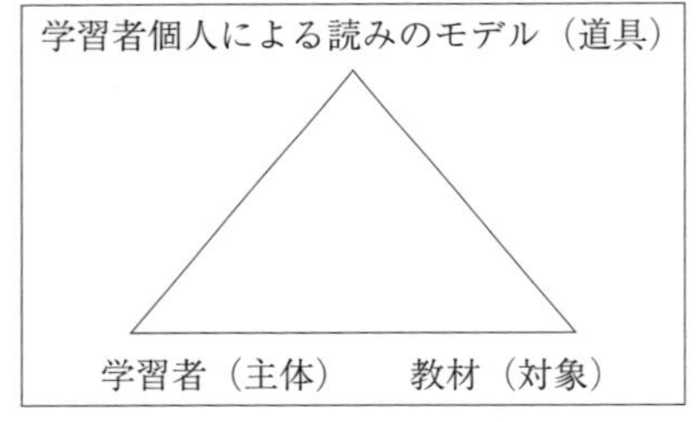

その上で、学習者(主体)は、自らの力で教材(対象)の読みに向かうことになる。教材は、指導者によって個々に準備されることもある。また、指導者によって準備される複数教材から選択することもある。あるいは、学習者自らが教材を見い出して取り組むこともある。学習者は、基本、応用段階の学習で身につけた読みの方法(道具)をモデルとして、教材の読みに応用して、読み進めていく。指導者は、ここでも支援に徹することになる。発展段階の特徴は、学習者が、学んで身につけた自らの力で読み進め、内化に至る体験を持つことにある。

以上、基本(一斉)→応用(グループ)→発展(個別)とする段階的指導過程における内化の構造を活動理論を応用して構築することを考えた。それぞれの段階は、興味・関心・問題意識に培い、最近接発達領域の段階構造が立ち上がるように学習者を支援することが必要になる。その構造の中で、①興味・関心、問題意識に基づく読み、②読解による形象化への意味付け、③形象の意味づけによるモデル化、④モデルの事象への適用、⑤モデルの修正から批評→内化へと支援を展開することが求められる。

【注】

＊1　益田勝実「古典文学の教育」（西尾実編『文学教育』 1969年８月　有信堂　257頁）

＊2　西郷竹彦「芭蕉『おくの細道』から何を学ぶか」（西郷竹彦『西郷竹彦文芸教育著作集　第10巻　古典文芸の世界』 1981年10月　明治図書　100・101頁）

＊3　佐藤公治『認知心理学からみた読みの世界―対話と共同学習をめざして―』（1996年10月　北大路書房　23頁）

＊4　西尾実『国語国文の教育』（1929年11月　古今書院）

＊5　小西甚一『古文研究法』（1955年９月　洛陽社）、同『フレッシュでわかりよい古文の読解』（1962年６月　旺文社）などがある。印象批評を批判し表現に基づく読みの方法として「分析批評」を提唱した。古典の読みに必要な知識、文法、および①場面の読み、②心理の把握、③大意・要旨・主題の把握が挙げられている。

＊6　藤原与一『毎日の国語教育』（1958年５月　福村書店）

＊7　増淵恒吉「目的・形態に応じた読み方」（『講座現代語３　読解と鑑賞』 1964年４月　明治書院）に基づいている。

＊8　西郷竹彦は、1978年８月の第13回文芸研文芸教育全国研究集会において「『国語』科教育の未来像」という提案を行い、本格的に国語科教育における関連・系統指導を目指すに至る。

＊9　益田勝実は、「古典文学教育の場合」（解釈学会編『解釈』1976年５月　教育出版センター　16頁）において、古典は、ことばの契機を通し、文学として機能させることで、現代を生き抜き、未来を開拓するエネルギーを得る時出現するとし、古典を「関係概念あるいは機能概念」とした。

＊10　田近洵一は、「解説」（西尾実『西尾実国語教育全集』第１巻　1974年10月　教育出版　参照）において、垣内松三の論にではなく、西尾実の解釈論が、ラフカディオ・ヘルン、土居光知、R・G・モウルトンによることを指摘し、さらに西田哲学（西田幾多郎）の影響も推測している。.

＊11　西尾実『作品研究つれづれ草』（1955年６月　学生社、所収　西尾実『西尾実国語教育全集』第９巻　1976年５月　教育出版　15・16頁）

＊12　西尾実は、読者の感想を「それぞれの経験と想像力による一種の後に西

尾実は、解釈を創作活動」とし、「作品の解釈における主題・構想・叙述は読者めいめいの主題・構想・叙述の発見でなくてはならない」としている。(西尾実『ことばの文化をさぐる』1972年3月　国土社、所收　西尾実『西尾実国語教育全集』第5巻　1975年6月　教育出版　258頁参照)
＊13　西尾実『国語国文の教育』(1929年11月、古今書院、所収　西尾実『西尾実国語教育全集』第1巻　1974年10月　教育出版　77頁)
＊14　坂本英一「『かげろふ日記―父の旅立ち―」(坂本英一『高等学校国語指導の実践』1982年9月　右文書院　実践は昭和40年代と推定　121―149頁参照)
＊15　坂本英一「第一章　最初の授業」(坂本英一『高等学校国語指導の実践』1982年9月　右文書院　9－11頁参照)
＊16　小林正治は、小林正治『古文指導から古典教育へ』(2003年8月溪水社22頁)において「古典を読むという立場の我々に与えられているものは文章・作品であって、主題ではない。したがって、解釈とはいっても、最初から「主題→(発想)→表現構造」という表現過程をたどるわけにはいかない。与えられた文章・作品の表現構造を解きほぐすことによって主題を導き出し、改めて「主題→(発想)→表現構造」という過程をとらえ直すということになる。」と述べている。
＊17　藤原与一『私の国語教育学』(1974年6月　新光閣書店　144頁)に「三者は、かならずしも、文字通りの三段階をなすものではなく、一は他とつねに動的にかかわりあっているものであるけれども、読解教育の合理的方法の確立を念じて、私は、あえて、ここに、三段階・三階梯の語を用いてきた」とある。
＊18　藤原与一『私の国語教育学』(1974年6月　新光閣書店　144頁参照)
＊19　藤原与一『私の国語教育学』(1974年6月　新光閣書店　157・158頁参照)
＊20　藤原与一『私の国語教育学』(1974年6月　新光閣書店　168・169頁参照)
＊21　藤原与一『私の国語教育学』(1974年6月　新光閣書店　179頁)
＊22　藤原与一『私の国語教育学』(1974年6月　新光閣書店　186頁)
＊23　伊東武雄「古文読解の一つの実践―素材読みとその深化の方法―」(伊東武雄『高校古典教育の探究』1983年3月　溪水社　9頁)
＊24　増淵恒吉「古典の読解指導」(増淵恒吉『増淵恒吉国語教育論集』(上巻1981年2月　有精堂　75－107頁参照)による。これは、増淵恒吉「古典教育の方法」(増淵恒吉他3名編『高等学校国語科教育研究講座』第8巻　1974年3月　有精堂)、同「古典の指導事項と留意点」(増淵恒吉他3名編『高等学校国語教育研究講座』第9巻　1974年5月　有精堂)を合わせて一つの論考としたものである。

＊25 増淵恒吉「教材研究法序説」（増淵恒吉『国語科教材研究』1971年4月 有精堂刊）、および増淵恒吉「古典の読解指導」（増淵恒吉『増淵恒吉国語教育論集 上巻 古典教育論』1981年2月 有精堂 75－107頁）を参照して作成した。
＊26 増淵恒吉「教材研究法序説」（増淵恒吉『国語科教材研究』1971年4月 有精堂 13・14頁）
＊27 増淵恒吉「教材研究法序説」（増淵恒吉『国語科教材研究』1971年4月 有精堂 17頁）
＊28 増淵恒吉「古典の読解指導」（増淵恒吉『増淵恒吉国語教育論集 上巻 古典教育論』1981年2月 有精堂 76・77頁）に、「注解をたよりに、できるだけ短い時間で、大意がつかめればよいのである。」「注解なしに大意をとらえるなどということは望まない方がよい。」とある。
＊29 増淵恒吉「教材研究法序説」（増淵恒吉『国語科教材研究』1971年4月 有精堂 18頁）
＊30 前野昭人「『平家物語』―那須与一」（『文芸・教育』12号 1974年7月 明治図書）
＊31 西郷竹彦「『平家物語』の教材化」（西郷竹彦『西郷竹彦文芸教育著作集』第10巻 1981年10月 明治図書 197頁）
＊32 竹村信治「国文学領域から（2）古文学習論―『読解力』育成に向けた5段階学習（2）」（研究代表者 佐々木勇『中等学校における教科教育内容の開発とその指導に関する研究』プロジェクト 2009年3月 広島大学大学院教育学研究科34―36頁参照）
＊34 竹村信治「国文学領域から（2）古文学習論― 『読解力』育成に向けた5段階学習（2）」（研究代表者 佐々木勇『中等教育における教科内容の開発とその指導に関する研究』プロジェクト 2009年3月 広島大学大学院教育学研究科 35・36頁）
＊35 竹村信治「国文学領域から（2）古文学習論―「読解力」育成に向けた5段階学習（2）」（研究代表者 佐々木 勇『中等教育における教科内容の開発とその指導に関する研究』プロジェクト 2009年3月 広島大学大学院教育学研究科 35―37頁参照）
＊36 石原千秋「子どもの中の『走れメロス』」（田近洵一・浜本純逸・府川源一郎編『「読者論」に立つ読みの指導 中学校編」1995年2月 東洋館出版 190・193頁）
＊37 秋山虔「源氏物語の主題 主人公への死角から」（高橋亨・久保朝孝編『新講 源氏物語を学ぶ人のために』1995年2月 世界思想社 4頁）
＊38 増淵恒吉「教材研究法序説」（増淵恒吉『国語科教材研究』1971年4月

有精堂　参照）
＊39　鶴田清司は、「伝統的な解釈学に対して、新しい解釈学は、テキスト（作品）を作者（著者）から切り離したうえで、『存在が立ち現れる一つの世界を創造する』ような『自立的』なもの、読者と『共通の意味』にあずかっているものと見る。そして、『理解』ないし『解釈』とは、作品に開かれた態度で、『テキストの事柄』（ガダマー）ないし『テキスト世界』（リクール）に関与・参加することを通して、『テキストを疎隔から取り出し、生きた現在の対話へと引き戻し』、そうした過去の『地平』と現在の読者との『地平』との間に『創造的な架橋』をすること、すなわち新しい意味を発見することであると考えている。」（鶴田清司『〈解釈〉と〈分析〉の統合をめざす文学教育―新しい解釈学理論を手がかりに―』（2010年3月　学文社　43頁）と述べている。ここでいう「新しい解釈学」における「解釈」の意味を用いた。
＊40　益田勝実「倭建命」（西尾実編集者代表『古典Ⅱ（古文）学習指導の研究』1965年10月　筑摩書房　25－60頁）
＊41　益田勝実「倭建命」（西尾実編集代表『古典Ⅱ（古文）学習指導の研究』1965年10月　筑摩書房　26頁参照）
＊42　益田勝実「倭建命」（西尾実編集代表『古典Ⅱ（古文）学習指導の研究』1965年10月　筑摩書房　43－48頁参照）
＊43　益田勝実「倭建命」（西尾実編集代表『古典Ⅱ（古文）学習指導の研究』1965年10月　筑摩書房　26－28頁参照）
＊44　渡辺春美は、「益田勝実氏の古典教育論―『倭建命』（『古事記』）の授業構想を中心に―」」（『語文と教育』10号　1996年8月　鳴門教育大学国語教育学会、所収　渡辺春美『戦後古典教育論の研究―時枝誠記・荒木繁・益田勝実三氏を中心に―」2004年3月　溪水社　275－283頁）において、「倭建命」の授業の再構成を試みている。
＊45　益田勝実「倭建命」（西尾実編集者代表『古典Ⅱ（古文）学習指導の研究』1965年10月　筑摩書房　25－58頁）
＊46　浜本純逸「文学作品との対話」（浜本純逸『国語科教育論』1996年8月　溪水社）、大槻和夫「文学作品の読みの過程とその指導」田近洵一・大槻和夫・府川源一郎編『「読者論」に立つ読みの指導　小学校高学年編』（1995年2月　東洋館出版）、田近洵一「創造の〈読み〉：相対主義を乗り越えて、文学の〈読み〉を取り戻すために」（『日本文学』61巻8号2012年8月　日本文学協会、所収　田近洵一『創造の〈読み〉新論―文学の〈読み〉の再生を求めて―』2013年4月　東洋館出版）、鶴田清司『〈解釈〉と〈分析〉の統合をめざす文学教育―新しい解釈学理論を手がかりに

―』（2013年３月　学文社）、山元隆春『文学教育基礎論の構築　読者反応を核としたリテラシー実践に向けて』（2005年４月　溪水社）、寺田守『読むという行為を推進する力』（2012年１月　溪水社）など。

＊47　文学理論としては、田中実『小説の力　新しい作品論のために』（1996年２月　大修館書店）、認知心理学としては、佐藤公治『認知心理学からみた読みの世界―対話と協同的学習をめざして―』（1996年10月　北大路書房）などがある。

＊48　大槻和夫「文学作品の読みの過程とその指導」（田近洵一・浜本純逸・府川源一郎編『「読者論」に立つ読みの指導小学校高学年編』1995年２月　東洋館出版）

＊49　大槻和夫「文学作品の読みの過程とその指導」（田近洵一・大槻和夫・府川源一郎編『「読者論」に立つ読みの指導　小学校高学年編』1995年２月　東洋館出版　17頁）

＊50　田近洵一「『創造の〈読み〉』の理論」（『日本文学』2012年８月　日本文学協会、所收　田近洵一『創造の〈読み〉新論―文学の〈読み〉の再生を求めて』2013年４月　東洋館出版　55頁）

＊51　ヴィゴツキーを初めとする歴史・文化学派の概念。子どもが一人でできる水準と誰かの助けのもとでできる水準との間の領域のこと。他者とのかかわりの中でたち現れた能力を自分のものとして収奪するプロセスとして発達をとらえている。以上、佐伯胖監修・渡部信一編『「学び」の認知科学事典』（2010年２月　大修館書店　412・536頁参照）

＊52　ユーリア・エンゲストローム　山住勝広・松下佳代他５名訳『拡張による学習　活動理論からのアプローチ』（1999年８月　新曜社　235頁参照）

＊53　渡辺春美「古典の授業活性化の試み―『日本永代蔵』の読みを中心に―」（『和泉紀要』22号　1996年３月　大阪府立和泉高等学校）、所収　渡辺春美『国語科授業活性化の探究Ⅱ―古典（古文）教材を中心に―」1998年８月　溪水社）

＊54　ヴィゴツキー　柴田義松監訳『文化的歴史的精神発達の理論』（2005年９月　学文社　181頁）

＊55　佐藤学『教育の方法』（2010年３月　左右社　95頁）

第３章　古典教育史における学習者の定位

「関係概念」に基づく古典教育は、学習者の主体的な学びを重視する。学習者が古典教材に積極的に働きかけ、対話をとおして、創造的に読み、古典教材との間に関係性を構築するためには、学びの主体として学習者を定位する必要がある。

しかしながら、戦後の高等学校における大半の古典教育の歴史は、「典型概念」としての古典観に漠然と寄りかかり、また、大学受験の準備という名の下に「正しい読み」を合理化し、学習者にそれを受け容れることを求めるというものであった。

その一方、そのような古典教育に疑問をいだき、新たな古典教育を創造しようとする脈々とした古典教育の歴史の流れを見い出すこともできる。戦後における古典教育は、そのような歴史によって切り拓かれたといえよう。そこでは、学習者を定位し、学習の場を整え、主体的な学びをとおした古典教育が実践された。「関係概念」に基づく古典教育は、そのような、学習者を学びの主体とする歴史的土壌をもとに創造されることになる。

第１節　戦後古典教育史における学習者の定位

第１項　学習者の定位と古典教育方法の模索

戦後の新教育は、混乱の中に出発した。新制高等学校では、明確な指針のないままに、旧来の訓詁注釈に基づく読解的方法による古典学習指導が行われていた。古典教育における主体的に学ぶ学習者の定位は、経験主義に基づく新教育の導入によって始まったと言ってよい。この時期、増淵恒吉[*1]は、経験主義単元学習を高等学校の学習者の実態に合わせて取り入れ[*2]、授業を展開した。古典教育においては、1949年に日比谷高等学校で『枕草子』の授業を発表形態で行ったこと、1950年度には、「選択古文」の『源氏物語』・『枕草子』の授業をグループによるゼミナール方式で行ったことが回想されている[*3]。

1951（昭和26）年に、経験主義に基づく「中学校・高等学校学習指導要領　国語科編（試案）」が出された。その古典教育の目標は、「文語や漢文がある程度まで読める」、「古典の現代的意義がわかる。」、「文語のきまりのあらましがわかる。」とされ、「古典はわれわれの生活とどんなつながりがあるか」という単元例が示された。野宗睦夫は、学習指導要領に基づきながらも、独自に教材を編成し、学習者の主体的活動を生かし、感動と人生の意味を導き出す授業を試みた[*4]。荒木繁は、1952年度に、高等学校2年生4クラスを対象に、①主体的で個別の文学体験としての鑑賞、②鑑賞力の育成、③日本民族としての自覚を目標として、週2時間、『万葉・古今・新古今』（副読本）を用いて1年間にわたって授業を行った[*5]。荒木繁の実践に見い出されるのは、古典の鑑賞における学習者の主体性の定位、「古典」の相対化、文学体験の重視、文学の鑑賞に機能する人間的基盤への着目、人間変革の機能の看取である。荒木繁の実践は、西尾実が文学の「問題意識喚起」の機能を見い出す契機ともなった。実践の及ぼした影響も大きく、荒木繁自身も実践を契機として理論化にも取り組むことになる。荒木繁の実践の課題は、問題意識に基づく文学体験を成立させる方法にあった。荒木繁の実践は、改めて本章第3節で取り上げることにする。

1955（昭和30）年12月、学習指導要領が改訂となった。新教育への批判を背景に、「読解力を豊かにし、特に鑑賞力や批判力を伸長させ、その読解の範囲も、現代文と並んで古文や漢文にまで拡充させる」とする能力主義の方向が打ち出された。ついで行われた1960（昭和35）年の学習指導要領の改訂によって、古典は、現代文と分けられ、「古典甲」・「古典乙

Ⅰ」・「古典乙Ⅱ」が新設された。目標、指導事項も詳しく書かれ、古典教育の充実が図られた。この時期に、岩島公[*6]は、単元学習の精神を生かし、話し、書き、考えることを重んずる授業実践に取り組んだ。岩島公の実践は、学習者の文学体験に基づき、個別学習、グループ学習を取り入れ、読解的方法による読みを組織し、教材内容に関する認識を深めるものであった。学習者を主体とする授業実践の方法上の課題に応えるものといえる。概していえば、この時期の特徴は、授業における学習者の定位と古典教育の方法の模索にあった。

第２項　学習者を主体とする古典教育方法の追究

1970年代に入ると、古典教育実践は、活性化し、多様性を増してくる。1970（昭和45）年に高等学校学習指導要領が改訂され、古典教育が見直され、充実させる方向が打ち出されたことも背景にある。しかし、それだけではない。1960年代後半から1970年代にかけて、環境破壊、人間疎外、主体喪失などの深刻な状況が生じた。それは、学校教育を問い直し、変化、改善を求めた。古典教育においても、人間を追求し、人間性への理解を深める教育が模索された。

この時期、高校において世羅博昭は、1960年代末の高校紛争時、教育の根本を問う生徒たちの声を受け止め、生徒の興味・関心、問題意識に即した主体的な古典学習指導を展開しようとした。その典型は、「戦乱に生きる人間」をテーマとして『平家物語』を教材化した授業（高等学校１年生対象）に見ることができる[*7]。教材化は生徒の実態と古典作品の特色の両者を踏まえたもので、「教材化＝創造」ととらえている点が注目される。世羅博昭の実践は1980年代に入って完成に至る。続いて坂本英一は、「真実を求める、考える主体」を育成する古典教育を試みた[*8]。伊東武雄は、藤原与一による読解の三段階法（素材・文法・表現読み）に基づく実践を一貫して行った[*9]。下田忠は、課題学習による古典教育を行った[*10]。稲益俊男は、古典文学の中に現実と鋭く切り結ぶ接点を見い出し、古典をとおして生き生きとした感動＝文学体験を得ることが、「人間の変革」に繫がるとした*[11]。また、作品の世界に埋没して自己を見失うことのないように、歴史・社会的観点からの読みの必要性にも触れている。

この時期の特徴は、学習者をめぐる教育問題、社会問題の深刻さを背景に学校教育が問い直され、古典教育においても学習者を主体とする学習指導が多様に模索されたところにある。

第3項　学習者を主体とする古典教育の創成

1978（昭和53）年の高等学校学習指導要領の改訂は、ゆとりと充実を求めるものであった。この改訂によって、古典は「国語Ⅰ・Ⅱ」に統合され、選択科目として「古典」が加えられた。現代文との統合や古典の縮小によって、古典教育は新たな方向を模索することになった。この時期は、教育において、落ちこぼれ（落ちこぼし）、校内暴力、不登校、いじめ問題など、その基盤を揺るがす事件が多発した時代であった。時代は、情報化社会を迎え、情報の蓄積よりも情報の処理、操作が求められ、創造性に価値が認められた。このような時代状況にあって、主体的学習、課題学習、学び方学習が模索され、単元学習が注目されるようになった。古典教育においても、主体的学習が模索され、単元学習が試みられた。

この時期、伊東武雄は、引き続き、読みの三読法に基づく古典教育を中心に置きつつも、学習者の実態に合わせ、比較法・絵画法・日記法・冊子法などの方法を開発し、実践していった。

世羅博昭は単元学習に基づく古典教育を展開した。とりわけ『源氏物語』の学習指導*[12]、および『平家物語』の学習指導*[13]において優れた成果を収めた（本章第2節第2項で詳述）。前者については、1年間をとおして65時間をかけてなされた。教材化は、生徒の実態、生徒の興味・関心、意欲的な読みの可能性とともに、源氏物語の構成上の重要性、優れた形象性、興味・関心をひく受領層に属する女性の生き方、作者紫式部の内面追求の可能性という点から行われている。具体的には、「身分」ゆえに苦悩する受領階級の明石の上と浮舟をとりあげ、「明石の上物語」・「浮舟物語」の教材化がなされた。研究課題には、生徒の学習意欲の持続を置き、登場人物に焦点を当てた実践が試みられた。指導目標は、技能・価値・態度の各観点から立てられ、積極的な自力学習、表現・内容の鑑賞、古典に親しませることが求められている。指導過程が、生徒の学習意欲の喚起と持続を図り、教材の特性に配慮し、一斉、グループ、個別学習という多様な学習形態の下に構造的に組まれている。授業は、「学習の手引き」を有効に用い、学習意欲を喚起・持続させ、問題意識を持たせながら、教材内容を明らかにし、学び方を学ばせるという点でも着目される。さらに、表現・理解の関連指導を行い、様々な工夫により生徒の問題意識の拡充・深化を図り、多様な表現形態の下に、楽しく表現させ、併せて、教材内容の深い理解に至らせている。

「明石の上物語」では、「生徒が古典の世界に読みひたり、古典を楽しみながら読むようにするために、効果的な指導法」として、短編小説、登場人物から登場人物への手紙・読者から登場人物への手紙、詩歌などの創作的課題を課している*[14]。「浮舟物語」は、「人間として成長していく浮舟を総合的にとらえるのが作者の意図」*[15]として教材化された。しかし、「懊悩の限りを尽くす浮舟」と「超脱を志す浮舟」の両方の読みを可能とする教材化を行うべきところを「バランスの崩れた教材化の仕方」になったという。そのために、浮舟を意志の強い女性とする感想は少なく、受動的・無自覚で、かよわく、存在感の乏しい女性とする感想が多くなったとされている*[16]。しかし、同じ教材で学びながら、少数であるとはいえ、浮舟を意志の強い人物と読む学習者がいる。その反面、受動的とする学習者は多い。多いながらもその内容は、均一ではない。こうして見れば、浮舟の解釈は、学習者のグループ、個別学習という主体性を保障する指導過程の中で、授業者の意図を超えて創造的な広がりを見せている。ここに、「作者の意図」を超え、授業者の意図を超える、読むということの本質を見ることも可能であろう。世羅博昭は、「教師の創造性が、学習者の創造性を刺激し、新たなものを産み出す役割を果たす」*[17]と述べている。教材開発のみならず、学習者の主体的活動を組み入れた授業の創造が学習者の学びを創造的にすることが実践報告によって明らかになっている。

戦後の古典教育実践は、世羅博昭の実践例が示すように、古典に典型的、内在的価値を認め、それを追求する実践から、学習者の積極的な働きかけによる価値の創造を目指す実践を求めて展開していった。しかし、この時期の実践の多くは、なお、古典観においては前者にとどまっていた。

第４項　学習者を主体とする古典教育の展開

片桐啓恵は、大村はまや世羅博昭の理論と実践に学び、単元学習を実践した。学習者の自己発見・自己確立を求め、自己教育力を核（コア）とすることばの力の体系を明確にし、３年間をとおしてことばの力の育成を図った。「教室に声をとりもどすために―群読『平家物語』の群像を中心に―」は、音声表現を中心とした古典教育をとおして生徒の変容を目指した実践の報告である*[18]。この実践は、これまでの古典教育実践の達成を生かし、時代・社会状況に結び、人間性の回復、人間の可能性の発見を求めている点に特色がある（第５章第２節で詳述）。

1989（平成元）年、高等学校学習指導要領は改訂となった。古典は、引き続き「国語Ⅰ」・「国語Ⅱ」で扱うとともに、選択科目として「古典Ⅰ」・「古典Ⅱ」・「古典講読」が新設された。国際理解を深め、我が国の文化と伝統を尊重する態度を育成することが古典教育に期待され、古典教育の充実が求められた。渡辺春美は、古典は読む者に応じて様々な姿を現すことによって、現代の生活と精神を相対化し、新たな認識（感動）、指針、示唆、反省を得させるものととらえ、古典の授業の活性化を追求した*[19]。「古典入門期指導の試み」では、学習者の古典学習への疑問に応え、古典を学ぶ意味が実感できる授業を試みた。また、『枕草子』の授業では、理解を表現（創造）に展開することによって理解を深め確かにするとともに、表現をとおして学習者自らのものの見方・考え方・感じ方を見つめ広げる授業を試みた*[20]。学習者の実態に基づいて教材開発を行い、基本→応用→発展とする指導過程をとおして、学習社が古典の価値を見い出し、古典に親しむ授業を展開しようとした。

北川真一郎は文学体験を重視する古典教育を行った*[21]。「武士の登場」、「平家の栄華」、「運命を生き抜く力」などの各単元主題を軸に、『平家物語』の教材を緊密に編成し、関連した現代文の教材を随所に用いて、背景的知識や関連的知識、さらに読み方に機能する読みの視点を与え、生徒の関心を高め、読みを主体的で豊かなものとした（第5章第3節で詳述）。

牧本千雅子は、学習者と学習材（作者・筆者）・学習者相互・学習者と指導者のひびきあいにより、ことばの力を伸ばしつつ、主体的真実の体感によって生徒の主体を確立する国語教室を求めた。その多くは、課題学習、主題単元学習として構想され、実践された。例えば、「『王朝人の愛と美のかたちを探る』―『枕草子』を中心に―」*[22]では、『伊勢物語』・『蜻蛉日記』・『枕草子』・『和泉式部日記』・『源氏物語』などから「露」・「かげらふ」・「雪」・「月」などの自然に関わる箇所を教材とし、王朝人の愛と美の形を探った単元学習である。学習者は、一斉授業とともに、個別に見い出した課題を追求し、レポートにまとめる学習活動によって、ことばの力を育てつつ、自然の風物に託してものを思い、感性を磨いた王朝人の繊細な感じ方、自然に寄せて愛を希求する古代の男女の豊かな表現を味わったとされている。また、「変革期を生きた人々―平安末期の神戸を中心に―」*[23]は、神戸の歴史的背景を知り、激動の時をこの地で生きた群像に触れることで、歴史を生きる人々の思いを深くとらえ、併せて今日の生き方を考えさせることを求めて構想、実践されたものであった。それは、歴史的社会的主体の形成を求めるものでもあった（第5章第4節で詳述）。

1999（平成11）年に高等学校学習指導要領が改訂となった。古典は、必修科目の「国語総合」で扱われるとともに、選択科目として「古典」、「古典講読」において指導されることになった。国際理解を深め、我が国の文化と伝統を尊重する態度を育成する目標は変わらぬながら、古典教育は縮小されることになった。この時期には音読・朗読・群読の音声表現を取り入れた古典教育実践が盛んになった。また、教材開発、調べ学習、発表、虚構の作文（物語の続き創作・リライト・手紙・日記など）を取り入れた、活動型の古典教育が取り入れられるに至った。中村淳子は、過去の『源氏物語』の学習指導を検討し、生徒が生き生きとした反応を見せる「浮舟物語」を教材化し、実践を行った*[24]。生徒の教材との出会いにおける「読み」を指導過程に組み入れて生かし、その「読み」と関連させて教材を読み深め、生徒の内面と生活を見つめさせ、より深い認識に至らせようとした。

多くが主題を設定し、主題のもとに教材を組織している。学習者の興味・関心は主題に統合され、それを軸とし、読みを深め、人間を見つめさせようとしている。また、読みの過程に言語活動を組織し、併せて読み方の指導、読む力の育成が図られている。さらに、古典は、学習者の主体的な働きかけによって様々に変容するとする古典観（「関係概念」としての古典観）が見い出されるところにこの期の特色がある。

2009年に新たに高等学校学習指導要領が改訂された。これは1999年版の言語教育の理念をさらに充実させる方向で改訂されたと見ることができる。史的展開を見るとき、この方向は、求めるべき方向にあると評価できる。しかし、一方、古典教育は、「伝統的な言語文化」の教育となり、従来の古典教育を大きく転換するものとなった。その特色は、①法的根拠*[25]、②道徳教育との関連*[26]、③言語活動をとおした教育、④小・中・高の一貫を目指す教育の4点に見い出すことができる。特色の③の言語活動を通した教育は歴史の求めるべき方向と言えるが、「伝統的な言語文化」の教育としての新たな問題を抱えることになった。

以上、古典教育における学習者の定位の歴史を概観した。学習者の定位は、戦後導入された経験主義に基づく新教育によって始まった。その後の定位の歴史は、古典の学びに必要な主体的学習者の発見と、学習者を生かす指導方法の追求の歴史であった。学習者の深く豊かな古典の理解・感得を求める、指導者の古典教育の追求が、古典観の史的転換に必然性を持たせたと見ることもできる。古典の継承と発展も主体的な学習者の〈古典〉の内化なしにはありえない。それは、「典型概念」としての古典観に基づく古典教育から、「関係概念」としての古典観に基づく古典教育へと展開していったと言える。

第２節　古典教育の構造における学習者の定位

本節では、学習者の主体的な学びを産み出す場を、古典の授業構造として作り出している事例を取り上げる。このような場を授業の中に作り出すことによって、学習者は自らの読みを実現できるものと考える。

第１項　経験主義単元学習における学習者の定位

１　学習者の興味・関心・能力への配慮

戦後にアメリカから導入された経験主義に基づく単元学習を、増淵恒吉は、昭和20年代の初期にあって次のようにとらえていた。

> 単元学習とは、生徒の能力や興味と、社会の必要性との調和の上に設定された単元（つまり、学習のひとくぎりひとくぎり）について、明確な目標を立て、生徒の活動を中心として、提出された問題を、予想し得るあらゆる角度から追究し、しかもその学習の効果を、合理的に評価する、密度の高い学習のことである。
> （増淵常吉「古典の単元学習」『国文学　解釈と鑑賞』1949年10月　至文堂　36頁（注　下線は渡辺が付した。以下同じ。））

単元学習が「生徒の能力や興味」に配慮して構想され、多様な「生徒の活動」による課題解決学習を行うものとされているところに、授業への学習者の明確な位置づけがうかがえる。上記のように単元学習をとらえた上で、「こうした学習方法が、有効に実施できるとすれば、従来の古典学習の弊害、教師の一方的な講義による興味のうすい、古文解釈の弊害から逃れることができるであろう。少なくとも、単元学習の持つ長所をとらえ、そこに学習指導の重点を置くだけでも、これまでの指導とは異なったいきいきとした学習が展開されることであろう。」*27 と、従来の古典学習の改善にも言及している。

単元学習による古典学習指導の留意点については、次の9点を挙げている*28。以下に要約する。

①単元学習では教科書にとらわれてはならない。生徒の能力、興味に基づいて、明確な目標に沿って、目標の達成されるようなまとまりのある教材を選定すべきである。

②学習に生徒が興味を持って入りうるような環境をつくることが重視されねばならない。効果的な動機化の方法を考えるべきである。

③変化のある学習指導が講ぜられなくてはならない。グループでの話し合い、辞書の活用、参考書の利用、意見の発表、討議、リポート作成等、言語の諸活動を十分に取り入れて、教材に適応した変化に富む指導がなされるべきである。

④古典の持つ美しさをとらえさせるために、古典の学習では音読が重視されねばならない。

⑤古典に強い言語抵抗を感じるので、選択、必修の科目に配慮して語句の意義や、文法についての学習活動に相当の時間をさくとともに、参考書や辞書は教室に持ち込ませるべきである。古典の内容的な把握にのみ急にして、言語の形式面を軽視してしまってはならない。

⑥最初から時代環境と作品とを連関させ、作家についてその経歴をも調べ、又その文学史的地位を知らせて、指導してゆくよりも、まず作品をなまのまま生徒に与え、古典への先入観に囚われず、

じかに内容にぶつからせて、読み取らせてゆくほうがよい。
⑦科学的に検討された文学の取扱い方の基本的なものを、学習指導に取り入れるようにしたいものである。
⑧古典の場合は、教師が特に気を配って生徒の興味と能力とを観察しておいて、機を失せず、適切な指導をするように心がけるべきである。
⑨必修と選択を分けるべきである。必修では、人間性の探究、文学的な教養を重視し、「古典とはどんなものか」「古典の読み方」といった単元を設ける。選択では、文学・語学の研究を重視し、国語要説・国文学史を三学年に配分し、文学・国語学の面から十分に学習させるべきである。（注　下線・番号は渡辺が付した。）

以上の留意点によれば、学習者の興味・関心と能力に配慮し、目標を明確化し、その達成を目指して教材を選定・編成することが求められている。科学的な文学教育の方法に基づき、音読とともに変化に富む言語活動を取り入れ、学習者の意欲を高めつつ、自らの読みを大事にし、内容と形式の両面から読みを深めるべきことが述べられている。さらに、必修科目においては人間の探求と教養の獲得を、その展開としての選択科目においては研究への発展を求めていることが理解される。

２　単元学習の構造における学習者の位置

田近洵一は、増淵恒吉について、「戦後の新制度のもとでの、高校国語教育の第一ページを開かれたのが増淵恒吉先生であったことは、誰もが認めるところであろう。」と述べ、「先生は、単元学習やグループ学習を、全国にさきがけて取り入れられ、大きな成果をあげられた。すなわち、先生は、戦前からの精神主義的国語教育を否定し、民主社会を築く上で不可欠な言語活動・言語技能の教育を中心に、集団の中で自ら学ぶ生徒の育成に、全力を注がれたのである。」と評価した*[29]。また、「その実践は、確かに時代を画するものであり、全国の実践家の指標となって、国語教育をリードするものであった」[*30]と影響力についても触れている。増淵恒吉の実践の特徴については、第1章第1節で言及した。その特徴は、①教材に基づく課題、②分団活動を推進力とする教材単元学習・課題学習にあり、③それを支える読解主義的な教材研究と、④言語能力の措定にあった。それは、戦後の昭和20年代（1945～1954年）における実践と理論の両面から国語教育を言語の教育として推進する役割を果たすものでもあったと言える。

増淵恒吉の古典教育論もこれに重なるものである。増淵恒吉の単元学習には、次のような構造が認められる[*31]。

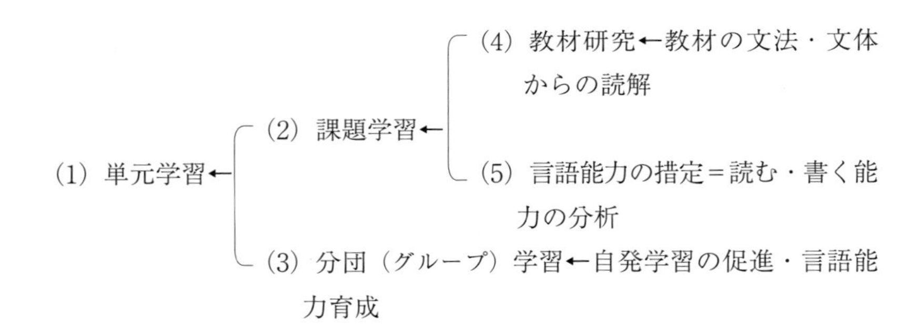

増淵恒吉の国語科単元学習の中心となる課題は、教材研究と言語能力の措定とに基づいて精選される。増淵恒吉の国語科単元学習は、課題の解決を目指して行われる課題学習を、自主的な分団学習によって展開したところに成立した。上記の（1）から（5）は、増淵恒吉の国語科単元学習の特徴を表すものであり、古典単元学習にも適用される。その（3）に学習者の主体的な学習が明確に位置づけられている。

3　古典単元学習の構想

戦後初期の古典単元学習の構想に関して、増淵恒吉による次の論考がある。

ア．「古典の単元学習」（『国文学解釈と鑑賞』14巻10号1949年10月

至文堂）

イ．「俳句の学習指導案」（『国文学解釈と鑑賞』1951 年４月　至文堂）

ウ．「物語文学の学習指導」（『国文学解釈と鑑賞』1951 年５月　至文堂）

エ．「近世文学の学習指導」（『国文学解釈と鑑賞』1951 年 12 月　至文堂）

「ア」の論考には、「古典の読み方」（高等学校２年生、12 時間）と「俳人芭蕉」（高等学校３年生、12 時間）の二つが構想されている。後者の「俳人芭蕉」は、構想に基づき３回実践された。「イ」は、「その後二回の実験によって、ほぼ私としては一応これでよいのではないかと考えている。」*[32]とされる改善案となっている。実践に移され、効果を確かめた構想として、以下「ア」・「イ」を考察の対象とする。

(1)　単元「俳人芭蕉」設定の理由

単元設定の理由は、①俳諧の完成に全生涯を捧げつくした俳人芭蕉の芸術と生き方は、いずれの道をえらんで人生を歩むものにも、多くの示唆と教訓を与えること、②芭蕉の芸術観、人生観を学ぶことは、学習者の思索や人生態度に資するところ大なるものがあること、③芭蕉の偉大さは、俳句にすぐれていることよりも、人生への対決のしかた、彼の芸術に対するあくなき追究のしかたにあることの３点が挙げられている*[33]。

(2)　目標

目標は、次のとおりに設定されている。

①芭蕉の俳句・紀行・俳論の表現と内容を理解させる。
②芭蕉がどのようにして俳諧の道を切り開いて行ったか、その展開の跡を知る。
③芭蕉の芸術観・人生観の大体を知る。
（増淵常吉「古典の単元学習」『国文学　解釈と鑑賞』14 巻 10 号 1949 年 10 月　至文堂　43 頁）

(3) 資料

教材が「資料」として、以下のように掲げられている。①『高等国語』上下、②芭蕉俳句・紀行・俳論の抜粋(①以外)、③国文学史、日本歴史に関する参考書。

(4) 学習活動

学習活動が、指導過程の順に、例として15項目挙げられている。それを、認知的学習指導と探求的学習指導に分け、さらに、指導項目を、導入→展開Ⅰ→展開Ⅱ→展開Ⅲ→終結とする指導過程に区分し、以下のとおりに整理した。

【表3-1】 指導過程における認知的・探求的学習指導の系列

認知的学習指導	探求的学習指導
【導入】 1.「芭蕉について」という題で作文。	
【展開Ⅰ】 2. 各自の知っている芭蕉の俳句を挙げ話し合い。	
	3. 延宝の頃までの俳句の発展について班で調べ発表(教師の講義も可)。
4. 寛文から元禄に至る芭蕉の各時代の特色を表す発句10句を教師が選出し、内容と表現の相違点について各班で話し合い。 5. 4の話し合いの結果を発表。	
【展開Ⅱ】 6.「笈の小文」冒頭の文、及び「奥の細道」の抜粋を読み、その表現と内容を理解。 7.「三冊子」「去来抄」「笈日記」等の抜粋を読み、その表現と内容を理解。	

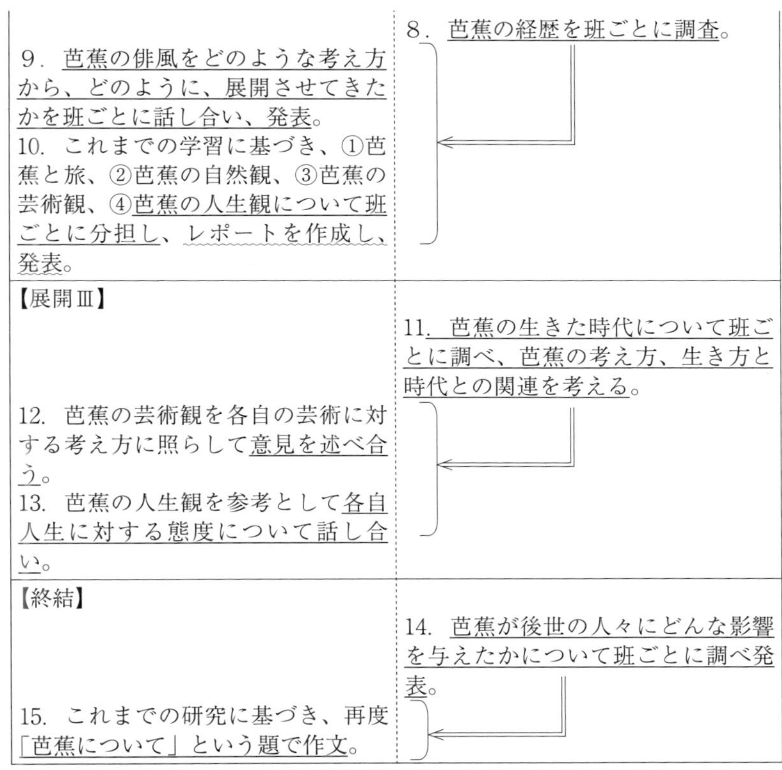

9．芭蕉の俳風をどのような考え方から、どのように、展開させてきたかを班ごとに話し合い、発表。 10．これまでの学習に基づき、①芭蕉と旅、②芭蕉の自然観、③芭蕉の芸術観、④芭蕉の人生観について班ごとに分担し、レポートを作成し、発表。	8．芭蕉の経歴を班ごとに調査。
【展開Ⅲ】 12．芭蕉の芸術観を各自の芸術に対する考え方に照らして意見を述べ合う。 13．芭蕉の人生観を参考として各自人生に対する態度について話し合い。	11．芭蕉の生きた時代について班ごとに調べ、芭蕉の考え方、生き方と時代との関連を考える。
【終結】 15．これまでの研究に基づき、再度「芭蕉について」という題で作文。	14．芭蕉が後世の人々にどんな影響を与えたかについて班ごとに調べ発表。

（注　波線は、「俳句の学習指導案」〈『国文学　解釈と鑑賞』16巻４号 1951年４月　至文堂〉では、削除された箇所、下線（波線も含む）は、分団活動。）

４　考察のまとめ

単元「俳人芭蕉」の授業展開は、上記のとおり、大きく認知的活動と探求的活動との２系列に分けることができる。主体的学びを保障する授業の構造の特色を、次に挙げる。

(1) 授業構造に班活動（分団活動）が組み込まれている。班による探求的活動（調べ学習）が、次に展開する認知的学習の基盤となり、理解、認識を深められるよう指導過程が組まれている。探求活動と認知的活動を有機的に繋いでいるところに特色がある。

次に、主体的学習にかかわる授業方法の特色を整理する。

(2) 一貫して、学習者の興味・関心、獲得する知識の広がりと深まりを重視して学習指導が展開されている。芭蕉に関して作文を書かせること、知っている俳句を出させ話し合いをさせることをとおして芭蕉とその俳句への関心を高め、班で調べた、俳句の発展に関する知識を応用しながら、時代ごとの芭蕉の俳風の変化に気づかせていく。さらに、そこで得た関心と認識を芭蕉の俳論、芸術観・人生観の学習へと展開するとともに、自らの人生を考えさせようとするところに発展させている。

(3) 指導過程は、展開Ⅰ（芭蕉の俳句の理解）→展開Ⅱ（俳論・俳風の理解）→展開Ⅲ（芸術観・人生観）と、身近な、知っている俳句の話し合いから始め、興味・関心、理解を広げ深めつつ、段階的に展開し、芭蕉の芸術観とともに学習者自らの人生観を問うに至っている。

(4) 教科書『高等国語』の教材にとどまらず、俳句、俳論、参考書等の教材開発と編成を行っている。編成は、指導過程に基づき、興味・関心、認識を増幅、深化させるようにしている。

(5) 書くこと・読むこと・話すこと・聞くことの言語活動が、俳句・俳風・芸術観の理解・認識深化に深くかかわるように組み込まれている。

第２項　主題単元学習による学習者の定位

1　「目標の二重構造化」による学習者の定位

「目標の二重構造化」は、世羅博昭によって提唱された。増淵恒吉は、古典単元学習を分団による課題解決学習として構造化を図り、学習者の主体的な学習活動を古典教育に位置づけた。それを世羅博昭は、さらに、次の、「目標の二重構造化」に基づく古典教育の構造化によって学習者の主体的な位置づけを確実にした。

世羅博昭は、1974 年 4 月に広島大学附属中・高等学校に赴任した。そこで小山清の授業を見る機会があった。小山清の授業の構造に関する考察から、「目標の二重構造化」を発想するに至った*[37] とされる。

世羅博昭は、次のように述べている。

> 学習者を生き生きと学習させるためには、学習者の目標、すなわち学習目標と、指導者の目標とを同じにしないのがよい。主題を軸とした古典の単元学習においては、学習目標は主題（学習課題）に対する認識の深化・拡充であり、指導目標は学習者の展開する学習活動（＝言語活動）の中で国語学力を習得させることである、というようにするのである。（世羅博昭「『国語Ⅰ』・『国語Ⅱ』における古典指導―生き生きとした古典教室の創造をめざして―」『国語教育研究』第 29 号　1985 年 6 月　広島大学教育学部光葉会　176 頁）

世羅博昭は、目標の二重構造化を、【図 3-1】のように図示している。

その図を基に、「学習者は、あくまでも、興味・関心の高い主題（学習課題）に対する認識の深化・拡充を目指して学習活動を展開し、指導者は、その学習活動の中で古典の読解技能を中心に、読む・書く・話す・聞く力をつけることをねらうのである。」*[34] と説明を加えている。目標を、学習者の目標と指導者の目標に分けることで学習者は古典教育に最大限に位置づけられるとともに、指導者も深めるべき認識とつけるべき技能を明確に意識することが可能になる。世羅博昭は「典型概念」としての古典観に立っている*[35] が、学習者の創造的な解釈を求める授業を行っている*[36]。世羅博昭は、目標の二重構造化のもとに古典教育を主題単元学習として展開した。しかし、つけるべき古典を読む学力としての「読解能力」に関しては、全体像が明らかではない。

【図 3-1　目標の二重構造化】

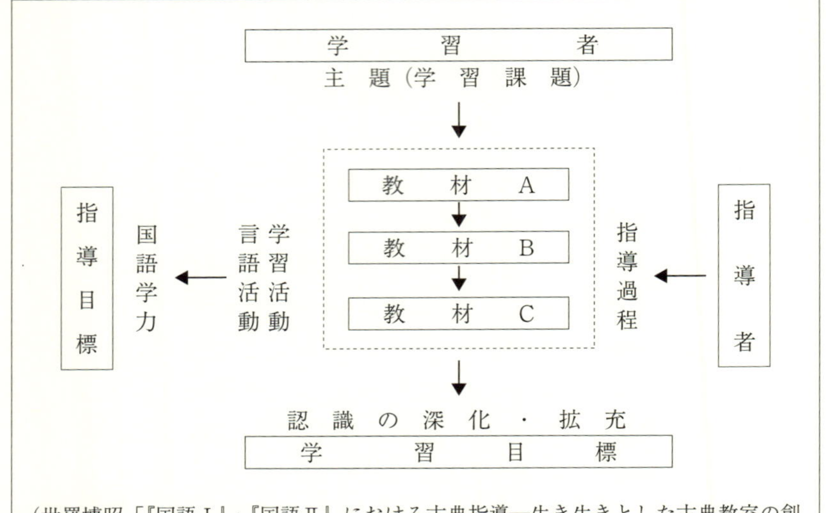

（世羅博昭「『国語Ⅰ』・『国語Ⅱ』における古典指導―生き生きとした古典教室の創造をめざして―」『国語教育研究』第29号　1985年6月　広島大学教育学部光葉会　177頁）

2　「目標の二重構造化」による『平家物語』の学習指導の概要

世羅博昭は、「『平家物語』の学習指導―『一の谷の合戦』場面を中心に―」*38 において、「戦乱の世の中を生きるさまざまな人間の姿を見つめて」を学習テーマにして新たに試みた、『平家物語』の実践を報告している。これは「目標の二重構造化」に基く、完成度の高い実践になっている。

(1)　指導目標

目標は、次のように設定されている。

①登場人物の行動や心理を追求し、戦乱の世の中を生きるさまざまな人間の生き方を読み取らせることによって、人間の生き方や人間の存在について学習者の認識を深めさせる。

> ②ことばを手がかりに、また、時代背景・状況をふまえて、形象をイメージ豊かに読み取る能力と登場人物の人物像をとらえる能力を育てる。
> ③「語り物」としての平家物語への関心を高め、文体の持つエネルギーを感得させる。
> ④読後の感想を書かせるだけでなく、手紙や短編小説を書いたり、詩歌をつくらせるなど、創作的方法導入して、読みの深化・発展を図る、のびのびとした古典の学習をさせる。
> （世羅博昭「『平家物語』学習指導の実際—『一の谷の合戦』」、イシダ測機　65・66頁）

開発・編成された教材は、次のとおりであった。

Ⅰ　戦場において生きる男の姿
　第一章　二度之懸‥‥河原兄弟・梶原景時父子
　第二章　坂　　落‥‥源義経・佐原義連・武知清教・平盛俊
　第三章　敦盛最後‥‥平敦盛・熊谷直実
　第四章　重衡生捕‥‥平重衡・後藤兵衛盛永長
　第五章　知章最期‥‥平知章・平知盛
　第六章　越中前司最期‥‥平盛俊・猪俣則綱
　第七章　落　　足‥‥落ちていく平氏の武士たち
Ⅱ　戦乱の世を生きる女の姿
　第八章　小宰相身投‥‥小宰相・乳母の女房

（世羅博昭「『平家物語』の学習指導—『一の谷の合戦』場面を中心に—」全国大学国語教育学会編『国語科教育』第29集　1982年3月　学芸図書　45頁）

この教材化については、「『一の谷の合戦』場面という同じ状況下におけるさまざまな人間の姿を比べて読めるので、それぞれの人物の生き方の違いが浮き彫りにできると同時に、混沌とした時代状況下における人間の存在についても考えさせることができる。」[*39]とねらいを明らかにしている。

(3) 学習指導の概要

学習指導の概要をまとめれば、次のとおりであった。

<table>
<tr><th colspan="3">指導段階</th><th>章</th><th>資　料</th><th>学習の手引き</th><th>朗読</th><th>学習形態</th><th>読み方</th><th>指導のねらい</th><th>時間</th></tr>
<tr><td>第一次</td><td colspan="2">導入</td><td></td><td>小冊子『一の谷の合戦』</td><td></td><td></td><td>一斉学習</td><td></td><td>①授業構想を理解させ、学習への構えを作らせる。
②「一の谷の合戦」場面の状況をとらえさせる。</td><td>1</td></tr>
<tr><td rowspan="3">第二次</td><td rowspan="3">基本学習</td><td rowspan="2">①モデル学習</td><td>①二度之懸</td><td>小冊子『一の谷の合戦』［頭注あり］</td><td>手引き①
人物をとらえる問題をていねいに出題</td><td>○朗読（四人）
○群読
①［テープを聞く］</td><td>一斉学習</td><td>精読</td><td>①「学習の手引き」を活用して精読し、内容を深く読みとる方法を学ばせる。
②戦場における河原兄弟の兄弟愛と小名ゆえの悲劇的な生き方、梶原父子の親子愛を読みとらせる。</td><td>4・5</td></tr>
<tr><td>②逆落</td><td>傍注資料①［指導者が作成］
＊モデル学習</td><td></td><td>○朗読
○群読
②［平家方源氏方各二人割りふりは指導者］</td><td>一斉学習</td><td>通読</td><td>①傍注資料を教材として、朗読（群読）を繰り返してあらすじをとらえさせるとともに、平家物語の文章のすばらしさを感得させる。
②源氏方の勇敢さと平家方の愚劣さ、戦いの中における身分の低い武士の悲惨さをとらえさせる。</td><td>1・5</td></tr>
<tr><td>②練習学習</td><td>③敦盛最期</td><td>傍注資料②［傍注をつける所が空欄にしてある］
＊練習学習</td><td>手引き②［手引き①よりも問題が少なくしてある］</td><td>○朗読［二人］</td><td>①一斉学習
②グループ学習［担当班発表・討議］</td><td>精読</td><td>①傍注資料の空欄を埋めることによって、文脈をとらえさせるとともに、「学習の手引き」を活用して内容を深く読みとる方法を練習を通して身</td><td>3</td></tr>
</table>

									につけさせる。 ②敦盛と直実の、心理の変化・人物像をとらえさせる。	
第三次	発展学習	③応用学習A	［各自自由選択］	［それぞれの「傍注資料」作成］ ＊応用学習	［それぞれの「学習の手引き」作成］		①個別学習 ②グループ学習	精読	各自が選んだ章の「傍注資料」を作る。その後で、同じ章を選んだ者同士のグループを作り、「傍注資料」・「学習の手引き」・「発表資料」を作らせる。	2
		④応用学習B	④重衡生捕	傍注資料③［担当班作成］	手引き③［担当班作成］	○朗読（二人）	一斉学習	通読	①他の班の人物について学び、視野を拡大させる。 ②盛長に焦点をあてて、極限状況下における人間の生き方について考えさせる。	1
			⑤知章最期	上に同じ	上に同じ	○群読③［十人。割り振り学習者］	一斉学習	精読	①父の身代わりになった知章と、わが子を見捨てて逃げた知盛、それぞれの生き方について考えさせる。	3
			⑥越中前司最期	上に同じ	上に同じ	○朗読［一人］	一斉学習	通読	①戦場を生き抜くための知略について考えさせる。	1
			⑦小宰相身投	上に同じ	上に同じ	○朗読［二人］	一斉学習	通読	①の悲劇を通して戦いの悲惨さを考えさせる。	2
第四次	まとめ		「学習を終えて」				一斉学習		他の人の感想を聞くことによって、読みの深化・拡充をはかり、感想文を書く中身を育てさせる。	1

（世羅博昭「『平家物語』の学習指導―『一の谷の合戦』場面を中心に―」全国大学国語教育学会編『国語科教育』第29集　1982年3月　学芸図書　47－49頁参照）

本実践は、導入とまとめを含む４次の指導過程から構成されている。この内、２次と３次が、基本学習と発展学習になっている。そのねらいと学習指導の実際については、次のとおりに説明されている。

Ⅰ　基本学習‥‥内容を深く読みとる方法を学ぶ。

①モデル学習＝（一斉学習）同一教材を「学習の手引き」を活用して精読し、内容を深く読みとるとともに、内容を深く読みとるための方法を学ぶ。

②練習学習＝（グループ・一斉学習）同一教材を「学習の手引き」を活用して精読し、内容を深く読みとるための方法を練習して身につける。

Ⅱ　発展学習‥‥内容を深く読みとる方法を応用し身につける。

③応用学習Ａ＝（個別学習・グループ学習）各自が自由に自分の興味・関心のある章を選び、個別学習をする。その後、同じ章を選んだ者同士でグループを作って、「傍注資料」・「学習の手引き」・「発表資料」をそれぞれ作成する。

④応用学習Ｂ＝（一斉学習）各グループごとに、自分たちのとりあげた人物について発表し、それを全体で討議する。お互いに自分らのグループがとりあげなかった人物の生き方を幅広く知るとともに、他のグループの、人物に対する読みとり方を学ぶ。

（世羅博昭「『平家物語』の学習指導―『一の谷の合戦』場面を中心に―」全国大学国語教育学会編『国語科教育』第29集　1982年3月　学芸図書　46・47頁）

基本学習と発展学習の関係は、前者が「内容を深く読みとる方法を学ぶ」段階であり、後者は「内容を深く読みとる方法を応用し身につける」段階とされている。基本学習はさらに、①モデル学習と②練習学習から成り、発展学習は、③応用学習Ａと④応用学習Ｂから構成されている。①と②を通し、深く読むとともに、読みの方法を身につける指導がなされ、③において、学習者は、第四章～第七章の教材から、興味・関心に応じて1章を選び、課題に基づいて個別に学習する。その後、同一教材を選んだ者でグループを編成し、取り上げた人物について交流して読みを深めるとともに、発表資料を作成する。すなわち、①②で身につけた読みの方法は、

③に収斂される形で活用され、さらに身についたものにすることが意図されている。ついで、学習は、④に展開し、一斉学習の中で、「混沌とした時代状況下における人間」について、さらに学びを深めることになる。

３　考察のまとめ

本実践における、主体的な学びのための構造的特徴は、次の点に見い出される。

(1)「基本学習」から「発展学習」へと展開する指導過程が取られている。「基本学習」には、内容理解の方法を学ぶ「①モデル学習」と、方法を身につける「②練習学習」が設定されている。「発展学習」には、興味・関心に基づき個別・グループで学習を主体的に行う「③応用学習Ａ」と、グループによる学習の成果を発表し、学びを交流深化し、人物に対する読み取り方を学ぶ「④応用学習Ｂ」が組み込まれている。この指導過程によって、学び方を学び、技能を身につけつつ、興味・関心を持って理解・認識を深める「目標の二重構造化」に基づく授業が具体的に構造化されている。

(2)「傍注」を生徒に付けさせる学習をとおして、「①漢字（古語）を読む力、②古語の意味を文脈に即してとらえる力、③文脈を読み取る力、④音便、助動詞、敬語の用法などを見分ける力など、古文の基礎的な理解力を養うこと」*39 が目指されている。

(3) 限られた単位数、生徒の興味・関心、人間像把握という点に配慮し、一の谷の合戦という一つの場を取り上げ、戦場において生きる男の姿と、戦乱の世を生きる女の姿をとらえる『平家物語』の教材化が行われている。

(4) 大村はまに学び、「傍注資料」や「学習の手引き」を用い、指導過程に工夫を凝らし、言語活動を随所に発展的に組み込み、主題を軸に学習者の主体的学びを引き出した。

(5) 群読を一部に取り入れている。これは、1968 年５月に〈山本安英の会〉による『平家物語』の原文による群読の上演、木下順二「付、

『平家物語』による群読―『知盛』」*[40]、家本芳郎『合唱・群読・集団遊び　実践的「文化活動」論』*[41]などの影響も考えられる。

本実践では、つけるべき力を体系的にとらえるには至っていないが、「学習者に古文を自力で読む力（古文学習力）」をつけることが意図されている。そこに、学習者主体の古典教育を見い出すことができる。実践は洗練されており、戦後の『平家物語』実践のすぐれた達成を示すものといえる。

第３節　学習者の主体的学び―問題意識喚起の古典教育

「関係概念」としての古典観に基づく古典教育において、内化は、先験的な価値への同化や、他者からの感化を意味しない。学習者の主体的、創造的読み（読解・解釈・批評）によって個々の内に現象する〈古典〉の内化は、読みによって創造される価値の内面的な感得である。内化によって学習者は、〈古典〉との関係性を確かなものとして築くことになる。そうして初めて、古典の発展的な継承はなされる。内化のためには、求心的な学びのエネルギーとして、強い興味・関心や問題意識が欠かせない。ここでは、とりわけ、問題意識を古典の内化に至る駆動力としてとらえ、考察していくことにする。

このような観点から、まず、問題意識を取り上げ、ついで、問題意識喚起の文学教育として荒木繁の実践を対象として検討したい。

第１項　問題意識への着目動向

1953（昭和28）年6月13日（日）午前10時から、東京大学で日本文学協会1953年度大会が開催された。その国語教育部会において荒木繁の「民族教育としての古典教育―『万葉集』を中心として―」が発表された。西尾実はこの発表によって文学の問題意識喚起の機能を見い出し、文学教

【図 3-2】「問題意識」をタイトルに用いた論文件数

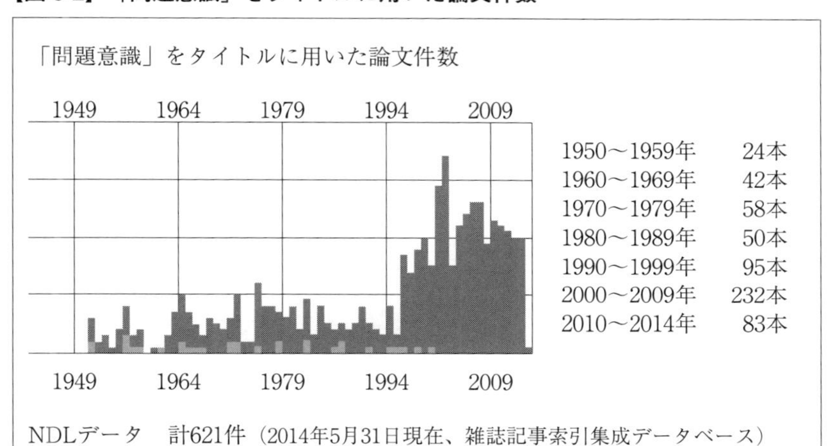

育論を展開するに至る*42。荒木繁も西尾実と論争しつつ、独自に問題意識喚起の文学教育論を試みたことは、１章において述べた。しかし、文学教育における問題意識の位置づけは十分に検討され、検証されることのないままに今日に至っている。国語教育界では、問題意識という用語は一部に使われてはいる*43が、定着を見ないままであった。他分野において論文タイトルへの使用度は、【図 3-2】のデータが示すように、1990 年代後半以降急速に増えている。これは、問題意識の機能への着目が顕著になったものと考えられる。

第２項　問題意識の意味と機能

問題意識の意味に関しては、大谷信介が国語辞典 24 種類を調べて、次のように三つの構成要素に分けてまとめている。「(A)〈問題を発見する〉という要素、(B)〈問題の本質を掘り下げる〉という要素、(C)〈積極的に追究する姿勢〉という要素」である*44。この内、(C) に関しては、次のように述べている。

> 24種類の定義中、11種類の定義の中には、「積極的」という言葉が共通して使われている。「積極的に取り組もうとする心の持ち方」「積極的に追究しようとする考え方」「積極的に取り組んでいこうとする姿勢」といった「積極的」という言葉以外にも、「主体的にかかわり合おうとする心のもち方」「常に関心を持ち、考えようとする態度」といった類似定義が存在することを考慮すると、日本語としての〈問題意識〉という言葉には、〈積極的な姿勢〉という要素が言葉自体に含まれていると考えることが可能である。
> （大谷信介「社会学研究と問題意識　なぜ〈問題意識〉が重要なのか」大谷信介編著『問題意識と社会学研究』2004年3月　ミネルヴァ書房　7頁　注　下線は渡辺が付した。）

問題意識が、国語辞典類をもとに、（A）（B）の意味に加えて、「主体的にかかわり合おうとする心のもち方」「常に関心を持ち、考えようとする態度」を含有する概念としてとらえられている。

さらに、大谷信介の調査によれば、研究分野では、延べ60冊の辞典類の内、哲学辞典1冊、社会学辞典2冊に「問題意識」という項目が見出された*45。その内、社会学辞典には、次のように定義されている。

> ①科学的認識過程において認識主体は、問題の所在がどこにあり、解決すべき問題は何であるかについて常に明確に把握していなければならない。そこに形成される自覚を問題意識という。このことはたんに認識対象についてだけでなく、主体と対象とのかかわり方（実践的問題意識）、認識方法をめぐる問題（方法論的問題意識）などについてもいえる。②この問題意識を基礎にして、命題の整理から構成される作業仮説も、はじめて生き生きしたものとなる。また、③仮説構成から結論の獲得に至る過程で、主体は絶えず問題意識に立ち返って、自らの認識活動の点検を迫られる。そしてその結果、

新たに獲得された知識と、新たな現実の展開のなかで、また新しい問題意識が醸成され、新しい認識活動を促すことになる。（濱嶋朗・竹内郁郎・石川晃弘編『社会学小辞典』1997年　１月有斐閣　注　下線・番号は渡辺が付した。以下同じ。）

④解決すべき問題が何であるのか、その問題の重要度や他の諸問題との関連性などについて、研究活動に従事する認識主体が持つ自覚のこと。一般に、問題は認識主体が選択して設定するものであるから、通常、主体が支持する価値理念や、それに基づく評価の要素と結合している。いかに客観的な認識をめざすにせよ、⑤あらゆる認識は問題意識との関係においてのみ有意味でありうる。M.ウェーバーの価値自由の主張も、認識の前提条件としての価値への関係づけそれ自体を排除するものではなかった。この意味で、⑥問題意識は倫理的枠組みや作業仮説の核を形成しており、⑦研究者は絶えず自らの問題を注意深く考察して、研究活動の前提や意味連関を明確にしておかねばならない。ミルズは、特殊な個人的生活状況でぶつかる私的諸問題が、より巨大な歴史的・社会的構造の文脈の中に位置付けられるように、問題の設定がなされるべきであると主張し、社会学的想像力の重要性を強調した。（森岡清美・塩原勉・本間康平編集代表『新社会学辞典』1993年２月　有斐閣）

傍線部①④には、解決すべき問題の明確な意識化が述べられ、②⑥には問題意識に基づいた解決方略への言及がある。研究分野に関する辞書であり、問題の積極的・主体的追究が前提とされていることを考えれば、上記の説明には、国語辞典に見える三つの要素はすべて含まれていると言ってよい。加えて③④には、(D) 問題意識の絶えざる検討が必要とされている。さらに、②⑤には、(E) 追究過程が問題意識によって生きたものになること、認識が問題意識との関係においてのみ有意味でありうることが述べられている。

以上によって問題意識の意味と機能を（A）～（E）の5点にとらえることができた。とりわけ、(E）の機能は、古典の読みをアクチュアルなものとするとともに〈古典〉を内化することに繋がるものと考える。

第3項　「民族教育としての古典教育」（荒木繁）の授業構造

荒木繁は、1952年度に、高等学校2年生4クラスを対象に、週2時間、『万葉・古今・新古今』（副読本　秀英出版）を用いて1年間授業を行った。実践報告は、万葉集の授業を中心にまとめている。

授業の目標は、「(1）生徒は万葉・古今・新古今のうち、どの歌集に関心をもち、感動するだろうか。また万葉なら万葉のうち、どのような歌や歌人に興味をもつかを知りたい。／(2）生徒が万葉集などのすぐれた歌を理解することができること。／(3）それによって、日本民族がこのようなすぐれた文学遺産をもっていることに、喜びとほこりとを感じさせること。」*[46]の3点に要約される。

目標（1）の意味は、ア.「生徒の実体から出発するため」、すなわち「生徒たちの心にできるだけ近づき」、「彼等の問題から出発したいということ」であった。また、イ. 万葉・古今が優れているという解説なしに「生徒たちの鑑賞にたえうるか」ということを問題にするためであった。この点を考えることなしには、「国民を基盤にした遺産の継承は正しく行われない」とした*[47]。(2）は、「生徒に自ら味わい感動する力をあたえる」*[48]ことである。そのためには、「文学や芸術に対する正しい鑑賞態度をつくりあげ、のばしてゆく」ことが必要だとし、「自分の生活と結びつけて味わおうとするように仕向けた」と述べている*[49]。(3）については、「生徒たちに祖国に対する愛情と民族的自覚をめざめさせるということ」と述べている。荒木繁は、これを「古典教育の究極的目標」とし、「現在の日本が植民地化され、教育もまたそのような危機の中にあることを考えるとき、特に重要なこと」と説いている*[50]。

授業の概要は、【表 3-2】のとおりであった[*51]。授業をめぐる状況とともに掲げることにする。

【表 3-2】授業の展開と授業をめぐる状況

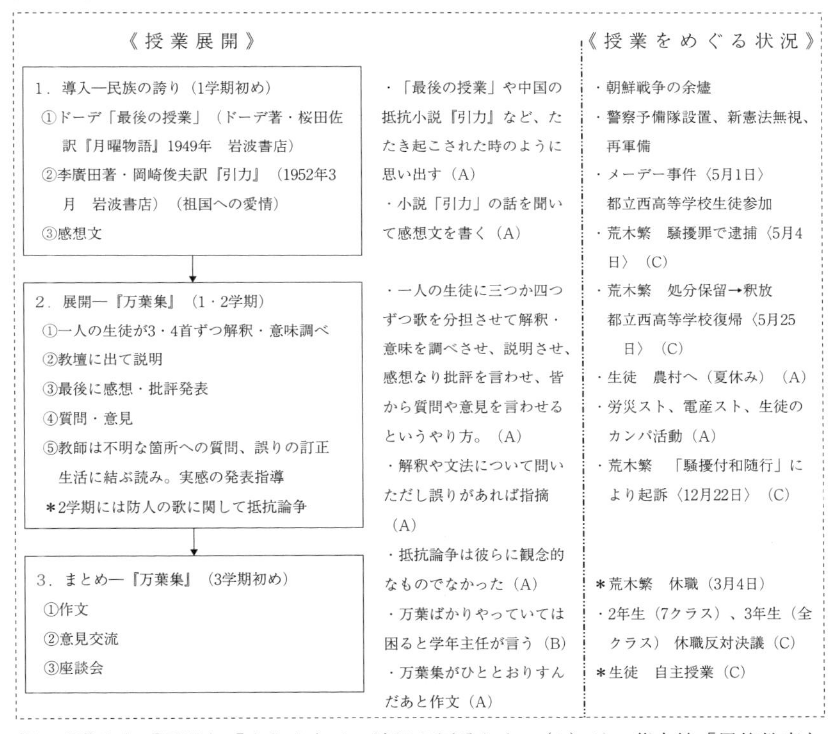

《授業展開》		《授業をめぐる状況》
1．導入―民族の誇り（1学期初め） ①ドーデ「最後の授業」（ドーデ著・桜田佐訳『月曜物語』1949年　岩波書店） ②李廣田著・岡崎俊夫訳『引力』（1952年3月　岩波書店）（祖国への愛情） ③感想文	・「最後の授業」や中国の抵抗小説『引力』など、たたき起こされた時のように思い出す（A） ・小説「引力」の話を聞いて感想文を書く（A）	・朝鮮戦争の余燼 ・警察予備隊設置、新憲法無視、再軍備 ・メーデー事件〈5月1日〉 都立西高等学校生徒参加 ・荒木繁　騒擾罪で逮捕〈5月4日〉（C）
2．展開―『万葉集』（1・2学期） ①一人の生徒が3・4首ずつ解釈・意味調べ ②教壇に出て説明 ③最後に感想・批評発表 ④質問・意見 ⑤教師は不明な箇所への質問、誤りの訂正 生活に結ぶ読み。実感の発表指導 ＊2学期には防人の歌に関して抵抗論争	・一人の生徒に三つか四つずつ歌を分担させて解釈・意味を調べさせ、説明させ、感想なり批評を言わせ、皆から質問や意見を言わせるというやり方。（A） ・解釈や文法について問いただし誤りがあれば指摘（A） ・抵抗論争は彼らに観念的なものでなかった（A）	・荒木繁　処分保留→釈放 都立西高等学校復帰〈5月25日〉（C） ・生徒　農村へ（夏休み）（A） ・労災スト、電産スト、生徒のカンパ活動（A） ・荒木繁　「騒擾付和随行」により起訴〈12月22日〉（C）
3．まとめ―『万葉集』（3学期初め） ①作文 ②意見交流 ③座談会	・万葉ばかりやっていては困ると学年主任が言う（B） ・万葉集がひととおりすんだあと作文（A）	＊荒木繁　休職（3月4日） ・2年生（7クラス）、3年生（全クラス）休職反対決議（C） ＊生徒　自主授業（C）

（注　「導入」・「展開」・「まとめ」は、渡辺が区分した。（A）は、荒木繁「民族教育としての古典教育―万葉集を中心として―」〈『日本文学』2巻9号 1953年11月〉、（B）は、荒木繁「古典教育の課題―『民族教育としての古典教育』の再検討―」〈『日本文学』17巻12号 1968年12月　日本文学協会〉、（C）は、荒木繁「あとがき」〈『文学教育の理論』1970年9月　明治図書〉から引用した。）

授業展開を概観すると、その展開を「問題意識の喚起・導入」、「展開」、「まとめ」に分けることができる。以下、それぞれについて考察を加えることにする。

(1) 問題意識の喚起・導入

万葉集の授業のはじめに行われた、『月曜物語』の「最後の授業」、『引力』の話は、「万葉の学習とは独立に行われたものであった」ということである。しかし、「それによって揺すぶられた問題意識は、生徒たちの万葉集の鑑賞を主体的でアクチュアルなものにしていった。」*52という、荒木繁による後の考察からすれば、授業展開におけるこの部分を、「導入」ととらえることが可能であろう。ただ、荒木繁の言う、「それによって揺すぶられた問題意識」は、民族問題に関する問題意識と考えられる。しかし、それが授業の中で、どのように働き、「生徒たちの万葉集の鑑賞をアクチュアルなものにしていった」のかという具体的な点については、明確ではない。

(2)「展開」

授業は、「一人の生徒に三つか四つずつ歌を分担させて語釈・歌の意味を調べさせ、教壇に出てそれを説明させ、最後に感想なり、批評なりをいわせ、それに対して皆から質問や意見をいわせるというやり方」*53がとられている。この生徒の発表・討論の授業方法は、荒木繁の実践以前に、小・中学校にあっては、単元学習の試みの中で、盛んに用いられており、高等学校でも、増淵恒吉・鳥山榛名などによって、すでに行われていた方法である*54。荒木繁の方法が、授業方法として新しいとは言えない。この方法については、荒木繁が先行の実践に学んだと考えることが妥当である。

荒木繁は、解釈や文法のあいまいなところや誤りについては指導するが、「できるだけ生徒に実感をいわせるように」*55努めるという指導を行っている。この方法は、「生徒のありのままの感じ方や考え方から出発する」方法であり、生徒の実態を把握するためであるとともに、主体的な古典文学との出会いと古典文学の享受・鑑賞を意図した方法ととらえることができる。また、鑑賞指導としては、歌を「自分の生活と結び付けて味わわせる」*56方法をとっている。しかし、この方法による授業は、「展開」段階の初期には成功しているとは考えられない。「討論が行われず、発表者も参考書の批評をそのままうつして来る場合が多かった」、また、クラスによっては、「なぜみな意見を言わないのだろうかということについて意見を一人ひとりに言わせた」という、荒木繁氏のことば*57によってそれを知ることができる。

万葉集の授業が始まって間もない時期、荒木繁は、5月1日にメーデーに参加し、三日後の5月4日に騒擾罪で逮捕され、釈放される5月25日まで、学校を離れている。生徒に大きな混乱を与えたであろうことが推察される。

2学期になって、生徒が、しだいに万葉集を積極的に読むようになっていった。生活と結び付けて読むことで、万葉集を積極的に読むにいたっている。生徒は、山上憶良に感動をおぼえ、防人歌を読んで、抵抗論争を行っている。西尾実は、その抵抗論争に文学の生活問題意識を喚起したととらえ、そこに文学機能の一つの機能を見い出した。荒木繁は、この抵抗論争について、ア．10人ぐらいの生徒が積極的に参加し、他の生徒も興味をもって聞いていた、イ．このクラスが平素から生徒会活動・カンパ活動などを活発に行っており、抵抗論争は観念的なものではなかった。ウ．防人と自分たちを比べ、防人歌から、その歴史的背景に主体的に関心を持つに至った、という3点を指摘し、「これらの生徒達は、明らかに自分たちの切実な問題として、防人歌に感動もすれば、それを批判しようとしているのです。」*58と述べている。なお、荒木繁は、12月22日に「騒擾付和随行」により起訴されている。

(3)「まとめ」

3学期（推定）に、万葉集がひととおり終わった後で、作文を書かせている。作文によって、生徒が万葉集を積極的に読み、深く受け止めていることが理解される。荒木繁は、「そのうちの面白いものを皆の前で読んでやって意見を出させよう」としている。意見は出なかったが、「仲間の感想や批評」を読むことは、「自分自身で味わってみようとしたり、自分の感じ方を確認したりするように促すには有効だった」*59と述べている。生徒からの提案があり、放課後に「万葉についての座談会」が持たれている。万葉集は、なぜ感動を与えるのかということが話題の中心となり、現代において失われたものが問題にされたと述べられている。この座談会で、万葉集とは直接かかわりのないことが話題となったことについて、荒木繁は、「文学を本当に鑑賞する人間的基礎を問題にしているのですし、また文学のもつ人間変革の機能ということを考えてみるならば、私のいうことはうなづいて貰えると思う」*60と述べている。以上、荒木繁の授業を概観した。

荒木繁の問題意識喚起の文学教育論の原型はこの実践にある。

第４項　問題意識喚起による古典教育の構造

問題意識喚起による古典教育の基本的構造は、荒木繁の次の文章によってとらえることができる。

> 私の民族的自覚と抵抗についての話は、彼らの心の中にうごめきひろがっている問題意識をはげしく揺りたてる役割を果たすものであった。これらの話は万葉の学習とは独立におこなわれたものであったが、それによってゆすぶられた問題意識は、生徒たちの万葉集の鑑賞を主体的でアクチュアルなものにしていった。かれらが万葉の中でもとりわけ防人歌に関心を持ち、教室の中で抵抗論がまきおこったのも偶然ではなかった。かれらにとって、防人がどういう気持ちで徴集されていったのか、そこには抵抗があったのかなかったのかということは、切実な問題意識だったのである。かれらは防人歌に抵抗があるかないかを問うことによって、自分達と状況との関連をも同じように問うていたといってよい。
>
> (荒木繁「古典教育の課題―『民族教育としての古典教育』の再検討―」『日本文学』17巻12号　1966年12月　日本文学協会　65頁　注　下線

は渡辺が付した。以下同じ。）

かれらはなぜ万葉集からそのように強い感動を受取ったのか。もちろん、万葉集がすぐれた文学だからということはあるが、それだけではないように思う。そこには、鑑賞の対象となる文学作品の問題と同時に、鑑賞主体にかかる問題が大きく介在していたと思う。すなわち、生徒たちが己と己を取り巻く現実に問題意識を持ったとき—その問題意識は、自己を梗塞する現実への批判とその梗塞をはねのけて人間的に生きたいという希求など、さまざまな意識のせめぎあいを含むが—そのような三体の姿勢が古典としての万葉の文学的ないのちを発見させたということができるだろう。

　この授業の経験は、私に、生徒の鑑賞力の指導というものは、単にそれだけきりはなして作品の鑑賞をしていればよいというものではなく、生徒たちの生活の現実に対する認識をふかめ、それに対する批判の観点をするどくしていくことと結びつかなければならないということを教えた。

（荒木繁「古典教育の課題—『民族教育としての古典教育』の再検討—」『日本文学』17 巻　1966 年 12 月　日本文学協会　65 頁）

　ここから古典文学の読みの構造を看て取ることができる。荒木繁は、「民族的自覚と抵抗についての話」を行い、生徒の「心の中にうごめきひろがっている問題意識をはげしく揺りたて」た。喚起された「問題意識」によって、『万葉集』の鑑賞は「主体的でアクチュアルなもの」となり、生徒は、「古典としての万葉の文学的ないのち」を発見するに至る。以上を、生徒の学習過程を中心にまとめれば、①問題意識の喚起→②現実への問題意識（現実への批判・人間的生き方の希求）→③創造的読みの積極的追求（読解⟷解釈→課題の発見→課題の追求→意味の創成）→④「文学的ないのち」の発見、となる。この①から④に至る過程には、問題意識の意味と機能の（A）問題発見、（B）問題の本質的把握、（C）積極的追求、（D）

問題意識の検討、さらに、(E) 追求過程の活性化があることが推察される。その結果として、認識の「有意味」として、「文学的ないのち」が発見されるに至る。その発見に至る過程とその発見をとおして、生徒個々に「認識的価値的変革」は引き起こされることになる。ここに、古典文学鑑賞における問題意識喚起の機能の意義を見い出すことができる。

【注】

＊1　増淵恒吉は、経験主義の国語教育に学びつつ、独自に単元学習・課題学習・分団学習を展開した。実践は、日比谷高等学校において最も生彩を放って展開され、その成果は全国的に影響を及ぼした。

＊2　増淵恒吉「国語教育五十年」(増淵恒吉編『国語教育の課題と創造』1984年2月　有精堂　296頁) に、「教材単元を、できうる限り生徒の生活に乗せて行く」という方法で単元学習を実施したと述べられている。

＊3　増淵恒吉「国語教育五十年」(増淵恒吉編『国語教育の課題と創造』1984年2月　有精堂　296・297頁参照)

＊4　野宗睦夫「古典の学習指導」(野宗睦夫『高校国語教育―実践報告―』1964年4月　私家版　実践は1953年度)

＊5　荒木繁「民族教育としての古典教育―万葉集を中心として―」(『日本文学』2巻9号　1953年11月号)

＊6　岩島公「『奥の細道』の鑑賞指導―メモを重ねる試み―」(『実践国語教育』第20巻　第225号　1959年6月　実践国語教育研究所)

＊7　世羅博昭「『平家物語』の学習指導の試み――一の谷の合戦場面をとりあげて―」(『研究紀要』第4号　1973年3月　広島県立呉三津田高等学校)

＊8　坂本英一「『かげろふ日記―父の旅立ち―」(坂本英一『高等学校国語指導の実践』1982年9月　右文書院　実践は昭和40年代と推定)

＊9　伊東武雄「蜻蛉日記指導の一つの実践―普通科甲の場合―」(『国語教育研究』第20号　1973年12月　広島大学教育学部光葉会)

＊10　下田忠「課題意識にもとづく学習指導の実際―古典教育の場合―」(『国語教育研究』第16号　1969年4月　広島大学教育学部光葉会)

＊11　稲益俊男「古典教育の課題と方法―万葉集・枕草子・日本永代蔵を中心に―」(『日文協国語教育』第6号　1977年11月　日本文学協会)

＊12　世羅博昭「古典Ⅱにおける『源氏物語』の教材化―『明石の上物語』と『浮舟物語』をとりあげて―」(『国語教育研究』第26号中　1980年11月　広島大学教育学部光葉会)

＊13　世羅博昭『平家物語』の学習指導の実践―『一の谷の合戦』場面を中心

に―」（全国大学国語教育学会編『国語科教育』第 29 集　1982 年 3 月　学芸図書）

＊14　世羅博昭「古典Ⅱにおける『源氏物語』の教材化―『明石の上物語』と『浮舟物語』をとりあげて―」（『国語教育研究』第 26 号中　1980 年 11 月　広島大学教育学部光葉会、所収　世羅博昭『『源氏物語』学習指導の探究』1989 年 7 月　溪水社　113・114 頁参照）

＊15　鈴木日出男「源氏物語人物総覧」（秋山虔編『源氏物語必携』1981 年 3 月　學燈社　108 頁）では、全体的に「受動的人生」ととらえられ、長谷川政春「浮舟」（秋山虔編『源氏物語必携Ⅱ』1986 年 5 月　學燈社　34 頁）では、「他律的であった浮舟が自ら主体的に」意思決定を行ったとする把握がある。

＊16　世羅博昭「古典Ⅱにおける『源氏物語』の教材化―『明石の上物語』と『浮舟物語』をとりあげて―」（『国語教育研究』第 26 号中　1980 年 11 月　広島大学教育学部光葉会、所収　世羅博昭『『源氏物語』学習指導の探究』1989 年 7 月　溪水社　85 － 88 頁参照）

＊17　世羅博昭「古典Ⅱにおける『源氏物語』の教材化―『明石の上物語』と『浮舟物語』をとりあげて―」（『国語教育研究』第 26 号中　1980 年 11 月　広島大学教育学部光葉会、所収　世羅博昭『『源氏物語』学習指導の探究』1989 年 7 月　溪水社　122 頁）

＊18　片桐啓恵「教室に声をとりもどすために―群読『『平家物語』の群像』を中心に―」（『国語教育研究』第 29 号　1985 年 6 月　広島大学教育学部光葉会）

＊19　渡辺春美「古典入門期指導の試み―学ぶ意味に触れる授業を目ざして―」（『国語教室』11 月号 1990 年 11 月大修館書店）、所収　渡辺春美『国語科授業活性化の探究Ⅱ―古典（古文）教材を中心に―』1997 年 8 月　溪水社）

＊20　渡辺春美「古典の授業活性化の試み―表現を軸とした『枕草子』の学習指導―」（『和泉紀要』第 24 号　1998 年 7 月　大阪府立和泉高等学校）

＊21　北川真一郎「『平家物語』を読む―古典講読に通じる授業実践―」（『国語教育研究』第 36 号　1993 年 3 月　広島大学教育学部光葉会）

＊22　牧本千雅子「単元『王朝人の愛と美のかたちを探る―『枕草子』を中心に―」（日本国語教育学会編著・代表倉澤栄吉編『ことばの学び手を育てる　国語単元学習の新展開　Ⅳ　高等学校編』1992 年 8 月　東洋刊出版）

＊23　牧本千雅子「グループ学習を中心とした古文指導　変革期を生きた人々―平安末期の神戸を中心に―」（大平浩哉編『高等学校国語科　新しい授業の工夫 20 選〈第 3 集〉』1993 年 7 月　大修館書店）

＊24　中村淳子「読みにおける主体形成と古典文学教育―『源氏物語』『手習』巻前半を中心として―」（『はまゆう』　2005年5月　三重県高等学校国語科研究会）

＊25　2006年改定教育基本法前文に「伝統を継承し、新しい文化の創造を目指す教育」が謳われ、2条の5に、「伝統と文化を尊重し、それらをはぐくんできた我が国と郷土を愛するとともに、他国を愛し、国際社会の平和と発展に寄与する態度を養うこと」とある。また、学校教育法の2章21条の3にも同様の趣旨が記されている。伝統的な言語文化の教育は、旧学習指導要領の言語文化の教育とは異なり、明確な法的根拠をもって設定されたものである。

＊26　2009年（平成21）年版高等学校学習指導要領「第1章　総則」の「第1款　教育課程編成の一般方針」における「2」に、「道徳教育は（中略―渡辺）豊かな心をもち、伝統と文化を尊重し、それらをはぐくんできた我が国と郷土を愛し、個性豊かな文化の創造を図るとともに、公共の精神を尊び、民主的な社会及び国家の発展に努め、他国を尊重し、国際社会の平和と発展や環境の保全に貢献し未来を拓く主体性のある日本人を育成するため、その基盤としての道徳性を養うことを目標とする。」とある。伝統的な言語文化の教育は、「その基盤としての道徳性」ともかかわってなされることになる。

＊27　増淵恒吉「古典の単元学習」（『国文学　解釈と鑑賞』14巻10号　1949年10月　至文堂　36頁）

＊28　増淵恒吉「古典の単元学習」（『国文学　解釈と鑑賞』14巻10号　1949年10月　至文堂　37－40頁参照）

＊29　田近洵一「人と業績―増淵方式の特質―」（佐々木定夫他13名編『近代国語教育のあゆみ　Ⅲ―遺産と継承―』1979年11月　新光閣書店　128－132頁）の中で、増淵恒吉の読み方教育を、ア．能力主義的国語教育観、イ．要素的能力分析、ウ．厳密な教材研究、エ．文体分析と言語感覚の重視、オ．課題方式の開発、カ．国語学習のための単元学習、キ．学習者の実態および主体的学習活動の重視、とする7観点から特色を明らかにしている。

＊30　田近洵一「人と業績―増淵方式の特質―」（佐々木定夫他13名編『近代国語教育のあゆみ　Ⅲ―遺産と継承―』1979年11月　新光閣書店　128頁）

＊31　渡辺春美「増淵恒吉―高等学校における国語科単元学習の先導者―」（全国大学国語教育学会編『国語科教育実践・研究必携』2009年5月　学芸図書　267頁）

＊32　増淵恒吉「俳句の学習指導案」（『国文学　解釈と鑑賞』16巻４号　1951年４月　至文堂）
＊33　増淵恒吉「古典の単元学習」（『国文学　解釈と鑑賞』14巻10号1949年10月　至文堂　43頁参照）
＊34　世羅博昭「『国語Ⅰ』・『国語Ⅱ』における古典指導―生き生きとした古典教室の創造をめざして―」（『国語教育研究』第29号　1985年６月　広島大学教育学部光葉会　176・177頁）
＊35　世羅博昭「学習者と古典との対話をはかる古典授業の創造」（『月刊国語教育研究』第274号　1995年２月　日本国語教育学会）において世羅博昭は、古典が「鑑」を持つものとする。この「鑑」は、古典における文化創造のエネルギーを導出する媒体と見える。それが古典に含有されているとするのである。そうであれば、世羅博昭の古典観には、古典が先験的に価値ある何ものかを備えたものとして意識されていると言えよう。
＊36　１例として、世羅博昭「『源氏物語』の学習指導（その二）―『明石の上物語』と『浮舟物語』を取り上げて―」（世羅博昭『『源氏物語』学習指導の探究』（1989年７月　溪水社　112頁）において「(1)「明石の上物語」を途中まで読んで、感じたこと、考えたことを書いてみよう。／(2)短編物語、挿話、詩、歌などを想像力を発揮して、創ってみよう。／(3)手紙を書いてみよう。」とする課題を与え、創造的な解釈を求める授業を行っている。
＊37　世羅博昭「小山式国語科授業に何を学んだか」（『国語研究紀要　小山先生退官記念号』1998年３月広大附属中・高等学校、所収　世羅博昭『私の国語教育実践・研究の歩み（抄）―教えながら教えられながら―』2001年８月　イシダ測機　197頁）
＊38　世羅博昭「『平家物語』の学習指導―『一の谷の合戦』場面を中心に―」（全国大学国語教育学会編『国語科教育』第29集　1982年３月　学芸図書）
＊39　世羅博昭「『平家物語』の学習指導―『一の谷の合戦』場面を中心に―」（全国大学国語教育学会編『国語科教育』第29集　1982年３月　学芸図書　45頁）
＊40　木下順二『古典を訳す』（1978年５月　岩波書店）
＊41　家本芳郎『合唱・群読・集団遊び　実践的「文化活動」論』（1979年７月　高校生文化研究会）
＊42　西尾実・増淵恒吉・古田拡・西郷信綱・広末保・益田勝実他「座談会　文学教育をめぐって―その課題と方法―」（『日本文学』２巻７号1953年９月　日本文学協会　９頁参照）

＊43　問題意識をテーマとする国語教育関係の論考は少ない、一部には、次のような例が見られる。

○橋本二三男「問題意識を持たせ、自主学習力をたかめる試み―一九九三年度高校二年生『国語Ⅱ』における実践―」（『論究日本文学』60　1994年5月　立命館大学）

○森田茂之・梶禎行・勝原竹美「『問題意識喚起の作文教育』の現代的位相」（『年報いわみざわ：初等教育・教師教育研究』21　1999年　北海道教育大学）

○雲山由美子「教科間連携による問題意識の育成―国語科におけるディベート指導を中心に―」（『国語教育研究』第42号　1999年6月 広島大学教育学部光葉会）

○高尾香織「自己の問題意識を高めるための読みの指導の試み―古典文学作品の読解を通して―」（『国語教育研究』第44号　2001年3月　広島大学教育学部光葉会）

○丸山範高「問題意識空間の構造変容に向けた学習支援とその有効性の検討」（『国語教育研究』第45号　2002年3月　広島大学教育学部光葉会）

○ 井上明美「問題意識を持って『書く』チャンスを―兵庫県・私立神戸海星女子学院中学校―」（『学校図書館』656　2005年6月　全国学校図書館協議会）

○兵頭伸彦　佐藤洋一「中学校国語科における学力保障と『人間性・社会性の育成』―到達目標（評価基準）論・学習過程論・生徒の「問題意識」を軸に―（『愛知教育大学実践総合センター紀要』(9)　2006年2月　愛知教育大学）

＊44　大谷信介「社会学研究と問題意識　なぜ〈問題意識〉が重要なのか」（大谷信介編著『問題意識と社会学研究』2004年3月　ミネルヴァ書房　4頁）

＊45　大谷信介「社会学研究と問題意識　なぜ〈問題意識〉が重要なのか」（大谷信介編著『問題意識と社会学研究』2004年3月　ミネルヴァ書房　7頁）によった。

＊46　荒木繁「民族教育としての古典教育―万葉集を中心として―」（『日本文学』2巻9号 1953年11月　日本文学協会　1頁）

＊47　荒木繁「民族教育としての古典教育―万葉集を中心として―」（『日本文学』2巻9号 1953年11月　日本文学協会　2頁参照）

＊48　荒木繁「民族教育としての古典教育―万葉集を中心として―」（『日本文学』2巻9号 1953年11月　日本文学協会　3頁）

＊49　荒木繁「民族教育としての古典教育―万葉集を中心として―」（『日本文

学』２巻９号 1953 年 11 月　日本文学協会　４頁参照）

＊50　荒木繁「民族教育としての古典教育―万葉集を中心として―」（『日本文学』２巻９号 1953 年 11 月　日本文学協会　７頁参照）

＊51　渡辺春美『戦後古典教育論の研究―時枝誠記・荒木繁・益田勝実三氏を中心に―』（2004 年３月　溪水社　96－102 頁）参照。これは、授業の展開を、荒木繁の以下の論考をもとにまとめたものである。①荒木繁「民族教育としての古典教育―万葉集を中心として―」（『日本文学』２巻９号 1953 年 11 月　日本文学協会）、②荒木繁「問題意識喚起の文学教育」（日本文学協会編『文学教育の理論と教材の再評価』1967 年３月、明治図書）、③荒木繁「古典教育の課題―『民族教育としての古典教育』の再検討―」（『日本文学』17 巻 12 号 1968 年 12 月）、④荒木繁「文学教育における批評意識」（西尾実編『文学教育』1969 年８月　有精堂）、⑤荒木繁「あとがき」（荒木繁『文学教育の理論』（1970 年９月　明治図書）

＊52　荒木繁「古典教育の課題―『民族教育としての古典教育』の再検討―」（『日本文学』17 巻 12 号　1968 年 12 月　日本文学協会　65 頁）

＊53　荒木繁「民族教育としての古典教育―万葉集を中心として―」（『日本文学』２巻９号　1953 年 11 月　日本文学協会　109 頁）

＊54　増淵恒吉「文学教育の単元学習」（『文学・教育』３号　1970 年１月　明治図書、所収　西郷竹彦他編『文学教育論文集（1）』1988 年３月　明治図書　294 頁）に、「恐らくこの年度だったと思うが、亡き鳥山榛名氏が、都立赤城台高校において、西高校の生徒を使って『赤がえる』の公開授業を行っている。グループの研究発表を主とした全く新しい指導形態による授業である。」とあり、また、「昭和二十四年度は、高校一年生を主として担当したが、どのクラスもグループ制にした。その六月ごろであったが、東京都国語教育協議会の主催による『公開授業』を、私と、同僚の竹松宏章氏が受持った。私は、『要点のとらえ方』という単元を取り上げ新聞の論説や雑誌の評論その他を、グループごとに与え、それぞれ要点を押さえて発表し、最後に『要点のとらえ方』を学級全体でまとめているという行き方で指導した。」（同　295 頁）とある。

＊55　荒木繁「民族教育としての古典教育―万葉集を中心として―」（『日本文学』２巻９号 1953 年 11 月　日本文学協会　２頁）

＊56　荒木繁「民族教育としての古典教育―万葉集を中心として―」（『日本文学』２巻９号 1953 年 11 月　日本文学協会　４頁）

＊57　荒木繁「民族教育としての古典教育―万葉集を中心として―」（『日本文学』２巻９号 1953 年 11 月　日本文学協会　２頁）

＊58　荒木繁「民族教育としての古典教育―万葉集を中心として―」（『日本文

学』2巻9号 1953年11月　日本文学協会　5頁）

＊59　荒木繁「民族教育としての古典教育―万葉集を中心として―」（『日本文学』2巻9号 1953年11月　日本文学協会　3頁）

＊60　荒木繁「民族教育としての古典教育―万葉集を中心として―」（『日本文学』2巻9号 1953年11月　日本文学協会　7頁）

第４章　古典の教材研究と開発・編成

第１節　古典教材研究方法史

古典（古文）を中心に教材研究の方法を考えたい。古典の学習指導は、教材の開発・編成、カリキュラム、指導法などの多くの課題を抱えている。古典学習指導の改善・発展のためにも教材研究の方法について考察することが必要であろう。本節では、まず、戦後における教材研究の展開を概観し、教材研究の方法を把握する。その上で、教材の教育的価値を明らかにする古典教材研究のための基礎事項を抽出し、教材研究のあり方を明確にしたい。

第１項　戦後における教材研究の展開

教材研究の展開については、飛田多喜雄、野地潤家等による研究がある。飛田多喜雄は、明治年代から昭和年代（後期）までの教材研究の展開をとらえている。その内、昭和後期の教材研究の展開を、①経験的観点からの教材研究、②文学的観点からの教材研究、③基本的教材の研究に区分した[*1]。野地潤家は、①国語解釈法・作品研究法の史的展開として明治期から昭和20年代までをたどり、以後、30年代、40年代、昭和50・60年代の教材研究を、刊行文献を中心に概観し、文学教材、説明的文章教材の動向、および国語科教材史研究の動向をまとめている[*2]。他に、橋本暢夫は、教材研究に関する論考を編集し、解説を加えている[*3]。これらの論考を踏まえ、昭和20年代から平成年代までの主要な教材研究論を概観したい。

1　昭和20年代の作品研究法―西尾実の教材研究

西尾実は、昭和初期に作品研究の方法の確立を目指した。垣内松三の論（言語形象論）を継承しつつ、「技術としての解釈でもなければ、文献学としてのそれでない」、「文芸作品における生の構造の一契機たる理解の、方法的営為としての」*[4]作品研究の方法を追究した。それは、文学形象を対象とする、鑑賞→解釈→批判とする構造として定位され、教材研究方法の体系として、「主題」・「構想」・「叙述」が見い出された。

2　昭和30年代における教材研究

倉澤栄吉は、「従来の教材研究」について、「一単元、一題材ごとの教材」、「素材としての教科書教材」を対象にして、「素材的・現象的な分析」をすることが主力であった。」ととらえ、「新しい意味での教材研究は、／（1）国語科の全体計画のうえに立つ研究であるべきこと。／（2）言語素材としての研究や素材に対する指導者の教育観の記述に止まらず、学習の可能性と必要な手順とを示すものであること。」*[5]と説いた。さらに、「教材を、既成の与えられたものと考えず、常に生まれ出るものと考えて『教科書の文章をもとにして、児童の示す反応を期待し、その反応の中に新教材が生まれること』を考えるべきである。」*[6]と主張している。倉澤栄吉は、後には、「教材研究は、児童生徒の反応を予測して行われる。教材そのものの価値を尊重する一方、その体現を図るために／・資料と児童生徒との関係／・資料と指導法や手順との関係」*[7]の二つの面から検討される必要があるとも述べている。

3　昭和40年代における教材研究

井上敏夫は、（1）教材の作品論的研究、（2）教材の学習指導論的研究を提唱し、前者においては、①注釈、②作品の周辺的事項、③解釈、④鑑賞・批評に細分されるとする。その上で解釈的読みへの偏向、恣意的な読みに対し、主体的生活的読みと文章研究的、文体論的研究を教材研究に位置づけることを説いている。後者は、①達成される目標、②養成される言語技能・言語要素、③育成される人間像、④学習者の反応を下位の項目とした。井上敏夫は、後者の「指導論的教材研究こそ真の意味の教材研究と言うべきであろう。」*[8]と記している。野地潤家は、読むことにおける「表現把握」、話すこと・書くことに関する「〝表現の呼吸〟の把握」を教材研究の二つの原理とした上で、「言語生活・言語文化における適切な教材の発掘と選択と制作」、「目標に合致し、目標への到達・達成をいっそう効率的にしていく、教材の産出」という「生産的研究」を第三の原理とした*[9]。後に、野地潤家は、教材との融合、教材についての発見力、透視力、教材産出力を挙げ、「現下もっとも求められるのは、教材産出を本格的にしていく努力であると思われる」*[10]と述べている。

4　昭和50年代における教材研究

西郷竹彦は、「関連・系統をめざす文芸教材の分析・研究」で、「一つの文芸教材を分析・研究し、また授業するというときに、先ず考えなければならない基本的なことは、文芸教材の系統指導ということです。また、それと同時に、他の説明文や言語、文法、作文などの指導との関連ということです。」と述べ、教材研究において「関連・系統」を重視した。橋本暢夫は、この論考の「四年に先だって三年のときに、段落ということに気づかせておく必要があります。教育、指導というものは、気づかせる段階があって、次に、はっきりとわからせる段階がつづくのです。（注　下線に渡辺が付した。）」*[11]ということばの傍線部をとらえて、ここに「西郷の〈発達〉観が集約されていると言ってよい。それは同時に、子どもたちの未来を見据えた教材研究のあり方を示唆したものである。目の前にある教材の〈ことば〉が学習者の未来にとってどのような役割を果たすか、という問いかけがあってこそ、はじめて〈系統〉という考え方が生きるのである。同時に、西郷のこの考え方は、指導の〈系統〉を直線的なものとしてでなく、『気づかせる』軸と『はっきりわからせる』軸との二つの軸を中心としたスパイラルなものとして据える考え方でもある。」*[12]と把握している。

永野賢は、文章論に基づく教材研究を主張した。「教師が主観を排して真に客観的な教材研究をすることができるようにすること—これが私の唱える文法論的文章論の大きな目的であり、効用である。」*[13]と述べている。客観的な教材研究のためには、主観的な「脈絡」に対して、客観的に作品の「文脈」を文法論的文章論の方法によってとらえる必要のあることを述べている*[14]。

5　平成時代における教材研究

長尾高明は、教材研究を狭い意味で用いている。その位置づけは、「授業研究」は、①目標の吟味、②教材研究、③生徒の実態研究、④指導法研究を含むとし、教材研究は、その中の一領域となっている。授業作りの一環として、教師自身の読みの徹底による教材観の確立の重要性を強調した位置づけである。教材研究の観点は、分析批評を応用して、作者・主題・人物描写・背景描写・状況描写・伏線・視点・トーンの８点を設定している。「作品への切り込み方（方法）を指導することが、結局は、生徒ひとりひとりの視野の拡大・発想の豊かさを促し、自主性・創造性の育成につながることを信じている。」*[15]と述べている。

大内善一は、従来の教材研究を「学習者不在の作品研究・文章研究」と批判し、「学習者を介在させた教材研究論」*[16]を打ち立てようとした。従来の教材研究が、①教材化研究、②教材解釈・教材分析、③授業の構想という過程をとるとし、①と②の段階の作業が、③授業の構想に結びつきにくかったと把握する。その上で、「明確な〈指導内容〉を抽出していくために、客観的・普遍的な〈分析〉のコードを教材研究の中心に据え、これを〈授業の構想〉の作業と直結させていく」*[17]と方向づけた。〈分析〉コードは、表現・修辞、文章構造、発想・着想に対してそれぞれに設定されている。例えば、修辞については、比喩・対比・反復（類比）・倒置、省略・設疑の各方法が観点として設定されている。このコードをもとに、教材研究は、①教材の分析、②分析データの整理・総合化、③学習者の読みの予想、④教材価値の抽出、⑤教材の核の抽出と進められ、授業構想に結びつくとしている。

竹長吉正は、読者論的な異形読みを提唱した。表現構造の読みを分析批評の読みの方法を用いて行いながら、空所を個性的、個別的、創造的に読む方法である*18。竹長吉正は、「A　現象として見い出される〈読み〉の様態」、「B　作品・作者・読者の相互関係」、「C　読者のアプローチの仕方（読みの態度と方法）」という観点から、「原型読み」と「異形読み」を比較している。その「B」を、次に引用する。

種別＼観点	〈原型読み〉	〈異型形読み〉
B作品・作者・読者の相互関係	(1) 作者優位型 (2) 作品と作者と、いつまでも緊密に結びついている。（作者のことを知らなければ、作品はわからない。作者のことを知れば、作品はわかる。）	(1) 作者・読者対等型 (2) 作品は作者の手をはなれて独り歩きする。（作品は、作者をこえる。作者のことを知っても、作品は完全にわからない。作者のことを知らなくても、作品はわかる。）

（竹長吉正『読者論による国語教材研究　中学校編』1995年10月明治図書20頁）

６　教材研究の展開のまとめ

上記において、文学教材を中心とした教材研究論の展開を概観した。教材研究は、①文学を文学として研究する作品研究から、児童・生徒への教育目標の達成という点からの学習指導論的研究へと展開した。それは、②教育目標の達成の効率化を求める教材開発の提唱に繋がった。また、③関連・系統という観点を加えた学習指導論的研究に発展することにもなった。さらに、④読者論の広がりとも重なって創造的な価値発見を求める教材研究も唱えられるに至った。一方、⑤恣意を排し、確かな研究を求め、文章論的・文体論的研究、また、分析批評による研究も求められるに至っている。

第２項　古典教材の研究方法

前項の教材研究の展開に基づき、教材研究の中核を、対象教材を学習指導論的に研究すること、ととらえる。さらに、学習指導論的研究と、それに基づく目標論的研究と方法論的研究の二つに分ける。二つの観点を加えて研究の観点とする方が教材研究に生かしやすいと考える。教材研究の展開を踏まえて、教材研究の方法を、構造化して【図 4-1】に示した。

図の②「作品解釈論的研究」は、目標・方法・学習者の実態を考慮せず、文学を文学として①「古典」の内容・表現を対象として研究し、その価値を創造的に見い出すものである。③「学習指導論的研究」は、学習者の喚起すべき興味・関心・問題意識、および発達段階、学力実態等に関する研究を内容とする。④「目標論的研究」は、③「学習指導論的研究」に基づき、どのような教科内容（価値・技能・態度）を学習させるか、すなわち、教科内容に関してどのような目標を設定することが可能かという観点に特化して研究するものである。その観点から「古典」を分析・考察して教材としての価値を見い出すことになる。⑤「方法論的研究」は、③「学習指導論的研究」を踏まえ、④「目標論的研究」をも考慮し、目標の達成のためにどのような方法を採ることが可能か、そのためには教材のどのような点を重視するか、あるいは、どういう教材を開発するかという点に特化して「古典」の分析・考察を行い、教材としての価値を見い出すものである。古典の⑥「教材」は、古典を下図②③④⑤の観点から分析・研

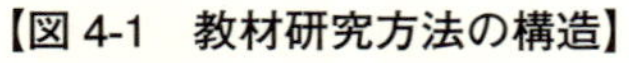
【図 4-1　教材研究方法の構造】

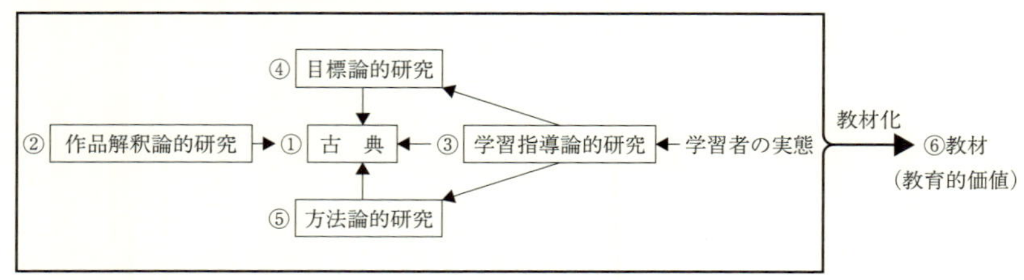

究し、教育的価値を創造的に発見する過程＝教材化によって開発・選定・編成される。

こうした観点からの研究によって価値ある教材が見い出され、学習者が教材に何らかの価値を見い出し、教材との間に関係性を築けるようにしなければならない。

第２節　古典教材化の視点と開発・編成の実際

古典教育を豊かに活性化するためには、古典の教材化が大きな役割を果たす。学習者が古典の読みをとおして、教材を豊かに形象化し、そこに意味と価値を見い出せるよう、教材の開発・編成を行いたい。以下、教材の開発・編成の視点と、その実際を見ていくことにする。

第１項　先験的価値に基づく古典教材化

増淵恒吉は、古典教材に関して、「教師の個人的な好悪や趣味によって中学校や高校の古典教材が選ばれてはならない」とし、教材としての「適切で価値ある教材」の条件、古典の典型性と学習者への喚情性に置いている。具体的には、「やはり、万葉集、古今集、源氏物語、今昔物語、新古今集、平家物語、徒然草、芭蕉、近松、西鶴等の作品ということになる。これに、記紀の歌謡、竹取物語、伊勢物語、土佐日記、蜻蛉日記、枕草子、更級日記、大鏡、方丈記、謡曲、狂言、親鸞・道元・日蓮などの語録、能楽論、蕪村、雨月物語などが続く。」と挙げている。続けて「これでは旧態依然ではないかと言われそうであるが、中学・高校の段階において学習されるべき日本の古典の作品は、戦後の古典教科書に採録された作品の多くが、そのまま容認されてよいのだと思う。」*[19]と断じている*[20]。ただ、どの部分を教材化するかは検討の余地があり、場合によっては差し替えることも認めている。

増淵恒吉が挙げた古典は、1955（昭和 30）年版学習指導要領において挙げられた古典に多く重なっている。和泉恒二郎は、学習指導要領に挙げられた古典に関して、「どのような作品を重点的に取り上げるべきなのか、作品のどのような『適当が部分』を選定すべきなのかについては、すこしも明らかにされていない。」と述べ、さらに「文部省の指導要領は、『価値判断』を回避することによって、現場の国語教師の切実な要求にすこしも答えていず、わかりきったことをただ役人式に繰返してスペースをふさいでいるにすぎない。」と批判している*[21]。さらに、久松潜一が、「日本の古典文学として十の作品作家をあげる場合、万葉、源氏物語、枕草子、古今、新古今、平家物語、近松、西鶴、芭蕉等を近世までの文学の中からあげるのは一つの常識であろう」と述べているのに対しても、「十の作品作家が『常識』で選ばれることは、わたくしには納得できない。すくなくとも博士は、その『常識』とはどういう内容のものなのか、そしてなぜ正しいかを説明する学者としての義務があると思う。」と批判を加え*[22]、さらに、次のように述べている。

> このような現状について、古典は本来時代の変動を超えた永遠の存在なのだから当然だと思う人々がいるであろう。恐らく久松博士もその一人であるかもしれぬ。しかしわたくしは、そのような考え方に疑問をもつ。その点「指導要領」が「古典は生活と関連があり、それを学習する社会的必要があるものでなければならず、古典は現代生活とつながりがあるから古典なのであって、まったくつながりのないものは単なる古文である。」と規定しているのは正しいと思う。古典は一方では時代を超えた存在でありながら、また絶えず流動する時代の波に洗われつつ、そのあたらしい価値をあらわしていくものであろう。そこに古典の時代を超えた価値の現実化がある。しかしそれなら久松博士によって挙げられた十の作品作家は、今日どんな価値をになっているのであろうか。それらはなぜ「古文」でなくして「古典」なのであるか―この一見素朴な疑問は、今

> 日の激動期に生きるすべての高校生が、当然心にいだいている。これらの生徒たちに対して、教師としてのわたくしは、自分にも納得のいく答えを用意する義務を感ずる。ところで、過去十年間の教師生活を顧み現在の高校生の生活に触れるとき、その激しい変動にゆすぶられながらも十年一日のごとく、同じ古典教材のおなじ部分を「人間のまことに発するあわれ」（能勢朝次博士「古典の取扱いに就て」『国語と国文学』昭和二三年四月）の表現として、「艶なる心をはぐくむよすが」として説きつづける自信はわたくしにはないのである。（和泉恒二郎「国語教育における古典教材の選定について」実践国語研究所『実践国語』163号　1954年4月　穂波出版、所収　飛田多喜雄・野地潤家監修　小和田仁　小川雅子編・解説『国語教育基本論文集成第17巻　国語科と古典教育論　古典教育論と指導研究』1993年　明治図書　101・102頁）

和泉恒二郎が、教材とされた古典の選定理由として、ここで求めているのは、古典の現代的意義であり、学習指導論的研究（目標論的研究・方法論的研究を含む）からのアプローチである。古典には、例えば作品解釈論的研究によれば、「人間のまことに発するあはれ」に不易の価値があるのかもしれないが、「流動する時代」の中で、学習者にとってどのような読む価値があるかを問うているのである。その問は、あるいは性急であるともいえる。しかし、この問は、「今日の激動期に生きるすべての高校生が、当然心にいだいている」とされている。その問に、古典を学ぶ意味を深く実感させる古典教育をもって応えることができないならば、失望によって高校生は古典に背を向けかねない。和泉恒二郎は、高校生の前に立って、その問に自ら答えねばならない教師としての立場にいる。古典を学ぶための現代的意義を求める問の切実さが、旧来の教材の選定理由としての「常識」をするどく批判することになっている。この教材選定に対する批判には、根底に学習指導論的研究への問題意識が窺える。

第２項　文学史の再構築のための古典教材化

1　古典文芸の世界の主題単元的把握

野地潤家は、「白鳥の悲歌」を主題とする教材の開発・編成を行っている。「日本文学に流れている抒情精神を感得させようとして、〝白鳥〟に関する作品・文集を集めて、ほぼ時代順に」、「配列・集成した」としている。目次は、次のようになっている。

主題　白鳥の悲歌―日本文芸の抒情的展開
一、大和し美し……古事記（中巻、景行天皇の條）
二、白鳥のさと……風土記（その一　常陸国風土記　その二　風土記逸文・近江国）
三、思慕の炎………万葉集（笠女郎贈大伴宿禰家持歌廿四首（巻四）他）
四、都鳥哀歌………伊勢物語（第九段）
五、寿永の秋風……平家物語（巻第七福原落）
六、鷺坂山・他……万葉集・他（万葉集第九、続古今集、風雅和歌集他）
七、鳥のアルバム（その一）……枕草子（第三十九段）
八、白良の鷗……催馬楽
九、狂へる母―隅田川……謡曲
一〇、旅情……芭蕉・他
一一、鳥のアルバム（その二）……風俗文選（支考「百鳥譜」）
一二、流離哀唱……近代詩（藤村「かもめ」「椰子の実」・犀星「ふるさとは」「かもめ」他）
一三、都鳥と白鷺……鷗外・白秋（鴎外「都鳥」（沙羅の木）・白秋「白鷺」（海豹と雲）
一四、寂寥のはて……牧水・他（その一　牧水、夕暮、茂吉　その二　古泉千樫「鷺」　その三　佐藤春夫「ためいき」
一五、白鳥の悲しみ……千家元麿
（岡本明『新註　日本文藝選　抒情編　白鳥の悲歌―日本文芸の抒情的展開』1950年11月　学藝出版社　注　目次を改編。また、岡本明著になっているが、野地潤家の執筆による*23。）

野地潤家は、こうした教材化によって、「歌集単位の扱いでは、こぼれてしまったり、扱われなかったりするものが、こうした主題単元の扱いによって、救われてくる。それは多くの発見をも可能にしていくようだ。」*24と記している。また、「都鳥」に関して、『伊勢物語』9段、『平家物語』巻7「福原落」、謡曲『隅田川』、芭蕉・貞室の俳句、森鷗外の詩「都鳥」と、たどることによって新たに見い出されるものに関する言及もある。すなわち、「『伊勢物語』において生みだされた〝都鳥〟の形象と抒情は、『平家物語』にも、謡曲『隅田川』にも、それぞれ受け継がれて、生かされている。『隅田川』の〝地上歌〟に引かれているのは、『万葉集』巻二〇に見られる、大伴家持作『船競ふ堀江の川の水際に来居つつ鳴くは都鳥かも』であった。さらに、芭蕉・森鷗外らになれば、〝都鳥〟の扱いも、俳諧や近代詩としての風刺をふくむものとなっており、時代の推移を感じさせる。」*25と、「白鳥の悲歌」として「ほぼ時代順に」「配列選定した」教材から、さらに小テーマに基づき教材を選択することによる読みの可能性についても述べている。

野地潤家は、「主題に即して、わが古典文芸の世界を、単元的に構築していくことは、さらに検討されてしかるべきである」*26と述べている。この提言は、「古典文芸の世界」の創造的把握の可能性に繋がるものである。主題単元的に取り扱うことをとおして、学習者が古典文芸の世界を「感得」することを目指すものである。「白鳥の悲歌」の教材化は、古典文芸の世界構築への視点とともに、学習者の学びに対する視点と方法とを見い出すことができるものとなっている。すなわち、野地潤家のこの教材化は、作品解釈論的研究が中心であるが、そこに学習指導論的研究への視野が窺えるものとなっている。

2　民族の文学史の再構築

益田勝実は、「わたしは、古典文学教育に、比較的に文学史的把握の方を重視する体系と、比較的に学習者の主体の文学的能力の成長を重視する体系との二通りを考えている。」*27 とし、前者に関して、教材開発と編成を「個人用の教科書のもくじの一部」*28 として、次のとおりに試みている。

> 一、南の日本・北の日本─わたしたちの古典文学は大きなひろがりを持つ─
> （アイヌの古典文学や沖縄の古典文学の珠玉を紹介し、日本の古典文学の狭い把握を避ける。）
> 天にとよむ［おもろ　仲原善忠訳］
> フクロ─神が所作しながら歌った
> 神謡［ユーカラ　知里真志保訳］
> 二、民衆の文学と貴族の文学
> ─生産階級は長らく口ことばの文学を育て上げた。支配階級は早く文字を作り出して、文字の文学を育て上げた─。（ママ）
> 猿むこ［宮城県昔話］
> 盆唄［長野県民謡］
> 蘆刈り［大和物語］
> 三、呪禱と伝承─若々しい民族の原始的想像力は、奔放に結晶しつづけた─
> 鯨祭りの歌［ウポポ　知里真志保訳］
> あがる三日月［おもろ　仲原善忠訳］
> 黄泉（よも）つ比良坂の祝福［古事記］
> （大国主の命の黄泉（よも）つ国逃亡譚。）（ママ）
> ・・・・・・・・・・・・・・・・・・・・・・・・・・・・

十　口語の文学―いきいきとした国語が、文学の可能性を、片隅で示していた―
蚊相撲［狂言］
イソポのハブラス［天草本伊曽保物語］
おあむ物語
（益田勝実「古典の文学教育」日本文学協会編『文学教育の理論と教材の再評価』1967年３月　明治図書　69・70頁）

この「文学史的把握の方を重視する体系」については、「学習者を、『これが自分の国の文学か』と意外に思って関心を抱くあたりから導入して、思いがけなかったものとしての民族の文学史像を、心に彫りつけることをねらっている。」*29と、ねらいを明確にしている。この「文学史的把握」の体系とされている教材自体が旧来の古典概念の枠を揺るがし、相対化し、拡大する構成になっている。また、この教材によって、学習者の「関心」を驚きとともに喚起し、民族の文学史像を、「心に彫りつける」としているところに、学習者の学びへの配慮、すなわち学習指導論的研究の観点が窺えるものとなっている。

この益田勝実の試みは、時を経て、田中貴子の教材案に継承され、発表されるに至っている。田中貴子の教材案は、「一、食べたい・食べたい・もっと食べたい―正岡子規『仰臥漫録』から／二、今月今夜のこの月を―尾崎紅葉『金色夜叉』から／三、泣き上戸―式亭三馬『酩酊気質』から／四、いくさの記憶―『おあむ物語』から／五、日本人になったイソップ―キリシタン版『伊曽保物語』から／六、お坊さんと母のものがたり―『蓮如上人御一代聞書』と『成尋阿闍梨母集』から／七、はじめての体験―『とはずがたり』と『源氏物語』から／八、いにしえ人のハローワーク医師の巻―『新猿楽記』と『東北人職人歌合』から／九、海を渡ってきた鑑真―『唐大和上東征伝』から」*30となっている。この案には、田中貴子が益田勝実の教材案に触発されたというとおり*31、古典概念のとらえ直し、教材の逆順的配列に益田勝実との共通性が見い出される。しかし、また「教科書検定が忌避する『性』」も取り上げられている点で、「ユニークで挑発的な教材案」*[32]ともなっている。ただ、この教材案が、どのように学習者の学びへの視点に立っているのかは明らかではない。

益田勝実は、「もう一つの体系」について、「もっと読み手に重点を置いた、作品を媒介にしては学習者の主体の状況に質問を発していく形式のものである。人間や人間関係の認識とか、自己の想像力の可能性を探ることなどが中心となる。」と説明している。さらに、「この方は、一般的なものは考えられない。自分の現場の分析から、それに合ったものを割り出していくほかない」*[33]と付け加えている。「もう一つの体系」は、学びの現場の分析に基づき、学習主体とその状況にかかわって、自己と人間、および事象への認識を深め、読む力の可能性を探るための古典教材の開発・編成を求めていたことが推察される。

第３項　興味・関心、問題意識を重視した古典教材化

1　教材開発・編成の類型と種類

高等学校にあって、世羅博昭が21年にわたって取り組んだ古典教育実践は戦後古典教育実践の一つの優れた到達である。世羅博昭は、古典の教材化にも積極的に取り組み、教材の開発・編成によって優れた実践を産み出した。教材化に関しては、「源氏物語」の教材化の実態分析*[34]の観点を発展させ、教材化の「類型と種類」を、次のとおりに整理している。古典教材化は、大きく、「Ⅰ．古典だけを読む教材化」と「Ⅱ．古典と現代文を合わせて読む教材化」とに分け、さらに下位分類を行い、以下のとおりにまとめている。ここでは、「Ⅰ．古典だけを読む教材化」を取り上げる。

(1) 一つの古典作品を読む
　①物語を読む
　　A.「タテ*[35]」の教材化
　　　ア．作品全体の主題や構想を読みとらせる教材化

イ．ある特定の人物を取り上げて、その人物の生き方を読みとらせる教材化

B．「ヨコ*36」の教材化

ウ．ある特定の場面を取り上げて、その場面の主題や構想を読みとらせる教材化

エ．ある特定の場面を取り上げて、その場面に登場する人物の生き方を読みとらせる教材化

C．主題を設定して古典を読ませる教材化

オ．特定の主題を設定して、その観点から一つの古典作品を読ませる教材化

②随筆を読む

A．作者のものの見方・考え方・感じ方を読みとらせる教材化

B．ある観点を設定して、その観点から古典を読ませる教材化

③和歌を読む

A．歌集の全体像や特質を読みとらせる教材化

B．歌人ごとに時代背景も押さえて和歌を読ませる教材化

(2) 複数の古典作品を読む

①「ヨコの関係」の中で読みを比べさせる教材化

A．同時代の中を生きる人間を読み比べさせる教材化

B．ある観点を設定して、同一ジャンルのものを読み比べさせる教材化

②「タテの関係」の中で古典を読み比べる教材化

A．歌風の変遷を読む教材化

B．伝説・説話の系譜を探る教材化

C．特定の素材に着目して、日本文学の流れを探る教材化

③特定の主題をもとに単元を編成して、複数の古典作品を読み比べる教材化

（世羅博昭「古典教材化の類型とその実際」世羅博昭『国語教育実践研究の展開と集積―よき師、よき仲間、よき学習者に恵まれて―』2006年3

月　イシダ測機 14―17 頁参照）

この整理の、Ⅰの（1）の①における「A.『タテ』の教材化」の「イ.ある特定の登場人物を取り上げて、その人物の生き方を読みとらせる教材化」では、次の教材化がなされている。すなわち、「『源氏物語』の指導の実際―『明石の上』を取り上げて―（昭和 49 年度・高 3）」、「『源氏物語』の指導の実際―『明石の上物語』と『浮舟物語』を中心に―（昭和 53 年度・高 3）」、「『古事記』の指導の実際―『倭建命を読む―（昭和 56 年度・高 2）」の教材化である。

同「B.『ヨコ』の教材化」の「ウ. ある特定の場面を取り上げて、その場面の主題や構想を読みとらせる教材化」では、「『源氏物語』の指導の実際―『宇治十帖物語』を取り上げて―（昭和 55 年度・高 3）」、「エ. ある特定の場面を取り上げて、その場面に登場する人物の生き方を読みとらせる教材化」では、「『平家物語』の指導の実際―『一の谷の合戦』場面を取り上げて―（昭和 47・51・54 年度・高 1）」などの教材化が行われ、実践に移されている。

2　興味・関心、問題意識を重視した古典教材開発・編成の実際

世羅博昭の『源氏物語』の教材開発の実際を、以下に挙げる。

①『源氏物語』教材化の視点

世羅博昭は、1977（昭和 52）年度用「古典Ⅱの教科書の『源氏物語』教材化の実態」*[37] を考察し、次の 3 点に教材化の観点を見いだした。

Ⅰ　いわゆる三部構成説に立って、主題・構想にせまる教材化
　A　〝縦の並び〟に焦点をあてた教材化
　B　〝縦の並び〟に〝横の並び〟を合わせた教材化
Ⅱ　源氏物語の全体象を理解させるという立場に立って、有名な箇所を取り上げた教材化

Ⅲ　作中の主要な人物を選んで、その人物像を鮮明にとらえさせる教材化
（世羅博昭「『源氏物語』の学習指導（その二）―『明石の上物語』と『浮舟物語』を取り上げて―」世羅博昭『『源氏物語』学習指導の探究』1989年７月　溪水社　57頁）

このうち、第Ⅰ類型の教材化については、「源氏物語を三部に分け、その主題・構想にせまろうというのであるから、教材の分量も多くなり、学習内容もやや高度になるので、本校の三年生の実態を考えると避けたほうがよい」とした。第Ⅱ類型の教材化は「教材相互の一貫性、系統性に欠け」、「表面的な学習になって、生徒が教材に意欲的に読みひたることはできにくい」と述べている。第Ⅲ類型については、「青年期を生きる高校生にとって興味と関心をひく学習であり、特定の人物を取り上げて一貫してその人物について学習するので、作品の中に読みひたることができる」と評価している*38。教材化に際しては、ア．生徒の実態、イ．生徒の興味・関心、ウ．意欲的な読みの可能性、という点を考慮し、壮大なスケールの一大長編物語である『源氏物語』は、「ある観点から、ある限られた部分を教材化するしかない。」と、源氏物語の作品の特性と学習者の実態とを勘案して教材化の方法を明確にしている。これは、世羅博昭の昭和40年代の『平家物語』・『源氏物語』の実践*39をとおして獲得された方法であった。

②「明石の上物語」と「浮舟物語」の教材化

先に述べた教材化の方向をもとに、世羅博昭は、「明石の上物語」と「浮舟物語」を教材化した。明石の上と浮舟を取り上げた理由については、ア．二人とも源氏物語全体の構想上重要であり、イ．リアルな形象化と人間的成長が見られ、ウ．受領層に属する女性であるがゆえの人生とそこに見られる〝もののあはれ〟を把握でき、エ．二人の人物追求をとおして同じ受領層に属していた紫式部の内面世界を追求できるという点が挙げられている*40。その理由には、構想や主題が実体視され、作品には作者

の内面が反映しているとする見方が見い出される。その根底に「典型概念」としての古典観を認めることができる。

次いで、「明石の上物語」、「浮舟物語」それぞれの教材化の留意点が、物語の内容に沿って具体的に述べられる。まず、「明石の上物語」については、「明石の上の教材化は、明石の上を中心にしながらも、明石の入道や尼君らをも加えて、『明石の上一家』に焦点をしぼったものにする。」とし、その理由を、「明石の上の一生は、すべて『高貴な男性と結婚させて一家の再興を』という入道の執念に近い『夢』に支配されたものであった。したがって、入道の考え方や生き方を浮き彫りにすることは、明石の上の生き方を探るのに欠くことができないと考えたからである。」と述べている*41。

「浮舟物語」については、「『浮舟』の教材化は、浮舟を中心にしながらも、母中将の君、継父常陸介、左近の少将、薫、匂宮ら、他の人物をも浮き彫りにするような立体的な形にする。これは、『橘の小島の色は変らじをこの浮舟ぞゆくへ知られぬ』という浮舟の歌に象徴されるように、彼女は『流されながら生きる女』であるので、彼女にかかわる人物をも浮き彫りにする方が浮舟像をとらえやすくすることができる、と考えたからである。」*42と留意点が示されている。

以上の点から、世羅博昭の教材化の観点をまとめると、次のようになろう。すなわち、「典型概念」としての古典観を基盤として、①生徒の実態、②生徒の興味・関心、③意欲的な読みの可能性に配慮し、ア．源氏物語の構成上の重要性、優れた形象性、イ．学習者の興味・関心をひく受領層に属する女性の生き方、ウ．作者紫式部の内面追求の可能性という点から人物に焦点をあて、「明石の上物語」、「浮舟物語」の教材化がなされたと考えることができる。これらの教材化の観点・方法は、世羅博昭の昭和40年代の実践を継承、発展させたものといえる。世羅博昭の古典の教材化は、「典型概念」としての古典観に立ちつつ、教材化にあたっては、学習指導論的アプローチを重視して行われたといえる。史的に見れば、世羅博昭の教材開発は、学習指導論的価値に基づく教材開発を促進し充実させることに繋がったと言える。

第４項　主題に基づく古典教材化

主題に基づく教材開発は、広島大学附属中・高等学校において国語科を挙げて、主題単元学習の展開として精力的に行われた。

1978（昭和53）年改訂の高等学校学習指導要領によって、従来の科目区分をなくした総合的な「国語Ⅰ・Ⅱ」の科目が出現した。これを受けて広島大学附属中・高等学校国語科は、実施に向けて取り組んだ。国語科は、「国語Ⅰ」を「総合的な科目」とする見地に立ち、主題単元学習の実践的研究を、1979年度から1983年度まで５年間にわたって進めたのであった。

１　主題に基づく教材開発・編成

実践研究を進めるにあたり、単元の型としては、広島大学附属高等学校は、主題・話題別単元を選択した。単元テーマは、次の図式に基づいて設定された*43。

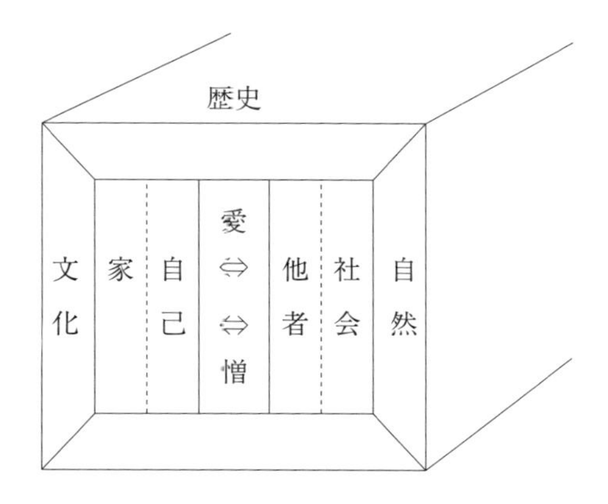

この図式に関して、次の説明がなされ、単元主題が想定されるに至っている。

過去から未来への人間の営為—「歴史」—の流れを、現在という時点で裁断すれば、大きく「自然」と「文化」というものが考えられる。そして、全的なものとして、「社会」・「他者」を想定し、それに対する個的なものとして、「家」・「自己」を設定してみた。

その結果、想定される単元として、「歴史」・「自然」・「文化」・「社会」・「家」・「自己（自我）」などが考えられ、「文化」は、科学・芸術・風俗習慣・ことば、などに細分され、社会は、社会機構とか、戦争と平和という面からも取り上げ得るのではないか、というようなことにほぼ落ち着いた。

（堀芳夫「『国語Ⅰ』の実践的研究　基調提案—単元『自然』の場合—」『国語科研究紀要』第11号　1980年6月　広島大学附属中・高等学校　64頁）

単元の主題が、「歴史」と「人間の営為」とから想定され、価値が見出されているところに特色がある。後には、「自我　旅　愛　戦争　社会　文化　芸術　言語　自然　歴史」*44の10の主題に集約された。

1979年度には、10の主題から「自然」が取り上げられ、実践に移された。「自然」を選んだ理由が、①人間・社会を包み込み、育み、かつ相対する人間の原点とも言える存在、②日常的に接し、親しく取り付きやすくはあるが、未探究の面がある存在、③今日的課題であり、学習者の興味・関心、問題意識が強い存在とされ、自然への現状認識→揺さぶり→再認識と発展させ得る主題であるとされている*45。さらに、主題である自然を多角的視点から検討し、

単元「自然への回帰」（2年、古文＋漢文、担当：長谷川滋成・竹本伸介）

単元「自然と人間の諸相」（2年、漢文＋古文＋現代文、担当：小山清）

単元「自然観の断絶」(2年、現代文＋古文、担当：堀泰樹・菅原敬三)
単元「日本人の自然観とその課題」(1年、現代文＋古文、担当：世羅博昭・堀芳夫)

とする主題に基づく単元学習を行っている[*46]。

ついで、1980年度には、「愛」を主題に取り上げている。その理由として、①対人・対物関係の根幹、②愛は人間の営為と歴史の根幹に働くもので、人間である限り、これを離れては生きられない存在、③感受性豊かで愛に関心を持つ高校生が自身と関わらせながら愛に関する知識を広め、考えを深め、再認識することの意義3点が挙げられている[*47]。実践研究は、愛の諸相を検討し、次の主題のもとに行われた。単元「愛—出会いと別離と」・単元「私の考える愛の姿」・単元「状況と愛の姿」・単元「愛—戦いの庭で—」という単元主題である。これは、愛を次の視点によって分類することによって成立した[*48]。

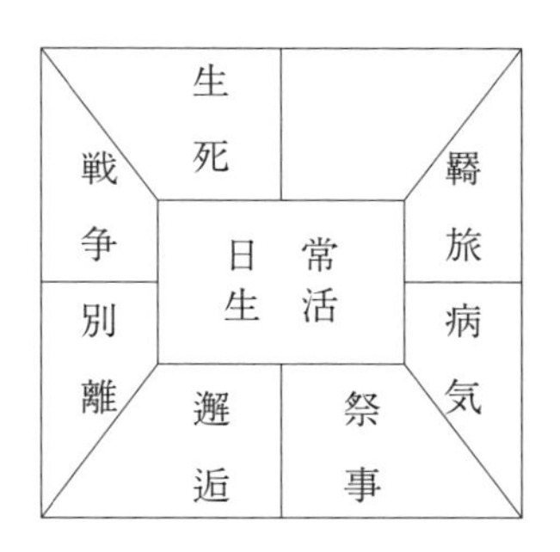

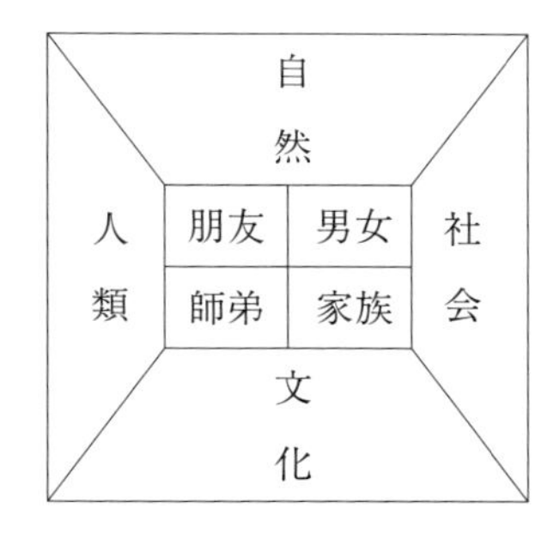

上の左図は、「愛」を日常性と非日常性とに分けて、その内容を分析したものである。空欄は「愛」に関して考えられる、他の主題を入れるようにしたものである。右図は、内側の「男女」「家族」「朋友」「師弟」は、個と個との人間関係において成り立つ「愛」を示しており、外側の「社会」「文化」「人類」は類の中で、あるいは物に対して成り立つ「愛」を示している。このような分析を経て単元主題は創設されたのである。

「愛」の主題のもとに、

> 単元「愛―出会いと別離と」(漢文+現代文+古文、担当:長谷川滋成・堀泰樹)
> 単元「私の考える愛の姿」(現代文+漢文、担当:山本昭)
> 単元「状況と愛の姿」(現代文+古文、担当:菅原敬三)
> 単元「愛―戦いの庭で―」(現代文+古文、担当:堀芳夫)

とする単元学習が組まれ実践されている*49。

1981年度には、この2年間で試みることのなかった、残りの8主題に基づく単元学習が教材を開発・編成して行われた。単元「旅のこころ」(現代文+古文+漢文、担当:堀芳夫)、単元「戦争と人間―庶民の課題―」(現代文+古文、担当:世羅博昭)、単元「社会とひと」(現代文+古文+漢文、担当:山本昭)が構想され、次の4単元が実践に移された*50。

> 単元「少女たちの心」(1年、現代文+古文、担当:堀泰樹)
> 単元「芸術制作と享受」(1年、現代文+古文、担当:菅原敬三)
> 単元「ことば」(1年、現代文+古文+漢文、担当:竹本伸介)
> 単元「歴史―時代に生きる人―」(1年、現代文+古文+漢文、担当:長谷川滋成)

ここでは、技能の育成が単元の目標に位置づけられるに至っている。

1982年には、10の主題に基づき、刊行された教科書教材各社を用いて年間にわたる単元学習が計画され、実践された。ここでは、目標に、技能とともに言語事項が位置づけられている。

さらに、1983年度には、「国語Ⅰ」・「国語Ⅱ」において、「『国語Ⅰ・Ⅱ』の実践的研究」として主題単元学習が①単元学習の展開方法(一斉学習形態と多様な学習形態)、②「入門期の古典教育」、③評価を課題として、次のように実践された*51。

単元「社会」の場合（2年、現代文＋古文＋漢文、担当：小山清）
単元「ことばの発見」（1年、現代文＋古文＋漢文、担当：菅原敬三・山本昭）
単元「『青春』のばあい」（2年、現代文、担当：堀泰樹）
「『国語Ｉ』における『古典（古文）入門』の指導」（1年、古文、担当：菅原敬三）
単元「愛」（1年、現代文＋古文＋漢文、担当：鈴木敏雄）

２　学習主体重視の教材開発・編成

教材の開発・編成は、主題をめぐってなされている。1980年度の広島大学附属中・高等学校国語科の研究大会における基調提案の中で、教材選定に関して、次のように述べられている。

> 一つの主題のもとに、現代国語・古文・漢文の科目より教材を選定し、〈総合化〉をめざして教材群を作っていくことの困難さ・苦しさを改めて実感した。
>
> また、教材の選定にあたって注意すべきことは、学習者の興味関心に応えながら学習者の視野を広げ、思考を深めていく教材でなければならぬことである。現代国語・古文・漢文の教材によって一単元を構成すると、授業時数はおおむね十時間を越えてしまうことを考慮に入れれば、指導意欲・学習意欲が持続できる教材でなければならない。
>
> （長谷川滋成「『国語Ｉ』の実践的研究（基調提案）一単元『愛』の場合―」『国語科研究紀要』第12号　1981年6月　広島大学附属中・高等学校　47頁　注　下線は渡辺が付した。）

教材の選定が、①主題の下の現代国語・古文・漢文による総合化を目指した教材群編成、②学習者の興味・関心・意欲、③視野・思考の拡充深化への配慮によってなされている。ここには、目標論的研究、方法論的研究の観点がうかがえる。

その実際を、堀芳夫の単元「愛—戦いの庭で—」に見ることにする。この単元は、「『戦争』という非情なものに触発されて発露される『愛』の諸相は、『愛』の原点」とする考えに基づいて、「『戦争』という状況のもとにおける、人間の『愛』の姿を考え」*[52]ることを趣旨としている。教材群は、次のとおりである。

> ①現代文（短歌）:「埋火」25首—生と死との存在感—（『昭和万葉集』巻6）
> ②現代文（評論）「ある哲学学徒の戦中体験」（山田宗睦）—ある青春の軌跡—」（『昭和史私論』）
> ③現代文（小説）「雲の墓標」（阿川弘之）—死を見つめる平常心—（『雲の墓標』からの抜粋）
> ④古文（物語）「小宰相」—女性の貞節の美—（『平家物語』）
> （堀芳夫「『国語Ⅰ』の実践的研究3　—単元『愛—戦いの庭で』—」（『国語科研究紀要』第12号　1981年6月　広島大学附属中・高等学校　60頁参照）

この教材開発・選定・編成の①に関しては、昭和16年～20年における短歌を『昭和万葉集』巻6から25首抜粋し、それぞれ〈12月8日〉・〈征く者、送る人〉・〈戦場の日々〉・〈銃後の人々〉の四部立としたもので、太平洋戦争の開戦から敗戦に至る間の、同胞・肉親・夫婦・学問・自己などへの諸相を追体験することがねらいとされている*[53]。

②に関しては、学習者とはほとんど同世代であった当時の筆者の、学問や自己への愛の葛藤の姿を感じ取るとともに、「埋火」と次の「雲の墓標」とのつなぎとすることをねらいとしている*[54]。

③については、吉野次郎と深井蕗子との清冽な恋をたて糸とし、吉野・

坂井・鹿島・藤倉の友情、学問への愛、師弟愛、祖国愛、肉親愛をよこ糸として考え、その箇所を抜き出したものである。太平洋戦争下に散っていった若い学徒兵の心情を感じ取らせるとともに、日記体という小説の一つのタイプを味読させ、阿川文学への親近感を持たせることが求められている*55。

④は、戦いにもてあそばれる女性の悲劇を通じて、女性の強さ・弱さ・あわれさを味わい、『平家物語』独特の文章美を感じさせることに配慮している。この教材には、教科書によく採択されている部分に、小宰相と通盛卿とのなれ初めの部分もつけ加え、彼女の貞節を支えた、通盛との愛の交歓の美しさを理解する助けとしている*56。

これらの教材は、戦争という共通の状況を描くとともに、時代的には④の中世と①〜③の現代という対比構造があり、愛の不易と流行をとらえることができるものとなっている。また、短歌①・評論②・小説③・物語④という対比的なジャンルの構成が見える。さらに教材の機能として②が①と③とのつなぎの役割を果たすものとなっている。図示すれば、【図 4-2】のようになろう。

【図 4-2　単元「愛―戦いの庭で―」の構造】

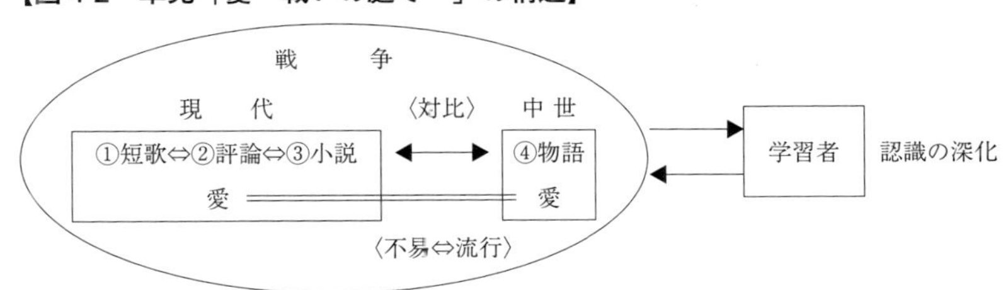

教材の開発とともに、学習者の興味・関心を喚起・維持し、認識の深化を図るための細やかな配慮が見い出される。

世羅博昭は、広島大学附属中・高等学校国語科の「国語Ⅰ・Ⅱ」の実践的研究の中間総括において教材の開発について、目指す学力育成のためには全単元を見通して全ジャンルから選定すること、学習者の興味・関心、発達段階や学力実態に即して教材の内容（質）と量を考えること、学習者にも教材を選ばせることを挙げている。また、教材の配列に関しては以下のように述べている。教材の配列には、並列型と重層型があり、「並列型は思考・認識の拡充をはかるのに有効であるが、その深化をはかる点では劣る。重層型は思考・認識の拡充のみならず、深化をはかるのにも有効である。ただ重層型の場合、教材が多くなり、単元が膨らむことに注意する必要がある。」と、二つの型の特徴を挙げている。さらに、教材の配列に関して、「中核教材・発展教材など、その単元内における教材の位置づけを明確にする必要がある。教材の構造化が明確になされているほど、授業効果もあがる。」と記している*[57]。

3　方法論的研究に基づく教材開発・編成

1983年度に、菅原敬三・山本昭によって「『国語Ⅰ・Ⅱ』の実践的研究」(2) —単元『ことばの発見』—」が実践された。対象は高等学校1学年、16時間をかけて行われた。

(1) 主題設定の趣旨—学習の個性化

主題設定の趣旨は、「日常のことばは、ことばとして自覚されることが乏しい。（中略—渡辺）日常のことばとある程度の距離をもつ古典のことばの学習は、ことばへの自覚をうながす学習でもあり、それはわれわれの日常のことばへの自覚へとつながるものでもある。学習の個性化という面から、ことばを見つめて自分なりの発見をしていく学習を位置づけ、学年としての学習のスタートとする。」*[58]とある。

(2) 教材の開発・選定・編成

次の教材が、主題のもとに開発・選定・編成されている。

ア「美しい言葉とは」（茨木のり子『言の葉さやげ』花神社）

イ「秋来ぬと……」「見渡せば……」（塚本邦雄『王朝百首』文化出版局）

ウ「萩の花尾花葛花……」ほか4首（大岡信『折々のうた』岩波新

書）

エ「和歌 20 首」（教科書『国語Ⅰ』学校図書）

オ「江南春」（杜牧）

カ「漢文を学習して」（生徒感想文）

キ「井伏鱒二の詩」（茨木のり子『言の葉さやげ』花神社）

ク　大岡信（『星客集』青土社）

ケ　漢詩 10 首

これらの教材の機能は、次の単元の展開図によって明瞭になる。

(3) 単元の展開

単元の展開を整理して図式化すると、次頁の【図 4-3】のようになる*59。

「ことばの発見」を主題とする授業の全体は、Ａを導入とし、Ｂ（和歌）・Ｃ（漢文）へと展開し、Ｄをまとめとし、さらにＥにおいて発展させるという構成になっている。

Ａの導入については、①で茨木のり子の「その人なりの発見をもった言葉」について考えさせ、②で印象に上ったことばを振り返って書かせることをとおして、自己の言葉に対する意識の乏しさへの自覚を持たせることが意図されている。これによって、興味・関心を喚起し、問題意識を持たせることにもなる。この自覚、興味・関心、問題意識が、Ｂ～Ｅへの学習を推進することにつながる。

Ｂの③で和歌を読み、併せてその創造的受容ともなる訳詩（塚本邦雄）、鑑賞（大岡信）に触れさせることをとおしてことばとの出会いと発見に導いている。また、③を学習のモデルとすることによって、④にスムーズに導き、創造的表現をとおして、ことばとの出会いと発見の機会を確かにしている。

ＣはＢに準じている。違いは、⑥にある。⑥は、前年度の生徒の感想を教材化したもので、「漢詩に出会うあいだに、ことばのもつ無限の力、可能性に気づいて目のさめるような思いをいだき、新しいことばに出会う喜びを持つにいたった」*60 ことが書かれている。学習者に身近な１年上の生徒の書いたものであるだけに、受け止め考えることにつながるもので

【図 4-3　単元「ことばの発見」の展開】

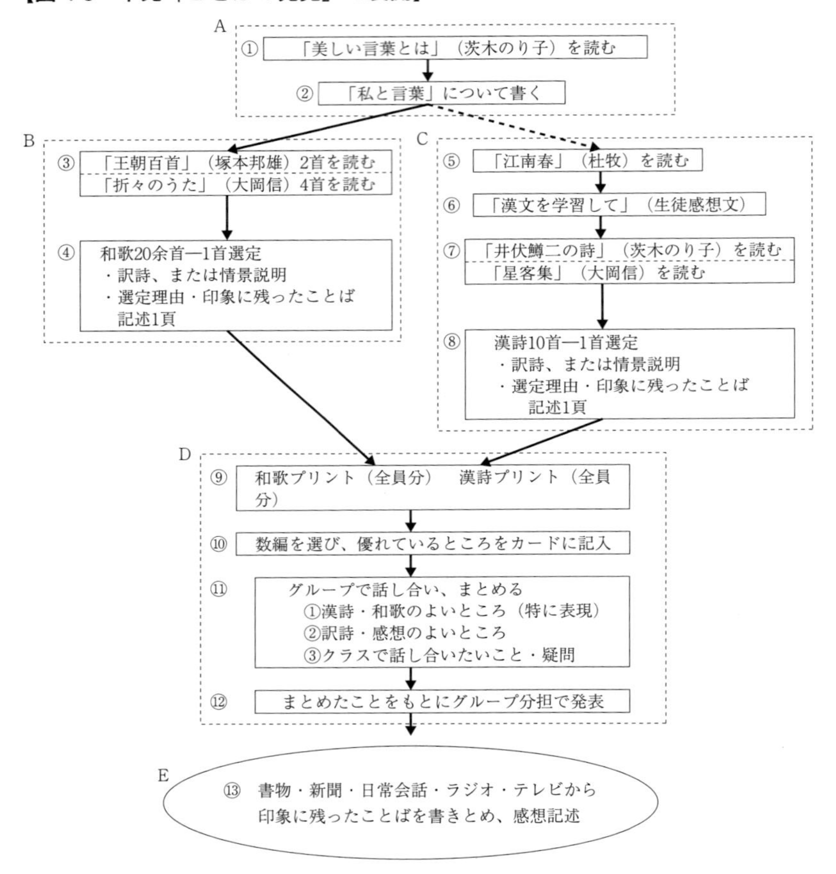

ある。⑦の「井伏鱒二の詩」は訳詩、「星客集」は訳歌による創造的受容である。この二つが⑧の学習のモデルともなっている。

Ｄは、学習者の書いたものの教材化によって学習が展開する。⑩は、個別学習である。これを充実させておくことが、⑪の対話交流によることばの発見につながる。

Ｅは、Ａ～Ｄの学びを日常生活に広げるものである。

上記の教材は、ことばの自覚をもたらせる価値的教材であるとともに、授業展開図【図 4-3】を見るとき、次のように教材それぞれが方法的な機能を担っていることが見い出される。

○導入教材

ア「美しい言葉とは」(茨木のり子『言の葉さやげ』花神社)

○モデル教材（和歌）

イ「秋来ぬと……」「見渡せば……」(塚本邦雄『王朝百首』文化出版局)

ウ「萩の花尾花葛花……」ほか４首（大岡信『折々のうた』岩波新書）

○個別学習用教材

エ「和歌 20 首」(教科書『国語Ⅰ』学校図書)

○モデル教材（漢詩）

オ「江南春」(杜牧)

カ「漢文を学習して」(生徒感想文)

キ「井伏鱒二の詩」(茨木のり子『言の葉さやげ』花神社)

ク　大岡信（『星客集』青土社）

○個別学習用教材

ケ　漢詩 10 首

これらの、導入、モデル、個別学習用に開発・編成された教材は、その機能面から、方法論的研究を重視したものといえる。ここでは、方法論的研究に基づき、主体的学習に導き、ことばへの自覚を深めるための学びに資する教材が開発・編成されている。

第５項　世界的視野に基づく古典教材化

１　自己追求を核とした歴史的世界的視野に基づく教材開発・編成

片桐啓恵による【図 4-4】は、現在の自己を学びの核にして、時間軸と

【図 4-4　教材化のための座標軸】

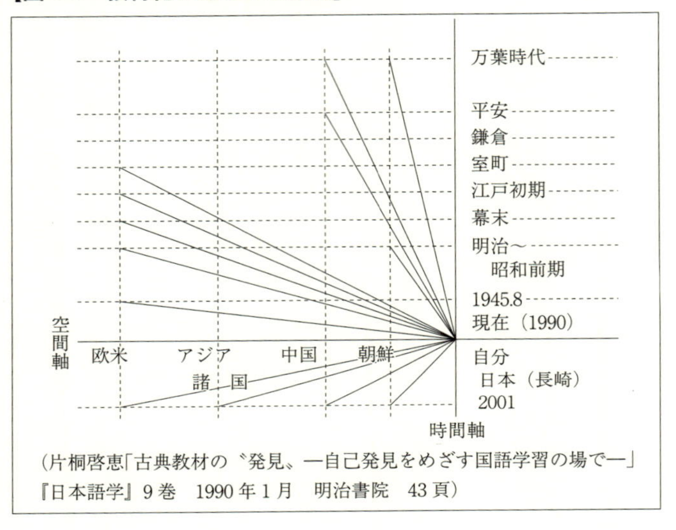

（片桐啓恵「古典教材の〝発見〟―自己発見をめざす国語学習の場で―」『日本語学』9 巻　1990 年 1 月　明治書院　43 頁）

空間軸との交差点をポイントとして教材化を図るための座標軸である。その時間軸と空間軸の関係について、片桐啓恵は、「地域独自の歴史の積み重ねは、直接間接に現在ここに生きる私たちの生活とその環境につながっている。そしてそれは、他の地域のできごとともちろん無縁ではない。日本の中の中央や他地域、そして、朝鮮半島、中国、アジア諸地域、欧米などとも密接につながっていく。」*[61] としている。学習は、「自分は何者なのか、自分はいかにに生きるべきか」という自己課題の追求の営みとする。そのための有効な教材を座標軸に基づき、ポイントを決めて教材開発を考えることになる。この座標軸によって、古典は、歴史的世界的視野に位置づけられる。片桐啓恵は、国語教育の教材を古典と現代文とに区切って考えない。また日本文学と外国文学をも場合によっては切り結んで教材化していく。授業の実際は総合単元の形をとって展開されることになる。

教材開発は、例えば、次のとおりになされている。

単元［人が星空をみるとき］
①「牽牛織女」・「迢迢牽牛星」
②「昴」谷村新司
③「銀河鉄道の夜」宮沢賢治
④「星座の文化史」原恵
⑤ギリシャ神話、⑥日本語の中の星、（―歳時記より）
⑦「浅茅が宿」上田秋成
（片桐啓恵「古典教材の〝発見〟―自己発見をめざす国語学習の場で―」、『日本語学』9巻　1990年1月　明治書院　44―46頁参照）

人と星との関係をテーマに、時空を超えて教材が集められている。学習の過程で、それぞれが響き合い、かかわり合って認識を深められるように教材開発がなされている。片桐啓恵は、「どの点に目をつけて切り込んでいけば、その作品の主題、あるいは価値がくっきりと見えてくるのか。その教材研究の営みが教材の〝発見〟である。この単元の場合、星という題材から切り込んで、それぞれの作品の異なる主題、表現手法を学ぶ組み立てになっていた。」*62と述べている。

学習者の自己追求・成長を学びの核とし、それを学習者個々が促進していくための効果的な教材が、時空を超えて積極的に開発・編成されているといえよう。

2　世界認識の履歴を学ぶ古典教材の開発・編成

人と物の国境を越えた交流は交通の発達によってもたらされたが、メディアの発達は、政治・経済・社会・文化の総合的な国際化を急速に促進している。浜本純逸は、国際化の進展によって、「国際化の中の古典教育」が、「やがて人間にとって本質（普遍）的な課題になっていくであろう」*63と述べ、新たな古典教育として「世界認識の履歴を学ぶ古典学習」を提言した。教材とその編成は、次のとおりになっている。

一群　世界の誕生―各国神話（カレワラ、古事記、おもろそうし）
二群　人と異界―竹取物語、ユーカラ、不思議の国のアリス、など。
三群　人と自然―陶淵明詩、ワーズワース詩、大渦巻、など。
四群　人と旅―オデュッセイ、ドン＝キホーテ、ガリヴァー旅行記、など。
五群　愛と生―ダフニスとクロエ、ロメオとジュリエット、人形の家、など。
六群　戦争と平和―兵車行、平家物語、戦争と平和、など。
（浜本純逸「世界認識の履歴を学ぶ古典学習」記念論文集編集委員会編『浜本純逸先生退任記念論文集　国語教育を国際社会へひらく』2008年3月　溪水社　10頁）

必要とされる教材は、必ずしも原文にこだわる必要はないとし、外国語文学はもちろんのこと、日本の古典についてもすぐれた口語訳を用いることを勧めている。浜本純逸は、「世界認識の履歴を学ぶ古典学習」を、次のとおりに意義づけている。

それら（各国・民族の古典―渡辺注）を「世界の古典」として編み直すことによって、さまざまな多様性と豊かさを知り、それぞれの固有の想像世界に対する尊敬と寛容な心が生まれてくるであろう。それと同時に、自分たちとは異なった想像世界を理解しうる「自分」を見出すであろう。わたしは、そこに民族や国家を超える「人間」としての想像力の根源を見出す。異なった想像世界を共有していく「人類」としての心的基盤を見出だしていきたい。
（浜本純逸「世界認識の履歴を学ぶ古典学習」記念論文集編集委員会編『浜本純逸先生退任記念論文集　国語教育を国際社会へひらく』2008年3月　溪水社　11頁）

ここには、「さまざまな多様性と豊かさを知り、それぞれ固有の想像世界に対する尊敬と寛容な心が生まれてくる」こと、ならびに想像世界の共有を通して「『人類』としての心的基盤を見出」すことという二点に意義が見い出されている。また、続けて「私たちは、『虚』の世界を想像することによって自然・社会・自己の真実なものを認識し、生を豊かにしてきた。」と、文学の機能と意義に触れ、「民族や国家の『虚』による世界認識の総体」である「世界の古典」を読むことを通して、「生涯を心豊かに送るきっかけとなる場と機会を設けたい。」と述べている。浜本純逸は、文学作品の読みについて、対話の過程であるとし、「読み手が形象的表現を手がかりに、意味を発見し創造していく営みである。その過程で人物（他者）と出会い、自己を取り巻く状況を捉え直して、自己を豊かにしていく営みである。」*64 と説明している。学習者による「世界の古典」の読みも、対話による意味の創造過程としてとらえられる。

浜本純逸の「世界認識の履歴を学ぶ古典学習」は、国際化の将来と、そこに位置づく古典教育の意義を文学教育の視点から見据えて構想されたものといえる。

第３節　「関係概念」に基づく古典教材開発・編成

古典教材化の視点と開発・編成の実際を、前２節において史的に見てきた。古典教材化の視点は、①典型とされる固定化した教材化の視点から、従来の古典観の枠を相対化し、拡大する多様で柔軟な教材化へと展開していった。また、②典型とされる古典の価値の感得を求める教材化から、学習者の実態（学力、興味・関心）と認識の深化・発展を重視する教材化へと視点が変化したと見える。これは、さらに、主題に基づく、現代文・古文・漢文の総合的教材化や国内・国外、過去・現在の時空を超えた教材化へと展開していた。主題に基づく教材の開発・編成は、学習者に興味・関心、問題意識を喚起させ、教材を深く読ませ、認識を深化・拡充させることを通して教材との間に価値ある関係性を築くことを意図している。その根底にあるのは、「典型概念」に基づく古典教材の開発・編成から、「関係概念」に基づく古典教材の開発・編成への視点の変化である。

以下、「関係概念」に基づく古典教材の開発・編成について述べていくことにしたい。

第１項　教材開発・編成の観点

「関係概念」としての古典観に基づくとき、教材は、学習者が主体的に働きかけ、創造的な読み（読解→解釈→批評）によって価値を見出すことをとおして、現代を生き抜く糧を得る可能性を持つものでなければならない。

そのためには、学習者にとって価値ある主題に統合される教材開発を、次の教材開発の観点から行いたい。

【表 4-1　教材開発・編成の観点】

主題に基づく教材開発・編成

1　目標論的観点

(1)　情意的観点

①学習者の興味・関心、問題意識に基づく教材

②古典に親しみ、学ぼうとする態度を育てる教材

(2)　価値的観点

③認識（感動）を深め、示唆、指針、反省等を得ることのできる教材

④言語に関する認識を深めることのできる教材

(3)　技能育成的観点

⑤読む技能を育成することに適切な教材

2　方法論的観点

⑥主体的な学習のための指導形態・指導過程にかかわって必要とされる教材

１の（1）の①は、学習者の興味・関心、問題意識に合わせるというのではない。前もって育て高めた興味・関心・問題意識に基づく教材、あるいは興味・関心、問題意識を喚起する教材の開発を求めるのである。(1)の②の「古典に親しみ、学ぼうとする態度」は、開発される教材によるとともに、１の（2）(3)、および２点からの教材開発による学習内容の充実にもかかわって育成される。

（2）の「価値的観点」は、先験的に存在するとされる古典の価値に基づく観点ではない。現代と未来を生きるために学ぶべき価値であり、それは、また、学習者の読みによって創造される可能性のある価値の予想に基づく教材開発の観点である。すなわち、(2）の③④は、学習者による学習の可能性を見越した教材開発ということになる。(3）の⑤は、例えば、有職故実を学習する教材、重要古語や古典文法を学ぶ教材、場面や人物とその心情を読み取る学習のための教材開発と編成である。２の⑥は、例えば、一斉（基本学習）・班別（応用学習）・個別（発展学習）とする指導過程と学習形態に合わせた教材開発・編成が考えられる。

観点の１の（1）～（3)、および２は、便宜上、整理したものである。それぞれは、学習実態に応じて、優先順位に差異はあっても、関連しあって教材開発に働く観点と考えねばならない。

第２項　主題に基づく教材開発・編成の実際

主題に基づく教材開発の実際を、授業実践に探ることにする。以下の教材開発は、主題に基づき、学習者の主体的学びを求めてなされたものである。

１　情意的観点に基づく教材開発・編成

授業の導入として、『枕草子』の授業*[65]に入る前の授業５時間の冒頭に、清少納言に関する短い五つのスピーチを授業者が行い、興味・関心を高めようとした。スピーチのもととなる教材は、次のとおりであった。

【表 4-2　情意的観点に基づく『枕草子』の教材化】

①「清少納言は新しい女性」（橋本治『枕草子』上　1987 年 9 月　河出書房） ②「紫式部の清少納言観」（山本利達校注『紫式部日記・紫式部集』1980 年 2 月　新潮社） ③「悲劇を乗り越える強い精神力の持ち主」（桑原博史校注『無名草子』1976 年 12 月　新潮社） ④「光り輝く子どもの描写」（田辺聖子『文車日記　私の古典散歩』1978 年 7 月　新潮社） ⑤「高い知性の持ち主」（池田亀鑑『日本古典入門』1976 年 6 月　講談社） （渡辺春美「国語科授業活性化の試み―『枕草子』の学習指導の場合―」『研究紀要』32 号　1996 年 3 月　大下学園祇園高等学校、所収　渡辺春美『国語科授業活性化の探究Ⅱ―古典（古文）教材を中心に―』1998 年 8 月　溪水社　104 頁参照）

この①に基づき、授業者は「清少納言はキャリアウーマンだった。律令制度の中で少ない官僚の一人であり、教養と機知に長けていた。また、清少納言は、インテリ女性である。和歌・漢文の知識が豊富であった。さらに、コピーの名手でもあった。人の心を短い言葉でとらえるのが得意であった。」とするスピーチを行っている。また、②をもとに「中宮定子の全盛期に仕えた。定子の信頼を得ていた。父の清原元輔は優れた歌人であったが、清少納言は歌の才能において劣っていた。本人も自覚していた。『枕草子』に明るく優雅な宮廷生活を述べているが、後援者の中関白家の没落は一切述べていない。これは、清少納言の行き届いた心配りであろう。そこに強靭な精神力があった。」と話している。

このような、教材開発に基づくスピーチによって、学習者に清少納言への関心を高める働きかけがなされた。

2　価値的観点に基づく教材開発・編成

(1)『源氏物語』の教材開発・編成

教科書の教材配列に従って行った『源氏物語』の授業では、長期にわたる場合、学習者の関心をつなぎとめるは難しい。『源氏物語』は、宿世・死・愛・憎・ものの哀れ・救い・恋・業・愛執・政争など様々な主題を読み取ることができる*66。読み手に関わらせれば、人に応じ、時に応じて、『源氏物語』は様々な姿を見せる。この源氏物語の多様な主題を認めた上で、教材の開発・編成の方向が次のように考えられている。

> 源氏物語の中から、生徒の関心や興味を引くような主題（中略―渡辺）、共感や反感を持つことによって自らを確かめ得るような主題、あるいは刺激し揺さぶることによって自らを問い、考えを深め得るような主題に貫かれた場面を切り取る。主題に貫かれ鮮やかに形象化されたそれぞれの場面を、学習テーマの下に、授業で発展的に関連づけて扱うことによって、あるいは比較対照することによって、くっきりとしたものにする。そのような授業を新たに試みることによって、生徒は、「ものの見方、感じ方、考え方」をより深めることができるのではあるまいか。
> （渡辺春美「『源氏物語』指導の試み―古典に親しむ態度の育成を目指して―」『月刊国語教育』第8巻12号　1989年3月　東京法令出版　113頁）

このような考えの上に、『源氏物語』の年間テーマを「様々な愛の姿」とし、次のとおりに編成している。

【表4-3　価値的観点に基づく『源氏物語』の教材化】

①一学期

前半　「世の中の仕組みと愛―桐壺更衣と藤壺―」（桐壺・若紫・賢木―部分、以下同じ。）

後半　「愛の不思議　従う女と従わぬ女―夕顔と空蝉―」（夕顔・

空蟬）

②二学期

前半　「愛と不信―紫の上の物語―」（若紫・若菜・御法）

後半　「愛と誇り―六条御息所の物語―」（葵・賢木）

③三学期

「母の愛―明石女君と姫君―」（薄雲）

（渡辺春美「『源氏物語』指導の試み―古典に親しむ態度の育成を目指して―」『月刊国語教育』8巻12号　1989年3月　東京法令出版）

例えば①は、ア．「玉のをのこ御子」（「桐壺」教科書『高等学校新選源氏物語』1982年検定　尚学図書）、イ．「秘められた恋」（「若紫」日本古典文学全集『源氏物語』305―307頁　小学館）、「賢木」105―107頁　同）、ウ．参考1「色好みについて」（中村真一郎『色好みの構造』岩波新書）、参考2「宿命の恋」（清水好子『源氏の女君』塙新書）というように教材を準備し、授業を進めていった。

テーマの設定とテーマに基づく教材の開発によって、生徒は、『源氏物語』に共感し、驚き、感動する中で、人間について、その生き方について、愛について、社会について考えを深めている。

(2)　古典入門期の教材の開発・編成

古典入門期の授業が1989年に試みられている*67。学習者の古典学習への疑問に応える実践である。生徒のアンケート結果に基づき、学習テーマを「私達はなぜ古典を学ぶのか」とし、その下位に、①過去は関係ないか、②過去の人物は無縁か、③過去の人々の知恵は無意味か、④古典によって発見は可能か、という4つのテーマを設け、それぞれにしたがって教材の開発・編成を行った。その内、①は、「田舎の児、桜の散るを見て泣く事」（『宇治拾遺物語』）、「春の心」（『古今和歌集』）を教材としている。前者は、「うたてしやな」という僧の言葉に約800年前の人々の桜への思いを探る。後者は、春の心と桜との密接な結び付きを読み取る。この学習によって桜への思いが遠い平安の時代から今日に受け継がれていることに気付かせようとした。学習者は、古典を新鮮なものとして受け止め、内容を身近に引き寄せ、考え、感じ取っていった。

3　技能育成論的観点に基づく教材開発・編成

『枕草子』の授業*68において、技能育成の観点からの教材開発が報告されている。テーマを「Who are you・清少納言？―『枕草子』を読む―」として読みを展開し、清少納言のものの見方、感じ方、考え方をとらえさせようとしたものである。そこでは、また、章段の性格に応じた読み方の習得を目指して、学習材の開発・編成がなされている。

【表4-4　技能育成論的観点に基づく『枕草子』の教材化】

(1) 一斉学習―基本
　①「関白殿黒戸より」（124段　教科書『古文　枕草子　大鏡　源氏物語』1986年検定　三省堂）
　②鳥は（39段　高木市之助・久松潜一他2名監修『日本古典全書　枕草子』1947年6月　朝日新聞出版　注　以下同じ）
　③「男こそ、なほいとありがたく」（252段　教科書『古文　枕草子　大鏡　源氏物語』1986年検定　三省堂）
(2) 班別学習―応用（日記的・類聚的・随想的章段）
　①清少納言の人生観（宮仕え論）―「生い先なくまめやかにえせざいはひなど見てゐたらむ人は」（22段）
　②清少納言の宮中生活Ⅰ―「二月つごもりごろに」（102段）
　③清少納言の言語観―「ふと心おとりとかするものは」（188段）、「文のことばなめき人こそ」（246段）
　④清少納言の宮中生活Ⅱ―「職の御曹司におはしますころ、木立など」（74段）
　⑤清少納言の美意識―「木の花は」（34段）
（渡辺春美「国語科授業活性化の試み―『枕草子』の学習指導の場合―」『研究紀要』32号　1996年3月　大下学園祇園高等学校）

展開において、基本学習として類聚・随想・日記の章段を読ませ、読みの方法を学ばせている。類聚的章段は、挙げられたものを類別し考察する方法、随想的章段は歴史的・文化的背景に基づき自己の考えとも比較する方法、日記的章段は歴史的背景と清少納言の思いを読むという方法を用いてモデルとして読み進めている。その後に、読みの方法を身につけられるように、新たに学習材を開発・編成して、班別に応用して読ませ、発表を行わせている。そのような読みをとおして、ア．古典に親しむ態度、イ．あらすじ・構成を把握する力、ウ．作品の形態に応じた読みの力、エ．文体、表現のうまみを感得する力、オ．作者（表現をとおして想定される作者）の思いを読み取る力を身についたものにすることが目指されている。

4　方法論的観点に基づく教材開発・編成

指導過程に沿った西鶴作品の教材開発と編成が報告されている。明示されてはいないが、「世の中のしくみと金」が学習テーマになっている。教材の開発は、「生徒が読み進むに従って、理解が深まるように教材の配列を工夫」*69 したとしている。

西鶴の作品の、商業資本主義の中を生きる人々の姿は、今日を生きる人々の姿に重なる。授業にあたり、読むことによって、現実の世界を再確認・再発見できる教材、それゆえに興味・関心の持てる教材を開発しようとした。具体的には、次のとおりであった。

【表 4-5　方法論的観点に基づく西鶴作品の教材化】

基本―①「鼠の文づかひ」（『世間胸算用』高等学校　国語Ⅱ　三訂版　大修館書店）
発展―②「見たてて養子が利発」（『日本永代蔵』巻6　日本古典文学全集　小学館）
　　　③「北浜に箒の神を祭る女」（同　巻1）
　　　④「茶の十徳も一度に皆」（同　巻4）

（渡辺春美「古典の授業活性化の試み—『日本永代蔵』の読みを中心に—」『和泉紀要』22号　1996年3月　大阪府立和泉高等学校）

①では、金に執着する老婆がユーモラスに描かれる。②では、金への執着の理由と、分限長者になるための知恵才覚が浮かび上がる。③では、金への執着を産み出す金が世の中を支配する仕組みを描き出す。④には人間の欲と金の魔力に蝕まれた人間の姿が描かれる。四つの教材は、読み進めるにしたがって、理解が深まるように①を基本に、②→③→④と配列されている。

生徒は、四つの教材を、興味を持って読んでいる。学習材のテーマの現代性と登場人物の形象化が生徒の心をとらえたといえる。生徒は、読み進めながら、今日の社会・生活・生き方について考えている。

以上、教材の開発・編成は、学習者の主体的な学びによる認識の深化、能力の育成を求めてなされた。ここでは、①情意的観点、②価値的観点、③技能育成的観点、④方法論的観点に分けて、教材開発・選定・編成の実際を見たが、それぞれは、有機的な繋がりのなかで、組み合わせられるのが実態に叶っていると考える。

【注】

＊1　飛田多喜雄「教材研究の史的考察」（飛田多喜雄『国語科教育方法論体系　国語学力論と教材研究法』1984年5月　明治図書）

＊2　野地潤家「国語科教材研究の歴史」（国語教育研究所編『中学校国語教材研究大事典』1993年　明治図書）

＊3　橋本暢夫「解説」（飛田多喜雄・野地潤家監修　橋本暢夫編集・解説『国語教育論文集成　第24巻／国語教育方法論（1）　教材研究方法論』1993年　383頁　明治図書）

＊4　西尾実「作品研究の方法」（西尾実『文芸作品研究序説』1948年1月　新人社、所収　西尾実『西尾実国語教育全集』第1巻　1974年10月　教育出版　218頁）

＊5　倉澤栄吉「国語科の教材研究」（『教育研究』第14巻9号　1959年9月　東京教育大学附属小学校内初等教育研究会、所収　飛田多喜雄・野地潤家

監修　橋本暢夫編集・解説『国語教育論文集成　第24巻／国語教育方法論（1）　教材研究方法論』1993年　明治図書　33頁）

＊6　倉澤栄吉「国語科の教材研究」（『教育研究』第14巻9号　1959年9月、東京教育大学附属小学校内初等教育研究会、所収　飛田多喜雄・野地潤家監修　橋本暢夫編集・解説『国語教育論文集成　第24巻／国語教育方法論（1）　教材研究方法論』1993年　明治図書　33頁）

＊7　倉澤栄吉「教材研究の基本的条件」（『授業研究』5号　1964年4月　明治図書、所収　倉澤栄吉『倉澤栄吉国語教育全集　8　学習者側に立つ教材研究』　1988年4月　角川書店　357頁）

＊8　井上敏夫「国語科教材研究の方法―文学教材を中心に―」（『教育科学国語教育』1980年4月　明治図書、所収　飛田多喜雄・野地潤家監修　橋本暢夫編集・解説『国語教育論文集成　第24巻／国語教育方法論（1）　教材研究方法論』1993年　明治図書　68頁）

＊9　野地潤家「国語科教材研究への提言」（『初等教育資料』1970年7月　文部省、所収　野地潤家『読解指導論―琴線にふれる国語教育―』1973年10月　共文社　129頁参照）

＊10　野地潤家「教材研究上の問題点とその改造」（全国大学国語教育学会編『国語科指導法の改造』1972年3月　明治図書、所収　飛田多喜雄・野地潤家監修　橋本暢夫編集・解説『第24巻／国語教育方法論（1）　教材研究方法論』1993年　明治図書　109頁）

＊11　西郷竹彦「関連・系統をめざす文芸教材の分析・研究」（『文芸教育』1981年1月　明治図書、所収　飛田多喜雄・野地潤家監修　橋本暢夫編集・解説『国語教育論文集成　第24巻／国語教育方法論（1）　教材研究方法論』1993年　明治図書　143頁）

＊12　橋本暢夫「解説」（飛田多喜雄・野地潤家監修　橋本暢夫編集・解説『国語教育論文集成　第24巻／国語教育方法論（1）　教材研究方法論』1993年　明治図書　383頁）

＊13　永野賢「文章論的教材研究」（『月刊国語教育』8巻12号　1988年3月　東京法令出版、所収　飛田多喜雄・野地潤家監修　橋本暢夫編集・解説『第24巻／国語教育方法論（1）　教材研究方法論』1993年　明治図書　187頁）

＊14　永野賢「文章論的教材研究」（『月刊国語教育』1988年3月　東京法令出版、所収　飛田多喜雄・野地潤家監修　橋本暢夫編集・解説『国語教育論文集成　第24巻／国語教育方法論（1）　教材研究方法論』1993年　明治図書　191頁参照）

＊15　長尾高明『鑑賞指導のための教材研究法―分析批評の応用―』（1990年2

月　明治図書　98頁）
＊16　大内善一『国語科教材分析の観点と方法』（1990年2月　明治図書　2頁）
＊17　大内善一『国語科教材分析の観点と方法』（1990年2月　明治図書　16頁）
＊18　竹長吉正『読者論による国語教材研究　中学校編』（1995年10月　明治図書　19・20頁参照）
＊19　増淵恒吉「古典教育管見」（『文芸教育』14号　1975年4月　明治図書、所収　増淵恒吉『増淵恒吉国語教育論集』上巻　1981年2月　有精堂　141頁参照）
＊20　増淵恒吉は、「古典教育」（『日本文学講座』7巻　1965年1月　東京大学出版会、所収　増淵恒吉『増淵恒吉国語教育論集』上巻　1981年2月　有精堂　30頁）においては、「徒然草・更級日記・枕草子・奥の細道というように手垢のついた古典学習のコースから何とか早く脱却したいと思う。」と述べている。
＊21　和泉恒二郎「国語教育における古典教材の選定について」（実践国語研究所『実践国語』163号　1954年4月　穂波出版、所収　飛田多喜雄・野地潤家監修　小和田仁・小川雅子編・解説『国語教育基本論文集成　第17巻　国語科と古典教育論　古典教育論と指導研究』1993年　明治図書　100頁）
＊22　和泉恒二郎「国語教育における古典教材の選定について」（実践国語研究所『実践国語』163号　1954年4月　穂波出版、所収　飛田多喜雄・野地潤家監修　小和田仁・小川雅子編・解説『国語教育基本論文集成　第17巻　国語科と古典教育論　古典教育論と指導研究』1993年　明治図書　100・101頁参照）
＊23　野地潤家「古典文芸教材化の基本問題」（『文芸教育』第14号　1975年4月　明治図書、所収　野地潤家『古文指導の探究』1996年5月　溪水社　6頁）に、「これらは、B6版八二ページほどのテキストにまとめられ、京都の学芸出版社から刊行された。編者名は、私の広島高師時代の恩師岡本明先生になっていた。」とある。
＊24　野地潤家「古典文芸教材化の基本問題」（『文芸教育』第14号　1975年4月　明治図書、所収　野地潤家『古文指導の探究』1996年5月　溪水社　7頁）
＊25　野地潤家「古典文芸教材化の基本問題」（『文芸教育』第14号　1975年4月　明治図書、所収　野地潤家『古文指導の探究』1996年5月　溪水社　11頁）
＊26　野地潤家「古典文芸教材化の基本問題」（『文芸教育』第14号　1975年4

月　明治図書、所収　野地潤家『古文指導の探究』1996年5月　溪水社11頁）

＊27　益田勝実「古典の文学教育」（日本文学協会編『文学教育の理論と教材の再評価』1967年3月　明治図書　69頁）

＊28　益田勝実「古典の文学教育」（日本文学協会編『文学教育の理論と教材の再評価』1967年3月　明治図書　70頁）

＊29　益田勝実「古典の文学教育」（日本文学協会編『文学教育の理論と教材の再評価』1967年3月　明治図書　70頁）

＊30　田中貴子『検定絶対不合格教科書　古文』（2007年3月　朝日新聞社）の「目次」（「第二部　教科書には載らない古文を読む」）による。

＊31　田中貴子『検定絶対不合格教科書　古文』（2007年3月　朝日新聞社　10頁）に、「第二部の教材選定は私の独断によるのですが、益田勝実氏の国語教育論（『益田勝実の仕事5　国語教育論集成』ちくま学芸文庫、二〇〇六）に見える、ついに実現しなかった教科書目次案におおいに触発されたことを申し添えておきます。」とあることによる。

＊32　幸田国広「古典教育再生のグランドデザイン」（記念論文集編集委員会編『浜本純逸先生退任記念論文集　国語教育を国際社会へひらく』2008年3月　溪水社　247・248頁）

＊33　益田勝実「古典の文学教育」（日本文学協会編『文学教育の理論と教材の再評価』1967年3月　明治図書　70頁）

＊34　世羅博昭「『源氏物語』教材化の実態分析―昭和52年度用『古典Ⅱ』教科書の場合―」（『研究紀要』第2号　1977年3月　広島県立安古市高等学校、所収　世羅博昭『『源氏物語』学習指導の探究』1989年7月　溪水社）

＊35　世羅博昭は、「タテ」の教材化とは、時間の流れに着目して教材化が図られたものとしている。物語の筋の展開に着目すれば、主題や構想をとらえさせる教材化、登場人物に着目すれば、登場人物の反省や一生をとらえさせる教材化のことをいうとしている。知盛の生き方を探るのは「タテ」の教材化である。

＊36　世羅博昭は、「ヨコ」の教材化とは、同じ時代や同じ場面に着目して教材化が図られたものとしている。「一の谷の合戦場面」に登場する人間を読むのが、この例である。

＊37　世羅博昭「『源氏物語』教材化の実態分析」（世羅博昭『『源氏物語』学習指導の探究』（1989年7月　溪水社刊）

＊38　世羅博昭「『源氏物語』の学習指導（その二）―『明石の上物語』と『浮舟物語』を取り上げて―」（世羅博昭『『源氏物語』学習指導の探究』

1989年7月　溪水社　57・58頁）

＊39　世羅博昭「『平家物語』の学習指導の試み――一の谷の合戦場面を取り上げて―」（『研究紀要』第4号　1973年3月　広島県立呉三津田高等学校）、「『平家物語』の学習指導―『一の谷の合戦の場』をとりあげて―」（第18回　広島大学教育学部国語教育学会　口頭発表）、「『源氏物語』の学習指導―『明石の上物語』を中心に」（『年報』第16・17号　1975年3月・1976年3月　広島県高等学校教育研究会国語部会）

＊40　世羅博昭「『源氏物語』の学習指導（その二）―『明石の上物語』と『浮舟物語』を取り上げて―」（世羅博昭『『源氏物語』学習指導の探究』（1989年7月　溪水社　58・59頁参照）

＊41　世羅博昭「『源氏物語』の学習指導（その二）―『明石の上物語』と『浮舟物語』を取り上げて―」（世羅博昭『『源氏物語』学習指導の探究』（1989年7月　溪水社　59・60頁参照）

＊42　世羅博昭「『源氏物語』の学習指導（その二）―『明石の上物語』と『浮舟物語』を取り上げて―」（世羅博昭『『源氏物語』学習指導の探究』（1989年7月　溪水社　60頁）

＊43　堀芳夫「『国語Ⅰ』の実践的研究基調提案―単元『自然』の場合―」（『国語科研究紀要』第11号　1980年6月　広島大学附属中・高等学校　64頁）

＊44　小山清「『国語Ⅰ』の実践的研究（基調提案）―八つの主題単元を中心にして―」（『国語科研究紀要』第13号　1982年6月　広島大学附属中・高等学校　49頁）

＊45　堀芳夫「『国語Ⅰ』の実践的研究基調提案―単元『自然』の場合―」（『国語科研究紀要』第11号　広島大学附属中・高等学校　65頁参照）

＊46　堀芳夫「『国語Ⅰ』の実践的研究　基調提案―単元『自然』の場合―」（『国語科研究紀要』第11号　1980年6月　広島大学附属中・高等学校　65頁）

＊47　長谷川滋成「『国語Ⅰ』の実践的研究（基調提案）―単元『愛』の場合―」（『国語科研究紀要』第12号　1981年6月　広島大学附属中・高等学校　45頁参照）

＊48　長谷川滋成「『国語Ⅰ』の実践的研究（基調提案）―単元『愛』の場合―」（『国語科研究紀要』第12号　広島大学附属中・高等学校　45頁）

＊49　長谷川滋成「『国語Ⅰ』の実践的研究（基調提案）―単元『愛』の場合―」（『国語科研究紀要』第12号　広島大学附属中・高等学校　46頁）

＊50　小山清「『国語Ⅰ』の実践的研究（基調提案）―八つの主題単元を中心にして―」（『国語科研究紀要』第13号　1982年6月　広島大学附属中・高等学校　51頁）

＊51 「特集・『国語Ⅰ・Ⅱ』の実践的研究（5）―主題を軸とした『総合化』をめざして―」（『国語科研究紀要』第15号　1984年6月　広島大学附属中・高等学校　16―52頁）
＊52 堀芳夫「『国語Ⅰ』の実践的研究3―単元『愛―戦いの庭で』―」（『国語科研究紀要』第12号　1981年6月　広島大学附属中・高等学校　60頁）
＊53 堀芳夫「『国語Ⅰ』の実践的研究3―単元『愛―戦いの庭で』―」（『国語科研究紀要』第12号　1981年6月　広島大学附属中・高等学校　60・63頁参照）
＊54 堀芳夫「『国語Ⅰ』の実践的研究3―単元『愛―戦いの庭で』―」（『国語科研究紀要』第12号　1981年6月　広島大学附属中・高等学校　60頁参照）
＊55 堀芳夫「『国語Ⅰ』の実践的研究3―単元『愛―戦いの庭で』―」（『国語科研究紀要』第12号　1981年6月　広島大学附属中・高等学校　60・63頁参照）
＊56 堀芳夫「『国語Ⅰ』の実践的研究3―単元『愛―戦いの庭で』―」（『国語科研究紀要』第12号　1981年6月　広島大学附属中・高等学校　60・63頁参照）
＊57 世羅博昭「『国語Ⅰ』の実践的研究（中間総括）特集・『国語Ⅰ』の実践的研究（中間総括）」（『国語科研究紀要』第13号　1982年6月　広島大学附属中・高等学校　84頁）
＊58 菅原敬三・山本昭「『国語Ⅰ・Ⅱ』の実践的研究（2）―単元『ことばの発見』―」（『国語科研究紀要』第15号　1984年6月　広島大学附属中・高等学校　21頁）
＊59 菅原敬三・山本昭「『国語Ⅰ・Ⅱ』の実践的研究（2）―単元『ことばの発見』―」（『国語科研究紀要』第15号　1984年6月　広島大学附属中・高等学校　21―25頁参照）
＊60 菅原敬三・山本昭「『国語Ⅰ・Ⅱ』の実践的研究（2）―単元『ことばの発見』―」（『国語科研究紀要』第15号　1984年6月　広島大学附属中・高等学校　23頁）
＊61 片桐啓恵「古典教材の〝発見〟―自己発見をめざす国語学習の場で―」（『日本語学』9巻　1990年1月　明治書院　43頁）
＊62 片桐啓恵「古典教材の〝発見〟―自己発見をめざす国語学習の場で―」（『日本語学』9巻　1990年1月　明治書院　46頁）
＊63 浜本純逸「世界認識の履歴を学ぶ古典学習」（記念論文集編集委員会編『浜本純逸先生退任記念論文集　国語教育を国際社会へひらく』2008年3月　溪水社　2頁）

＊64　浜本純逸「文学作品との対話」(『日本文学』1990年8月　日本文学協会、所収　浜本純逸『国語科教育論』1996年8月　溪水社　91頁)
＊65　渡辺春美「国語科授業活性化の試み―『枕草子』の学習指導の場合―」(『研究紀要』32号　1996年3月　大下学園祇園高等学校) で報告した。
＊66　渡辺春美「『源氏物語』指導の試み―古典に親しむ態度の育成を目指して―」(『月刊国語教育』第8巻12号 1989年3月　東京法令出版)
＊67　渡辺春美「古典入門期指導の試み―学ぶ意味に触れる授業を目指して―」(『国語教室』11月号　1990年11月　大修館書店)
＊68　渡辺春美「国語科授業活性化の試み―『枕草子』の学習指導の場合―」(『研究紀要』32号　1996年3月　大下学園祇園高等学校)
＊69　渡辺春美「古典の授業活性化の試み―『日本永代蔵』の読みを中心に―」(『和泉紀要』22号 1996年3月　大阪府立和泉高等学校、所収　渡辺春美『国語科授業活性化の探究Ⅱ―古典（古文）教材を中心に―』1998年8月　溪水社　32頁)

第５章　古典教育実践の検討

―「関係概念」に基づく古典教育の観点から―

本章では、加藤宏文、片桐啓恵、北川真一郎、牧本千雅子の実践事例を取り上げ、「関係概念」に基づく古典教育の成立要件を観点として考察する。すなわち、①興味・関心、問題意識の喚起、②教材開発、③主体的学習の保障、④付けるべき読む力の設定、⑤協働的学習、⑥創造的読みと批評、⑦学習者による古典の批評をとおした内化、を要件として、以下、考察していくことにする。

第１節　問題意識に基づく主題単元学習

加藤宏文の古典教育は、多くが主題単元学習として、現代文と統合して実践された。加藤宏文は、著書『高校文章表現指導の探究』に報告された表現指導*1を経て、「歴史としくみの中を生き抜くための」*2ことばの力の育成を国語教室の中心課題とするに至る。その実践に取り組む中で、「主題単元学習」は自ずと内実を整えていった。ついで刊行された『高等学校　私の国語教室―主題単元学習の構築―』*3では、「主題単元学習」の実際を具にまとめ、併せて体系化を試みている。『生きる力に培う「主題」単元学習』*4では、「主題単元学習」の体系化をさらに確かなものとするとともに、生き抜く力としての語彙を豊かにする「主題単元学習」の理論化が、実践を踏まえて目指されている。加藤宏文の「主題単元学習」の到達を示すものといえる。

第１項　主題単元学習論の追究

１　加藤宏文の国語教育観

加藤宏文の国語教育観は、『高等学校　私の国語教室―主題単元学習の構築―』の「序章」に明確に打ち出されている。「一つの代名詞の指示内容を、とらえる。いくつかの形式段落に、分ける。主人公の心情の最もよく表れている箇所を、抜き出す。」といった学習活動を、国語学力を育むための必要条件ではあるが、国語学力を、ことばをとおして生き抜く力と規定するならば、決して十分条件ではないとする。その上で、「技能学習は、踏まえられ、つき抜けられて、価値としての『主題』意識へと変容しなければならない。価値学習が、要る。」と国語教育の求めるべき方向を明確にする*5。主題の追求過程で、加藤宏文は、「歴史としくみの中を生き抜くための」ことばの力を育成しようとする。

２　問題意識に基づく価値学習としての主題単元学習

主題単元学習の展開をとおして、主題が追求され、価値への認識は深められる。加藤宏文は、上の文章に続いて、次のように述べている。

> この価値を求める学習には、持続と集積の条件が、必須である。技能学習を踏まえて持ち始めた自らの「主題」意識は、新たな教材や相互批評の力に触発されて、とどまることを厭う。中で、学習者は、自らの「主題」への思考と認識の力を豊かにしていく。そこでは、「理解」を確かめるための「表現」、「理解」を深めるための「表現」、自らの思考・認識の成果を創出するための「表現」が、「理解」活動と統合されなければならない。
>
> 私は、教材に聴きひたって、私の「主題」意識を温める。同時に、右（上一渡辺注）の「表現」活動に導かれ、学習者の「主題」意識との接点を見据える。単元主題の体系が、打ち立てられる。それは、学習者が、生活に根ざした学習活動の中で生み出すものであ

り、同時に、私自身が、それに対して、全力で答えるだけの意欲をかきたてられつづけるものでなければならない。（加藤宏文「序章」加藤宏文『高等学校　私の国語教室―主題単元学習の構築―』1988年6月　右文書院　1・2頁　注　下線は渡辺が付した。）

上記の下線部を読めば、「『主題』意識」は、問題意識に重なる概念であるととらえられる*6。主題意識、すなわち問題意識は、学習者の生活に根ざし、学習活動の中で生み出され、新たな教材に出会い、統合された理解と表現を両輪として追求される。そこでは、教材の開発が重要な役割を果たすとされる。加藤宏文は、教材開発について、学習計画の中で見通すと同時に、学習者の表現活動の喚起する価値に応じて臨機応変に、柔軟に準備されねばならないとする*7。

3　主題単元学習の理念と方法

(1)　単元学習の構築―主題に基づく統合による単元学習の構築

①主題と統合

加藤宏文は、価値学習において目標とすべき主題として、ア．自己との出会い、イ．自然を見つめる、ウ．こころとことば、エ．愛、オ．生と死、カ．文明と社会とする6項目を設定する*8。それらの主題に基づく単元学習の構築について、次のように述べている。

主題に基づいて単元学習が構築されるからには、単元は、技能や形態（ジャンル）にこだわる教科書編集体系から、学習そのものが求める体系へと、脱皮しなければならない。それは、「国語Ⅰ」「国語Ⅱ」の追究する「総合化」の理念が、求めつづけているところにも、適う。

すなわち、さきの「表現」と「理解」との統合の中で、古典（古文・漢文）と現代文とが、また、主題のもとに統合されなければならない。分散・分断は、せっかくの確認や深化集積の学習過程を、形骸化する。見据え貫くべきは、主題単元において具体的に一貫し、年間を通じて体系化され、さらに、教科や学年をも越え発展すべき、主題による統合の精神である。（加藤宏文『高等学校　私の国語教室―主題単元学習の構築―』1988年6月　右文書院　77・78頁）

主題単元学習が、「学習そのものが求める体系」を志向するものとされている。主題に基づく表現と理解、古典と現代文などの統合の原理が求められている。さらに、主題単元学習の深化は、技能学習を軽視しては成立しないとする。

②古典と現代文との統合

加藤宏文は、単元主題「愛」を現代文と古典との統合のもとに展開している。中心教材を「伊豆の踊り子」（川端康成）とし、他に古文・漢文教材を次のとおり教材化した*9。王維―「送元二使安西」・「九月九日憶山中兄弟」、李白―「黄鶴楼送孟浩然之廣陵」・「子夜呉歌」、杜甫―「贈衛八處士」・「貧交行」・「憶弟二首」・「憶幼子」・「月夜」、『伊勢物語』―初段・23・46・62段、『梁塵秘抄』―343・341・335・365・339、謡曲『隅田川』、「永訣の朝」（宮沢賢治）、「秋の祈り」（高村光太郎）等の教材化である。加藤宏文は、この主題単元学習に関して、次のように述べている。

これ（「伊豆の踊り子」に始まる「愛」の普遍性への参与―渡辺注）を核にして、私たちは、中国をも含めた「古典」の世界にも、さまざまな「愛」の、深い相を求める。私たちは、その一つ一つに、その歴史・風土に生きた人たちが、愛に喜び、愛に悲しみ、そして、ことばの世界に、その永遠の美しさを昇華させてくれたことの恩恵に浴する。私たちは、人類の創造に参与するものである。単元主題「愛」が、状況の中で私たちに求められているゆえんである。（加藤宏文『高等学校　私の国語教室―主題単元学習の構築―』1988年6月　右文書院　13―14頁）

ここでは、「愛」の普遍性を例に、現代文学も古典も、歴史・風土に生きる人々のことばによる生活と精神の昇華とされる。主題の追求は、そこに参与することによって認識を新たにするものである。これによって、主題追求のための現代文と古典との統合が必然的に求められることになる。

(2) 教材の開発・編成

教材の開発と編成に関しては、次のように述べられている。

> 新しい年度の教科書を手にする。所収の教材を読み進める。私の単元主題体系がそれぞれの教材が持つ主題に触れて、年間の具体的な単元主題の柱のいくつかが、すぐさま浮かんでくる。年間主題単元学習計画が、成る。立てられた五つの単元主題（当年の単元主題―渡辺注）の柱には、教科書所収の教材での技能学習を踏まえ、価値学習を深めるにふさわしい他の教材が、ひきつけられる。日常の国語生活の中で、温め続けてきた教材が、ここで初めて陽の目を見る。
>
> やがて四月、主題単元学習が、「表現」活動を軸にし、「理解」活動との統合のもとに展開される。その中で、学習者の「表現」が、臨機に、必然の教材を求めて迫る。教材開発の実際は、この要求のもとで、最も生き生きと広がり、鋭くも深まる。価値学習の深化は、無限である。一つの価値を獲得すれば、新たな教材の持つ価値に導かれねばならない。このようにして、主題単元学習は、教材開発を推進力として、意欲をかき立てられていく。
>
> （加藤宏文『高等学校　私の国語教室―主題単元学習の構築―』1988年6月　右文書院　74頁）

教科書教材の持つ主題から単元主題をひきまとめ、教科書教材を組み込み、年間主題単元学習の計画がなる。それぞれの価値学習を深めるにふさわしい教科書教材以外の日常の国語生活の中で発掘・開発した教材が、主題に引き寄せられて単元を形づくる。さらに学習の展開過程で学習者の表現に応じて、主題追求のために、臨機に次々と教材が開発される。それは新たな認識の深まりを促すものである。

(3) 相互批評

主題単元学習を展開する方法について、加藤宏文は、次のように記している。

> 具体的に価値学習を深める方法に、相互批評の役割がある。それは、まずは、学習者の「表現」に対する私からの〈私のひと言〉であり、それを含んだ学習者同士の相互批評の活動である。この活動は、時には、グループ活動や討議などの学習形態の工夫の中で、具体的に深まる。また、この活動自体が、整理され範例とされて、対象化され、こよなき教材として活かされもする。集団思考が個別思考を越える場である。(加藤宏文「序章」 加藤宏文『高等学校　私の国語教室　―主題単元学習の構築―』1988年6月　右文書院　2頁)

具体的な単元学習の展開が、指導者による〈私のひと言〉を含む相互批評、グループ活動、討議などの集団思考によるとされている。加藤宏文の主題単元学習は、後に、1年を通して、さがす→確かめる→深める→ひねる→つくるといった指導過程をとるに至った。

4　加藤宏文による主題単元学習の特色

浜本純逸は、『生きる力に培う「主題」単元学習』の「解説」において、加藤宏文の単元学習の「要素」を、「①学習者一人ひとりの状況と接点をもつ、価値ある主題を追求する、②一人ひとりに生きぬく力を育てる、価値ある教材を学習者とともに開発し、③理解と表現活動を軸として理解と表現が深められ、④『私のひと言』による学習者一人ひとりとの対話を主たる支援・助言の場とし、⑤国語の学力を、言葉をとおしての思考・認識・創造力の深化、つまりは言語をとおして生きぬく力を捉えて、言葉によって生きぬく人を育てようとしている。」ととらえた。その上で、加藤宏文によって報告された実践の新しさとして、①学習者自身が課題を発見できるように展開している、②学習者の「表現」を手がかりに、学習者とともに主題を作ろうとしている、③学習者に学習材を選ばせ、選ぶ力を育てている、④発問によって、問を多面的に開き、自ら問を見つけ、自ら解決の方法を身につけさせようとしている、とする４点を挙げている*[10]。

これに加えて「統合」が、欠かすことのできない特色となっていよう。統合は、主題を核とする、理解と表現の統合であり、現代国語と古典の統合であり*[11]、技能と価値学習との統合*[12]である。しかし、特色の把握にとどまらず、その意味をとらえる必要がある。価値ある主題を核とした統合とは、価値ある主題意識を核とする統合である。①主題意識を学習推進のエネルギーとし、②学習の内化によって、③技能を身についたものとし、④主題追求の過程で言語化を促し、語彙の獲得を進めるとともに、⑤さらには、教えたいものと学びたいものとの統合を果たし、学習を効果的にすることに機能すると考えられる。

第２項　主題単元学習の実際

加藤宏文による単元「歴史としくみの中を、生きぬこう*[13]。」は、1986年度、３年生を対象に「国語表現」の時間に行われている。本単元学習に入る前に、次の３単元学習がなされた。すなわち、①「ことばにとって、沈黙とは何か。」、②「私たちにとって、自然とは何か。」、③「今、なぜ、愛がもとめられるのか。」の３単元である。本単元は、後に整理されて、指導過程に沿って「ききひたる」「確かめる」「深める」「反極注意」とまとめられている*[14]。

1　「歴史としくみの中を、生きぬこう。」の学習指導概要

報告の主題単元学習「歴史としくみの中を、生きぬこう。」は、指導の実際が明確ではない。個々の教材がどのように指導されたかは明らかではない。指導過程を、便宜上、「ききひたる」「確かめる」「深める」「反極注意」とし、「教材」と「学習活動」を分けて、次のように整理した。

【表 5-1　歴史としくみの中を、生きぬこう。」の学習指導概要】

展	教　　材	学　習　活　動
ききひたる	1.「束縛からの自由と代償―俳人・種田山頭火の場合―」（毎日新聞夕刊　1986 年 10 月）	◎最も注目した１段をとりあげ、山頭火に質問する形の問いを、ひとつ作りなさい。のち、互いに答え合います。 １．他の学習者が、質問に対し、山頭火の立場で答える。【表現１】 ２.再考したことを表現する。【表現２】 ３.問答形式の四段落で表現する。【表現３】
確かめる	２．清水好子『紫式部』（岩波新書）解説の和歌、三首。 ・若竹の生ひゆく末を祈るかなこの世を憂しと厭ふものから（『家集』番号 53） ・数ならぬ心に身をばまかせねど身にしたがふは心なりけり（54） ・心だにいかなる身にかかなふらむ思ひ知れども思ひ知られず（55）	◎問一　接続詞「ものから」の意味・用法を辞書で調べた上で、53 の歌に込められている紫式部の内的世界を、筆者の説明を参考に、整理しておこう。 問二　赤染衛門の場合（筆者引用―加藤宏文）は、「悲しき」の内容は、どのようなものであったか。 問三「なのめなり」と「ひたぶる」の意味・用法を辞書で調べた上で、その二つの要素が共存しているさまを、説明してみよう。 ４．問一・問二・問三について答える。【表現４】 ◎紫式部にとって、「心」と「身」とはどのような関係として認識されていたのか。 ５．説明しよう。【表現５】
深める	３．『源氏物語』中、空蟬にかかわる九つの小場面。その口語訳。	◎（1）そこに使われている一語をとりあげ、辞書でその意味・用法を確かめよう。 (2) その一語を入り口にして、空蟬の内的世界（身に対しての心）を、説明

	空蝉の羽におく露の木がくれて しのびしのびに濡るる袖かな	してみよう。 ６．(1)(2)について答える。【表現６】 ７．この歌の主・空蝉に、あなたから語りかけよう。【表現７】 ８．紫式部への呼びかけ。【表現８】
反極注意	4　陸游「上已、臨川道中」 「上虞の逆旅にて旧題の歳月を見、懐ひに感ず」 『荘子』の内篇「斉物語」	9．二編の詩より、最も注目した箇所の表現を書きぬき、その考え方・生き方を、斉物論の立場から批判しなさい。【表現 9】 10. 相互批評をとおして表現する。【表現 10】
	5．石川淳「序」（安部公房『壁』） 斉藤隆介作・滝平二郎絵『ひばりの矢』（岩崎書店）	11. つづきを 200 字以内のあなたの意見でまとめ、全体をしめくくってください。（第二学期期末考査問題）【表現 11】 12. 『ひばりの矢』の朗読を聞いて表現する。【表現 12】

加藤宏文『生きる力に培う「主題」単元学習』1999 年 4 月　明治図書　18―25 頁参照

２　学習指導の展開の実際―Wさんを中心に―

主題単元学習の具体的展開が、W さんの変容を追うことを中心に記されている*[15]。

「ききひたる」では、W さんは、「俳句の定型からの逸脱によって生じる欠落をあがなうのには、自らの人生の逸脱であると、どうして思ったのですか」という問を発した。それに答える O さんの表現との対話をとおして、山頭火の人生からの「逸脱」について、W さんは、【表現３】において、定型としての人生に甘んじることなく、「山頭火さんは前向きに進むために、最大の定型である、『人生』の逸脱を図ったのですね。」*[16] とまとめている。

「確かめる」で W さんは、【表現５】において、紫式部の歌をとおして考えたことを、「式部にとって、『心』と『身』とは、まさにうらはらなものであった」とし、「心の中では疑問を感じながらも、毎日の生活という外部の環境に、自分の身は流されてしまっている。また、そう感じながら、そのことがいやだと思いながらも、どうすることもできないことが、式部に『世を憂し』と思わせたのだろう。」*17と記している。

ついで「深める」でWさんは、「空蟬」にかかわる場面を読み、空蟬に語りかける表現を経て、【表現８】で、次のように述べている。

> （前略―渡辺）あなたの内部にはいつも、前向きに進もうとする意志があったのでしょう。でも、自分の外部の環境は、その意向を打ち消してしまうものだったのですね。心のままではない決められた世を、あなたは憂しと思ったのですね。／もし、この定型というものを破ってみたら・・・・と何度も思ったことでしょうね。でもあなたはそうはしませんでした。あなたの気持ちは、空蟬に託されているのですね。／人はその生活に甘んじてはいけないのですね。しかし、だからといって、世のしくみからはずれていけないのだと思います。世のしくみと自分の心との葛藤があるからからこそ、また新しいしくみを生み出し、歴史を前向きに進めていくことができるのですね。（加藤宏文『生きる力に培う「主題」単元学習』1999年4月 明治図書 22・23頁）

さらに、Wさんは、『荘子』内篇「斉物論」、石川淳「序」（安部公房『壁』）を経て、加藤宏文による『ひばりの矢』の朗読を聴く。その後、【表現12】で、「（前略―渡辺）『壁』をつくり出すものは何ものなのかわからない。でも、その『壁』に苦しめられるのは自分一人だけではないはずです。一人で考えるだけでなく、みんなで考え、みんなで壁をぶちやぶろうと一丸となりそして向かっていくことが大切なのだと思う。」と考えを進めている*18。

Wさんが山頭火における「逸脱」に対して発した疑問は、前向きに生きるための「逸脱」であることに思い至る。疑問は、Wさんの中で生き方への主題意識となって持続し先鋭化していく。紫式部の内と外との矛盾を抱えた生き方としての「憂し」をとらえ、空蟬の葛藤に歴史を生み出す力を見る。陸游の詩と『荘子』の「斉物論」、石川淳の「序」と『ひばりの矢』の朗読を考え抜いて、個の葛藤を越えて連帯して歴史と時代を切り拓こうとするに至った。

加藤宏文は、「主題単元学習における『理解』と『表現』との統合の過程を、このように構築し、展開する。中で、Ｗさんは、主題『歴史としくみの中を、生きぬこう。』をとらえ貫き、『意見』を創り上げてきた。『見解』が、生まれ、『説得力』もついた。」*19 と評価している。

３　学習指導の考察

(1) 指導過程は、相互評価を組み込みつつ、①「ききひたる」→②「確かめる」→③「深める」→④「反極注意」→⑤「まとめ」と展開している。①において、学習者自ら問を作らせることで問題意識を育み、学習者間で交流することによって、主題意識（問題意識）を明確にさせている。ついで、②③で認識を深め、④で揺さぶり、⑤で認識を確かなものとさせるという指導過程になっている。

(2) 教材は、現代文と古典からなり、指導過程に沿って主題意識に培い、認識を発展させ、鍛え、確かなものとするのに機能している。これは、Ｗさんの認識の展開過程によって理解される。古典は、古典そのものの価値よりも、主題意識との関係性のなかで、主題に関する認識を深めるところに教材価値が求められている。

(3) 山頭火への問いかけと山頭火に代わって答える表現学習、空蟬への語りかけなど虚構の方法を用いて、作品との対話を促すとともに人物を身に寄せることによって作品世界を生きることを可能にしている。

(4) 学習者の交流は、他者の意見に示唆を得て、思考を促し、方向を見定め、認識を深めるのに機能している。

(5) 指導者は、学習者に問いかけ、〈私のひと言〉*20 によって、方向づけ、主題意識に培い、励まし、認識を深めている。また、学習者同士をつなぎ、交流をとおして視野が広がり、深まるように働きかけている。

第３項　考察のまとめ

本節でに考察したことを、「関係概念」に基づく古典教育の観点からまとめれば、以下のとおりになる。「関係概念」に基づく古典教育の要件は、①興味・関心、問題意識の喚起、②教材開発、③主体的学習の保障、④付けるべき読む力の設定、⑤創造的読みと批評、⑥協働的学習、⑦学習者による古典の批評をとおした内化である。

(1) 興味・関心、問題意識の喚起

加藤宏文の主題単元学習は、主題意識に基づく価値の追求による認識の深化を求めて実践された。興味・関心、問題意識の喚起、維持・発展を重視している。

(2) 教材開発

価値ある主題意識の追求に培う教材化が、現代文、古典を問わず開発・選定・編成されている。主題を軸とした教材との対話、また、教材との対話をもとに学習者のまとめた文章、それに対する指導者加藤宏文の〈私の一言〉は、産出された二次的教材とも言える。〈私のひと言〉による主題追求への参与、相互批評と相互交流の総合的対話によって学習者の認識は、深められている。

(3) 主体的学習の保障

学習者は、関心と問題意識にしたがって、教材を読み、解釈し、自らの考えをまとめる。指導者は、問いかけ、〈私のひと言〉によって学習者のことばを受け止め、方向づけ、主題意識に培い、励まし、認識を深めている。また、学習者同士をつなぎ、交流をとおして視野が広がり、深まるように働きかけている。学習が主体性のもとに展開していると言える。

(4) 付けるべき読む力の設定

歴史を生き抜く力としてのことばの力が意識的に目指され、指導過程に沿って、話すこと・聞くこと、読むこと、書くことの言語活動が多様に組み込まれ、加えて思考力・認識力も育成されていると考えられる。しかし、付けるべき力の全体像は明らかではない。

(5) 創造的読み

「ききひたる」「確かめる」「深める」「反極注意」「まとめ」とする指導過程に沿って、複数教材を重層的に読み、さらには〈私の一言〉、学習者の相互交流、相互批評によって創造的な読みがなされている。それは上記学習者の表現にも窺える。

(6) 協働的学習

学習の全体が個の認識の深まりを重視して展開している。相互批評の場も設けられているが、協働的学習は、部分に留まっている。

(7) 批評を通した内化

上記学習者の、山頭火における「逸脱」に対して発した疑問は、問題意識となって持続し先鋭化していく。紫式部の「憂し」、空蝉の葛藤、陸游の詩と『荘子』の「斉物論」、石川淳の「序」と『ひばりの矢』の朗読を考え抜いていった。上記学習者に限って言えば、自らの思考を捉え直し、考え直して解決に至る過程で批評力を働かせ、内化するに至ったと見ることができる。

以上、加藤宏文の主題単元学習は、概ね「関係概念」に基づく古典教育の要件を満たしているといえる。

加藤宏文は、学習者の主体的な学びを重視する。この主題単元学習は、歴史としくみの中をことばの力によって生き抜く主体育成への強い願いと、自らの授業実践への厳しい内省によって構築された。歴史的に見れば、それは、荒木繁の問題意識喚起の文学（古典）教育、大村はまの単元学習を継承し、発展させるものであった。

第２節　学力育成を目指す古典教育

片桐啓恵は、1979（昭和54）年の新任時から一貫して単元学習に取り組んだ。片桐啓恵は、自ら「水脈の会」を立ち上げ、会員とともに活動を通して実践力を付けていった。1990年頃には、〈言葉の力の体系〉図を完成させている*[21]。それは、「私が組み立てるすべての学習の柱」とされている。これによって、片桐啓恵の学習指導の基盤が整ったことになる。2002年頃からは、情報編集力をキーワードとしてことばの学習の組み立てを提唱するようになる。それに伴い、「〈ことばの力の体系〉図」に「インターネット」「情報検索」「メディアリテラシー」関連項目が加わった*[22]。

第1項　国語教育観

1　国語教育の基底

自立のためのことばの学習について、片桐啓恵は、自分と向き合う力を育成することを求め、ことばの力を措定して指導を行っている。

(1)　自分と向き合う力の育成

自分と向き合う力に関しては、次のように述べられている。

> 青年期の自我のありようや心の発達と関わる“ことばの学習”をどう組み立て、実践するかこれが私の一貫した課題でした。
>
> 青年期の教育にとって、一番大切なのは、「自分と向き合う力」をつけることではないのでしょうか。人生の中で、大変なことはいろいろ山のようにあるけれど、「一生自分とつきあっていくことの覚悟」を持つことこそがもっとも大変なのだとは、意外にきちんと教えてもらってないのではないでしょうか。
>
> 「自分とつきあう」ためには「自分を読み解く力」がいるし、「自分を表現する力」がいる。「自分が生きている時代を考える力」がいるし、「他者と関わる力」もいる。その大部分は、“ことば”によって磨かれ、営まれる。だから“ことばの学習”はとても大切。
>
> (片桐啓恵「情報編集力と自己教育力の核（コア）を求めて—『ながさき水脈の会』と共に追求してきたこと—」『水脈』18号　2005年2月　水

> 脈の会　90 頁）

青年期の教育として、自分と向き合う力が重視されている。その力を構成する下位の力が想定され、その大部分がことばとかかわっていることがとらえられ、それゆえに、ことばの学習が大切であるとされている。ここに片桐啓恵の国語教育の基底を見い出すことができる。

(2)　ことばの力の措定

片桐啓恵は、自分と向き合う力を重視し、それを構成することばの力を措定し、学習指導をとおして育成しようとする。

> 学力の核は「自我意識」。「自分探し」の意識が他のすべての問題意識とつながります。学んだ知識・理論・技術を自分に引きつけて離さない「磁石」のようなものです。この磁石＝自我の引力がない限り、学んだすべてのものは脱ぎ捨てていく服のように身につかないものとなります。自分について知ろうとすることから、自分の興味関心を洗い出し、知りたいことをつかみ出す力につながります。そして、情報を集め、選び、理解し、自分とつなぎ合わせ、他者の理解や情報と引き合わせ、整理し、表出する。これがＡ～Ｎの過程（【図 5-1】―渡辺注、以下同じ）です。そこから自分らしい表現スタイルをつくっていく生活がＬ～Ｍ、読書生活や情報ネット活用の幅を広げていく生活がＪ～Ｋ、双方が統合されてＮになり、この段階まで至れば、すでに次の問題意識や課題が生まれているのでまた自我意識に結びついて深化・発展する。学習が本当に生きてはたらく時は、螺旋状サイクルとなり、一度生じたこのサイクルは内なる知の欲求となってとどまることはありません。これが自己教育力となるのです。
>
> このサイクルがわかっていても、いきなり学習のテーマに「自分探し」をもってきては成功しません。なぜなら、「自分と向き合

【図5-1　ことばの力の体系図】

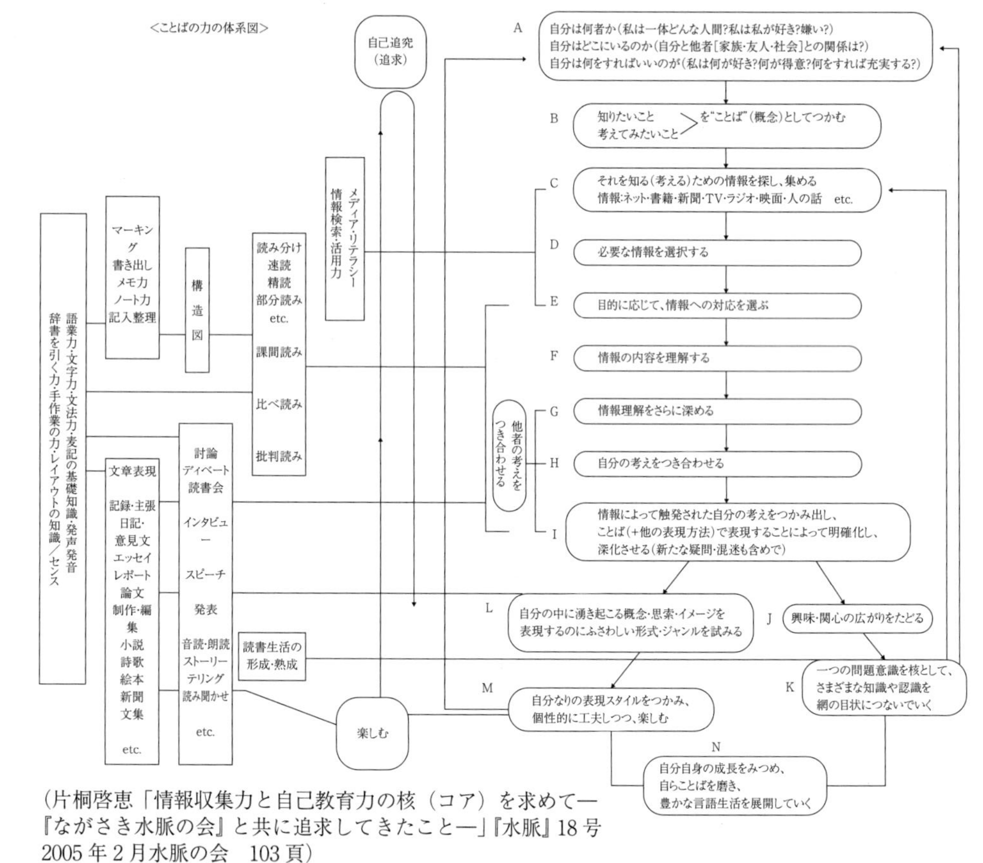

(片桐啓恵「情報収集力と自己教育力の核(コア)を求めて―『ながさき水脈の会』と共に追求してきたこと―」『水脈』18号 2005年2月水脈の会　103頁)

う」ことが一番つらいことだからです。とりわけ十代の心には。自分と正面から向き合えるようになるには、十分な準備と勇気が必要です。だから初めはことばを楽しむことから、テーマは社会的な問題から入り、学習者が自分の意見を持つことや自分を表現することに自信をつけてから「自分探し」をテーマに据えるのです。私はこれを「ブーメラン方式」と呼んでいます。

（片桐啓恵「情報編集力と自己教育力の核（コア）を求めて―『ながさき水脈の会』と共に追求してきたこと―」（『水脈』18号　2005年２月　水脈の会　93・94頁）。

自分と向き合う力の育成のための「ブーメラン方式」と呼ばれる、「ことばの力の体系図」が、【図5-1】である。

この図には、自我を核とする自己実現の過程で必要とされる情報の受信、発信に関連させて、様々な言語活動による技能の育成が計画されている。片桐啓恵は、自我意識が問題意識とつながり、「学んだ知識・理論・技術を自分に引きつけて離さない『磁石』のようなもの」となると述べる。自我意識・問題意識を核とする学びは、学びを内化し、その質を高めると考える。

(3) ３年間のことばの力の学習指導構想

片桐啓恵は、高等学校３年間の学習指導構想を1986年８月に公表した*23。これによって、３年間を見通して教材の価値を追求し、ことばの力を育成することをとおして、生徒の変容を求めるに至った。３年間を見通したことばの力の学習指導が、次のように言語活動によって構想されている。

【表5-2　ことばの力の学習指導構想】

	１年	２年	３年
	グループ学習活動 図書室での調査、資料づくり 発表のしかた		

読	課題読み　構造図をつくりながら 読みとりの力をつける　批判読み		自分たちで行う授業
聞話	声で表現すること(朗読) 話すこと　聞くこと	朗読・群読 討論・インタビュー 聞き書き 意見文　小論文	
書	生活文　随筆　空想文 意見文	創作 新聞・通信	卒業レポート 個人文集
		読書生活をつくる 図書刊について知る	

(片桐啓恵「単元『青年期の視点』─自分史をつくる三年間の継続学習─」 日本国語教育学会編・倉澤栄吉代表『ことばの学び手を育てる国語単元学習の新展開　Ⅵ　高等学校編』1992年8月　東洋館出版　49頁)

ブーメラン方式による「自分探し」に重ねて、これらの言語活動が行われ、社会を他者とともに生きるための力を育成する。1→2年で基礎的なことばの力を育て、3年で身につけた力を総合的に発揮する言語活動の場を設けている。授業実践に基づき、3年を見通して構想したのが、この学習指導構想である。

2　片桐啓恵の学習指導の方法

(1) ことばの学習指導の核と視点

片桐啓恵は、学習指導の方法として、3年間のことばの学習の核に〈個体史〉(自分史)をすえる。そして、自己課題を追求していくためとして、次の「視点1」、「視点2」を設定している。

「視点1」自分をとりまく最も身近な家族の問題から出発し、自分と社会とのかかわりを考えた上で、個人の内面の葛藤の問題にもどるという道筋をとって自己課題を追求していくという視点。

「視点2」時間軸と空間軸とが交わる座標軸の原点に自分を置

き、自己課題を追求していくという視点。（片桐啓恵「ことばを通して自己を育てる力を」『月刊生徒指導』1992年12月　学事出版　37頁参照）

「視点１」は、「ブーメラン方式」の根底にある学習者把握に基づくもので、現代青年の発達特性ととらえている。希薄な人間関係の中に育ち、青年期に入った生徒は、自分の内面と向き合うことにつらさを感じ避けようとするという。自己に向き合うことを求めるよりも、家族や社会と自己とのかかわりを考える学習が、自己の内面を見つめることにつながるというのである。また、「視点２」は、「自分につながる時間軸と空間軸の問題を学習の材料として配列し、その学習を通して、関係認識力を育てていく」[*24]とするものである。

(2) ことば学びの条件

片桐啓恵は、ことばの学びを単元学習として展開する。その根本にあるのが、次の考えである。

これまで十五年間に、全日制の普通科・家政科・工業各科を経験し、現在、定時制高校で三年目になる。それは、「学校教育によって自分の感性を殺されかけた」と思うほど傷ついた自分自身の中学・高校時代の体験から、「砂をかむような」授業はぜったいにしたくなかったからだし、“ことばの教育”を仕事と選んだ以上、学習者が生き生きとことばを使っていないような“ことばの教室”には、自分自身が耐えられないからである。《単元学習》を目指してきたというより、どうすれば、学習者一人一人が真剣に考え、自分の思いを表現し、そんな彼らの声が飛び交い、私自身を含めて教室にいる者すべてが真摯に磨き合い、育ち合う《ことばの学習》を創り出せるのか。それを考え続けてきた。

（片桐啓恵「なぜ、どのように、単元学習を構想し、実践するか」『研究紀要』30号　1994年３月　大下学園国語教育研究会　113頁）

「学習者一人一人が真剣に考え、自分の思いを表現し、そんな彼らの声が飛び交い、私自身を含めて教室にいる者すべてが真摯に磨き合い、育ち合う《ことばの学習》」の条件として、次の7点を挙げている。

①単元学習の必要条件は、言語活動が明確な目標のもとに設定されていること。
②主題単元に必要なのは、大きな抽象的なテーマではなく、独自の切り込み口（＝キーワードの設定）である。
③言語活動とテーマを設定したら、それが実現できる教材を集める。
④単元学習は単発では本来の機能を果たさない。→「重層的単元学習構想」の必要性。
⑤単元学習はマニュアル化できない。その代わりに、情報交換の場づくり（研究サークルなど）が必要。
⑥教師自身が多様な言語活動を体験していなければ、単元学習はイメージできない。
⑦教室の中だけでおさまらない生徒たち一人一人の《ことばの力》の育ち方を、さりげなく見守り続けることが、教室での単元学習実践に還ってくる。

（片桐啓恵「“ことば学び”が生きる条件を考える―学習者のための言語活動・教師のための言語活動を組織する―」『国語教育研究』第42号　1999年6月　広島大学教育学部光葉会　266・267頁参照）

7点の内①～④は主題単元学習の成立と発展に関している。問題意識を喚起する主題を核に（②）、重層的に構想し（④）、教材を開発・編成し（③）、言語活動をとおして（①）、主題を追求しつつ必要なことばの力をつける。⑤～⑦は主題単元学習を指導する授業者の力量育成（⑤・⑥）と授業への姿勢（⑦）である。

(3) ことば学びの方法

片桐啓恵は、次のようなことば学びの方法を、「水脈の会」の共同実践として提案した。

・《視点転換による再表現》
　［提案］小説や物語を、異なる登場者の視点からまるごと書き換える。
　教材は現代小説でも古文・漢文でも。
　視点転換によって必然的に教材を全力で読ませる。
　感情・心理の読みとり、関係の読み取り、場面・情景の読み取りを必然的にさせ、理論的に転換させる。
　教材となる作品の文章の質を追体験させる。
・《仮想インタビューづくりを通して『更級日記』を読む》
　［提案］『更級日記』の作者や登場人物のインタビューを仮想で表現する。
　古文入門期にストーリー性のある感情移入できる教材を。
　文法や言語事項の壁で躓かずに、直接教材と向き合える学習方法を。
・《新聞づくりを通して作品を読む》
　［提案］作品の内容を読み取って、新聞の形で再表現する。
　教材は小説・物語が取り組みやすいが、随筆・紀行・説明文で取り組める。
　（片桐啓恵「《学習者のための言語活動》《教師のための言語活動》を組織する―「ながさき水脈の会」を中心とした《ゆるやかな共同実践》の取り組み―」『世羅博昭先生還暦記念論集』2001 年８月　世羅博昭先生還暦記念論集刊行会　100・101 頁）

上に見られるのは、学習者のの興味・関心を引き起こす創造的な表現活動をとおして理解を深める方法といえる。

第2項　古典教育の実際

1　片桐啓恵の古典学習指導の展開

片桐啓恵の古典学習指導に関する報告を、古典教育実践の展開に重ねて分類すると、次のとおりになる。

【第一期　模索形成期　1979年―1986年】

A「手づくりの古典教室―グループによる研究・再表現活動の試み―」（『月刊国語教育研究』93　1980年2月　日本国語教育学会）

B「五里霧中の舳先―1年の終わりの古典人形劇」（『国語教育研究』第26号中　1980年11月　広島大学教育学部光葉会）

C「教室に声をとりもどすために―群読『平家物語』の群像を中心に―」（『国語教育研究』第29号　1985年6月　広島大学教育学部光葉会）

【第二期　発展充実期　1987年―1996年】

D「古典教材の〝発見〟―自己発見をめざす国語学習の場で―」（『日本語学』9巻　1990年1月　明治書院）

E「比較読みを中心にした古文学習（高二）―工業高校二単位の授業の模索―」（『水脈』4号　1990年2月　水脈の会）

F「ファンタジーとしての『竹取物語』をまるごと読む―定時制一年生の教室で―」（『水脈』8号　1994年2月　水脈の会）

G「ファンタジーとしての『竹取物語』をまるごと読む―定時制一年生の教室で―」（『国語教育研究』第38号　1995年3月　広島大学教育学部光葉会）

H「単元学習の発想を生かす公開講座《楽しい古典文学》」（第36回　広島大学教育学部国語教育学会　1995年8月　発表資料、片桐啓恵『“ことばの学習”実践論文集』2005年5月　長崎水脈の会）

2　古典教育観

(1) 古典観

片桐啓恵は、古典教育に、「視点転換による再表現」・「仮想インタヴュー作り」・「新聞づくり」という虚構の方法を提示している。この方法によって学習者は古典に創造的に価値を見い出し、自らを見つめ、自己課題の追求に向かう。ここに見い出されるのは、古典を「関係概念」として見る古典観である。

(2) 古典教育観

片桐啓恵は、「〈学習〉とは、『自分とは何者なのか、自分はいかに生きるべきか」という自己課題追求の営みである。だから、三年間の単元構成の核に〈個体史〉（自分史）をすえる。」*[25]と述べている。古典の学習も同じである。自己課題追求の学習指導のために片桐啓恵は、先に述べたように二つの視点を設定していた。視点１は、自己と距離を取るところの自己を見つめさせる視点である。視点２は、社会と自己との関係を時間軸と空間軸からとらえる視点である。古典教材は、視点２とかかわる。古典教材は時間軸と空間軸の交差する歴史、文化的伝統、変化（社会や生活の）とかかわって登場するとしている。すなわち、日本の時間をさかのぼるところに古典教材が発見されるばかりでなく、朝鮮半島、中国において時間をさかのぼったところにも古典が発見されると考えるのである。視点１は、古典教材を読み深め、学習者が何らかの関係性を築いていく過程においてかかわるものと考えられる。

３　「第一期　模索形成期」

―生徒の変容を目指す古典学習指導―

Ａ「手づくりの古典教室」、Ｂ「五里霧中の舳先」は、片桐啓恵の新任１年目の実践である。Ａ・Ｂによって、１年間の実践が報告されている。

新任１年目の片桐啓恵は、赴任校の生徒について、活気のなさ、無表情、無反応を見て取る。学習時の生徒の様子を、創意工夫に欠け、自分の思い付きを発言すること、手を挙げて発言することもないと見る。このような生徒たちに対し、どんなにささやかな変化であろうと、生徒の意見がとびかう教室をつくろうとする*[26]。古典学習指導は、生徒の状況を変えることを目標として計画された。

百人一首　グループ研究・発表			
単元１　古典入門	五月	一〜四組	
徒然草　　絵本制作			
単元２　人間探究	七〜八月	二〜四組	
古今和歌集　歌物語			
単元３　自然と人間	一〇月	三〜四組	
伊勢物語・古事記　古典人形劇			
単元５　愛の世界			
単元６　神話の世界	二〜三月	一〜四組	

この内、「百人一首」の授業は、「(1) 歌にこめられた愛をくみとり、その心情を短歌という形式の中でイメージ豊かに表現するための技巧を理解する。／ (2) 調査目的に応じて必要な文献を見つけることができ、情報の中から必要なものを選び、整理することができる。／ (3) 自分たちが調べたことを、他の人によく理解してもらうための発表の仕方を工夫する。」*27 という目標が設定されていた。「古今和歌集」の授業が終わったところで、片桐啓恵は、「初めは自主性・積極性をつけるため。その前に積極的になれるよう発言の材料を持たせる。材料を持つための、調べ方を身につける—それがグループ研究・発表の目的だった。やがて、何かを“つくる”作業を通して古典の楽しさを知るという方向に変わってきた。それは、私自身の古典を楽しむ方法のさまざまな模索であった。」*28 と述べるに至った。生徒に対しても「自分の学び取っていくことの喜びを本当に素直に受け取める（ママ）生徒たち。私にはようやく、君たちの真の素直さが見え始めた。」*29 と認識が変化したことを記している。3学期には、1・2組「伊勢物語」(筒井筒)、3組同 (都鳥)、4組「古事記」(八俣大蛇) で人形劇に再表現する授業を行った。3組は「いい人形劇をつくろうと必死に取り組んだ過程」があり、「四十七人の心が一つになって」劇を成功させた。生徒の一人は「クラス全体みんなで力を合わせてやってきて、やはり一人

一人何か得るものがあったと思う」と述べ、「こういう違った表現で古典に接してみて、あらためて古典の味わい方、おもしろさがわかり、とてもためになったし、なにより僕の古典に対する見方、及び価値観が相当変わった。今まで古典といえば文法事項を覚えて、ただ読んで訳すだけ、それで終わりというような感じだったけれど、作者の意図にしても、登場人物の言葉一つにしても、その中にさまざまな想が込められ、感情が入り、交じっていることがわかった。」とし、さらに「今回の人形劇は僕に色々なものを与えてくれた。」*[30]と書いている。片桐啓恵は、３組の人形劇に「本気で動き出せば予想外の可能性を揺り起こす」*[31]とする気付きを付している。一方、４組の人形劇は、「まるで予選会の出し物」で「古典の学習じゃない」という状態であった*[32]。この時期の片桐啓恵の古典学習指導は、生徒の変容を求め、学習状況の変革を目指すものであった。

Ｃ「教室に声をとりもどすために」は、生徒の変容を目指す古典学習指導の典型であった。実践は、大村はまや世羅博昭の理論と実践に学んで行われた。

生徒の実態は、基本的なコミュニケーションの姿勢に欠け、声を出せず、話が聞けないとされている。それは、学校教育によって産み出された身体性の問題とされ、ことばの学習の成立に関わる問題として把握されている。『平家物語』の群読は、このような実態から出発した。『平家物語』の一つの文章と出会い、その作品が持つことばのエネルギーと、全員がまともに格闘する。そのためには、全員が力を出しきらねばできないような困難な、しかし手応えのある課題を用意する必要がある。そこでつかんだものを再表現し、感動経験を得るために、『平家物語』の群読は格好の学習であるとした。対象生徒は、２年家政科１組、２年商業科２・３・５組である。

(1)　指導目標

指導目標は、次のとおりであった。

①貴族社会から武士社会への激しい時代の移り変わり、うち続く合戦の中で、平安末期～鎌倉初期の人々の〈諸行無常〉、〈盛者必衰〉の思想を単に嘆きの思想としてではなく、滅びの運命と背中合わせに生を生き抜いた一人ひとりの生きざまによって考える。
②〝語り物〟としての『平家物語』が持つ文体のエネルギーを群読することによって再表現し、体感する。
③グループ学習（研究・発表）を通して、図書室での文献利用の方法、発表資料のつくり方、発表のし方を学び、全員が学習の主役になる。
（片桐啓恵「教室に声をとりもどすために—群読『平家物語』の群像を中心に—」『国語教育研究』第29号　1985年6月　広島大学教育学部光葉会　161・162頁）

(2) 指導の実際

授業では、①身を乗り出して話を聞く経験を積み重ねさせ、②言語活動を中心に単元を構成し、③再表現（絵画化・文章化・音声化・劇化）させ、④一人ひとりを学習の主役にすることを試みた。授業は、①声で表現するということ（1時間）、②『平家物語』概略の理解（1時間）、③グループによる内容研究・ナレーションづくり（3時間）、④グループ研究の発表（1時間）、⑤群読研究・群読練習（3時間）、⑥群読発表（1時間）と計画されている。授業の実際では、作品の基礎理解、学習活動の基礎訓練、自発性・創造性の各面について細やかな配慮と指導の工夫が見い出される。

片桐啓恵は、しなやかな身体をつくることが、国語教育の基本に考えられていいと提言し、国語の学習で得た力が、生活のどのような場で生かされる可能性があるかという点を、授業構想の視野におさめておきたいとしている*[33]。

４「第二期　発展充実期」

―古典を読むおもしろさを分かち合う古典学習指導―

片桐啓恵は、３年間の学習指導構想を1986年８月に公表している*[34]。これによって３年間を見通すことが可能になり、教材の価値を追求し、ことばの力を育成することをとおして、生徒の変容を求めるに至った。

第二期の古典学習指導の中心的実践は、実践論文Ｆ、Ｇに報告されている「ファンタジーとしての『竹取物語』をまるごと読む」である。片桐啓恵は、古典を教材とする理由を「古典を読むおもしろさを分かち合いたいから」*[35]と述べている。生徒に感じてもらいたいこととして、次の点を挙げている。

> (1) 古典を通して、ことばの世界をより豊かに拡げることができる。
> (2) 人間の想像力・表現力の可能性を、時間・空間のつながりの中で味わうことができる。
> (3) 人間の生き方の不易流行を考えることができる。
> (片桐啓恵「ファンタジーとしての『竹取物語』をまるごと読む―定時制一年生の教室で―」『水脈』８号　1994年２月　水脈の会　１頁)

古典をまるごと読むことについては、「すべての教材は、特に物語性のものは、細切れにされると生命を失う。」*[36]と述べている。『竹取物語』については、①物語の要素が一杯詰まっている、②複線を読むことにおもしろさがある、③人物造形のおもしろさを、再表現に生かすことができる、④自分が知っている「かぐや姫」の話と比較読みができる、という４点を挙げて、教材としてまるごと読むことの妥当性を説いている。

本学習指導の対象は、定時制１年２クラスで、学習者の実態として、常時出席するのは７～８人で、能力の高い生徒もいるが、ひらかながすらすら書けないという生徒、全く学習に集中できない生徒などがいて、能力差が大きいことが述べられている。

(1) 指導目標

「単元のねらい」が、次のとおりに設定されている。

・自分が知っていた「かぐや姫」の話と「竹取物語」を比較し、原作の創造性・構築力などについて発見する。
・登場人物の個性を読み取り、心理を考えたり、その人物の戯画化によって風刺されているものを考える。
・空想小説として現代に通じる発想、イメージの新鮮さ、おもしろさを見つける。
・ファンタジーとして読み取ることのできるさまざまなテーマ（幸福の本質、生命、家族、身分と階級、結婚観、宇宙人の存在、天上界と地上……）を取り出し、それに沿って読み深める。
（片桐啓恵「ファンタジーとしての『竹取物語』をまるごと読む―定時制一年生の教室で―」『水脈』8号　1994年2月　水脈の会　3頁）

「この学習で育てることばの力」は、次のように設定された。

・説明（現代語訳、解釈を含む）を聞き取って、ノートに書き取る力。
・学習ノート（プリント）を保存・整理していく力。
・物語の展開、人物関係などを理解して、問いに沿ってまとめる力。
・時代背景、生活習慣などに関する説明から得た知識を基に、物語の事柄の背景を考える力。
・物語全体の筋を簡潔にまとめる力。
・ある登場人物の視点から物語を再表現する力。
　視点転換による論理的書き換え
　　想像性
　　描写力

　　　　人間洞察
（片桐啓恵「ファンタジーとしての『竹取物語』をまるごと読む―定時制一年生の教室で―」（『水脈』８号　1994 年２月　水脈の会　３頁）

⑵　指導の実際

学習指導は、１次、２次に分けて展開した。

「１次」（私が知っている「かぐや姫」）は、「竹取物語」全文を読むとして、30 時間をあてて行われた。教材は、①「かぐや姫の生い立ち」。②「五人の求婚者」。③「石作皇子と仏の御石の鉢」。④「くらもちの皇子と蓬莱の玉の枝」。⑤「阿倍の右大臣と火鼠の皮衣」。⑥「大伴の大納言と龍の顎の玉」。⑦「石上の中納言と燕の子安貝」。⑧「かぐや姫と帝」。⑨「かぐや姫、月を見て嘆く」。⑩「帝、かぐや姫の昇天を防ごうと兵を出す」。⑪「かぐや姫の昇天」。⑫「残された人々」である。この内、④⑤⑥⑦は、あらすじのみ、⑧⑪は現代語訳であった。30 時間をかけて、古典を教材とする場合、どうしても教師が説明しなければならないことがあるとして、一斉学習で、教師の説明を聞いてノートを取ったり、発問に対して一緒に考えたりする活動を中心に進められた。学習指導に当たっては、「学習の手引き」が用いられた。内容の読み取りに関する「学習の手引き」として、次のものが用いられた。

①かぐや姫が普通の人間ではないと思える点を、五点以上あげてみよう。
②かぐや姫の名づけの儀式と宴会は、どういう意味（目的）を含んでいましたか。
③かぐや姫の噂を聞いた世間の男たちはどんな行動をとりましたか。
④かぐや姫の〝結婚〟に対する考え方は？
⑤男女の関係において〝ことば〟はどのような形で、どのような働きをしていましたか。

⑥五人の求婚者に対する翁とかぐや姫の評価はどう違いますか。
⑦かぐや姫が五人の求婚者に対し、愛情のしるしとして要求した物をまとめて表にしなさい。

（片桐啓恵「ファンタジーとしての『竹取物語』をまるごと読む―定時制一年生の教室で―」『水脈』8号　1994年2月　水脈の会　7頁　注　実際の「学習の手引き」は二段組み。それぞれにまとめる欄が設けられている。番号は便宜上渡辺が付した。）

また、あらすじで読む部分に関しては、次の「学習の手引き」が用いられている。

■五人の求婚者のエピソードを、次の表にまとめよう。

人物名	課題	人柄	課題の実現のためにどんなことをしたか。	結末とかぐや姫の反応	生まれたことば	
					語	意味
石作の皇子	仏の御石の鉢					
子	枝					
阿倍の右大臣	火鼠の皮衣					
大伴の大納言	龍の頸の石					
石上の中納言	燕の子安貝					

（片桐啓恵「ファンタジーとしての『竹取物語』をまるごと読む―定時制一年生の教室で―」『水脈』8号　1994年2月　水脈の会　8頁）

二次の学習は、A．「竹取物語」全体の筋のまとめ、B．ある登場人物の視点から見た竹取物語（視点転換による再表現）、C．「竹取物語」原文を読む、となっている。中心はBの再表現である。登場人物の一人を選び再表現することによって、「その人物に思い入れし、人間ドラマとして作品全体をとらえることになる。」*37 とねらいが述べられている。Aは、Bのための準備作業である。先に挙げた①～⑫の教材ごとに見出をつけ、あらすじをまとめるとともに登場人物を明らかにする「学習の手引き」が準備されている。Cについては、ア．自分が知っているかぐや姫の話との異同、イ．印象に残っている人物・場面の理由、ウ．空想小説としておもしろい点、エ．幸福・生命・家族・身分と階級、結婚観などから一つを選び、作者のメッセージについて表現、という書くべき事が指示されている。力のない生徒は、Cの中から選んでできることでよいと考えている。

人から評価され、称賛されるという体験は、定時制の生徒達にはことさら大切な経験であるとして、学習した「竹取物語」は、さらに文化際にも取り込まれた。

第3項　考察のまとめ

本節で考察したことを古典教育を中心にまとめると、次のようになる。

(1) 国語教育観

片桐啓恵は、自我のありようや心の発達と関わる〝ことばの学習〟の学習指導を課題として追求した。そのために、ことばの力の体系と高等学校三年間のことばの力の学習指導構想を明確にしている。片桐啓恵は学習指導の方法を単元学習に求め、教材の開発・編成を行うとともに、絵画化・文章化・音声化・劇化などの再表現を中心に、グループ学習による学習指導を行い、ことばの力の育成を試みた。

(2) 古典学習指導

①古典観

片桐啓恵は、学習者が、古典に創造的に価値を見い出し、自らを見つめることをとおして、自己課題の追求に向かうことを求めている。ここに見い出されるのは、古典を「関係概念」として見る古典観である。また、古典の学習指導も自己発見、自己課題追求の営みと考える。古典教材については、時間軸と空間軸とが交差するところに発見されるもので、日本に限らず、朝鮮、中国など世界からも発見されるとしている。

②古典教育の方法

以下、「関係概念」に基づく古典教育の成立要件の観点からまとめることにする。

①興味・関心、問題意識の喚起

片桐啓恵は、自我意識が問題意識とつながり、「学んだ知識・理論・技術を自分に引きつけて離さない『磁石』のようなもの」とし、自我意識・問題意識を核とする学びを展開している。

②教材開発

自我意識・問題意識を核として、教材開発・選定・編成が、古典と現代、内外を分けずになされている。

③主体的学習・協働的学習

授業では、一人ひとりを学習の主役にすることが試みられ、グループによる内容研究・ナレーションづくり、発表が行われている。また、群読研究・群読練習・群読発表も計画され、作品の基礎理解、学習活動の基礎訓練とともに、自発性・創造性の各面について細やかな配慮と指導の工夫がなされている。

④付けるべき読む力の設定

学力の核としての自我意識・問題意識が、学力育成と深くかかわると考える。情報を集め、選び、理解し、自分とつなぎ合わせ、他者の理解や情報と引き合わせ、整理し、表出する力、自分らしい表現スタイルをつくる力、読書生活や情報ネット活用の力が想定されている。

⑤創造的読みと批評をとおした内化

自我意識・問題意識を核とし、主体的、創造的な読みがなされるとともに、複数教材を用いた重ね読み、比較読みなどの方法を用いた創造的読みがなされている。創造的読みとともに、批評をとおした読みによる内化がなされていると推定される。

その他、次の教育方法にも特色が見える。

ア　現代文と指導法は基本的に同じとし、単元学習の方法を用いて古典の学習指導を行った。

イ　教材を開発・編成するとともに、「傍注資料」にするなどの教材化を工夫した。

ウ　学習プリント、「学習の手引き」を作成し、学習を効果的にした。

エ　グループ学習を取り入れた学習指導により、対話交流のある授業づくりを行った。

オ　内容の鑑賞とともに声（身体）の解放に群読を用いた。

カ　古典の再表現によって創造的に古典の価値をとらえさせようとした。

キ　ことばの力の体系と３年間の指導構想に基づく学習指導がなされた。

片桐啓恵の古典教育は、従来、不十分であった古典学習指導におけることばの力の育成を意識的に試みたところに史的意義が認められる。

第３節　文学体験重視の古典単元学習

北川真一郎は、古典教育に国文学研究の方法論的成果を取り入れようとするとともに、学習者による古典文学体験を求めて古典教育を切り拓こうと試みた。その試みは、次の２編の論考に集約して報告されている。

・「『平家物語』を読む―古典講読に通じる授業実践―」（『国語教育研究』第36号　1993年３月　広島大学教育学部光葉会）

・「作品への視野をひらく古文の読解指導―古文学習指導三年間のあゆみをふりかえって―」（『国語教育研究』第41号　1998年３月　広島大学教育学部光葉会）

以下、この２編に基づいて考察を進めることにする。

第１項　古典教育観

北川真一郎は、古典教育に関して、「古典の学習が言語事項の習得や文学史的な知識の蓄積に終始せず、あるいはまた、指導者の一人よがりな詠嘆の押し売りに流れず、学習者個々の内面に生き生きとした文学体験の像を結ぶようにするためには、彼ら自身が古典作品に対して、積極的に発言するのが効果的だと考える。不十分な知識による発言は、古典の曲解につながるというのは杞憂に過ぎない。なぜなら、文学作品の読みは、読者の成長にともなってたえず深められ、発展させられていくべきものだからである。」*[38]と述べている。また、「『古典』という権威を押しつけるのではなく、一つの作品とかかわる自由を生徒に委ねたい」*[39]とも記している。ここには、学習者のそれぞれが、既有の知識と経験を動員して古典に立ち向かい、かかわることをとおして、自らの読みを創造することを目指す古典の読みが認められている。さらに、「作中人物、あるいは作者の生き方、価値観に関わる読みが求められなければならない。言語表現の結果としての意味だけではなく、それを生み出した作者の、あるいはそれを体現している作中人物の生き方を問う『意味』の探究が目指されなければならない。」*[40]と、読みの向かうべき方向を明らかにしている。ここで求められているのは、「作者の生き方、価値観」、「生き方」をなぞるように読解することではなく、「『意味』の探究」であり、その「意味」によって作者・作中人物を問う読みである。しかし、その「意味」が作者の「意図」にすり替わり、読みを規制することになる危険性を孕んでいるといえる。

第２項　古典教育の実際

1　平家物語の学習指導

(1)『平家物語』の教材価値

『平家物語』の教材としての価値については、「(1) 言語抵抗が比較的少なく、発言にいたるまでの労力が軽減できる。／ (2) 登場人物たちの人生がドラマ性に富み、それが表現意欲をかきたてる。／ (3) 文体、物語ともに変化に富み、さまざまな形の表現課題が設定できる。／ (4)『語りもの』としての性質が、音読・朗読にうってつけである。／ (5) 歴史的にきわめてダイナミックな時代背景を持ち、それが史料等を使って調べる興味をそそる。」*[41]ととらえている。その上で授業の見通しを「こうした特徴をふまえて、活発な学習活動を展開することができれば、おのずから学習者の内に主体的に古典とかかわろうとする意識が芽生えてくるはずである。そして、それが『古典の世界』を介して現代という時代とそこに生きる自分を見つめる視点の獲得、態度の涵養につながると考える。」*42と述べている。

(2)『平家物語』教材の開発・選定・編成

授業期間は1991年4月～1992年3月、対象は兵庫県立太子高等学校2年選択古典クラス（2単位)、41名（男子19名・女子22名）であった。本実践は、1989（平成元）年版学習指導要領において新たに設置された「古典講読」の実施を念頭において計画されている。教科書は『平家物語』（東京書籍）を用い、他に教材本文、学習の手引きなどさまざまに教材化がなされている。教材の開発・選定・編成の実際は、次によって、とらえることができる。

[一学期]
単元　武士の登場
　一、馬盗人（『今昔物語』巻第二五・第一二）
　二、頼信と盗人（『同』巻二五・第一一）
　三、頼光の郎等、祭り見物のこと（『同』巻第二八・第二）
　　＊筑摩書房「国語Ｉ」
　　一学期中間考査（補１）
単元　平家の栄華（以下ことわらない限り『平家物語』による）
　一、殿上闇討ち―平家時代への跳躍台―
　　＊新潮古典集成『平家物語』上
　　（付）石ノ森章太郎『マンガ日本の歴史』一四　内裏図
　　（貴族たちの砦）服飾図（地位と名誉のシンボル）
　二、平家の栄華（巻第一）
　三、鹿の谷（巻第一）

一学期末考査（補２）

［二学期］

単元　運命を生きぬく力―合戦の場をめぐって―

一、橋合戦（巻第四）

いくさの証人（梶原正昭『平家物語』講談社現代新書 96 〜 98）

二、生ずきの沙汰（巻第九）、宇治川先陣（同）

平家物語（小林秀雄『無常という事』角川文庫 64 〜 67）

三、富士川（巻第五）、篠原合戦（巻第七）、実盛（同）

奥の細道（松尾芭蕉『松尾芭蕉集』日本古典文学全集）

四、河原合戦（巻第九）、木曽最期（同）

ポニーに乗った義仲（木下順二『ぜんぶ馬の話』文春文庫 94 〜 97）

五、忠度都落（巻第七）、忠度最期（巻第九）

琵琶のしらべにのせて（上原まり『わたしの平家物語』高文研 136 〜 139）

＊独自に編集した小冊子。本文は、完訳日本の古典『平家物語』一〜四による。

＊その他、元範（ママ）発表には「一二之懸」（巻第九）「敦盛最期」（同）を、『橋合戦』では「鏡」（巻第四）をプリント学習で、「木曽最期」では「四面楚歌」（『史記』項羽本紀）との比較読みをとりあげた。

単元　時代の眼

一、福原遷都（『方丈記』）

＊日本古典文学大系『方丈記・徒然草』

二学期末考査

二、入道死去

［三学期］

単元　女たちの平家物語

一、小督（巻第六）＊完訳日本の古典『平家物語』
二、先帝身投げ（巻第一二）、大原御幸（潅頂巻）
　学年末考査（補3）
三、建礼門院右京大夫
　＊新潮日本古典集成『建礼門院右京大夫集』

（補）

1　「頼信と盗人」の会話部分を、人物の立場、人柄、その場の心情を考えて、創作的に現代語訳する。（地の文の訳は指導者）
2　「殿上の闇討」の学習をふまえて、永積安明『平家物語を読む』（8～27）を読み、平忠盛について論じる。
3　「小督」の学習をふまえて、小督の君になったつもりでインタビューを創作する。（インタビュアーは指導者）

（北川真一郎「『平家物語』を読む―古典講読に通じる授業実践―」『国語教育研究』第36号　1993年3月　広島大学教育学部光葉会　62・63頁）

各単元主題を軸に、『平家物語』の教材（新たに教材化されたものを含む）が緊密に編成され、さらに、関連した現代文の教材が随所に用いられ、背景や関連の知識、読みの視点を加え、生徒の興味・関心を高めるとともに、読みを豊かなものにしたことが推察される。

(3) 協働学習による読みの追求

上記の内、二学期の単元「運命を生きぬく力」*43は、次のようであった。

単元「運命を生きぬく力」は、5章編成の小冊子を用いてなされた。五章は前半（橋合戦・宇治川先陣）と後半（実盛・義仲・忠度）に分かれている。その編成については、後半は3人の最期を取り上げるが、「彼らが生の閉じめを迎えて、おのおのが担ってきた人間としての問題を明確にし、『人間世界の真実』（永積安明『平家物語を読む』岩波ジュニア新書―渡辺注）を浮き彫りにするありようは、前半の開放的なエネルギーの噴出と対比されることでよりあざやかな印象を読者の脳裏に刻むであろう。」*44 と述べている。授業は、グループ学習を取り入れ、5章それぞれを担当させ、調べ、発表させる形で行われた。グループ学習は、「学習の手引き」にしたがってなされた。

「学習の手引き」には、調べる、整理する、読み取る、考察する・分析する活動が組み込まれている。それぞれの活動は、次のように計画されていた。

(1) 調べる
　①該当箇所にいたるまでの経緯をさかのぼって調べる。
　②日本史の概説書・事典・資料集等を使って調べる。
(2) 整理する
　図表を作成して、内容を的確に整理する。
(3) 読み取る
　教材本文に基づいて、主に登場人物の心情を読み取る。
(4) 考察する・分析する
　①表現上の特徴を指摘し、その意図・効果について分析する。
　②登場人物の考え方、行動原理や作者の思想について考察する。
(北川真一郎「『平家物語』を読む―古典講読に通じる授業実践―」『国語教育研究』第36号　1993年3月　広島大学教育学部光葉会　65頁)

上記の活動にかかわる「橋合戦」の「学習の手引き」は、次のとおりであった。

「橋合戦」学習の手引き
一、高倉宮、源頼政の出自・経歴・当時の境遇を調べ、その挙兵の理由を考察する。
二、宇治橋周辺の略図を作成し、高倉宮方の動きを整理する。
三、頼政と仲綱が、わざと甲を着なかった理由を読み取る。

> 四、但馬、明秀、一来法師の闘いぶりを描くうえで、効果をあげている表現を指摘し、分析する。
> 五、「阿弥陀仏申して、奈良の方へぞまかりける」という明秀の戦線離脱に秘められた行動原理について考察する。
> 六、戦況を一転させたのは、誰のどのような言動であったかを指摘し、そこに表れている考え方を考察する。（注　下線は北川真一郎による）
> （北川真一郎「『平家物語』を読む―古典講読に通じる授業実践―」『国語教育研究』第36号　1993年３月　広島大学教育学部光葉会　62・63頁）

発表に備えて、指導者の示範発表がなされ、その後、発表が、①本文の音読、②梗概の音読、③学習の手引きに関する説明、④質疑応答、⑤指導者の講評と補足、と進められた。聞き手はメモと評価表を記入する。発表者は反省の文章を提出する。発表の後、学習した教材を材料にして「新聞レポート」を作成することが課されている。

北川真一郎は、グループ学習について、学習後のグループ学習に対する感想を目にし、「グループ学習は測り知れない可能性を秘めている。」と述べ、今後は、活動したことによる充実を超えて、確かなものを獲得させるためにポイントを限定して指導することが求められるとしている[*45]。

(4)　学習指導の特徴

北川真一郎は『平家物語』の授業を１年にわたって行った。古典文学の読みは、「読者の成長にともなってたえず深められ、発展させられていくべきもの」とする。ここに見い出されるのは、関係概念としての古典観である。この古典観に基づき、「学習者個々の内面に生き生きとした文学体験の像を結ぶ」古典教育を追求した[※46]。北川真一郎は、各単元主題を軸に、『平家物語』の教材（新たに教材化されたものを含む）を緊密に編成するとともに、関連した現代文の教材を随所に用いて、背景的知識や関連的知識、さらに読み方に機能する読みの視点を与え、生徒の興味・関心を高め、グループに調べ、発表させる主体的な学習を行わせ、読みを豊かなものとした。本単元は、主題を設定し、主題のもとに教材を組織している主題単元学習である。学習者の興味・関心は主題に統合され、それを軸とし、読みを深め、人間を見つめさせようとしている。さらに、北川真一郎の実践は、読みの過程に言語活動を組織し、併せて読み方指導・読む力の育成が図られている。ここに、古典の学び手を育てる観点を見い出すことができる。

2　高等学校3年間の古典（古文）教育の実際

北川真一郎は、兵庫県立姫路西高等学校への異動後に行った古典（古文）の3年間にわたる学習指導を報告している。姫路西高等学校は、1時間65分授業、2学期制を導入していた。

(1) 学習指導の方法

学習指導の方針が、65分授業にともなう授業回数の減少、2学期制による定期考査の出題範囲（特に前・後期中間考査）の拡大に対応するために、以下のとおりに打ち出されている。

ア　予習・復習を含めた学習全体の充実。
イ　自ら学ぶ力が、授業から家庭学習へと無理なく発展・拡充していくような指導方法の確立。
ウ　授業を核にして家庭学習をも視野に収めた総合的な指導計画の立案。
エ　指導者による学習目標を明確化し、学習者に教材学習の意味、つけるべき学力を理解させ、目的意識と意欲を喚起。
（北川真一郎「作品への視野をひらく古文の読解指導―古文学習指導三年間のあゆみをふりかえって―」『国語教育研究』第41号　1998年3月　広島大学教育学部光葉会　59頁参照）

(2)　3年間の古典（古文）学習指導の計画―主題に基づく編成―

「学習指導の方針」に従い、作品の「価値」の深みに到達するために、北川真一郎は、3年間の学習指導に「ひとつの作品について多面的に、あるいは時間軸・主題軸に沿って継続的に学習」*47することを求めた。ただし、これは、古文の学習力がある程度前提になるので2年次から本格的に学習することになっている。さらに、「授業を核としつつ長期休業中の補習や課題も含めた単元学習を構想」*48し、「興味・関心の発展を促すために、テキストの中にできるだけ、注釈書や入門書、あるいは古典評論や随筆などを組み入れ」*49、実践に移していった。その3年間の実際の歩みは、学年次と月に従って、「単元と教材」・「言語事項」・「課題学習及び補足」からなる一覧表によって示されている。その単元を中心に構成して示せば、次のとおりになる。

【表5-3　3年間の単元計画】

【1年次】
　①古文入門
　②徒然草（1）―先達の教え―
〈前期中間考査〉
　③竹取物語―ファンタジーの世界―
《夏休み補修》敬語
〈前期期末考査〉
　④徒然草―無常と美の実相―
　⑤伊勢物語・大和物語―恋のゆくえ―
〈後期中間考査〉
　⑥《冬休み課題》徒然草―人間への関心―
　⑦土佐日記―文学としての日記―
　⑧平家物語―ある英雄の死―
〈後期期末考査〉
【2年次】

①説話—中世の人間像—
②〈方丈記〉と〈徒然草〉—方丈の栄華—・—信じる心—
〈前期中間考査〉
③枕草子—清少納言の感覚—
④《夏休み補修》発心集
枕草子—清少納言の宮仕え—
〈前期期末考査〉
⑤大鏡—王朝の権力者たち—
〈後期中間考査〉
⑥更級日記—王朝女流作家の人生—
⑦《冬休み課題》更級日記
⑧源氏物語
〈後期期末考査〉
⑨《春休み課題》源氏物語—四人の女君—
【3年次】
①源氏物語
〈前期中間考査〉
②紫式部日記—源氏物語の作者—／無名草子—源氏物語の男たち—／蜻蛉日記—妻として・母として—
〈前期中間考査〉
③歌論—歌ことばへのこだわり—
〈前期期末考査〉
④古文典型場面演習・センター対策演習
〈前期期末考査〉
（北川真一郎「作品への視野をひらく古文の読解指導—古文学習指導の三年間のあゆみをふりかえって—」／『国語教育研究』第41号　1998年3月　広島大学教育学部光葉会　60—62頁参照）

3年間の古典（古文）学習指導が、一部を除き、作品ごとに主題単元学習として実践されている。古典を網羅的に扱う見地に立てば、北川真一郎自身の反省にあるように、韻文の他に歌論を除く近世文学が扱われていないなど、単元設定や教材選択に偏りがあるともいえる。しかし、学習目標を明確化し、つけるべき学力を生徒に理解させ、目的意識と意欲を喚起し、自ら学ぶ力が、授業から家庭学習へと無理なく発展・拡充していくための有効な指導方法として主題単元学習を選んでいる点を評価したい。

(3) 教材開発・選定・編成

この内、単元「更級日記―王朝女流作家の人生―」については、「冬休みを挟んでたっぷり『更級日記』を読もうと考えた。授業と家庭学習とを一連のものとして構成した単元である。」*50 と説明している。本単元学習は、『更級日記』から、次のとおりに教材を編成して２年時後期に展開した。

1　あづま路の道の果てよりも―物語にあこがれて―
2　その春、世の中にいみじう騒がしうて―近しい人々の死―
3　かくのみ思ひくんじたるを―源氏物語に夢中―
〈冬休み課題〉
4　世の中に長恨歌という（ママ）文を―恋にあこがれる年頃―
5　その五月のついたちに、姉なる人―姉の出産と死―
6　七月十三日に下る―父との涙の離別―
7　十月になりて京にうつろふ―気づまりな勤め―
8　そのかへる年の十月二十五日大嘗会の御禊とののしるに―初瀬詣―
　付　王朝女流日記の世界
9　世の中にとにかくに心のみつくすに―夫の任官と死―
10　さすがに命は憂きにも絶えず―阿弥陀来迎の夢―
（北川真一郎「作品への視野をひらく古文の読解指導―古文学習指導の三年間のあゆみをふりかえって―」『国語教育研究』第41号　1998年３月

広島大学教育学部光葉会　61頁）

『更級日記』の教育的価値については、「古典の中でも、ひとりの人間の人生をたどりつつ読むのに、これほど完成度の高い作品はそう多くない。まさに『静かな魅力』をたたえた珠玉の作品である。」*[51]と評価している。さらに、授業の展開にあたっては、次のように教材を添えて構成している。

テキストは、序「女房失格（中村真一郎『王朝文学論』）、3「『源氏物語』夕顔の君」（秋山虔『源氏物語の女性たち』）、4「長恨歌」（大意・注釈つき）、5「静かな魅力」（竹西寛子『王朝文学とつき合う』）、8「長谷寺の夢」（西郷信綱『古代人と夢』）、10「『更級日記と夢』（同）「物語作者としての孝標女」（中村真一郎『王朝文学論』）を添えて構成した。
（北川真一郎「作品への視野をひらく古文の読解指導―古文学習指導の三年間のあゆみをふりかえって―」『国語教育研究』第41号　1998年3月　広島大学教育学部光葉会　61頁）

単元学習が、「王朝女流作家の人生」を主題として『更級日記』に基づき、教材が編成され、授業が構想されている。そこに国文学者、国文学研究の知見を取り入れ、主題の理解を深めようとしたことも窺える。古典作品を読み深めるために、国文学研究の成果を生かす方法は、多くの単元で計画されており、3年間にわたる古文学習指導の特色にもなっている。

第3項　考察のまとめ

上記に見たとおり、北川真一郎の古典教育観と実践は、「関係概念」に基づく古典教育にほぼ重なっている。①興味・関心、問題意識の喚起とその維持発展への配慮によって、魅力的な単元計画が立てられ、授業に移されている。②教材開発は、単元主題を核に、国文学研究の成果も生かして、行われている。③主体的学習の場とその方法が生かされ、④主体的学習をとおして、付けるべき力も育成されていると考えるが、付けるべき読む力の全体は示されてはいない。⑤細やかな工夫のもとに協働的学習も行われている。⑥創造的読みと批評、および、⑦学習者による古典の批評をとおした内化については、今後に検証されねばならない。

北川真一郎は、国文学研究の知見と方法を古典の読みに積極的に取り入れることに意識的であった。2年次後期・春休みから3年次前期にかけて行われた『源氏物語』の学習指導では、三田村雅子著『源氏物語―物語空間を読む―』*[52]の論に基づき、「『王権』という概念を用いて物語の構造の理解を図るとともに、『身体』に注目させることによって、登場人物の感覚と心情を生々しく感じ取らせ」*[53]る古典教育を試みている。この学習指導では、授業で使用する概念としての「王権」については、日向一雅「光源氏の王権をめぐって―その系譜と位相―」*[54]、河添房江『源氏物語の喩と王権』*[55]、「いろごのみ」については、鈴木日出男『はじめての源氏物語』*[56]、高橋亨『色ごのみの文学と王権―源氏物語の世界へ―』*[57]を参考にしたとある。授業の実際は明らかではなく、北川真一郎の国文学研究の成果を生かした学習指導は、以後展開されることなく、途上にあって終わっている。北川真一郎の課題意識は、教科教育学と内容学の統合による古典教育として位置づけられる試みということもできる。

第4節　複合的対話による古典単元学習

本節では、牧本千雅子の古典教育実践を対象として考察することにしたい。牧本千雅子は、独自の観点から単元学習を追求し、すぐれた実践を重ねてきた。1994年11月には、大村はま奨励賞を受賞している。牧本千雅子の実践は、『ひびきあう高校国語教室を求めて』(2002年9月　友月書店)に収められている*[58]。牧本千雅子の古典教育実践の多くは、現代文と古典、あるいは地域の教材を複合的に用いた単元学習として展開している。

牧本千雅子の実践を考察するにあたって、「関係概念」としての古典観に基づく古典教育を観点とする。先に述べたとおり、この古典観に基づく古典教育の要件である、①興味・関心、問題意識の喚起、②教材開発、③主体的学習の保障、④付けるべき読む力の設定、⑤創造的読みと批評、⑥協働的学習、⑦学習者による古典の批評をとおした内化を考察の観点としたい。

ここでは、単元「王朝人の愛と美のかたちを探る」の実践例を取り上げ、以下に考察する。両者は、主題単元学習として、主題を軸に複数の教材開発を行い、グループによる協働学習を展開することをとおして、認識を深める実践となっている。

第１項　古典教育観

1　単元学習観

牧本千雅子は、国語教育に求めるものを、次のように述べている。

> 私は、国語教育を通じて、国語学力の二つの側面を伸ばしていきたい。一つは、何故、いかに生きるかの認識・思索を拡充し、主体的に生きる姿勢・態度・能力を養うことである。今一つは、秀れた多様な文章に触れ、さまざまな言語表現を体験し、生きる力に働く読解力、読書力、表現力を鍛え、生きた言語表現力を獲得させることである。（牧本千雅子「ことばをいのちに結びつける　単元『カゲロウ—生をみつめて—』の編成と実践」、所収　牧本千雅子『ひびきあう高校国語教室をもとめて』2002年９月　友月出版　６頁）

国語教育に求めるものが、人間育成にかかわる認知的な面と、技能育成にかかわる面とからとらえられている。その具体的なあり方は、「無意識の内に、課題学習、高等学校における単元学習をなしていた」*59とし、「一つの主題のもとに、複眼的アプローチから求心的思索を導こうとして単元的展開を試みてきたが、それは、学習前よりも、学習者の思考力の高まりや認識内容の深まり、ことばの力の向上が得られたという学習後の充実感を、学習者から投げかえされたいと願ってのことである。」*60とも述べられている。単元学習については、

> 一つの主題のもとに、さまざまの文章、資料を収集し、総合化された単元を構成し、複眼的視角からアプローチすることを通じて、かえってその核となる一つの重大な問題を発見し、その解決に目的意識的に向かっていく—即ち、複合的ではあるが、統合的・求心的学習が展開でき、生きる力に働いたらどんなにすばらしいか。（牧本千雅子『ひびきあう高校国語教室をもとめて』2002年９月　友月出版　6・7頁）
> 単元学習は、中心となる学習材を核に、学習者が各々課題を持って、他の資料を探し活かしながら、広く深い学習を展開していくものと考えています。私は、言葉を「いのち」「人間の心のひだ」「社会・自然の中で生きること」と結びつけたい、また、読み、書き、聞き、話す、言語事項を理解するという通常の言語学習だけでなく、読み比べる、考える、文献を探索する、教室外に出掛けて調べる、味わい楽しむといった学習を入れたいと考えて、単元を仕組んできました。（牧本千雅子『ひびきあう高校国語教室をもとめて』2002年９月　友月出版　238頁）

と説明を加えている。単元学習が、複数教材を用い、多様な言語活動を組み入れ、学習者の問題意識を軸に統合的・求心的な学習指導に練り上げ、学習者の主体的学習に導き、理解を深めることをとおして、人間形成と技能育成を図るものとされている。

　牧本千雅子の主題単元学習では、主題（テーマ）を核に、関連する様々

な作品群を精選して教材とし、一斉、班別、個別の学習形態を組み入れ、主題を求心的に追求するとともに、ことばの広がりを求め、調べ、読み比べ、考え、味わい楽しむ学習として展開している。

2　教材の開発・編成

牧本千雅子は、教材選定の基準に関して、「私は、教材価値の見出し方、組み合わせ方において、次のような点を根底に置きたい」*61 とした上で、「教材化しようとする文章は、まず、設定した単元の指導目標から据えられた中心教材に対し、類似するもの、対比・対立するもの両面から選んでよい。前者は、学習者に、主題に対する認識・思考を深め、より鮮明化し、後者は、それを広げると共に、比べることにより一層主題を浮き彫りにするであろう。」*62 と述べ、次のように観点を提出している。

(1)　求心性

類似・対立による主題をめぐる世界の拡散の中で、拡充深化する認識・思索が、より主題を鮮明化し、問題意識を核心に絞っていくような価値を包んでいる材料。

(2)　変容性

学習にとって、認識・思索内容及び、その方法、言語能力面で、学習前の自己を否定し、新たな発見・感動や高次の言語表現活動が期待でき、学習者のらせん的な高まり・学習者の変容を促し得る材料。

（牧本千雅子「主題単元学習について考える」『国語教育攷』第5号　1989年8月　国語教育攷の会、所収　牧本千雅子『ひびきあう高校国語教室をもとめて』2002年9月　友月出版　87頁）

この「求心性」と「変容性」について、牧本千雅子は、「求心性を持つ教材群が、時には反発しながらも、中心教材に向かって広がりと深さを帯びながら収斂されていき、学習者が自己変容を自覚して、学習内容と方法を血肉化する、そのような教材の選定と配列には、主題の見据え方と、一つ一つの教材の研究、分析の基礎作業が、不可欠である」*63 と教材研究の重要性を加えて説明をしている。この説明によれば、「求心性」と「変容性」は別々の教材群をさしているのではなく、求める教材の持つ機能を二側面から述べたものと解される。

３　学習者の位置―主体的学び―

学習者の主体的な学びについては、次のように述べられている。

> 授業を活性化し、生徒に主体的に考えさせ、鋭敏に感動させたい―その願いから、教材や生徒に合わせて手作りの課題（学習の手引き）、関連教材・周辺教材のプリントを多量に作るのが、長年の私の国語教室のスタイルになっていた。それは、無意識の内に、課題学習、高等学校における単元学習をなしていたことが、ここ四・五年の、自己実践の対象化と他の実践・研究に学ぶことによって自覚化されてきた。（牧本千雅子「単元『カゲロウ―生をみつめて―』の編成と実践」主題単元学習について考える」『国語教育攷』第２号　1989年８月　国語教育攷の会、所収　牧本千雅子『ひびきあう高校国語教室をもとめて』2002年９月　友月出版　５頁　注　下線は渡辺が付した）。

学習者の主体的な学びが授業に位置づけられ、追求されている。関連教材・周辺教材の開発は、相互にひびき合い、学習者ともひびき合って、学びを主体化し、理解を確かなものとし、認識を深めていく。主体的学びを保障し学びの深まりを、支援し、支えるものとして「手作りの課題（学習の手引き）」が開発されていると見ることができる。

４　「ひびきあう」国語教育の追究

牧本千雅子は、長谷川孝士のことばを引いて、次のように述べている。

長谷川孝士は、『ひびきあう国語教室の創造』（三省堂、一九八六）の中で、教材（言語と言語文化）と指導者と学習者とが結ばれて有効な言語活動が行われる時に、国語教育がひびきあいという形で創造されるとされ、学習者と指導者、学習者と学習者、学習者と教材、指導者と教材という四つの「と」が、ひびきあいながら統合されていく姿が、国語教室の実相であると述べられている。私は、更に、主題単元学習においては、教材と教材とのひびき合いも、相互媒介者たる教師によって、学習者の心に実現すると考える。（牧本千雅子「主題単元学習について考える」『国語教育攷』第5号　1989年8月　国語教育攷の会、所収　牧本千雅子『ひびきあう高校国語教室をもとめて』2002年9月　友月出版　89・90頁）

国語教育は、「学習者と指導者、学習者と学習者、学習者と教材、指導者と教材」に加えて、「教材と教材」との「ひびきあい」によって「統合」される時、主体的な学びとして学習者に現象するとされている。

5　主体的真実

「西尾実先生が、文学作品に対して『主体的真実の深浅、軽重が作品の価値判断の基準をなす』（『人間とことばと文学と』）と言われたことを、私は、国語教室の質に置きかえてみる。教師も、生徒も、各々の『主体的真実』を深め深めして、言語表現を通して生きる力を鍛えていくことがどれくらいできているか、それを問うていきたいと思う。」*64 と記している。主体的真実は、安易な恣意をいうのではない。厳しい追求の結果である。しかし、主体的真実は、絶対的真実ではなく、根本的には、主体と他者との関係性の中に生じるといえよう。

第２項　古典単元学習の実際

１　単元のねらい

牧本千雅子による「単元『王朝人の愛と美のかたちを探る』―『枕草子』を中心に―」は、1992年８月に報告された。単元づくりの根底に「自然の風物などの形象を通して、人の心が表現され、そのことばに触れることにより筆者の思いが読み手の心のひだに泌み入る。」とする王朝文学の表現とその理解に関する認識があった。この認識に立って「『雪』や『月』などの自然の叙述から、王朝人の愛と美のかたちを探らせたい」*65と単元を構想するに至った。本実践では、言語活動において「読み、書き、聞き、話す、言語事項を理解するという通常の学習に、意識して、読み比べる、考える、見つめる、文献を探索する、教室外に出かけて調べる、味わい楽しむといった方向性を組み入れた。」*66としている。単元をとおして言語技能の育成、情報収集・活用力、思考力の育成、さらには認識の深化が併せて目指されている。

２　単元の構成

単元の構成は、次のとおりであった。

次	学　習　材	学　習　指　導　の　内　容	時間
	（プリント）	単元の趣旨を説明し、個別の研究課題の設定と取組みを表示する。	0.5
一次	『伊勢物語』第六段（芥川） 第八七段（布引の滝） 塚本邦雄『露とこたえへて―業平朝臣歌物語』	「露」を形象化した歌物語を読み、王朝人の愛とみやびのありようを探らせる。また、原典と現代小説を読み比べて、背景を理解したり、造型のすばらしさを味わい楽しませたりする。	2.5
二次	『蜻蛉日記』上 「天暦九年九月」（嘆きつつ） 「康保三年八月」（泔杯の水草） 上巻末尾（「かげろうの日記」）	「かげろふ」に属した身の上と心理を読みとり、王朝人の愛のかたちを見つめさせる。	3

三次	『枕草子』二七八段(雪のいと・・・) 一七九段（雪のいと高う・・・） その他の雪の記述の章段	宮仕え中の出来事と心情を読みとるとともに、『枕草子』における「雪」の記述を調べ、清少納言の美意識をとらえさせる。	3
四次	『和泉式部日記』 長保五年九月(九月二十日・・・) 『紫式部日記』（和泉式部と・・・）	「月」をめぐる宮と女の行動と心理を読みとるとともに、「をり」に即した贈歌と消息文の応答の機微を味わわせる。また、同時代の女流作家による和泉式部評について考えさせる。	2
五次	『源氏物語』「須磨」「若紫上」(「玉鬘」)	登場人物の境遇、心情を読みとるとともに、「衣の色」の表現を調べ、王朝人の色彩感覚について考えさせる。	2
	（まとめ）	王朝人の愛と美のかたちについて、理解したり考察したりしたことを、書いてまとめさせる。優れたレポートの紹介をする。	1

（牧本千雅子「単元『王朝人の愛と美のかたちを探る』―『枕草子』を中心に―」日本国語教育学会編著・倉澤栄吉代表『ことばの学び手を育てる　国語単元学習の新展開　Ⅵ高等学校編』1992年8月　東洋館出版　97・98頁）

3　授業の概要

一次～五次の単元の展開の内、例えば、二次は、次のとおりであった[*67]。

(1)「天歴九年九月（嘆きつつ）」

「嘆きつつ」の一節を読み、道綱母の、生活、心情、和歌に込められた心理のひだを読みとらせる。具体的には、①兼家の道綱母と他の女をめぐる状況を把握し、下男に兼家の後をつけさせるほどの道綱母の嫉妬、兼家来訪時の拒絶などの心情を心情語（形容詞を中心に）と行動を中心に読み取らせる。②和歌の表現技巧（縁語・掛詞）に着目して悶々と孤独に苦悩する心情を理解させる。

(2)「康保三年八月（泔杯の水草）」

「泔杯の水草」の一節から結婚生活の典型と複雑な心情を読みとり考え

さえることを行った。兼家は、ふとしたことがきっかけの口論の後に去り、来訪が途絶えた。泔杯の水に水草が生えるまでになり、夫婦のはかなさを胸がつぶれるように感じる道綱母の心情をとらえさせる。②「絶えぬるか」の和歌の表現方法について考え、「塵を水草になぞらえ、回復の希望も持てない夫婦関係への不幸感」*68 を読みとる。

⑶「かげろふの日記」の命名

命名の一節を読む。はかない身の上を書名に込め、苦悩に満ちた自己の内面を描いた。書くことをとおして苦悩を昇華できたのではないかといった点を話し合い、感想を書かせる。

４　実践の考察

次に、「関係概念」に基づく古典教育の観点から、考察を進める。

⑴ 興味・関心、問題意識

本実践は、詩的情緒を湛えた「露」「かげろふ」「雪」「月」の自然の風物を核に求心的に王朝人の愛と美のかたちに迫ることで興味・関心を喚起し、学習に取り組ませることを試みている。また、取り上げた自然の風物に関連した作品に、学習者が研究課題を見いだし、個別、あるいはグループで取り組みレポートするという個（グループ）に応じた学習を構想している。ここには、興味・関心、問題意識に基づく学習が想定され、実践において成功を収めているといえる。

⑵ 教材開発

上記のとおり、自然の風物を核に平安人の愛と美のかたちを表現する作品を教材化し編成している。例えば、「露」の学習に関しては、『伊勢物語』（第６段）を、「高貴な女の無垢な美しさと、身分違いの恋のはかなさの象徴」と気づかせるものとして教材化している。また、塚本邦雄『露とこたへて―業平朝臣歌物語』の『伊勢物語』第６段・87 段に関連した一部を、「現代的に造型された業平の沈淪の思いや激しい悲恋などを読み比べる」教材として開発している。さらに、しばしば真珠に見立てられる「清らかな露」の形象化を『枕草子』（第125段）に求め、教材化している。この教材化には、先述の求心性と変容性が意図されている。愛と美のかたちを「露」に象徴させ、高貴な女の「無垢な美しさ」と「身分違いの恋のはかなさ」、滝のしずくを白玉とする見立て、現代的造型の在原業平の愛と身の上のはかなさの凝縮というように[*69]、教材化は求心性のもとに開発され、その多重性、多様性ゆえに学習者の認識を揺さぶりつつ広げ深め、変容に導くことに機能していると推察される。

教材は、次の【図5-2　教材・学習関係図】のように構成されている。

授業では、美と愛を相互に関連させて追求している。美の形象（露・かげろふ・雪・月・衣の色）に愛を重ねて授業が進められ、それぞれに関連した研究課題が個々に、あるいはグループごとに決められ、追究され、レポートにまとめられている。このような指導過程のもとに教材開発がなされ、課題研究が行われている。

【図5-2　教材・学習関係図】

	研究課題	研究課題	研究課題	研究課題	研究課題	
美の系譜						
	露	かげろふ	雪	月	衣の色	
授業	‖	‖	‖	‖	‖	まとめ
	伊勢物語	蜻蛉日記	枕草子	和泉式部日記	源氏物語	
愛の系譜						
	研究課題	研究課題	研究課題	研究課題	研究課題	

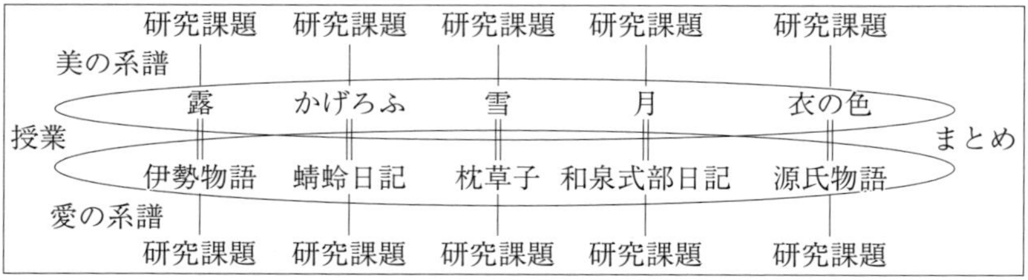

(3) 主体的学習の保障

「露」→「かげろふ」→「雪」→「月」→「衣の色」と風物に関する教材を読み進める傍ら、教材に研究課題を見つけ、主体的に個人やグループで調べる学習が行われている。レポートには、問題意識に基づいた学習者の積極的な取り組みが窺える。

(4) 付けるべき力の設定

本実践では、話す、聞く、読み、書くといった言語活動とともに、「読み比べる、考える、見つめる、文献を探索する、教室外に出かけて調べる、味わい楽しむ」力の育成が試みられた。「単元の構成」表の「学習指導の内容」欄には、「『露』を形象化した歌物語を読み、王朝人の愛とみやびのありようを探らせる。また、原典と現代小説を読み比べて、背景を理解したり、造型のすばらしさを味わい楽しませたりする。」（一次）、「『枕草子』における『雪』の記述を調べ、清少納言の美意識をとらえさせる。」（三次）、「『衣の色』の表現を調べ、王朝人の色彩感覚について考えさせる。」（五次）とあり、情報収集、比較、類別、関連づけなどの思考力、鑑賞力等が具体的な授業展開の中で育成されたと考えられる。その成果は、レポート（一部）として発表されている*[70]。しかし、その実態は明らかではない。

(5) 創造的読みと批評

二次（『蜻蛉日記』上）の学習を終えた学習者は、次の感想を残している。

ⓐまず感じたのは、平安時代を生きた女の悲しさである。結婚してしまえばあとはただ、夫が来るのを待つのみである。憧れの的であるはずの権門の男性の求婚は玉の輿であるはずで、甘い夢を描いていたのだろうが、現実は厳しかった。本朝三美人の一人と言われた才色兼備の作者のプライドは、侍女たちが、兼家の夜離れを話題にしているのを聞くと、著しく傷ついたことだろう。（後略──牧本：渡辺注）（Ｅ・Ｙさん）

ⓑ暗い灯の下で、不安やいらだち、そして反省を書く彼女の姿を思い浮かべると、兼家に対してよりも、その時代に彼女が生まれてきた運命に腹が立つ。かげろうのようにはかない愛と、絶え間なく変

わる自分の気持ち。この蜻蛉日記こそ、愛を求め続けた一人の女性の純粋な心の叫びだと思う。（中略―牧本：渡辺注）書きつけることで、気持ちを静め、子育てや仏教へと向かっていった彼女。・・・天皇の近くから女房として優雅な人々を眺めた作品よりも、現代の女性の気持ちに通じる普遍性がある日記だ。じれったい、か弱い女心を、周りの男性たちに読んでもらいたい。そして、女性を見る角度を少しでも変えてほしいのだ。（N・Aさん）
（牧本千雅子「王朝人の愛と美の形を探る」日本国語教育学会・倉澤栄吉他編『ことばの学び手を育てる　国語単元学習の新展開　Ⅵ高等学校編』1993年8月　東洋館出版　101・102頁）

ここに見える感想文は、授業で学び、自ら調べた背景的知識に拠る部分、すなわち調べたことを書いた部分も見い出される。表現が学習者の思索を潜り抜けたものかどうか丁寧に考えてみる必要があるとも言える。しかし、ここに見える感想文の大部分は、自らの読みを創造的・構成的に構築し、表現に及んでいると見ることができる。前者の「憧れの的であるはずの権門の男性の求婚は玉の輿であるはずで、甘い夢を描いていたのだろうが、現実は厳しかった。」や「本朝三美人の一人と言われた才色兼備の<u>作者のプライドは</u>、侍女たちが、兼家の夜離れを話題にしているのを聞くと、<u>著しく傷ついたことだろう</u>。」には、確かにE・Yさんの感じ考えたことと思える表現になっている。後者の「兼家に対してよりも、<u>その時代に彼女が生まれてきた運命に腹が立つ</u>。」また、後者の「一人の女性の純粋な心の叫び」や「現代の女性の気持ちに通じる普遍性」といった表現も同様である。N・Aさんは、蜻蛉日記に「普遍性」を見ている。そこに、批評意識が働いているのを見ることができる。

(6) 協働的学習

牧本千雅子は、学習者と指導者、学習者と学習者、学習者と教材、指導者と教材、教材と教材とのひびきあいによって「統合」される時、主体的な学びが成立するととらえている。本実践は、王朝人の愛と美とその形象を核に教材を重層的、かつ多様に開発し、学習を発展的に組織している。グループによる課題研究も行われ、そこでは協働学習が成立していると推測されるが、詳細は明確ではない。

(7) 内化

先に挙げたＮ・Ａさんは、学習後の感想で、「不安やいらだち、そして反省を書く彼女の姿を思い浮かべ」、「その時代に彼女が生まれてきた運命に腹が立つ」と道綱母の姿を想像し、表現に即して怒りを持って感想を述べている。次いで、道綱母の姿に「一人の女性の純粋な心の叫び」を見出した。それはＮ・Ａさんの創造的な意味づけである。さらに「心の叫び」に「普遍性」を見い出した段階に至って評価意識が働いている。それゆえに「周りの男性たちに読んでもらいたい」と主張するに至っている。内化は、文学の場合、読み（形象化）←→興味・関心・問題意識←→感想・意味付け←→評価（内容的価値・表現的価値・情意的価値）をとおしてなされる。このように見れば、Ｎ・Ａさんにおいて、古典の内化がなされているととらえられよう。

第３項　考察のまとめ

本節では、牧本千雅子の古典教育の特徴を整理するとともに、古典教育実践「王朝人の愛と美のかたちを探る」の概要を紹介し、「関係概念」としての古典観に基づく古典教育の観点から考察を加えた。

牧本千雅子は、学習者と学習材（作者・筆者）・学習者相互・学習者と指導者のひびきあいにより、ことばの力を伸ばしつつ、主体的真実の体感によって生徒の主体を確立する国語教室を求めた。その多くは、課題学習、主題単元学習として構想され、実践された。

「『王朝人の愛と美のかたちを探る』―『枕草子』を中心に―」は、『伊勢物語』・『蜻蛉日記』・『枕草子』・『和泉式部日記』・『源氏物語』などから

「露」・「かげらふ」・「雪」・「月」などの自然にかかわる箇所を教材とし、王朝人の愛と美のかたちを探った単元学習である*71。学習者は、一斉授業とともに、個別に見い出した課題を追求しレポートにまとめる学習活動によって、ことばの力を育てる。併せて自然の風物に託してものを思い、感性を磨いた王朝人の繊細な感じ方、自然に寄せて愛を希求する古代の男女の豊かな表現を味わったとされている。ここでは、教材の開発と編成によって、学習者の関心・問題意識を高め、主体的な学習活動の場を保障し、教材と学習者が教材との関係性を築き、創造的な読みを可能にしている。

本実践は、考察の不十分な点もあるが、「関係概念」としての古典観に基づく古典教育の追求要件を概ね満たしていると考えられる。本実践によって、①興味・関心、問題意識の喚起、②教材開発、③主体的学習の保障、④付けるべき読む力の設定、⑤創造的読みと批評、⑥協働的学習、⑦学習者による古典の批評をとおした内化の7つの要件と、その具体化の方法を学び取ることが可能である。

第5節　学びの「場」の創造

以上、4人の古典教育実践事例を取り上げ、「関係概念」に基づく古典教育の観点から考察した。考察の観点は、上に掲げた7点であった。

4人に共通して、学習者の興味・関心、問題意識に配慮した、あるいはそれらを喚起する、価値ある主題の設定が見い出された。教材は、主題とそれに対する認識の深化を求めて、古典のみならず、時には現代文も含めて開発・選定され、緊密に編成されていた。指導過程には言語活動と協働学習が組み込まれ、主体的に学習に取り組む場が保障され、創造的な読みが対話をとおしてなされていた。批評と内化については、指導過程に組み込まれているものもあり、また、学習者の感想等に看取されもしたが、授業者の全員に明確に意識されていたとは言いがたい。付けるべき技能については目標として打ち出され、授業者の問題意識にもなっていたが、その全体像について片桐啓恵を除いて明らかではなかったといえる。不十分な点も指摘したが、４人の古典教育実践は、いずれも、概ね「関係概念」に基づく古典教育の要件を満たし、完成度の高い実践であった。それらの実践は、戦後古典教育の展開における代表的とも言いうる実践と言ってよい。

これら４人の実践事例は、古典の創造的読みを発動する「場」のあるべき姿を示唆するものとなっている。以下、学びの「場」の創造という観点からも考察を加えることにする。

１　問題意識に貫かれた「場」

学びの「場」は、ユーリア・エンゲストロームの「学習活動の構造」図（2章第5節【図2-5】）によって説明が可能である。しかし、その図には書き込まれていない、問題意識が「場」の重要な要素である。古典の読みが創造的であるためには、「場」が問題意識に貫かれて展開する必要がある。４人の実践のいずれもが、それをなし得ていた。

２　対話的で多声的な「場」

４人の実践事例では、学びの「場」が対話的であった。主題にかかわる問題意識を軸に、一つの教材との対話から複数の多様な教材との対話へと重層的に広がり、思考は相対化されつつ、つながりあって深められた。対話を可視化する表現が随所に組み込まれ、虚構の表現も対話を促した。そこには、グループ学習が多く取り入れられ、教材をめぐって多様な対話がおこったと考える。指導者からの機微を備えた「私の一言」も対話を促すものであった。既有の知識・経験は、対話と多声から賦活され、創造的な読みに機能する。対話と多声は協働学習によっても生み出される。そのような対話的で多声的な「場」が創造的な読みを活性化する。

3　モデル（道具）の生きる「場」

学びは、方法を得て、深められる。実践事例のほとんどが、ゴールに至る学びのデザインを学習者に示している。学習者は、問題意識に基づき、地図を持って学びを進めていくことができる。また、ワークシート、学習の手引きによって、学習の進め方が分かるようにされている。さらにグループ学習は、学びの方法を学び合うことにも機能している。今後は、方法をモデルとして提示し、読みを深める過程で、方法を活用し、習得できるようしたい。また、授業者によるモデル実施、グループ学習でのモデルの学び合い、個別学習による活用とともに、組織化、系統化することも求められる。

4　メタ認知の「場」

4人の実践事例は、読みの過程で表現を取り入れ、可視化することでメタ認知を容易にしている。取り入れられた相互批評も、対話と多声も、メタ認知を手助けする。読みの過程を、読解→解釈→批評とする時、メタ認知は、どの段階にも必要になる。学びの「場」がメタ認知の「場」とされるべき理由である。

5　充実の「場」

どの実践も、学習者が積極的に学ぶことができるように工夫されている。問題意識を喚起する教材の開発・選定・編成がなされ、教材との新鮮な出会いが準備され、協働で認識を深め、学びの方法を習得できるように配慮されている。その中で、学習者は、充実感を持って取り組み、達成感をもって学び終えることができている。そのような充実の「場」が意図的に創造される必要がある。

【注】

*1　加藤宏文は、「『高校文章表現指導の探究』（1983年8月　溪水社）において、学習者の内実に『聴き入る』ことを通して、『国語教室』のあらまほ

しき姿を『探究』し記述に努めた。『聴き入った』からには、学習者とともに向うべき価値を示せるか。私は『主題単元学習』の実践を通して、さらに『聞き浸る』中から、『国語教室』の体系を構築し、それに応えようとしてきた。」（加藤宏文『高等学校　私の国語教室―主題単元学習の構築―』1988 年６月　右文書院　２頁）と述べている。

＊2　加藤宏文「あとがき」（加藤宏文『高等学校　私の国語教室―主題単元学習の構築―』1983 年６月　右文書院　277 頁）

＊3　加藤宏文『高等学校　私の国語教室―主題単元学習の構築―』（1988 年６月　右文書院）

＊4　浜本純逸編・加藤宏文『生きる力に培う「主題」単元学習』（1999 年４月　明治図書）

＊5　加藤宏文「序章」（加藤宏文『高等学校　私の国語教室―主題単元学習の構築―』1988 年６月　右文書院　１頁）

＊6　加藤宏文は、浜本純逸編・加藤宏文『生きる力に培う「主題」単元学習』（1999 年４月　明治図書　151 頁）の中で、「戦争を、なぜ止められなかったのか。」の単元主題のもとに教材開発を行ったことに関して、「私自身の主題意識は、それ（単元主題―渡辺注）を求心力として、折れ触れて、さまざまな教材を開発させ、それらを温めつづけさせてもきた。それは、教科書教材の組み代えにも及び、合わせて、同主題に応えていくに際して、私たちの主題意識を、さまざまな角度から揺さぶる教材群の開発に及んだ。（注　下線は渡辺が付した）」と述べている。ここに見える「主題意識」は、問題意識に重なるものと解される。

＊7　加藤宏文「序章」（加藤宏文『高等学校　私の国語教室―主題単元学習の構築―』1988 年６月　右文書院　２頁）

＊8　加藤宏文『高等学校　私の国語教室―主題単元学習の構築―』（1988 年６月　右文書院　75 頁）

＊9　加藤宏文『高等学校　私の国語教室―主題単元学習の構築―』（1988 年６月　右文書院　11－13 頁）

＊10　浜本純逸「解説」（浜本純逸編・加藤宏文『生きる力に培う「主題」単元学習』1999 年４月　明治図書　221 頁）

＊11　加藤宏文「わたしの『国語』教室―主題による統合の試み―」（『国語教育研究』第 26 号中　1980 年 11 月　広島大学教育学部光葉会、所収　加藤宏文『高等学校　私の国語教室―主題単元学習の構築―」1988 年６月　右文書院　６－10 頁参照）

＊12　加藤宏文「『自己主張』が、『生きる力』となるとき」（『月刊国語教育』1997 年６月　東京法令出版、所収　浜本純逸編・加藤宏文『生きる力に

培う「主題」単元学習』1999年4月　明治図書　18頁）
＊13　加藤宏文「主題単元学習における相互批評の役割―『歴史としくみの中を、生きぬこう。』の場合―」（『国語教育攷』第3号　1987年8月　国語教育の攷の会、所収　加藤宏文『高等学校　私の国語教室―主題単元学習の構築―』1988年6月　右文書院）
＊14　加藤宏文「意見をつくる」浜本純逸編・加藤宏文『生きる力に培う「主題」単元学習』（1999年4月　明治図書　18－23頁参照）。
＊15　浜本純逸編・加藤宏文『生きる力に培う「主題」単元学習』（1999年4月　明治図書　18－25頁）
＊16　浜本純逸編・加藤宏文『生きる力に培う「主題」単元学習』（1999年4月　明治図書　23頁）
＊17　浜本純逸編・加藤宏文『生きる力に培う「主題」単元学習』（1999年4月　明治図書　21頁）
＊18　浜本純逸編・加藤宏文『生きる力に培う「主題」単元学習』（1999年4月　明治図書　24頁）
＊19　浜本純逸編・加藤宏文『生きる力に培う「主題」単元学習』（1999年4月　明治図書　24・25頁）
＊20　加藤宏文「主題単元学習における相互批評の役割―『歴史としくみの中を、生きぬこう。』の場合―」（『国語教育攷』第3号　1987年8月　国語教育の攷の会、所収　加藤宏文『高等学校　私の国語教室―主題単元学習の構築―』1988年6月　右文書院　参照）
＊21　片桐啓恵「情報収集力と自己教育力の核（コア）を求めて―『ながさき水脈の会』と共に追求してきたこと―」（『水脈』18号　2005年2月　水脈の会　91頁参照）
＊22　片桐啓恵「情報収集力と自己教育力の核（コア）を求めて―『ながさき水脈の会』と共に追求してきたこと―」（『水脈』18号　2005年2月　水脈の会　102頁）
＊23　片桐啓恵「一年間の授業をどうつくるか―国語科・商業科三年生との一年間―」（『ながさきの高校生活指導』1987年8月　長崎高校生活研究会　64頁）
＊24　片桐啓恵「ことばを通して自己を育てる力を」（『月刊生徒指導』1992年12月　学事出版　38頁）
＊25　片桐啓恵「古典教材の〝発見〟―自己発見をめざす国語学習の場で―」（『日本語学』1990年1月　明治書院　42頁）
＊26　片桐啓恵「手づくりの古典教室―グループによる研究・再表現活動の試み―」（『月刊国語教育研究』第93号　1980年2月　日本国語教育学会

33・34頁参照）
*27　片桐啓恵「手づくりの古典教室―グループによる研究・再表現活動の試み―」（『月刊国語教育研究』第93号　1980年2月　日本国語教育学会　34頁）
*28　片桐啓恵「五里霧中の舳先―1年の終わりの古典人形劇」（『国語教育研究』第26号中　1980年11月　広島大学教育学部光葉会　202頁）
*29　片桐啓恵「手づくりの古典教室―グループによる研究・再表現活動の試み―」（『月刊国語教育研究』第93号　1980年2月　日本国語教育学会　38頁）
*30　片桐啓恵「五里霧中の舳先―1年の終わりの古典人形劇」（『国語教育研究』第26号中　1980年11月　広島大学教育学部光葉会　209・210頁）
*31　片桐啓恵「五里霧中の舳先―1年の終わりの古典人形劇」（『国語教育研究』第26号中　1980年11月　広島大学教育学部光葉会　211頁）
*32　片桐啓恵「五里霧中の舳先―1年の終わりの古典人形劇」（『国語教育研究』第26号中　1980年11月　広島大学教育学部光葉会　211頁）
*33　片桐啓恵「教室に声をとりもどすために―群読『平家物語』の群像を中心に―」（『国語教育研究』第29号　1985年6月　広島大学教育学部光葉会　169・170頁参照）
*34　片桐啓恵「ファンタジーとしての『竹取物語』をまるごと読む―定時制一年生の教室で―」（『水脈』8号　1994年2月　水脈の会　5頁）
*35　片桐啓恵「ファンタジーにしての『竹取物語』をまるごと読む」（『国語教育研究』第38号　1995年3月　広島大学教育学部光葉会　111頁）
*36　片桐啓恵「ファンタジーとしての『竹取物語』をまるごと読む―定時制一年生の教室で―」（『水脈』8号　1994年2月　水脈の会　2頁）
*37　北川真一郎「『平家物語』を読む―古典講読に通じる授業実践―」（『国語教育研究』第36号　1993年3月　広島大学教育学部光葉会）
*38　北川真一郎「『平家物語』を読む―古典講読に通じる授業実践―」（『国語教育研究』第36号　1993年3月　広島大学教育学部光葉会　61頁）
*39　北川真一郎「作品への視野をひらく古文の読解指導―古文学習指導三年間のあゆみをふりかえって―」（『国語教育研究』41号　1998年3月　広島大学教育学部光葉会　58頁）
*40　北川真一郎「作品への視野をひらく古文の読解指導―古文学習指導三年間のあゆみをふりかえって―」（『国語教育研究』第41号　1998年3月　広島大学教育学部光葉会　58頁）
*41　北川真一郎「『平家物語』を読む―古典講読に通じる授業実践―」（『国語教育研究』第36号　1993年3月　広島大学教育学部光葉会　61・62頁）

＊42　北川真一郎「『平家物語』を読む―古典講読に通じる授業実践―」（『国語教育研究』第 36 号　1993 年 3 月　広島大学教育学部光葉会　62 頁）
＊43　北川真一郎「『平家物語』を読む―古典講読に通じる授業実践―」（『国語教育研究』第 36 号　1993 年 3 月　広島大学教育学部光葉会　69 頁）に、「本単元の計画、実施にあたっては、兵庫県立豊岡実業高等学校教諭、今井一之先生の実践報告（「盛者必衰―平家物語の死の諸相―」平成元年度兵庫県高等学校国語科教育講座研究資料）を参考にさせていただいた。」と注されている。
＊44　北川真一郎「『平家物語』を読む―古典講読に通じる授業実践―」（『国語教育研究』第 36 号　1993 年 3 月　広島大学教育学部光葉会　65 頁）
＊45　北川真一郎「『平家物語』を読む―古典講読に通じる授業実践―」（『国語教育研究』第 36 号（1993 年 3 月　広島大学教育学部光葉会　68 頁）
＊46　北川真一郎「『平家物語』を読む―古典講読に通じる授業実践―」（『国語教育研究』第 36 号　1993 年 3 月　広島大学教育学部光葉会　61 頁）
＊47　北川真一郎「作品への視野をひらく古文の読解指導―古文学習指導の三年間のあゆみをふりかえって―」（『国語教育研究』第 41 号　1998 年 3 月　広島大学教育学部光葉会　59 頁）
＊48　北川真一郎「作品への視野をひらく古文の読解指導―古文学習指導の三年間のあゆみをふりかえって―」（『国語教育研究』第 41 号　1998 年 3 月　広島大学教育学部光葉会　59 頁）
＊49　北川真一郎「作品への視野をひらく古文の読解指導―古文学習指導の三年間のあゆみをふりかえって―」（『国語教育研究』第 41 号　1998 年 3 月　広島大学教育学部光葉会　59 頁）
＊50　北川真一郎「作品への視野をひらく古文の読解指導―古文学習指導の三年間のあゆみをふりかえって―」（『国語教育研究』第 41 号　1998 年 3 月　広島大学教育学部光葉会　61 頁）
＊51　北川真一郎「作品への視野をひらく古文の読解指導―古文学習指導の三年間のあゆみをふりかえって―」（『国語教育研究』第 41 号　1998 年 3 月　広島大学教育学部光葉会　61 頁）
＊52　三田村雅子『源氏物語―物語空間を読む―』（1997 年 1 月　ちくま新書）
＊53　北川真一郎「作品への視野をひらく古文の読解指導―古文学習指導の三年間のあゆみをふりかえって―」（『国語教育研究』第 41 号　1998 年 3 月　広島大学教育学部光葉会　67 頁）
＊54　日向一雅「光源氏の王権をめぐって―その系譜と位相―」（『源氏物語の王権と流離』新典社）
＊55　河添房江『源氏物語の喩と王権』（有精堂）

＊56　鈴木日出男『はじめての源氏物語』（講談社現代新書）
＊57　高橋亨『色ごのみの文学と王権—源氏物語の世界へ—』（新典社）
＊58　牧本千雅子の国語教育実践は、次のとおりである。①「旅」そして「昔話と人間の心—猿蟹合戦に学ぶ—」の場合（『月刊国語教育研究』194号　1988年7月　日本国語教育学会）、②授業研究　郷土の文学を生徒とともに（『兵庫教育』1991年10月　兵庫県教育委員会）、③古文を読むことと書くことを結び付ける—『今昔物語集』巻19の18を中心に—（『エデュカーレ』第6号　1991年10月　第一学習社）、④単元王朝人の愛と美のかたちを探る—『枕草子』を中心に—（日本国語教育学会編著・倉澤栄吉代表『ことばの学び手を育てる　国語単元学習の新展開　Ⅵ高等学校編』1992年8月　東洋館出版）、⑤グループ学習を中心とした古文指導—変革期を生きた人々—平安末期の神戸を中心に—（大平浩哉編『高等学校国語科　新しい授業の工夫20選第3集』1993年7月　大修館書店）、⑥ことばの世界を拡げつつ主題に迫る—「絵仏師良秀」の授業—（『月刊国語教育』1994年1月　東京法令出版）
＊59　牧本千雅子『ひびきあう高校国語教室をもとめて』（2002年9月　友月出版　5頁）
＊60　牧本千雅子「主題単元学習について考える」（『国語教育攷』第5号　1989年8月　国語教育攷の会、所収　牧本千雅子『ひびきあう高校国語教室をもとめて』2002年9月　友月出版　77頁）
＊61　牧本千雅子「主題単元学習について考える」（『国語教育攷』第5号　1989年8月　国語教育攷の会、所収　牧本千雅子『ひびきあう高校国語教室をもとめて』2002年9月　友月出版　86頁）
＊62　牧本千雅子「主題単元学習について考える」（『国語教育攷』第5号　1989年8月　国語教育攷の会、所収　牧本千雅子『ひびきあう高校国語教室をもとめて』2002年9月　友月出版　87頁）
＊63　牧本千雅子「主題単元学習について考える」（『国語教育攷』第5号　1989年8月　国語教育攷の会、所収　牧本千雅子『ひびきあう高校国語教室をもとめて』2002年9月　友月出版　87頁）
＊64　牧本千雅子『講座　単元の構成　多資料から求心的な思索を導く　『旅』そして『昔話と人間の心—猿蟹合戦に学ぶ—』の場合」『月刊国語教育研究』194号　1988年7月　日本国語教育学会、所収　牧本千雅子『ひびきあう高校国語教室をもとめて』2002年9月　友月出版　98頁）
＊65　牧本千雅子「単元『王朝人の愛と美のかたちを探る』—『枕草子』を中心に—（日本国語教育学会編著・倉澤栄吉代表『ことばの学び手を育てる　国語単元学習の新展開　Ⅵ　高等学校編』1992年8月　97頁）

*66　牧本千雅子「単元『王朝人の愛と美のかたちを探る』―『枕草子』を中心に―（日本国語教育学会編著・倉澤栄吉代表『ことばの学び手を育てる　国語単元学習の新展開　Ⅵ　高等学校編』1992年8月　97頁）
*67　牧本千雅子「単元『王朝人の愛と美のかたちを探る』―『枕草子』を中心に―（日本国語教育学会編著・倉澤栄吉代表『ことばの学び手を育てる　国語単元学習の新展開　Ⅵ　高等学校編』1992年8月　100・101頁）
*68　牧本千雅子「単元『王朝人の愛と美のかたちを探る』―『枕草子』を中心に―（日本国語教育学会編著・倉澤栄吉代表『ことばの学び手を育てる　国語単元学習の新展開　Ⅵ　高等学校編』1992年8月　101頁）
*69　牧本千雅子「単元『王朝人の愛と美のかたちを探る』―『枕草子』を中心に―（日本国語教育学会編著・倉澤栄吉代表『ことばの学び手を育てる　国語単元学習の新展開　Ⅵ　高等学校編』1992年8月　99頁参照）
*70　牧本千雅子「単元『王朝人の愛と美のかたちを探る』―『枕草子』を中心に―（日本国語教育学会編著・倉澤栄吉代表『ことばの学び手を育てる　国語単元学習の新展開　Ⅵ　高等学校編』1992年8月　97－100頁、102頁、106－110頁参照）
*71　牧本千雅子「単元『王朝人の愛と美のかたちを探る―『枕草子』を中心に―」（日本国語教育学会『ことばの学び手を育てる国語単元学習の新展開　Ⅵ　高等学校編』1992年8月　東洋刊出版）

第６章　「関係概念」に基づく古典教育の構想

―高等学校の場合―

教育は、授業の場で初めて現象として立ち上がることになる。本研究は、最終的には、古典教育の授業実践を目指すものである。そのために、第１章から第５章に至る考察をもとに、古典教育を構想して授業実践に移せるように具体化したい。構想は、次の点から行うことにする。すなわち、

①古典教育観

②古典を読む力の系統化

③学習者の主体的学び―学びの内化

④主題に基づく古典教材の選定・編成

⑤古典教育の方法―基本モデル

という５点である。第５章で考察の観点とした、「関係概念」に基づく古典教育の成立要件は、主に⑤古典教育の方法―基本モデルにおいて生かすことになる。古典教育の構想にあたっては、上記①～⑤を１学年から３学年にわたるカリキュラムに統合し、ついで、各学年の単元として具体的に指導構想として提示する必要がある。

本章では、まず、抽出した５点に対して方針を提示する。ついで、その方針に基づいて、高等学校３年間のカリキュラムを作成する。その上で、指導構想を各学年１例ずつ提示したい。

第１節　「関係概念」に基づく古典教育の方法

第１項　古典教育観

「関係概念」としての古典観と、それに基づく古典教育に関しては、第１章、および第２章で言及した。「関係概念」に基づく古典教育は、旧来

の「典型概念」に基づく古典教育パラダイムを転換する可能性を持つものと考える。それは、学習者を自ら学びを構成する主体として位置づけ、学習者の対話に基づく創造的な読みによる古典との関係性の構築を重視する。学習者は、古典を創造的に読み、読みによって立ち上がる〈古典〉を批評し、内化するに至る。

「関係概念」に基づく古典教育は、①学習者の興味・関心、問題意識の喚起、②学習者の実体に基づく価値ある教材の開発・編成、③学習者の主体的活動を行う時間と場の保障、④学びの協働化、⑤創造的読みと批評、⑥古典を読む力の育成を促し、⑦〈古典〉の内化を求めるところに特色がある。

また、「関係概念」に基づく古典教育と現在のテクスト論・読者論に基づく文学教育との間には、背景的知識、語、語法等の扱い方に相違はあるが、読みの方法に相違はない。文学教育の方法を中心に用いた読みが用いられることになる。

第２項　古典を読む力の系統化

第１章、第３節において、古典を読む力の措定を行った。古典教育の充実を図るためには、系統化を考える必要がある。古典を読む力を、次に高等学校１年から３年にかけて育成する能力目標として体系化することを試みた。

【表 6-1　古典を読む力の系統化】

技能（古典を読む力）	１年	２年	３年
［知識］			
①言語要素・文法 ②言語表現	古典の表現に基づき言語要素・文法の知識を増やすとともに、それを生かして創造的に読み、評価しようとする。	古典の言語表現の特徴に関する理解を深め、古典の表現に基づき言語要素・文法の知識をさらに増やすとともに、自らそれを生かして創造的に深く読み、評価しようとする。	古典の言語表現の特徴に関する理解を生かし、また、言語要素・文法の知識を生かして創造的に読み、評価するとともにそれらの知識を確かなものとする。

③古典に表れる生活・社会、有職故実、宗教 ④古典の書かれた時代背景や時代思潮に関する知識。	古典をとおして生活・社会・有職故実や時代背景、時代思潮への理解を広げ、また、それを活かして内容を読み取ろうとする。	古典をとおして生活・社会・有職故実や時代背景、時代思潮への理解をさらに深め、自らそれを生かして内容をより深く読み感想を持とうとする。	生活・社会・有職故実や時代背景、時代思潮への理解を生かして内容を創造的に読み取り評価するとともに、それらの知識を確かなものとする。
［技能］			
Ⅰ【読解力】 ①古典の語調やリズムを生かし、音読・朗読・群読を行う力。	古典の語調やリズムに合わせ、音読・朗読・群読を行う。	古典の語調やリズムを生かし、音読・朗読・群読を行う。	古典の語調やリズムを解釈と関連させて、豊かに音読・朗読・群読を行う。
②文章の内容を、より的確に把握する力。	文章の内容のおおよそを把握する。	文章の内容をより速く、適切に把握する。	文章の内容をより速く、より深く的確に把握する。
③題名から内容を予想し、展開をとらえる力。	題名から内容を予想し、展開を考える。	現代文学、古典文学の展開の型に関する知識などを活用して内容を予想し、展開を考える。	古典文学の型や社会思潮、文学史に関する知識を活用して内容を予想し、展開を考える。
④語句の意味を理解する力。 ａ．自己の経験とことばとを結びつける力。 ｂ．辞書を必要に応じて有効に利用する力。 ｃ．語句の意味を文脈から推定する力。 ｄ．漢字の構造・語句の構造を理解し、それを応用する力。 ｅ．助詞・助動詞の文中における意味・用法を理解する力。	分からない語句は辞書を引き、構造、経験、文脈から漢字・語句を理解しようとする。また、助詞・助動詞の知識を確認しつつ文意を理解しようとする。	構造、文脈、経験から漢字・語句を理解しようとし、必要な時に辞書を利用し、語句を理解する。また、助詞・助動詞の知識を生かしながら文意を理解しようとする。	構造、経験、文脈から語句の意味を推定し、必要な時には辞書を利用して語句の意味を把握する。また、助詞・助動詞の知識を生かしながら語句の意味を文脈に沿って、的確に理解しようとするとともに、語句に込められた意味を文脈から把握しようとする。
⑤文の組立をとらえ文意を明らかにする力 ⑥指示することばが文中の何を指している指摘する力。 ⑦文と文との連接関係をとらえる力。	必要ならば、注釈書・参考書・口語訳を利用し、文の組み立て、指示することば、文と文との連接関係をとらえ、古典との対	必要ならば、注釈書・参考書・口語訳を参考にし、文の組み立て、指示することば、文と文との連接関係をとらえ、文と文章	必要ならば、注釈書・参考書・口語訳を参照し、文の組み立て、指示することば、文と文との連接関係を比較検討するととも

⑧文・文章の内容と表現の強弱軽重をとらえる力。 ⑨エピソードと語り手の主張を分けてとらえる力。 ⑩必要ならば、注釈書、参考書、口語訳を利用する力。	話をとおして文意を明らかにする。また、文と文章の強弱軽重を意識する。	の強弱軽重を把握し、古典との対話をとおして文意を適切にとらえる。	に、文と文章の強弱軽重を把握し、古典と対話することによって文意を多角的に検討してとらえる。
⑪表現形態に即した読み方をする力 【文学的文章の場合】 a．作品のあらすじ・場面（時・場・人物）を読み取る力。 b．表現に基づきイメージ豊かに読む力。 c．作中人物の思想や性格および心情を読み分ける力。 d．文体の特色や表現のうまみなどを感得できる力。	文法的知識、背景的知識と関連させながら、表現の特色を意識し、表現に基づいて場面をイメージし、あらすじを把握しつつ、作中人物の変容をとらえる。	文法的知識、背景的知識を生かしながら、表現の特色を意識し、表現に基づいて場面のイメージを膨らませ、あらすじを適切に把握しつつ、作中人物の変容を的確にとらえる。	文法的知識、背景的知識を生かしながら、表現の特色を意識し、表現に基づいて場面を豊かにイメージし、あらすじを的確に把握しつつ、場面や文脈との整合性を押さえて、作中人物の変容を的確にとらえる。
【論理的文章の場合】 a．段落内の内容を要約する力 b．段落相互の関係や文章の展開のしかたを読み取る力 c．文体の特色や表現のうまみなどを感得できる力 d．全文の要旨・論旨をとらえる力 e．物の見方・感じ方・考え方などを読み取る力。	問との関係に基づいて全文の要旨をとらえ、ものの見方、考え方を読み取る。また、文体や表現の工夫を読み取る。	問との関係でポイントをおさえ、全文の要旨をとらえ、文体や表現の工夫に関連付けてものの見方、考え方を読み取る。	問との関係でポイントをおさえ、全文の要旨をとらえ、文体や表現の工夫に関連付けてものの見方、考え方を検討し、深く的確に読み取る。
Ⅱ【解釈力】 【文学的文章の場合】 ①疑問を見い出し、疑問の解決を求めて読む力。	疑問を見い出し、文章表現をとらえて疑問を創造的に解決するとともに、解決過程を検討する。	疑問を見い出し、文章表現をとらえて、既有の知識を動員して、疑問を創造的に解決するとともに、解決過程を検討し、追求を深める。	疑問を見い出し、文章表現をとらえて、既有の知識、歴史的、文化的背景等の知識を動員して、疑問を創造的に解決するとともに、解決過程を検討し、追求を深める。

②寓意・象徴・比喩・例示から解釈する力。 ③比較・類比・関連・推論・演繹・帰納などの思考力を用いて解釈する力。 ④既有の知識や経験を動員して解釈する力。 ⑤空所を補充し、文脈、場面を整える力。	②③④⑤の力を文章表現に即して用い、総合的に検討し、創造的に解釈を構成する。	②③④⑤の力を文章表現に即して用い、総合的に検討し、創造的に解釈を構成するとともに、その意味・主題を考える。	②③④⑤の力を文章表現に即して用い、総合的に検討し、創造的に解釈を構成するとともに、その意味・主題を多角的に検討し、特定する。
⑥文脈や場面、語り手の主張等を総合し、人物の思想、性格、心理（変容）、 ⑦主題を創造的に把握する力。	文脈や場面、語り手の主張等を総合し、人物の思想、性格、心理（変容）、および主題を創造的にとらえる。	文脈や場面、語り手の主張等を総合し、人物の思想、性格、心理（変容）主題を創造的に把握し検討する。	文脈や場面、語り手の主張等を総合し、人物の思想、性格、心理（変容）、および主題を創造的に把握し、さらにそれを総合的に検討し、深める。
【論理的文章の場合】 ①エピソードと語り手の主張から適切さを検討するとともに、当てはまる他の事例を考える力。	エピソードと主張との関係を読み取り、整合性を検討する。	エピソードと主張との関係を読み取り、既有の知識を動員して主張を意味づける。	エピソードと主張との関係を読み取り、既有の知識を動員して主張を意味づけ、多角的に検討する。
②構成・展開・論の適切さを検討する力。 ③表現の的確さを検討する力。 ④主張の妥当性を検討する力。	論・主張の的確さを表現、文脈に即して検討する。	論・主張の的確さを表現、文脈に即して検討するとともに、創造的に意義を考える。	論・主張の的確さを表現、文脈に即して検討するとともに、事象や状況、事例に当てはめて、創造的に意義を考える。
Ⅲ【批評力】 【文学的文章の場合】 ①解釈したことを基に、ア．内容的価値、イ．表現的価値、ウ．情意的価値を、主体との関わりにおいて批評し、価値づける力。	古典を対話を通して解釈し、内容、表現、情意（感動等）の各面について既有の知識、経験に基づいて批評し、価値づける。	古典を対話を通して解釈し、内容、表現、情意（感動等）の各面について、時代状況に関する知識、歴史的・文化的知識等に基づいて批評し、価値づける。	古典を対話を通して解釈し、内容、表現、情意（感動等）の各面について、時代状況に関する知識、歴史的・文化的知識等に基づいて総合的に批評し、価値づける。
【論理的文章の場合】 ②解釈したことを基に、ア．内容的価値、イ．表現的価値、ウ．情意	古典を対話を通して解釈し、ことがら・論理・表現と、	古典を対話を通して解釈し、ことがら・論理・表現と、	古典を対話を通して解釈し、ことがら・論理・表現と、

的価値を主体との関わりにおいて批評し、価値づける力。	主張の一般性・妥当性・普遍性を、内容、表現、情意の各面について既有の知識、経験に基づいて批評し、価値づける。	主張の一般性・妥当性・普遍性を、内容、表現、情意の各面について、時代状況に関する知識、歴史的・文化的知識等に基づいて批評し、価値づける。	主張の一般性・妥当性・普遍性を、内容、表現、情意の各面について、時代状況に関する知識、歴史的・文化的知識等に基づいて総合的に批評し、価値づける。
［態度］	1年	2年	3年
①古典を読むことによって、豊かに生きようとする態度。	古典への興味・関心を持って、古典を読もうとする態度。	古典への興味・関心を確かにし、古典を積極的に読もうとする態度。	古典を主体的に読むことによって、豊かに生きようとする態度。

第3項　学習者の主体的学び―学びの内化

戦後における古典教育実践の展開は、学習主体としての学習者の発見と、その古典教育への位置づけ、さらには自立的学習者（学び手）の育成の過程であった。それは、古典教育実践において、学習者個々の古典の受容と内化をどう創造するかという過程でもあった。この内化なしには、古典の継承と発展はなしえない。

内化に至る古典教育を構想するに当たっては、主題を軸に考えることにする。主題は、学習者の興味・関心、問題意識に基づくものとする。主題に関連する教材を開発・選定・編成し、学習者を学びの主体として位置づけ、学習者の興味・関心を育て、学習者の知識、学力実態に即し、学習者の問題意識に培う学習指導を行う。また、古典教材と学習者の出会いを効果的にし、教材と学習者との関係性を強める。さらに、学習者が主体的活動を行い、古典の価値を創造的に発見する場を設定する。

古典の内化の過程は、第2章第5節で、次のように考えた。

①既有の知識・認識に満足するよりも、興味・関心、問題意識に基づき、新たな知識・認識の獲得への欲求が強ければ、積極的な読みに向

かうことになる。〈興味・関心、問題意識〉

「作品を読んでどのようなことに興味・関心を持ちましたか。」

「考えてみたいことがありますか。」

②読解の段階である。場面を形象化し、プロットをとらえ対話しつつ意味づけていくが、整合性のある意味づけに達することができない状態にある。〈感想として表出〉

「どんなことが書いてありますか。」→「感想を述べてください。」（感想の交流）

③解釈の段階である。読みを対象化し、形象の読みに基づき、根拠を意識しながら対話しつつ整合性のあるモデルとなるよう、創造的に意味づけを行う。〈主題１として表出〉

「〜には、どんな意味がありますか。」・「〜は、どんな主題を表していますか。」（交流）

④モデルとした意味を、読みでえられたこと以外の事象に適応できるように修正し、一般化する。〈主題２として表出〉

「その意味は、何かにあてはめることができますか。」・「その主題に関連した例がありますか。」

⑤創造された主題とともに古典を対象に批評を加える。〈批評として表出〉……→〈内化〉

「読み終えて、あなたにとって、どんな意義がありましたか。」

古典の読みにおいては、興味・関心、問題意識を持たせ、古典の読解から、解釈を経て、読みの内実としての〈古典〉を批評することで内化に至る。このようにな読みの過程を指導過程に重ねて、授業を構想する必要がある。

第４項　主題に基づく古典教材の開発・選定・編成

古典の教材開発・選定・編成の観点は、①学習者の興味・関心、②追求すべき学習主題、③指導過程への対応、④学力育成、⑤古典概念の拡大、⑥アジア・世界の古典である*[1]。根底に、「『生命と生き方への根源的な問い』を鍛え深めさせていく」*[2]教材を求め、次のような主題を設定し、それらを軸に教材を開発・選定・編成する。

主題は、学習者の興味・関心、問題意識に配慮して、次の枠組みによってとらえることにする。

①社会（生活・戦い・身分制度・権力・状況等）
②人間Ⅰ―関係（恋・愛・友情・離別・家族等）
③人間Ⅱ―生き方（運命・生と死・男性論・女性論・人物論・ものの見方）
④自然（災害・季節・雪月花・動物等）
⑤文化（学び・ことば・思想・歴史等）

主題は、学習者の実態に応じて、設定していきたい。ここでは、先行の古典教育実践に基づき、次のような教材開発・選定・編成を考えた。

（1）高等学校１年

①「古典入門―古典を学ぶ意味を求めて―」*[3]（『宇治拾遺物語』・『徒然草』・『古今和歌集』・「朝三暮四」他）
②「武人の心を読む」―『馬盗人』―」（『宇治拾遺物語』）
③「状況と人間」（『平家物語』他）*[4]
④「Who are you, 清少納言」（『枕草子』他）*[5]
⑤「『伊勢物語』―生き方としての『みやび』を問う」（『伊勢物語』）*[6]

（2）高等学校２年

①「学ぶということ」（『うひ山ぶみ』『解体新書』・『蘭学事始』他）
②「金銀の威勢と人間」（『日本永代蔵』他）*[7]
③「風雅を求めて―芭蕉・蕪村・一茶―」（『奥の細道』芭蕉・蕪村・一茶の俳句他）
④「無常の世を生きる―『方丈記』・『徒然草』―」（『方丈記』・『徒然草』他）

⑤「自然とともに生きる―『万葉集』・『古今集』・『新古今集』―」（『万葉集』・『古今和歌集』・『新古今和歌集』他）

(3) 高等学校３年

①「極限状況を生きる―「船長日記」―」（「船長日記」他）

②「歴史を生きた人々―『大鏡』の世界―」（『大鏡』他）*8

③「様々な愛の姿―『源氏物語』の世界―」（『源氏物語』他）*9

④「白鳥の悲歌―日本文芸の抒情的展開―」*10（『古事記』・『万葉集』・『伊勢物語』他、近代詩・短歌・俳句を含む）

⑤「人間と運命」（『オイディプス王』・『古事記』・『蜻蛉日記』・『更級日記』他）

⑥「古典に学んで――人ひとりに生きる古典―」（高等学校で学んだ古典）

第５項　古典教育の方法―基本モデル

古典教育を魅力ある生き生きとしたものにし、上記の目標を達成するための基本モデルについて、第５章の古典教育実践の成果を生かし、古典教育の基本を、次のように考える。

1　古典教育の基本

①学習者の興味・関心、問題意識の重視

ア．学習者の興味・関心、問題意識の喚起、維持、発展。

②教材の開発・選定・編成

イ．認識深化と学力育成のための教材化（教材関連の現代の文章・学習者の産出した文章を含む）。

③主体的学習の保障―段階的指導過程

ウ．目標の二重構造化による、基本（一斉学習）→応用（グループ学習）→まとめ→発展（個別学習）の段階的指導過程。

④学力育成

エ．国語学力の育成、課題解決力、情報操作力の育成。

オ．学びの方法を身につけた主体的な学習者の育成。

⑤協働的学習

カ．学習者の主体的協働学習、課題解決学習。

⑥創造的読みと批評

キ．古典教材と学習者との関係性の創造。

ク．学習者の主体的活動による古典の価値の創造的発見。

ケ．教材と学習者の対話、学習者間の交流

コ．古典の読み（読解←→解釈←→批評）と内化。

⑦古典の批評をとおした内化

サ．〈古典〉の批評。

シ．自己評価。

2　古典教育の方法

豊かな古典教育は、学習者と古典との出会いの創造、生き生きとした主体的な学習、学習者による〈古典〉の創造的価値発見をとおして、内化に至る過程として構想されねばならない。その過程をとおして、自立した古典の学び手を育成することも求められる。古典教育は、常に創意工夫が求められるが、次の諸点を取り入れて古典教育を構想する。

【導入】

①学習者の興味・関心の育成―例えば、補助黒板の利用、国語科通信の発行、学級文庫の利用、授業時の挿話などをとおして、古典に関連する学習者の興味・関心を育成して、出会いを効果的にする。

②問題意識の喚起―追求する課題・主題に対し、関連した教材をあらかじめ読ませたり、話し合わせたり、書かせたりすることで興味・関心を育てるとともに、問題意識を喚起する。

【展開】

A　教材

③古典の史的展開と特質の把握―例えば、いくつかの主題に基づき、各時

代の教材を開発・編成することによって、時代を貫く古文の展開と特質を全体的にとらえることができるようにする。

④指導過程（基本→応用→発展）に応じた教材の開発・選定・編成を行う。

⑤教材化―テーマへの認識を深めるための現代文・古文の教材化、基本→応用→発展の指導過程に応じた教材化を積極的に行う。大村はまの工夫した「傍注資料」（傍訳付き教材）を利用すると使用の可能性が広がる。発展では、読書指導の発想を取り入れ、古文を広く深く読めるようにする。

B 授業構造

⑥目標の二重構造化*[11]―授業において、学習者の目標と指導者の目標を分ける。学習者は興味・関心を持って、学習者の目標（例えば、学習課題など）を目指して取り組み、認識を深めるとともに、身につけるべき読みの方法などの能力の習得についても自己評価させる。一方、指導者は、学習者が学習目標を目指して取り組む過程で、学習者の認識の深化とともに、言語能力の育成を図る*[12]。

⑦指導過程―指導過程を、例えば、課題発見→課題解決→学習成果の検討→学習の反省→発展のように、あるいは、基本→応用→発展のように段階的に構造化する。そうすることで主体的に学習する力を育成する。

⑧読みの過程―読解→解釈→批評とする内化に至る読みの過程を設定し、主体的な読みを支援する。

C 認識の深化

⑨主題（テーマ）による学習の統合―学習者の興味・関心に応じた、また、人間性・自然・愛・命・死・戦い、旅・思想・罪・人間と状況・ことばなどのテーマを軸に学習を展開し、人間が時代状況の中でどのように生きてきたかをテーマに即して考えるとともに、自らの生き方について考える。

⑩理解と表現の関連指導―感想文・劇化・絵画化・虚構の作文（小説・登場人物の日記等）、研究発表、小論文などの表現を取り入れ理解を深める。

D　古典の読み

⑪音読・朗読・群読―音読・朗読・群読を取り入れ、古文の独特のリズムや調べに慣れさせる。また、表現の特徴についてとらえ、日本語について理解を深め、言語感覚を豊かにすることを図る。

⑫文学体験の生成―グループ学習など学習者の交流・対話を促し、シナリオ化、リライト、登場人物の日記、手紙など創造的学習を取り入れ、文学体験の成立を目指す。

⑬入門期に限らず、古文を読む意義を実感させるような指導を心がける。

E　読む力を育む主体的学習

⑭主体的学習の支援―「学習の手引き」、ワークシートを作成し、学習の目標、学習の方法、学習の留意点などを明らかにし、主体的学習を支援する。

⑮古文を読む力の育成―学習の展開に伴う様々な場面で古文を読み味わう力（情意・技能・知識の学力）の育成を図る。文法に関する知識も、古文の読みの過程で、あるいは取り立てによって学ばせ、読みに生かすことができるようにする。

【終結】

⑯古典の批評―古典の読みとその感想、意味づけなどを交流し、話し合わせることなどをとおして〈古典〉を批評する場を設ける。

⑰学習成果の集積―学習成果を冊子にするなどして記録し、達成感を持たせるとともに、学習を見つめ直し、新たな学習への意欲を持たせるようにする。

3　基本モデル

(1) 基本モデルの提示

指導過程の基本モデルを提示する。基本モデルは、①段階的指導過程（基本→応用→まとめ〈→発展〉）*13、②目標の二重構造化、③内化に至る読みの過程を組み込んで構想する。基本モデルの活用にあたっては、上記「2」の古典教育の方法を、学習者の実態や教材に合わせて、組み合わせて用いる。

学習者は、基本段階で興味・関心を持つとともに、読みの方法を身につけ、学習目標と学習計画を理解し、学習者の目標を目指して、グループで該当教材に取り組み、その成果を発表する。基本→応用に至る学習の過程で、認識を深めるとともに、古典を読む力等の言語能力をつける。

【図 6-1　基本モデル】

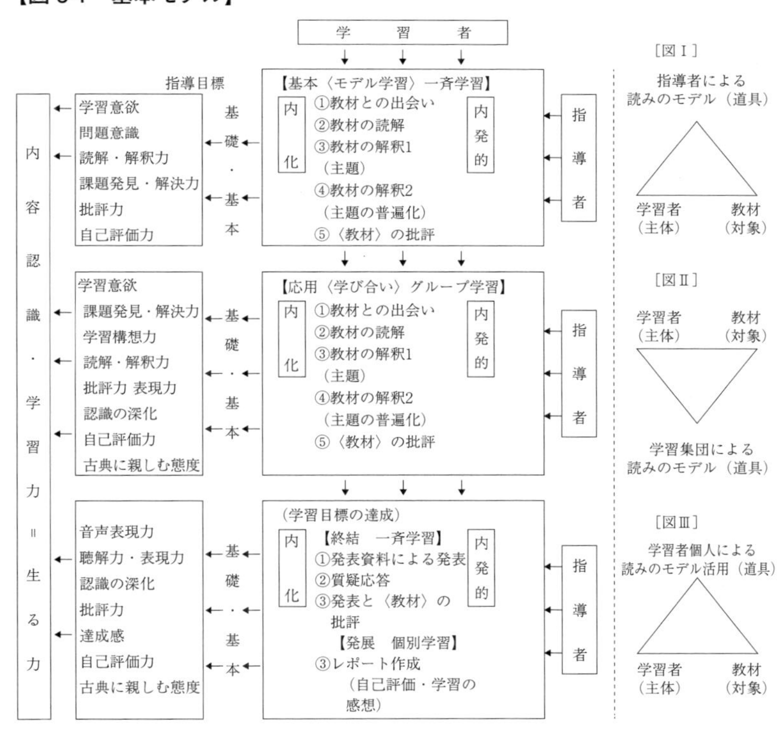

(2) 基本モデルに基づく指導過程

①基本段階

基本段階では、学習者の教材への興味・関心、問題意識を喚起する。指導者は、学習者が教材を読むための方法をモデルとして示し、一斉学習形

【図 6-2　学習活動の構造】

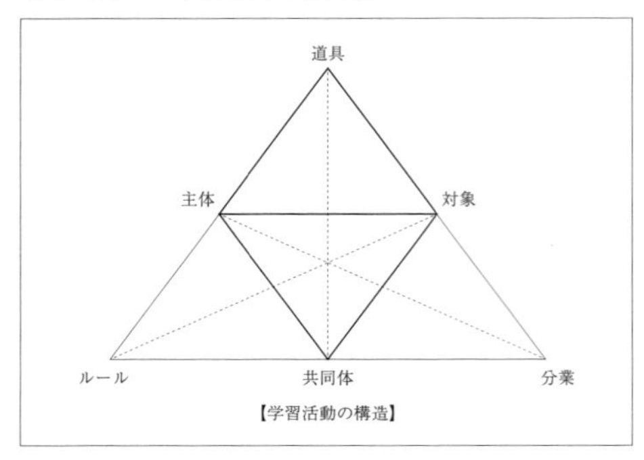

（ユーリア・エンゲストローム・山住勝広他６名訳『拡張による学習　活動理論からのアプローチ』1999 年８月　新曜社　144 頁参照）

態でモデルを用いて読み進める。学習者は、モデルに従って読み進め（読解⇔解釈⇔批評）、内化に至る過程［図Ⅰ］を体験する。［図Ⅰ］は、左の「学習活動の構造」図【図 6-2】の、主体（学習者）—道具（指導者による読みのモデル）—対象（教材）から成る三角形を取り出したものである。取り出すことによって、学習者が道具を用いて対象に働きかけ、認識し、内化していく過程を特化して示すことができると考えた。しかし、特化することは、ルール・協働体・分業によって示される機能を捨象したことを意味しない。全ては、全体の中で緊密に機能していると考える。ここでは、指導過程における基本段階の特色を明確にするために特化して示したのである。基本段階では、指導者が方法をモデルとして提示するところと、一斉形態であるところに特徴がある。

②応用段階

応用段階では、引き続き、学習者の教材への興味・関心、問題意識を喚起し、維持し、発展させることに配慮しなければならない。学習者は、グループの中で、基本段階で学んだ読みの方法を学び、協働で教材を読み進め（読解⇔解釈⇔批評）、内化に至る過程を体験する。指導者は、授業において学習者の主体的学習の場を作り、支援に徹するようにする。この体験をとおして読みの方法を身につけていく。応用段階の特徴は、学習者が、教材を読み進める時、読みの方法を、指導者からではなく、学習集団を構成するグループメンバーから相互に学び合い、交流することをとおして内化にいたる過程［図Ⅱ］を組み入れているところにある。［図Ⅱ］も［図

Ⅰ］と同様に、「学習活動の構造」図【図6-2】から、主体―協働体―対象から成る三角形の部分を特化したものである。

③発展段階

発展段階の最初は、応用学習の成果をグループ別に発表する。発展段階は、この後、個別学習として、関連のある複数教材から、学習者の興味・関心・問題意識に応じて選択し、身につけた読みの方法を生かして教材を読み、レポートを提出する、というように展開する。発展段階の特徴は、学習者個々が、学んで身につけた自らの力で読み進め、内化に至る過程［図Ⅲ］を持つことにある。［図Ⅲ］も上記同様の特化によるものである。

第2節　古典教育カリキュラムの構想

高等学校における3年間の古典教育のカリキュラムを以下のように構想する。能力目標は、学年の単元全体をとおして育成することにする。

(1) 高等学校1年

期	単元	教材	指導目標	形	能力目標
一学期	①古典入門―古典を学ぶ意味を求めて―	『宇治拾遺物語』・『徒然草』・『古今和歌集』・「朝三暮四」他	①古典を、興味をもって、楽しく読めるようにする。②古典を学ぶ意味を実感として理解させる。③主述などの文の構成、文章の構成を基に内容のあらましをとらえる。	一斉	【知識】○古典の表現に基づき言語要素・文法の知識を増やすとともに、それを生かして創造的に読み、評価しようとする。○古典をとおして生活・社会・有職故実や時代背景、時代思潮への理解を広げ、また、それを生かして内容を読み取ろうとする。
	②武人の心を読む―「馬盗人」―	「馬盗人」（『宇治拾遺物語』）	①登場人物の心情を読みとり、武士の人間像を読み取らせる。②問題意識を持ちながら読ませ、読後、読み取った内容について感想を持たせ、感想を交流する。	一斉↓班別	【技能】1　読解 ○古典の語調やリズムに合わせ、音読・朗読・群読を行う。○文章の内容のおおよそを把握する。

二学期	③状況と人間	『平家物語』「二度之懸」・「坂落」・「敦盛最期」・「重衡生捕」・「知章最期」・「越中前司最期」・「落足」・「小宰相身投」他	①登場人物の行動や心理を追究し、状況を生きる様々な人間の生き方を読み取り、生き方や状況と人間について意味づけ、批評し、意見を持たせる。 ②時代背景、状況をふまえ、表現に基づき、イメージ豊かに読みとる能力と人物像をとらえる能力を育てる。 ③「語り物」としての『平家物語』への関心を高め、文体の持つエネルギーを感得させる。 ④創作的方法を導入し、読みの深化・発展を図る。	一斉↓班別	○分からない語句は辞書を引き、構造、経験、文脈から漢字・語句を理解しようとする。また、助詞・助動詞の知識を確認しつつ文意を理解しようとする。 ○必要ならば、注釈書・参考書・口語訳を利用し、文の組み立て、指示することば、文と文との連接関係をとらえ、古典との対話をとおして文意を明らかにする。また、文と文章の強弱軽重を意識する。 (1) 文学的文章 ○文法的知識、背景的知識と関連させながら、表現の特色を意識し、表現に基づいて場面をイメージし、あらすじを把握しつつ、作中人物の変容をとらえる。
三学期	④ Who are you, 清少納言	『枕草子』『枕草子』に関する文章	①章段の性格に合わせて読み味わわせる。 ②清少納言のものの見方・感じ方・考え方を読み取り、各自のものの見方・感じ方・考え方に広がりを持たせ、批評する。 ③比較分析による読み、背景（歴史的・文化的背景）を考慮した読みができるようにする。 ④理解した内容や各自の考えを、目的に応じて表現できるようにする。 ⑤主体的・積極的に古典の学習に取り組む姿勢を養う。	一斉↓班別↓一斉	(2) 論理的文章 ○問との関係に基づいて全文の要旨をとらえ、ものの見方、考え方を読み取る。また、文体や表現の工夫を読みとる。 2　解釈力 (1) 文学的文章 ○疑問を見い出し、文章表現をとらえて疑問を創造的に解決するとともに、解決過程を検討する。 ②③④⑤の力を文章表現に即して用い、総合的に検討し、創造的に解釈を構成する。 ○文脈や場面、語り手の主張等を総合し、人物の思想、性格、心理（変容）を創造的にとらえる。
	⑤『伊勢物語』―生き方としての「みやび」を問う―	『伊勢物語』	①場面と、人物の行動および心情の変化とを読みとることで、物語の読みの方法を理解させる。 ②表現に即し、各段の場面・状況を理解させ、登場人物の心情を読み取らせる。 ③物語に現れた生き方としての「みやび」を読み取り、意味づけ、批評し、交流する。	一斉↓班別↓一斉	(2) 論理的文章 ○エピソードと主張との関係を読み取り、整合性を検討する。 ○論・主張の的確さを表現、文脈に即して検討する。 3　批評力 (1) 文学的文章 ○古典を対話を通して解釈し､内容、表現、情意（感動等）の各面について既有の知識、経験に基づいて批評し、価値づける。 (2) 論理的文章 ○古典を対話を通して解釈し、こと

			④班別学習でいくつかの章段を読み取り、意味付け、批評したものを、発表資料にまとめ、発表させる。 ⑤『伊勢物語』に興味・関心を持たせ、さらに読んでみたいと思うようにさせる。		がら・論理・表現と、主張の一般性・妥当性・普遍性を、内容、表現、情意の各面について既有の知識、経験に基づいて批評し、価値づける。 【興味・関心】 ○古典への興味・関心を持って、古典を読もうとする態度。

(2) 高等学校２年

期	単元	教材	指導目標	形	能力目標
1	①学ぶということ	『うひ山ぶみ』・『解体新書』・『蘭学事始』他	①学ぶ意味、学ぶ態度や方法について理解させ、自らの学ぶことに対する理解を深めさせる。 ②新たに物事を明らかにするための熱意、努力、苦心、創意などの人間的な取り組みを読み取るとともに、感想・意見を交流する。	一斉	【知識】 ○古典の言語表現の特徴に関する理解を深め、古典の表現に基づき言語要素・文法の知識をさらに増やすとともに、自らそれを活かして創造的に深く読み、評価しようとする。 ○古典をとおして生活・社会・有職故実や時代背景、時代思潮への理解をさらに深め、自らそれを活かして内容をより深く読み、感想を持とうとする。
1	②金銀の威勢と人間	『日本永代蔵』他	①当時の風俗・習慣・町人の生活ぶりを読み取らせる。 ②作品世界に生きる人々のものの見方・考え方・感じ方を読み取り、批評する。 ③人々のものの見方・考え方・感じ方を生み出す「世の中のしくみ」を読み取らせる。 ④「世の中のしくみ」と人々のかかわりについて考え、自分の考えを持ち、表現する。	一斉	【技能】 １　読解力 ○古典の語調やリズムを活かし、音読・朗読・群読を行う。 ○文章の内容をより速く、適切に把握する。 ○構造、文脈、経験から漢字・語句を理解しようとし、必要な時に辞書を利用し、語句を理解する。また、助詞・助動詞の知識を活かしながら文意を理解しようとする。 ○必要ならば、注釈書・参考書・口語訳を参考にし、文の組み立て、指示することば、文と文との連接関係をとらえ、文と文章の強弱軽重を把握し、古典との対話をとおして文意を適切にとらえる。
	③風雅を求めて―芭蕉・蕪村・一茶―	『奥の細道』芭蕉・蕪村・一茶の俳句他	①芭蕉の人生観、旅に向かう心、旅に求めたもの、また、表現の特徴を読み取り、批評する。 ②序段を暗唱できるようにする。		(1) 文学的文章 ○文法的知識、背景的知識を活かしながら、表現の特色を意識し、表現に基づいて場面のイメージを膨らま

学期	単元	教材	目標	形態	評価
二学期			③俳諧の読みの方法を理解させ、応用して読むことができるようにする。 ④それぞれの俳諧を理解させ、比較し鑑賞させる。 ⑤気に入った俳諧を選び、鑑賞レポートを書かせる。 ⑥俳諧に関心を持ち、積極的に読み味わおうとする態度を養う。	一斉↓班別↓一斉	せ、あらすじを適切に把握しつつ、作中人物の変容を的確にとらえる。 (2) 論理的文章 ○問との関係でポイントをおさえ、全文の要旨をとらえ、文体や表現の工夫に関連づけてものの見方、考え方を読み取る。 2　解釈力 (1) 文学的文章 ○疑問を見い出し、文章表現をとらえて、既有の知識を動員して、疑問
	④無常の世を生きる—『方丈記』・『徒然草』—	『方丈記』 『徒然草』 他	①『方丈記』・『徒然草』のそれぞれの無常観とその相違について理解する。 ②和漢混淆文・対句・反復・比喩・強調などの表現や、構成について理解させる。 ③『徒然草』のいくつかの段を学習することを通して、兼好の無常を生きるためのものの見方・考え方を読み取り、批評し、意見を持ち、交流する。 ④兼好の人間像をとらえさせ、感想を持たせる。 ④読みを通して各自のものの見方・考え方・感じ方を深めさせる。	一斉↓班別↓一斉	を創造的に解決するとともに、解決過程を検討し、追求を深める。 ○思考力・認識力等を文章表現に即して用い、総合的に検討し、創造的に解釈を構成するとともに、その意味・主題を考える。 文脈や場面、語り手の主張等を総合し、人物の思想、性格、心理（変容）、および主題を創造的に把握し、検討する。 (2) 論理的文章 ○エピソードと主張との関係を読み取り、既有の知識を動員して主張を意味づける。 ○論・主張の的確さを表現、文脈に即して検討するとともに、創造的に意義を考える。 3　批評力 (1) 文学的文章
三学期	⑤自然とともに生きる—『万葉集』・『古今集』・『新古今集』—	『万葉集』 『古今和歌集』『新古今和歌集』 他	①表現を通して、それぞれの時代の自然（桜〈春〉・ほととぎす〈夏〉・紅葉〈秋〉・雪〈冬〉）に対するものの見方・感じ方・考え方をとらえさせる。 ②万葉集・古今集・新古今集の特徴のおおよそをとらえさせる。 ③万葉集・古今集・新古今集を読む方法を理解させ、それを応用する力を育成する。 ④和歌に親しむ態度を養う。 ⑤気に入った和歌を選	一斉↓班別↓一斉	○古典を対話を通して解釈し、内容、表現、情意（感動等）の各面について、時代状況に関する知識、歴史的・文化的知識等に基づいて批評し、価値づける。 (2) 論理的文章 ○古典を対話を通して解釈し、ことがら・論理・表現と、主張の一般性・妥当性・普遍性を、内容、表現、情意の各面について、時代状況に関する知識、歴史的・文化的知識等に基づいて批評し、価値づける。 【態度】 ○古典への興味・関心を確かにし、古典を積極的に読もうとする態度。

			び、鑑賞をレポートさせる。また愛唱歌集を作成し、交流をとおして、批評し合わせる。		

(3) 高等学校３年

期	単元	教材	指導目標	形	能力目標
一学期	①極限状況を生きる―「船長日記」―	「船長日記」他	①作品との対話をとおして極限状況を生きぬいた人間の知恵と尊厳を発見させる。 ②場面をとらえあらすじを速くとらえるとともに、読みの観点を設け、重要な場面は丁寧に読み取る力を養う。また､テーマと表現効果から作品の評価を行わせる。 ③古典の価値を創造的にとらえ、古典を読む意義をとらえさせる。	一斉	【知識】 古典の言語表現の特徴に関する理解を活かし、また、言語要素・文法の知識を活かして創造的に読み、評価するとともに、それらの知識を確かなものとする。 ○生活・社会・有職故実や時代背景、時代思潮への理解を活かして内容を創造的に読み取るとともに、それらの知識を確かなものとする。 １　読解力 ○古典の語調やリズムを解釈と関連させて、豊かに音読・朗読・群読を行う。 ○文章の内容をより速く、より深く的確に把握する。 ○構造、経験、文脈から語句の意味を推定し、必要な時には辞書を利用して語句の意味を把握する。また、助詞・助動詞の知識を生かしながら語句の意味を文脈に沿って、的確に理解しようとするとともに、語句に込められた意味を文脈から把握しようとする。 (1) 文学的文章 ○文法的知識、背景的知識を活かしながら、表現の特色を意識し、表現に基づいて場面を豊かにイメージし、あらすじを的確に把握しつつ、場面や文脈との整合性から、作中人物の変容を的確にとらえる。 (2) 論理的文章 ○問との関係でポイントをおさえ、全文の要旨をとらえ、文体や表現の工夫に関連づけてものの見方、考え方を検討し、深く的確に読みとる。
	②歴史を生きた人々―『大鏡』の世界―	『大鏡』他	①対話をとおして摂関政治のな中を生きた人々の心情や人間像をとらえ、人間について読み取り、批評を加え、意見を持ち、交流する。 ②歴史的な背景を考え、表現に即して、登場人物の心情や人間像を読み取る力をつける。 ③様々な表現をとおして創造的に理解を深いものにする。 ④班別学習によって、学習を計画し、協力し合うことによって、協動的な学びの意義を理解させる。 ⑤学習をとおして、総合的な学力を育成する。 ⑥学習をとおして得たことをもとに作品を評価する。	一斉↓班別↓一斉↓個別	

	③様々な愛の姿―『源氏物語』の世界―	『源氏物語』他	①源氏物語の登場人物たちの様々な愛の姿を読み取り、鑑賞させる。 ②読むこと、鑑賞することをとおして、愛のあり方や人生についてものの見方・感じ方・考え方を深める。 ③物語の読み方を理解し、応用して読めるようにする。 ③心情語、人物の形容語を中心に古語を理解させ、語彙を増やす、また、時代の体制、風俗、習慣等について理解し、その知識を活用して理解を深めるようにさせる。 ⑤興味を持って源氏物語を楽しむようにする。		2　解釈力 (1) 文学的文章 ○疑問を見い出し、文章表現をとらえて、既有の知識、歴史的、文化的背景等の知識を動員して、疑問を創造的に解決するとともに、解決過程を検討し、追求を深める。 ○思考力・認識力等の力を文章表現に即して用い、総合的に検討し、創造的に解釈を構成するとともに、その意味・主題を多角的に検討し、特定する。 ○文脈や場面、語り手の主張等を総合し、人物の思想、性格、心理（変容)、および主題を創造的に把握し、さらにそれを総合的に検討し、深める。 (2) 論理的文章 ○エピソードと主張との関係を読み取り、既有の知識を動員して主張を意味づけ、多角的に検討する。 ○論・主張の的確さを表現、文脈に即して検討するとともに、事象や状況、事例にあてはめて、創造的に意義を考える。 3　批評力 (1) 文学的文章 ○古典を対話を通して解釈し、内容、表現、情意（感動等）の各面について、時代状況に関する知識、歴史的・文化的知識等に基づいて総合的に批評し、価値づける。 (2) 論理的文章 ○古典を対話を通して解釈し、ことがら・論理・表現と、主張の一般性・妥当性・普遍性を、内容、表現、情意の各面について、時代状況に関する知識、歴史的・文化的知識等に基づいて総合的に批評し、価値づける。 【態度】 ○古典を主体的に読むことによって、豊かに生きようとする態度。
二学期	④白鳥の悲歌―日本文芸の抒情的展開―	『古事記』・『万葉集』・『伊勢物語』他、近代詩・短歌・俳句他	①白鳥がどのように形象化されているかをとらえ、表現を通して叙情を感得する。 ②表現に基づき、鑑賞する方法を理解し、応用して鑑賞することができるようにする。 ③表現と形象と叙情との関係から評価する。 ④精神文化の歴史と伝統に関心を持ち、問題意識を持って古典に向かう態度を養う。	一斉↓班別↓一斉	
三学期	⑤人間と運命	『オイディプス王』・『古事記』・『蜻蛉日記』・『更級日記』他	①それぞれの物語・日記を読み人間と運命について自分の生き方に重ねて考える。 ②通読部と精読部を分けながら読み取るようにする。 ③読み、意味づけ、考えたことをグループで発表し話し合う。 ④古典を生涯にわたって読もうとする態度を育成する。	個別↓班別↓一斉	

	⑥古典に学んで━一人ひとりに生きる古典━	高等学校で学んだ古典	①一人ひとりの心に残る古典の発表をとおして古典への思いを深くさせる。 ②古典学習の全体を振り返り、学ぶ意味を新たにさせる。 ③生涯にわたって古典に学ぶ態度を養う。		

上記は、次のように編成している。各単元は一部を除き複数教材を用い、興味・関心に応じ、自らの学びのスタイルに応じた学習の可能性も追求できるようにしている。また、教材には、「傍注資料」、現代語訳、翻訳等を適宜用いるものとした。さらに、単元の展開にあたっては、指導過程、指導方法（狭義）などの工夫を行おうとした。能力は、学年全体として求めるべき能力目標を提示している。

第３節　第１学年の古典教育の構想

単元「『伊勢物語』━生き方としての『みやび』を問う━」

第１項　『伊勢物語』の教材研究

１　教材の特色━「みやび」の文学としての『伊勢物語』━

『伊勢物語』は、「みやび」の文学とされる。渡辺実は、次のとおりに述べている。

> 初段の主題であった「みやび」は、決して初段だけの主題に留まるものではない。現在の『伊勢物語』は、「うひかうぶり」の初段で始まって、死の近いことを悟った男の、辞世の歌を語る百二十五段で終わる。これは現在の『伊勢物語』が、主人公「男」の一代記の形でまとめられていることを意味する。その冒頭章段である初段

において、「むかし人は、かくいちはやきみやびをなむしける」という言葉で、明瞭に示された「みやび」の主題は、おのずから全『伊勢物語』を貫流するテーマであろう。『伊勢物語』は歌物語と呼ばれるジャンルに属し、歌を中心としてその成立事情を語る物語とされる。それはもちろん正しいけれども、成立事情を語ることによって歌への評価を示そうとする他に、『伊勢物語』には、「みやび」の精神を具体的言動に即して追求する、という課題があった。
（渡辺実「解説」渡辺実校注『新潮日本古典集成　伊勢物語』1976年9月　新潮社　142・143頁）

「みやび」が、「全『伊勢物語』を貫流するテーマ」ととらえられている。また、続けて、「みやび」を尺度とする人物評価の態度は、『伊勢物語』と他の作品とを区別するもっとも重要なものともされている*[14]。しかし、全編を貫流するという「みやび」の内容は、明確ではない。渡辺実は、「みやび」の基調を「都振り」とし、友情（16段）、主従の縁（82段）、親子の愛（84段）などの段も「都びとらしい洗練された感受性の一面」*[15]として語られているとする。しかし、「都びとらしい洗練された感受性の一面」も広がりをもって漠然としている。阿部俊子は、登場する男について、「いつでも貴族であり、周囲の人に対して愛情を持ち、人を傷つけず、自らも誇りをすてず優雅に生きている。泥にまみれることなく、奔放に生きているごとくでありながら、ブレーキを握りしめている。色ごのみのみやびを生きたというのであろうか。」と述べ、「美しい人間のあわれが、貴種流離の放浪の中の歌人の姿の中に湛えられていて、それが高いしらべを奏でているといえよう。」と評価している*[16]。ここでは、「みやび」が「美しい人間のあわれ」に重ねられている。片桐洋一は、「みやび」を「俗塵、すなわち宮廷の官僚としての生活から超越し、自由に時を過ごし、美しいものを美しいものとして追求してやまぬ『精神的自由』をいうとみるべき」としている*[17]。これは、秋山虔の、『伊勢物語』が「みやび」の文学とされるのは、「一に歌によって重畳する世俗の桎梏を撥無し、別次元に人間連帯のありようを求めてやまぬ主人公の形姿ゆえ」*[18]とする見方に重なるものがある。他に、諸田龍美は、「みやび」の概念を、『万葉集』巻２の大伴田主と石川郎女の贈答歌に見える「みやび」から説き起こしている。「みやび」の概念を、「自己抑止的、道義的」な「儒雅の風流」と「好色的、激情的」な「好色の風流」に分けてとらえ、「好色の風流」が「平安朝的色好み」へと展開していったとしている。この展開の背景に、平安朝の価値観や美意識の変化を見るとともに、中国の中唐の文化ダイナミクスとも連動しているのを看取している*[19]。

以上に「みやび」の概念の主なものを概観した。しかし、ここに挙げた「みやび」が、『伊勢物語』の全段に貫流する「みやび」をとらえる概念となるであろうか。仮に、「みやび」の概念のいずれかを用いて、その概念に合わせるように章段を読めば、それは硬直した読みにならざるを得ないであろう。むしろ、渡辺実が言うように「『みやび』の精神を具体的言動に即して追求する」のが『伊勢物語』の課題であり、「『伊勢物語』における人物は、いちいちの言動において『みやび』の審判にかけられる」*[20]ならば、物語られる「具体的言動に即して」、「みやび」は、その内実が創造的読みによって追求されるべきであろう。

２　『伊勢物語』教材化の問題点

『伊勢物語』において、「みやび」を尊び、「ひなび」を蔑む価値観に問題があるとされる。先に挙げた渡辺実は、「都振り」を基調とする「みやび」の裏側に「常に田舎に対する軽蔑と否定があった」*[21]ことを指摘している。諸田龍美は、さらに差別的構造を、「『伊勢物語』において、鄙を代表する人物が、ほとんどすべて女性あることを考え合わせると、そこには〈都会＝男〉の、〈田舎＝女〉に対する蔑視、を読み取ることもできる。無論、〈都会＝男〉の背後には、舶来の先進文化である〈唐＝儒雅の風流＝みやび〉が控えており、一方の〈田舎＝女〉の背後には、〈非洗練な自然性〉へのイメージが抱かれていよう。」*[22]ととらえている。

確かにこの差別的構造が『伊勢物語』には見い出せるであろう。しかし、その差別的構造に嵌まらぬ『伊勢物語』の広がりのある「みやび」の世界があると思える。先に挙げた阿部俊子は、『伊勢物語』の内容に関して、「その多くは女性との愛の歌物語である。皇女、御息所というような高貴な人から普通の低い身分の女まで、人妻、人の娘、妹、尼、女房など老若さまざま、都とその近くの畿内の地、旧都、斎宮のおわす伊勢、東海道から武蔵、陸奥、筑紫にまでわたって、誠実な、不実な、貞淑な、浮気な、才気のある、世馴れた、思慮の足りない等々さまざまな女たちを相手としている。さらに、母、兄弟、友人、親しい親王などとの間の温かい情愛の交換、あちらこちらへの旅をした折の旅情、賀・誕生祝・参邸・贈物・狩のお伴・悔み・餞別等の社交の歌、恋の代筆、老境に入った感懐等もよまれている。けっして恋にのみ放浪しているのではない。」*[23]と列挙している。こうした内容を概観すれば、先の「みやび」の概念で容易に括れるものではないことが推察できる。

それゆえに、本文に即して「みやび」を追求することが、「みやび」の概念を相対化することにもなる。また、相対化された、読みの内実としての「みやび」の概念を、さらに批評する読みを試みることにする。読みを通して、男と女の言動にかかわって現象する「みやび」を問い直す読みが試みられることになるのである。それは、「みやび」を現象する男と女の言動、生き方そのものを問い直すことにもなるであろう。

3　高校生の『伊勢物語』の読み

教材として選んだ章段は、「恋」(こひ)にかかわって展開する。男と女の「恋」の言動は、「みやび」をフレームとして、人間を浮き上がらせる。高等学校の学習者は、男と女の「恋」の綾に興味を持ち、そこに透いて見える人間に関心を寄せる。一人の高校生は、『伊勢物語』を学習した後、次の感想文を残している。

> こんなにも恋愛についての話がたくさんのっている物語は、そんなにも多くないと思う。平安の時代から今日までこの物語がよく読

まれているのは、どの時代にも避けては通れない男と女の恋の物語だからだろうと思う。

私たちにはまた恋や愛の経験はあまりないけど、７つの物語りに出てきた女の人の気持ちはよくわかると思う。私たちが発表したのは第六段の「芥川」で、この物語は身分違いの恋を書いた物語で男の一途な思いがよく表現されていた。この男を、女をぬすんでくるまでにふくらませた気持ちも、第四十段の男を気絶するまで追いこんだのもすべて、人を愛する気持ち（恋）からきたものだとおもう。人を愛するというのは人をここまで追いつめるんだとわかった。この他にも、たくさんの男と女に関する恋の物語が書かれていた。どの恋も一生懸命でどの話をよんでもあきなかった。それと、この物語で忘れてはいけないのが『みやび』についてだと思う。７つの話はそれぞれみやびなところが違ったけれど、どのみやびも現在の私たちには考えられないような純粋な気持ちをもっていたから、そういうみやびな行為ができたと思う。

それと、もう一つ伊勢物語を学んでいくなかで、自分の意見や考えをつたえる発表の難しさを知った。短い時間のなかで、重要か重要でないかを考えて説明し、自分たちの考えを相手に伝えなければならなかった。私たちは、時間を取り過ぎて相手の班にたいへんめいわくをかけてしまった。もっとポイントをおさえた発表にすればよかったと思う。このことで、人にものを教えるってたいへんなことだということがわかった。でも今度からは、コツをつかんで発表できると思う。

伊勢物語を読んで、いろいろ考えさせられたり、教えられたりすることがたくさんあったと思う。（S・T女）

（単元テーマを「『伊勢物語』　―みやびの世界を歩く―　」として、1990年、２年生を対象に授業を行った。詳細は、渡辺春美「『伊勢物語』学習指導の試み―『みやびの世界を歩く』の場合―」渡辺春美『国語科授業活性化の探究Ⅱ―古典（古文）教材を中心に―』1998年８月　溪水社

83・84頁）

この感想によって、高校生の学習者が、関心を持って『伊勢物語』の教材を読んだことがわかる。学習者は、この感想文で、「どの話をよんでもあきなかった」と感想を述べるところから始まり、「一途な思い」、「一生懸命」と意味づけることばを探りながら、最終的には「考えられないような純粋な気持ち」を持っていたと意味づけている。さらに、このような『伊勢物語』を読むことで「いろいろ考えさせられたり、教えられたりすることがたくさんあった」と批評のことばを加えている。ここに学習者の内化に至る過程を読み取ることもできる。このように学習者が、考え、教えられる教材としての『伊勢物語』を、「『伊勢物語』―生き方としての『みやび』を問う―」というテーマで、授業を展開することを構想した。以下、具体的な指導構想を述べることにする。

第2項　指導計画

1　教材編成

教材を、上記の目標とねらいに基づいて、次のとおりに編成する。

（1）導入

①岩波書店編集部編『日本古典のすすめ』（1999年6月　岩波ジュニア新書　抄出）

②俵万智『恋する伊勢物語』（1995年9月　ちくま文庫）「あとがき」より抄出

③高校生の『伊勢物語』学習に関する感想文（2編）

（2）基本　初冠（初段）

（3）応用

①我が身ひとつは（4段）、②芥川（6段）、③筒井筒（23段）、④血の涙（40段）

⑤ゆく蛍（45段）

(4) 発展

発展では、「応用」で選定した教材を用いる。

２ 指導目標

指導目標は、次のとおりである。

①場面と、人物の行動および心情の変化とを読み取ることで、物語の読みの方法を理解させる。

②表現に即し、各段の場面・状況を理解させ、登場人物の心情を読み取らせる。

③物語に現れた生き方としての「みやび」を読み取り、意味づけ、批評し、交流する。

④班別学習でいくつかの章段を読み取り、意味づけ、批評したものを、発表資料にまとめ、発表させる。

⑤『伊勢物語』に興味・関心を持たせ、さらに読んでみたいと思うようにさせる。

３ 指導のねらい

指導のねらいを、次のとおりに設定した。

①古典の学習指導においては、興味・関心を高めることが重要だと考える。そのために、この学習指導においては、導入として『伊勢物語』に関する文章、生徒の読後の感想文を読ませ、事前の導入とする。

②注釈や通釈は必要なものに止め、全体にわたる注釈・通釈をできるだけ行わずに、場面や、人物の行動および心情を中心に、理解を深める授業を進める。

③本授業を「基本」(一斉学習) →「応用」(グループ学習) →まとめ(発表) と段階的指導過程にする。

④読みの方法をモデルとして「基本」段階で提示し、「応用」段階で活用させる。

⑤内容をより深く感得させるために、個人のスタイルに応じた、感想・日記・物語の口語による改作、続き物語の創作などの創造的な課題を選択させて行わせる。

4　指導計画

（1）指導計画

単元「『伊勢物語』—生き方としての『みやび』を問う—」の指導計画は、以下のとおりである。

【表 6-2 『伊勢物語』の指導計画】

展	学習活動	支援活動	育成能力	時
導入・基本	基本学習（一斉） 「初冠」の学習指導 1　範読、音読練習、あらすじ把握。 2　場面（時・場所・人物）をとらえる。 3　人物の行動と心情の変化をとらえ。人物像を明確にする。	1　音読練習。速く読む練習。 ①　あらすじ粗筋をとらえるための黙読を行う。 ②　あらすじを4・5人にリレー形式で繋いで発表させる。最後の一人にあらすじの全体をまとめさせる。 〈どんなことが書いてあったか〉 2　構造的な板書により、場面を把握し、男の言動と心情をとらえる。 3　男の行動・心情、および人物像をとらえる。 「男、うひかうぶりして」 「この男、かいまみてけり」 「故郷にいとはしたなくてありければ、心地まどひにけり」 「狩衣の裾を切りて、歌を書き手やる。」 このような語句によって、男の行動と心情、および人物像をとらえる。	【知識】 ○「初冠」の意味について理解する。 ○貴族の平服である「狩衣」について理解する。 【技能】 1　読解力 ○古典の語調やリズムを意識して音読する力。 ○あらすじを把握する力。 ○表現に基づいて場面をイメージする力。 ○作中人物の言動をとらえる力。 2　解釈力 ○文脈や場面、語り手の主張等を総合し、「みやび」をとらえる力。 3　批評力 ○既有の知識、経験を動員し、古典を対話を通して「みやび」の内実を検討し批評する力。	2

	4 男の行動と心情に関する、語り手の感想はどのように述べられているか。 5 「みやび」について理解する。 6 「みやび」について感想･意見を出し合い、批評する。	4 「かくいちはやきみやびをなむしける。」の「かく」の指示する内容をとらえ、「みやび」をとらえる。 5 「みやび」を、男の心情と言動からとらえることが、解釈のモデルとなるようにする。 6 解釈した「みやび」とその形象を批評させる。	【興味・関心】 ○興味・関心を持って、『伊勢物語』を読もうとする態度	
応用・まとめ	応用学習(グループ学習) 1 10グループを編成。2グループごとに1教材を担当。 2 グループごとに、担当段に表われた「みやび」をまとめ、批評する。 3 発表資料をまとめる。 発表資料には、担当段のまとめだけではなく、背景的知識、文学的知識、文法的知識なども選んで発表することができるようにする。 4グループの発表を聞いて、読みたいと思った自班担当章段以外の章段を選ぶ。	1 下記の『伊勢物語』の5つの教材については、「傍注資料」を作成する。 ①我が身ひとつは(4段) ②芥川(6段) ③筒井筒(23段) ④血の涙(40段) ⑤ゆく蛍(45段) 2 また､「学習の手引き」も作成し、グループ学習がスムーズにできるようにする。 3 発表資料のモデルを提示する。 4 他班が、読みたいと思うような章段の魅力を発表するよう指示。	1 グループ学習において、学び合いながら、上記「基本」の能力目標を応用学習でも目指すことになる。 2 発表資料をまとめるために、次の力が必要になる。 ○話し合って内容をまとめる力。 ○まとめたものを資料にまとめる力。 ○資料を用いて時間内に適切に発表する力。	5
発展・まとめ	発展学習(個別学習) 1 個別学習とし、次の学習を進める。①あらすじのまとめ､②感想･日記・物語の口語による改作、続き物語の創作の中から、好きなスタイルを選んで取り組み､ワークシート(略)に書いて提出。 2 提出されたレポートは冊子にまとめる。 3 学習の振り返り	1 上記の教材の内、担当段以外の章段を選んで､先の課題を行う｡「個別学習の手引き」を作成して学習が行えるようにする。 2 レポートをまとめた冊子は、図書室に展示。 3 「『伊勢物語』の学習をふり返る」という題で感想を書かせる。	1 個別学習においても上記「基本」の能力目標を目指すことになる。 2 レポートをまとめるために、次の力が必要になる。 ○内容を読み取り、解釈したことを、創造的に表現する力。	時間外の課題

5　学習指導の展開

(1) 基本学習

①教材

伊勢物語（初段）の教材は、以下のとおりである。「傍注資料」として作成している。

初　冠 昔、男、初冠①して、奈良の京春日の里②にしるよしして③、狩りに往にけり。その里に、いとなまめいたる女はらから住みけり。この男かいまみてけり。思ほえず、ふる里④にいとはしたなくてありければ、心地まどひにけり。男の、着たりける狩衣⑤の裾を切りて、歌を書きてやる。その男信夫摺⑥の狩衣をなむ着たりける。	①初冠—男子が成人して初めて冠をつける儀式。元服。 ②春日の里—奈良市春日野のあたり。 ③しるよしして—領地を持っている縁で。 ④ふる里—さびれた里 ⑤狩衣—公家の男子の平服。狩りの時に着る上着。 ⑥信夫摺—「しのぶぐさ」の茎や葉を摺りつけて模様を染め出したもの。陸奥の国信夫郡（現在の福島県福島市一帯）の特産。
春日野の（若い紫草のようなあなた方を見た私の心は）　若紫⑦のすりごろも（若い紫草の染料で染めたすりごろもの）　しのぶの乱れ（しのぶずりの乱れ模様は／しのぶずりの乱れ模様のように） かぎりしられず（限りなく乱れています／限りなく乱れています。）	⑦若紫—紫草の別名。根をかわかして赤紫色の染料とした。
となむ追ひつきて⑧言ひやりける。ついで⑨おもしろきことともや思ひけむ	⑧追ひつきて—すぐさま ⑨ついで—なりゆき。事の進むようす
みちのくのしのぶもぢずり⑩（しのぶずりのように乱れた私の心は）　たれゆゑに乱れそめにし（誰ゆえに乱れはじめたのでしょうか）　われならなくに（私のせいではないのに／あなたゆえに乱れたのです。）	⑩「みちのくの」の歌—『古今和歌集』恋四に河原左大臣（源融）の作としてある。「しのぶもぢづり」は「しのぶずり」と同じ。
といふ歌の心ばへ⑪なり。昔人は、かくいちはやき⑫みやび⑬をなむしける。（第一段） （渡辺実『新潮日本古典集成　伊勢物語』1976年9月　新潮社　13・14頁）	⑪心ばへ—意味。 ⑫いちはやき—情熱的な。はげしい。 ⑬みやび—優雅。優美。

②学習指導の展開

基本学習は、一斉学習形態で授業を進める。以下の計画に従って授業を展開する。

板　書　計　画	学　習　活　動
○場所―奈良の京 春日の里←しるよし ○時　―春（鷹狩り・若紫） ○人物 男―初冠、狩りに往にけり 信夫摺りの狩衣をなむ着たりける。 ―かいまみてけり いとはしたなくてありければ 心地まどひにけり ―狩衣の裾を切りて、歌を書きて 春日野の若紫のすりごろもしのぶの乱れかぎりしられず 女 はらから―いとなまめかしき 語り手 昔人は、かくいちはやきみやびをなむしける かいま見 心地まどふ 狩衣の裾を切って歌を書く （情熱的な寄せる思い）和歌 →「みやび」情熱的な男の思い、それを表現する和歌	＊俵万智・田辺聖子の『伊勢物語』に関する文章、高校生の感想文等を紹介し、興味・関心を持たせる。 １　音読練習。速く読む練習。また、粗筋をとらえるための黙読を行う。 ２　あらすじを４･５人にリレー形式で繋いで発表させる。最後の一人にあらすじの全体をまとめさせる。 ３　興味・関心・疑問などを出し合う。 〈問題意識〉 ４　構造的な板書により、場面を把握し、男の言動と心情、および語り手の感想をとらえる。 「男、うひかうぶりして」と、以下の語句も合わせて、男の人物像をとらえる。 「この男、かいまみてけり」 「故郷にいとはしたなくてありければ、心地まどひにけり」 「狩衣の裾を切りて、歌を書きてやる。」 このような語句によって、男の行動と心情、および人物像をとらえる。感想を述べ合う。 〈感想の表出〉 ５「かくいちはやきみやびをなむしける。」の「かく」の指示内容をとらえ､「みやび」をとらえる。 ６　本章段の意味、主題について交流し考える。 〈主題１の表出〉 ＊「みやび」を、男の心情と言動からとらえることが、解釈のモデルとなるようにする。 ６　本章段の意味・主題の意義について再考する。 〈主題２の表出〉 ７　本章段の面白さ、感じ考えさせられたこと等まとめ、作品を批評・評価する。 〈批評〉

(2) 応用学習

①教材

応用学習における教材は、「教材編成」で述べたとおり、「我が身ひとつは」(4段)、「芥川」(6段)、「筒井筒」(23段)、「血の涙」(40段)、「ゆく蛍」(45段)の5段である。いずれも傍注資料として教材化している。ここでは、その内の「筒井筒」の段を提示することにする。

伊勢物語　二三　筒井筒

田舎に住んでは暮らしを立てていた人　▽が むかし、田舎わたらひしける人の子ども、井のもと 遊んでいた　が　なったので に出でてあそびけるを、大人になりにければ、男も女 お互いに恥ずかしがっていたが　妻に も、はぢかはしてありけれど、男は、この女をこそ得 したい　▽夫にと繰り返し思って　親が結婚させ めと思ふ。女は、この男を　と思ひつつ、親のあは ようと　するが　聞かないで すれども　聞かでなむありける。さてこの隣の男の こんだ歌を　▽贈ってきた。 もとよりかくなむ。	「井」―後の歌にもある筒井。大人の胸の高さほどに筒井を立てて井戸を囲った。
井戸の高さをめざした　わたしの背丈は 筒井つの井筒にかけし　まろがたけ 越えてしまったようですよ。あなたが見ない間に すぎにけらしな　妹見ざるまに ▽歌を 女、返し、	
長さを比べあってきた振り分け髪も くらべこしふりわけ髪も肩すぎぬ あなたのためではなくて　誰のために髪あげをしましょうか。 君ならずして　たれかあぐべき ▽歌を　かわしあって　望み通りに　結婚した など　いひいひて、つひに本意のごとくあひにけり。	「振り分け髪」―昔の子どもの髪型。 「あぐ」―髪上げをする。婚期の近いことを示す。
そのようにして数年を過ごすうちに　生活が苦しくなるにつれ さて年ごろ経るほどに、女、親なくたよりなるなる て　▽男は　いられようか(いられはし ままに、もろともにいふかひなくてあらむやはとて、 ない)　▽新しく 河内の国高安の郡に、いき通ふ所いできにけり。さり 不愉快だと思っている様子 けれど、このもとの女、あしと思へるけしきもなくて ▽男を送り出したので　別の男を愛する心があって　こうなのであろ いだしやりければ、男、こと心ありて、かかるにやあ	

うか らむと思ひうたがひて、前栽の中にかくれゐて、河内	「前栽」―庭の植え込み。
出掛けた顔をして　見ると　化粧　をして へいぬる顔にて見れば、この女、いとようけそうじて、	「河内」―今の大阪府東部。
物思いにふけって　▽次のように歌を詠んだ うちながめて、	
風が吹けば沖の白波が立つが　そのたつにかかわる 龍田山を 風吹けば沖つしら浪　たつた山 夜半にあなたが一人で越えていくのでしょうか。 よはにや君がひとりこゆらむ	「風吹けば沖つ白波」―「たつ」を導く序詞。
いとしい とよみけるをききて、かぎりなくかなしと思ひて、河 いかなくなってしまった 内へもいかずなりにけり。	
時たま　来てみると　奥ゆか まれまれ かの高安に来てみれば、はじめこそ 心に しくよそおっていたが　自分で　しゃもじを取っ くもつくりけれ、今はうちとけて、手づから飯匙とり イイガイ て　飯を盛る器に　いやけがさして て、笥子のうつは物に　盛りけるを見て、心憂がりて ケコ いかずなりにけり。さりければ、かの女、大和の方を 見やりて、	飯匙―飯を盛るしゃくし。 笥子―飯を盛る器。
あなたが住んでいる大和の方を見ていよう　生駒山を　雲よ隠してくれ 君があたり　見つつを居らむ　生駒山　雲なかくし るな　たとえ雨は降っても　外の方を見ていると　やっとのことで そ　雨は降るとも　といひて見いだすに、からうじて ▽が 大和人「来む」といへり。よろこびて待つに、た びたび過ぎぬれば、	
過ごしています。 あなたが来ようと言ったその夜ごとに　空しく過ぎましたので、頼みには思いま 君来むと いひし夜ごとに 過ぎぬれば　頼まぬもの せんが、恋しく思って　男は通わなくなってしまっ の 恋ひつつぞふるといひけれど、男住まずなりにけ た。 り。　（二三段）	

②学習指導の展開

応用学習では、以下の「学習の手引き」を用いて授業をグループ学習として展開する。

『伊勢物語』―生き方としての「みやび」を問う―
学習の手引き
一　グループで、次のことをしよう。
　1　本文がすらすら読めるように練習しよう。
　2　どんなことが書いてあるかとらえ、興味・関心・気付き・疑問を出し合って、話し合おう。
　3　章段の物語の内容の全体をとらえ、感想を出し合って考えを深めよう。
　4　章段には、どのような「みやび」が表現されているかを、登場人物の言動に探り、まとめてみよう。
　5　表現された「みやび」な行為を中心に、話し合い、批評してみよう。
　6　章段の主題について考え、話し合って検討し合おう。
　7　章段を読んで、興味深く思ったこと、面白く思ったこと、考えさせられたこと、気づかされたこと等について話し合い、批評・評価してみよう。
二　グループ発表。発表は、①担当の段の音読（一名）、②担当段の内容の要約をまとめる。③担当した段の「みやび」とみやびに対する考え、主題をまとめて、発表できるようにする。

(3)　発展学習

発展学習の教材は応用学習の教材に同じである。発展学習は、個別学習として展開する。学習者は個々に、応用学習で担当した教材以外から一つを選ぶことになる。授業は以下の「個別学習の手引き」例によって展開する。

『伊勢物語』の「個別学習の手引き」
　○次の中から、一つの方法を選んで、書きまとめてみよう。
1　感想文―登場人物の行動や気持ち、「みやび」な行為などについて、感じ考えたことを書いてみよう。
2　日記―自分が登場人物になったつもりで、「私は」を書き出しにして、物語の中の人物の気持ちを中心に、物語の世界を想像して書いてみよう。
　＊書き出し例「私は、初冠の儀式を終えて、一人前の男と認められたばかりだった。……」
3　手紙―登場人物に、あるいは、登場人物から登場人物に手紙を書いてみよう。
4　創作―「初冠」に基づき、「男」の行動や気持ち、姉妹の様子、情景を想像して、小説のように書いてみよう。題名も考えてみよう。

第４節　第２学年の古典教育の構想

単元「無常の世を生きる―『方丈記』・『徒然草』―」

第１項 『方丈記』・『徒然草』の教材研究

1　教材の特色とねらい

(1)『方丈記』―導入として

随筆。１巻、鴨長明著。建暦２年３月末の成立。「居住する所のさま、自己の過去と現在を叙しつつ世の無常を説き、いかに生きるべきかを論じた書で、中世隠者文学における代表作で、きわめて構成的にまとめられている。」*24　内容は、序（1段）無常の世（2段）災害体験（3段）環境・身分・境遇にともなう生き難さ（4段）遁世にいたる長明自身の人生（5段）進行中の遁世生活（6段）日野の草案生活の総括（7段）自らへの問い、という構成になっている*25。

方丈記は、当代一流の歌人でもあり、琵琶の名手でもあった長明が、人生の葛藤と世の無常から逃避して出家遁世し、方一丈の草庵にあって、閑居独処の自由の中で書き綴ったものである。「人と栖」の無常をいやというほど思い知らされた果に世を捨てた長明の筆は、一貫して「人と栖」の無常を離れることがなかった*26。鴨長明は、人生ともども無常の世を、「絶望的な詠嘆」*27 としてとらえざるをえなかったのである。

本単元では、導入に『方丈記』の「行く河の流れ」、続いて「大地震」を置いている。そのリアルな表現は、大震災、大地震などに関する、学習者の記憶とも結びつき、心をとらえ、読みに向かう力になると考える*28。

(2)『徒然草』―展開として

随筆。上下二冊、全243段。卜部兼好著。成立不詳。内容は、「①処世

訓、ないし人生批評、②趣味・教養についての論、③無常論、④発心・遁世へのすすめ、⑤説話、⑥考証、⑦回想談、⑧情景の素描」*[29]などの説がある*[30]。

かつて西尾実は、徒然草において見出したことを二点挙げている。一つは、「古代文学の題材が、いわゆる花鳥風月であり、恋愛であるのとちがって、社会的関心が広く、人間問題に深くおよんで」おり、「人間の真実に迫り、社会の実態に迫っていること」である。二つに、「中世文化をつらぬいている世界観としての無常観」が、「詠嘆的無常観から自覚的無常観への発展を明確に跡づけていること」*[31]であった。後に、島内裕子は、「徒然草は後世、教訓書のように読まれた。教訓は、日常生活における直接的な有効性や成果と直結している。つまり、あらかじめ決められた結論に向かう既定の進路を指し示すのが教訓である。そうではなく、呪縛されることのない自由で自在な精神の運動こそが、批評なのだ。批評としての徒然草に多彩な話題が出現するのは自然であり、道なき道を辿る精神の冒険としての批評を体現しているのが徒然草なのである。」*[32]と述べ、徒然草に「道なき道を辿る精神の冒険としての批評」を見い出している。

「自由で自在な精神の運動」としての批評、「精神の冒険としての批評」も、おそらくは、「自覚的無常観」に発しているのであろう。無常観に徹することが、精神の自由を産むといってよい。

現代に生きる人々に、阪神大震災、東日本大震災の記憶は、生々しく刻まれている。さらに異常気象による洪水、土砂災害、噴火が重なった。近未来に巨大地震に見舞われるという予測も確実視されている。国家間、民族間、宗教間の対立、紛争が起こり、国際秩序は乱れ、その影響は日本にも及んでいる。社会体制、社会秩序にも綻びが顕著になっている。生活基盤そのものが不安定になっている。このような中、意識裡、無意識裡に無常観が、人々の中に広がりつつあるのではないであろうか。

徒然草41段に、次のような話がある。賀茂のくらべ馬を見に行った折、楝の木の股で落ちそうになりながら眠っている僧がいた。人々があざ笑う中、「我らが生死の到来、ただ今にもやあらん。それを忘れて、物見て日をくらす、愚かなる事はなほまさりたるものを」と言ったところ、人々が共感もって受け止めてくれた。木藤才蔵は、「この話は中世の人々が、雑人のはてに至るまですべて、死というものを、たいへん身近に感じていたことを示すものである。死がいつ襲ってくるか分からないという意識は、この時代に生きるすべての人々の心の奥に、ひそかに、しかも強大な力を潜在させて横たわっていた。」*[33]と述べている。ここに記された中世の人々の感覚が、現在に生きる人々のものになろうとしているのではあるまいか。作家高村薫は、東日本大震災の人々に与えた影響について、「日本人はいま、4年前の東日本大震災の未曾有の津波被害の記憶に深く浸食されたまま、生活全般において明るく開けない未来に怯えているかのようである。地震の活動期に入ったとされる人智を超えた不気味さや無力感とともに、足元に蔓延しているのは、一抹の滅びの予感だろうか。」*[34]と述べている。中世の人々をとらえた無常感は、今日の人々の心を生々しくとらえているものと思われる。

本単元は、『徒然草』によって、中世の無常の時代を生きた兼好のものの見方・感じ方・考え方と対話し、今日に生きる私たちの社会、生活と私たち自身を見つめ、考えようとする。そこに本単元のねらいがある。

2 高校生の『徒然草』の読み

かつて『徒然草』の学習を、「兼好をとらえる」というテーマの下に、①世界観―世のことわり、②人生観―生き方を考える、③社会観―理想の世を考える、④自然観―美を見い出す、⑤人間観―人間をとらえる、という小テーマのもとに展開した*[35]。それぞれの小テーマごとに短い感想を書かせている。ここでは、④自然観に関する教材、19段「をりふしの移り変はるこそ」(部分)の感想文を紹介する。

A 本当に季節が移り変わっていくのは趣のあることだ。春色とりどりに花が咲いているかと思うと夏には鮮やかな緑が広がる。そしていつのまにか、どことなく淋しい色に色づき、やがて散ってしまう。それでもまた時期がくれば同じように花が咲く。私は「四季」のある日本に生まれてよかったと思う。この国に生まれたからこそこの独特の趣を感じることができるからだ。全く意識しなくても、常に移り変わっていく季節、兼好のおかげでこの風情を改めて感じることができたような気がする。(T・A女)

B　今までの段では兼好は説教くさいことばかり言っていたが、兼好にも四季の美しさを味わう心があったと知り、意外な気がした。また特定の季節だけを誉めるのではなく、四季それぞれの美しさを見つけることができるのは兼好が何事にも広い視野をもっていたからだと思う。(F・S男)

C　これを学んでみて兼好の描写がとてもわかりやすいと思った。読んでいると景色が出てくるような気さえもした。私は最初、春が一番いいと思っていたが冬の美しさに心を引かれた。

私たちがなにげなく過ごしているのに対して兼好は毎日何かを探しながら生きていると思った。兼好みたいにいろいろなものに感じることはすばらしいと思う。(K・H女)

(渡辺春美「『徒然草』学習指導の試み―表現を軸として―」 渡辺春美『国語科授業活性化の探究Ⅱ―古典(古文)教材を中心に―』1998年8月　溪水社　262頁)

Aの学習者は、兼好の文章によって四季の風情を改めて感じ取っている。経験的に感じていた季節の移ろいの美しさが、兼好の文章によって確かなものとして意識されている。Bは、19段を読むことで兼好の別の一面を発見している。その発見が、「何事にも広い視野をもっていた」という兼好の把握になっていった。Cの学習者は、兼好の表現を生き生きととらえるとともに、新たに冬の美しさを見い出した。さらに兼好の生き方にも言及している。学習者は、自然観を切り口として教材を読み、各自の思い、経験と突き合せ、兼好の指し示した対象（四季）への認識を拡充している。また、指し示す方向、すなわち見方から兼好の人物、生き方へも関心を寄せていることが理解される。

上に挙げた学習者の『徒然草』の読みは、学習者の興味・関心とも結ぶ学習テーマのもとに教材を選定・編成し、焦点化して展開する学びの可能性を示すものとなっている。

第２項　指導計画

１　教材編成

教材の選定と編成は以下のとおりである。選定においては、人間の日常的な営みに類する段も取り上げたが、無常観を背景に置くことで読みを深められると考えた。

【方丈記】

　ゆく河の流れ

　大地震

【徒然草】

　あだし野の露（7段）

　A　無常の世を生きるとは

　　まことの大事（155段）〈参考〉変化の理（74段）

　B　女性とともに生きるには

　　妻というふもの（190段）〈参考〉玉の巵の底なき心地（3段）

　C　安らかな心を得るためには

　　同じ心ならむ人と（12段）・つれづれわぶる人（75段）〈参考〉己をつゞまやかにし（18段）

　D　達人の眼に映るものは

　　世にかたり傳ふる事（73段）〈参考〉達人の人を見る眼（194段）

　E　大事を成就するには

　　大事を思ひたたむ人（59段）〈参考〉懈怠の心（92段）

教材の編成を、授業に重ねて、構造化して図示すれば、以下のようになる。

【図 6-3　単元「無常の世を生きる」の構造】

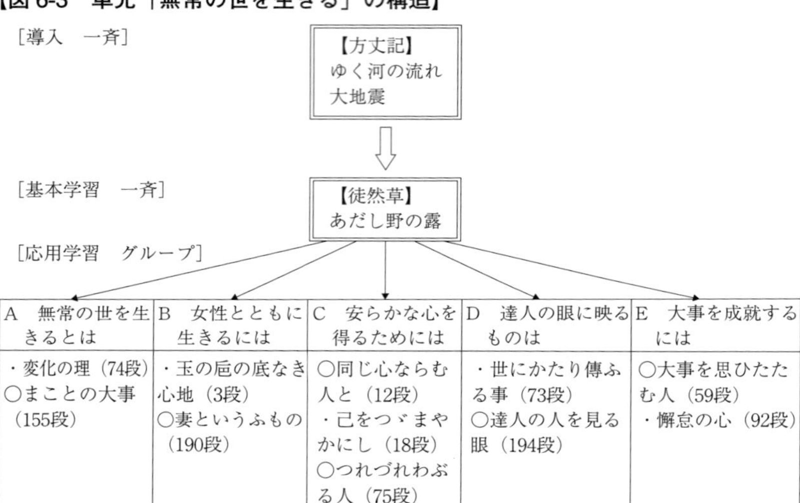

A　無常の世を生きるとは	B　女性とともに生きるには	C　安らかな心を得るためには	D　達人の眼に映るものは	E　大事を成就するには
・変化の理（74段） ○まことの大事（155段）	・玉の巵の底なき心地（3段） ○妻というふもの（190段）	○同じ心ならむ人と（12段） ・己をつゞまやかにし（18段） ○つれづれわぶる人（75段）	・世にかたり傳ふる事（73段） ○達人の人を見る眼（194段）	○大事を思ひたたむ人（59段） ・懈怠の心（92段）

（注　「○」を付した教材が主教材。「・」を付した教材は参考。）

上記の教材は、以下の学習のために開発し、編成した。

①教材「ゆく河の流れ」「大地震」をとおして、鴨長明の無常観としての「詠嘆的無常観」をとらえるとともに、それと比較して兼好法師の自覚的・積極的無常観を「あだし野の露」に見い出したい。

②「あだし野の露」に兼好講師の無常観を読むとともに、無常の世を生きる兼好法師のものの見方―【図 6-3】のＡ～Ｅへの興味を持たせるようにする。

③「あだし野の露」をとおして、徒然草の章段の読み方を身につける。

④徒然草をＡ～Ｅの主題に関連する教材を班で読み、感想を持つようにする。読みの結果と感想を発表資料にまとめて発表する。

⑤Ａ～Ｅの主題、および教材は、高校生の学習者の興味・関心に配慮して設定した。

徒然草の読み方について、島内祐子は、徒然草が「前半部に力点が置かれて読まれ続けてきたこと」、「あるテーマを抽出するような観点からの読まれ、研究されてきたこと」に疑問を呈し、「テーマを設定して抽出する『拾い読み』という読み方ではなく、章段の順に、ほぼすべての内容を詳しく読み進めてゆく『連続読み』が、方法論として要請される」と主張する*[36]。しかし、授業で読む場合、「連続読み」は、時間的にも学習者の関心・学力の実態からも難しい。むしろ、杉本秀太郎の言う、徒然草から探り出した「読み筋」にかかわる章段を対象に読むという方法*[37]の方が適切であると考える。この構想においては、いくつかのテーマを設定し、それにかかわる章段を対象としてテーマを追求する方法を採ることにした。

２　指導目標

［価値目標］

①「無常」の意味をとらえ、鴨長明と兼好の無常に対する考えの違いをとらえる。

②兼好の世界観・女性観・人間観・人生観をとらえさせるとともに、学習者のものの見方、考え方を広げ深める。

［技能目標］

①古典の語調やリズムを生かし、音読を行うことができる。

②文章の主張と例を読み分けて要旨をとらえることができる。

③助詞・助動詞の文中における意味・用法を理解し内容を読み取る―「む」「べし」「ず」「ぬ」、「ぞ」「なむ」「や（は）」「か（は）」「こそ」などの助動詞、係助詞に注意して、内容を読み取ることができる。

④観点に基づき内容を読み取ることができる。

⑤段の構成をとらえて内容を読み取ることができる。

⑥文体・表現の特色をとらえる―和漢混淆文・対句・反復・比喩・強調などの表現や、構成について理解することができる。

⑦ものの見方、考え方をとらえ、自らの考えと突き合わせ、自らの考えを深めることができる。

［態度目標］

①中世を隠者として生きた鴨長明と兼好への関心を持たせる。

②無常を基調としたものの見方、考え方に関心を持たせるとともに、学習者各自の考えと突き合わせ、学習者自身の考えを深めようとする。

3　指導計画

（1）指導計画

単元「無常の世を生きる―『方丈記』・『徒然草』―」の指導計画は、以下のとおりである。

【表 6-3 「無常の世を生きる」の指導計画】

過	学習活動	支援活動	育成能力	時
導入1	1 「無常の世に生きる」という題の下、ペンネームを用いて300字程度の文章を書く。書かせた後、任意に再配付し、配られた文章をいくつか発表させ。無常の世における生き方に興味・関心を持つ。	1 ①東日本大震災の話をする。②原稿用紙とともにペンネームとカードを配付。カードには、ペンネームと本名を書いて提出（授業者が本名を特定できるようにする）。③文章を再回収して、主な考えを分類してプリントし、次時に備える。	○無常の世を生きることへの関心。 ○他者の考えへの関心を持ち、自己の考えを検討する力。	1
導入2	2 「無常の世を生きる」（生徒執筆の文章）の主な考えをプリントし、配付。意見、感想を聞く。 3 学習計画について説明する。 4 「ゆく河の流れ」の学習。①音読。朗読をいろいろな方法で行う。②ワークシートを用いた学習。③対句、比喩について学習。④構成、主題を理解する。⑤助動詞、「ず」・「き」について働きとともに学習する。係助詞「ぞ」について機能とともに学	2 ペンネームを用いた文章の主な考えを分類して提示。 3 学習計画全体の流れを説明する。 4 ①漢文訓読調の文章のリズムを意識して音読させる。②ワークシートに本文から抜き出して書き込ませ、対句、比喩、表現構成、展開に留意させる。③鴨長明が無常について例示し、比喩を用い、展開に工夫して展開していることを理解させる。④助動詞「き」は、直	○無常を生きることへの関心を高める。 1 読解力 ○古典の語調やリズムを生かして音読する力。 ○観点に基づき内容を読み取る力。 ○段の構成をとらえて内容を読み取る力。 ○文体・表現の特色をとらえる力。 2 解釈力 ○文章の主張と例を読み分けて要旨をとらえる力。 3 批評力	2

	習する。 5　「大地震」の学習。①対句に留意し、音読する。②読後の感想を、すぐれた表現、リアリティのある表現などを指摘させる。③「大地震」が「無常の世」の例として述べられていることを理解する。④無常の例をもとに鴨長明の無常の世に対する思いを考える。⑤助動詞「ぬ」の意味用法を理解する。⑥感想を書く。	接経験の意味を理解させ、「ぞ」に関しては、文脈における強調点として理解させる。 5　①大火事・辻風・飢饉の内容を簡略に紹介し、「大地震」がこれらの次に位置していることを説明する。②対句に留意し、漢文訓読調のリズムをとらえて音読させる。③表現のうまさ、リアリティをとらえさせる。④挙げられた無常の例をもとに、無常の人間に対する圧倒的な力をとらえる。人間の無常に対する非力をとらえる。⑤解釈をもとに、表現、主題に関して、批評を加える。	○批評する力。 ○無常を生きることへの関心を高める。 1　読解力 ○古典の語調やリズムを生かして音読する力。 ○文体・表現の特色をとらえる力。 2　解釈力 ○観点に基づき内容を読み取る力。 3　批評力 ○表現、主題に関して考えをまとめ、感想文にまとめる。	3
展開1　基本	6　「あだし野の露」（基本）の学習。①音読する。②「あだし野の露」を「学習の手引き」【表6-4】に従って考え、理解する。③長明と兼好の無常に対する考えの違いを理解する。④意見、感想をまとめる。	6　①音読練習の合間に、対句を指摘させ対句を意識させて音読させる。②学習の手引きを用いて、ア主題と説明部分の把握、イ構成とその役割の理解、ウ論の整理をさせる。③助動詞、助詞、古語に留意して意味を理解させる。④発表資料の構造図の書き方を理解させるために、モデルになるような板書を心がける。	○無常を生きることへの関心を高める。 1　読解力 ○古典の語調やリズムを生かして音読する力。 ○助詞・助動詞の文中における意味・用法を理解し内容を読み取る力。 ○観点に基づき内容を読み取る力。 ○段の構成をとらえて内容を読み取る力。 ○文体・表現の特色をとらえる力。 2　解釈力 ○文章の主張と例を読み分けて要旨をとらえる力。 3　批評力 ○表現内容と主題を批評する力。	4
	7　徒然草のグループ学習。	7　①グループは、あらかじめ第3希望まで	上記の力を育成するとともに、下記の力	

展開2 応用	①10グループを作成する。②以下のテーマから徒然草をとおして考えてみたいものを2グループが同じ章段1つ選ぶ。 A　無常の世を生きるとは B　女性とともに生きるには C　安らかな心を得るためには D　達人の眼に映るものは E　大事を成就するには ③グループごとに学習し、発表資料をまとめる。	取ったアンケートに基づいて、授業者が編成する。 ②学習の進め方に関しては、「『無常の世を生きる』〈応用編〉―グループ学習の手引き」を参照（略）。	の育成を目指す。 ○学習者自らが計画し、読んでいく力。 ○読み理解したことを他者と共に検討する力。 ○発表資料にまとめる力。	5〜7
	8　発表 ①発表する。②発表に基づき質疑応答を行う。	8　①発表の進め方に関しては、「『無常の世を生きる』〈応用編〉―グループ学習の手引き」を参照（略）。	○まとめたことを分かりやすく発表する力。 ○質疑に対し適切に答える力。 ○発表によってとらえ直した表現・主題について批評する力。	
まとめ	9　まとめ ①「無常の世を生きる」の5つのテーマから一つを選び、兼好の考え方を小論文にまとめる。 ②学習の振り返り	9　①800字以内でまとめさせる。②書き方については、枠組み作文の考えによって「小論文を書くために」を与える。 ②「『無常の世を生きる』の学習をふり返る」という題で感想を書かせる。	①章段から原文を引用して論を展開する力。 ②筆者の考えに対して自らの考えを述べる力。 ③批評する力。	8〜10

4　学習指導の展開

(1) 導入の学習指導

①教材―『方丈記』―

導入では『方丈記』から、以下の段を教材として用いる。

○ゆく河の流れ

ゆく河の流れは絶えずして、しかも、もとの水にあらず。よどみに浮かぶうたかたは、かつ消え、かつ結びて、久しくとどまりたる例なし。世の中にある、人と栖と、またかくのごとし。

たましきの都のうちに、棟を並べ、甍を争へる、高き、いやしき人の住ひは、世々を経て、尽きせぬものなれど、これをまことかと尋ぬれば、昔ありし家はまれなり。或は去年焼けて、今年作れり。或は大家亡びて小家となる。

住む人もこれに同じ。所も変らず、人も多かれど、いにしへ見し人は、二三十人が中に、わづかにひとりふたりなり。朝に死に、夕に生るるならひ、ただ水の泡にぞ似たりける。知らず、生れ死ぬる人、何方より来たりて、何方へか去る。また、知らず、仮の宿り、誰が為にか心を悩まし、何によりてか目を喜ばしむる。その主と栖と、無常を争ふさま、いはば朝顔の露に異ならず。或は露落ちて花残れり。残るといへども、朝日に枯れぬ。或は花しぼみて、露なほ消えず。消えずといへども、夕を待つ事なし。

○大地震

予、ものの心を知れりしより、四十あまりの春秋をおくれるあいだに、世の不思議を見る事、ややたびたびになりぬ。（中略―渡辺）

また、同じころかとよ、おびたたしく大地震振ること侍りき。

そのさま、よのつねならず。山はくづれて河を埋み、海は傾きて、陸地をひたせり。土裂けて、水湧き出で、巌割れて、谷にまろび入る。なぎさ漕ぐ船は波にただよひ、道行く馬は、足の立どをまどはす。都のほとりには、在々所々、堂舎塔廟、一つとして全からず。或はくづれ、或はたふれぬ。塵灰たちのぼりて、盛りなる煙の如し。地の動き、家のやぶるる音、雷にことならず。家の内にをれば、忽にひしげなんとす。走り出づれば、地割れ裂く。羽なければ、空をも飛ぶべからず。龍ならばや、雲にも乗らむ。恐れの中に恐るべかりけるは、只地震なりけりとこそ覚え侍りしか。

かく、おびただしく振る事は、しばしにて止みにしかども、そのなごり、しばしは絶えず。世の常、驚くほどの地震、二三十度振らぬ日はなし。十日・廿日過ぎにしかば、やうやう間遠になりて、或は四五度・二三度、もしは一日まぜ、二三日に一度など、おほかた、そのなごり、三月ばかりや侍りけむ。

四大種の中に、水・火・風は常に害をなせど、大地にいたりては、ことなる変をなさず。昔、斉衡のころとか、大地震振りて、東大寺の仏の御首落ちなど、いみじき事ども侍りけれど、なほこのたびにはしかずとぞ。すなはちは、人皆あぢきなき事を述べて、いささか心の濁りもうすらぐと見えしかど、月日かさなり、年経にし後は、ことばにかけて云ひ出づる人だになし。

（三木紀人校注『新潮日本古典集成　方丈記　発心集』1976 年 10 月　新潮社）

②学習指導の展開

導入の第 2 時「導入 2」に関しては、以下のワークシートを用いて指導

ゆく河の流れ　ワークシート　　2 年（　）組（　　）番
氏名（　　　　　　　　　　）

1　ゆく河の流れは絶えずして、しかも、もとの水にあらず。

2　よどみに浮かぶうたかたは、（かつ　消え）（かつ　結びて、）久しくとどまりたる例なし。

3　世の中にある、（人と）（栖と、）またかくのごとし。

【　人　】4　たましきの都のうちに、（棟を並べ、）（甍を争へる、）5（高き、）（いやしき）人の住ひは、世々を経て、尽きせぬ

【　栖　】6　これをまことかと尋ぬれば、昔ありし家はまれなり。

【　栖　】7　或は（去年　焼けて、）（今年　作れり、）8　或は（大家　亡びて）（小家　となる。）

【　人　】9　住む人もこれに同じ。

【 人 】10 （所も 変らず、）／（人も 多かれど、） いにしへ見し人は二三十人が中に、わずかにひとりふたりなり。

【 人 】11 （朝に 死に、）／（夕に 生るる ならひ、） ただ水の泡にぞ似たりける。

【 人 】12 知らず、（生まれ）／（死ぬる） 人、13 （何方より きたりて、）／（何方へか 去る。）

【 人 】14 また、知らず、仮の宿り、（誰が為にか 心を 悩まし、）／（何によりてか 目を 喜ばしむる。）

15 その（主と）／（栖と、） 無常を争ふさま、いはば朝顔の露に異ならず。

16 或は 【 人 】（露 落ちて）／【 栖 】（花 残れり。）

【 栖 】17 残るといへども、朝日に枯れぬ。

18 或は 【 栖 】（花 しぼみて、）／【 人 】（露 なほ 消えず。）

19 消えずといへども、夕を待つ事なし。

（浮橋康彦「古典学習の作業化5 『方丈記』『行く川の流れ』（古典を主体的に楽しく学習させるために）」『月刊実践国語教育情報』4-4 1986年4月 教育出版センター 70—73頁参照）

を進める。

このワークシートは、「原文をとらえながら、対句構成を転記・筆写作業」することにより、「論理的的な考察―推論によって文章の構造の中心・骨格をとらえ」、「発見的・追究的な読みの能力、態度を、生徒に身につけ」させることを意図している*38。これによって、「ゆく川の流れ」が住居の変転と、人間の消滅についての叙述であること、それがこの文章の二つの柱として対応していることを、具体的、実感的にとらえさせることができる。また、このワークシートによって、11の対句が、死→生となっているのに対し、12の対句では、生→死となっていたり、16と17の対句において、露→花が、花→露となっていたりする点に着目することによって表現の工夫などにも気づかせることができる*39。さらに、人と栖のそれぞれが無常のもとに変転していることが理解されるものとなっている。

「大地震」の学習に関しては、大火事・辻風・飢饉の内容を簡略に紹介し、「大地震」がこれらの次に位置していることを説明したい。その上で、対句に留意して音読させ、概要を理解させ、読後の気づきや疑問、感想を述べさせる。また、すぐれた表現、リアリティーのある表現などを指摘させ、人間に対して圧倒的な力を振るう「大地震」が「無常の世」の例として述べられていることを理解させる。次に、鴨長明の無常の世に対する思いを考えさせ、感想文を書かせる。無常の世を生きることへの関心を高めて『徒然草』の読みに入りたい。他に、助動詞「ぬ」の意味用法の理解学習も内容把握に重ねて行うことにする。

(2) 基本学習の展開

①教材

基本学習の教材「あだし野の露」(7段)は、以下のとおりである。

○あだし野の露(7段)

あだし野の露消ゆる時なく、鳥部山の烟立ち去らでのみ住みはつる習ひならば、いかにもののあはれもなからん。世は定めなきこそいみじけれ。

命あるものを見るに、人ばかり久しきはなし。かげろふの夕を待ち、夏の蟬の春秋を知らぬもあるぞかし。つくづくと一年を暮すほどだにも、こよなうのどけしや。飽かず惜しと思はば、千年を過すとも、一夜の夢の心ちこそせめ。住み果てぬ世に、みにくき姿を待ちえて何かはせん。命長ければ辱多し。長くとも、四十に足らぬほどにて死なんこそ、めやすかるべけれ。

そのほど過ぎぬれば、かたちを恥づる心もなく、人に出で交らはん事を思ひ、夕の陽に子孫を愛して、さかゆく末を見んまでの命をあらまし、ひたすら世をむさぼる心のみ深く、もののあはれも知らずなりゆくなん、あさましき。（木藤才蔵校注『新潮日本古典集成　徒然草』1977年３月　新潮社）

②学習指導の展開

「展開１」の第４時（【表6-3】参照）に関しては、以下の「学習の手引き」を用い、考えさせた後に、授業を進める。

【表6-4 「あだし野の露」の学習の手引き】

無常の世を生きる
「あだし野の露」―基本編

目標　①兼好の無常の世に対する考えを、鴨長明の考えとも比較してとらえる。
　②文章の主題、主題に関する説明とを分けて、その関連に注意しながら読み取る。
　③文章の構造を読み取る。
　④あだし・あはれ・いみじ・めやすし・はづる・あらまし・あさまし、などの語を文脈の中で理解する。また、む・べし（助動詞）、こそ・なむ（係助詞）の用法を理解する。

1　繰り返し音読・黙読し、意味内容のおおよそをとらえる。
2　次の点に留意して、丁寧に読み取る。
(1)　第一段落の中心的な考えが表れているのはどこか。その他の文の役割も考えてみよう。
(2)　第二段落の主張を整理してみよう。
(3)　第三段落は、何に対する説明になっているか考えよう。また、どのようなことを「あさまし」と言っているのだろうか。
(4)　兼好は、どのように生きることが価値あると考えているのだろうか。
(5)　無常の世に対する長明と兼好の考え方の違いはどこにあるのだろうか。
(6)　この文章の主題が表れている段落はどこか。また、その他の段落の役割を考えてみよう。
3　本段に対する感想・批評をまとめてみよう。

「学習の手引き」【表6-4】の「2」の(1)～(6)、および「3」に基づいて、「展開１」の４時間目の授業計画を、次のとおりに構想した。板書は、「学習活動（指示・発問・説明等）」と連動させて、構造的になるよう心がけた。

板書（構造図）	学習活動（指示・発問・説明等）
無常を生きる　徒然草 1 あだし野の露 住みはつる　ならひ ↓ もののあはれもなからむ ⇓兼好＝**あはれを感じて生きる** 世は、定めなきこそいみじけれ **自覚的・積極的無常観** 2 ・人ばかり久しきはなし。 ・あかず惜し→千年＝一夜 ・命長ければ辱多し ↓ 四十に足らぬ程にて死なむ こそめやすかるべけれ 3 その程すぎぬれば ひたすら世をむさぼる心のみ深く もののあはれもしらずなりゆく なむ あさましき	1　範読後、繰り返し音読、その後脚注を参考にし、黙読する。 2　どのようなことが書かれているか、おおよそを発表させる。 3　内容をとらえ、興味・気づき・疑問等を発表する。 〈問題意識〉 4　表現に基づき、内容を読解する。助動詞について説明する。 三段落に分けて解釈していく。主な質問は、以下のとおりである。 ①最初の一文の役割はどうか。 ②第二段落は、どういう役割を果たしているか（第一段落との　関係はどうなっているか）。 ③第二段落の主張を整理してみよう。 ④第三段落は、何に対する説明になっているか考えよう。また、どのようなことを「あさまし」と言っているのだろうか。 ⑤兼好は、どのように生きることが価値あると考えているのだろうか。 〈感想の表出〉 ⑥この文章の主題が表れている段落はどこか。主題を表す一文を挙げてみよう。 〈主題１の表出〉 5　無常の世に対する長明と兼好の考え方の違いはどこにあるか　考えさせる。 6　本段に関する感想を述べ合い、交流し、考えを深める。⑥の主題について再検討し、主題をとらえる。 〈主題２の表出〉 7　主題をまとめ、今日的意味を考え、批評させる。 8　本段を読んで、面白く思ったこと、考えさせられたこと、気づかされたことなど考えて、本段を批評･評価させる。 〈批評〉

(3) 応用学習の展開

①教材

教材は、単元テーマ「無常の世を生きる」の下位に、【図6-3】のとおり、Ａ「無常の世を生きるとは」・Ｂ「女性とともに生きるには」・Ｃ「安らかな心を得るためには」・Ｄ「達人の眼に映るものは」・Ｅ「大事を成就するには」の五つの小テーマを設定した。それらのテーマに基づいて編成した主教材は、以下のとおりである。

Ａ 無常の世を生きるとは

○まことの大事（155段）

世にしたがはん人は、まづ機嫌を知るべし。ついで悪しき事は、人の耳にもさかひ、心にもたがひて、その事成らず。さやうの折節を心得べきなり。ただし、病を受け、子生み、死ぬる事のみ、機嫌をはからず、ついで悪しとて止むことなし。生・住・異・滅の移り変る実の大事は、たけき河のみなぎり流るるがごとし。しばしも滞らず、ただちに行ひゆくものなり。されば、真俗につけて、必ず果し遂げんと思はん事は、機嫌を言ふべからず。とかくのもよひなく、足を踏み止むまじきなり。

春暮れてのち夏になり、夏果てて秋の来るにはあらず。春はやがて夏の気をもよほし、夏よりすでに秋はかよひ、秋はすなはち寒くなり、十月は小春の天気、草も青くなり、梅もつぼみぬ。木の葉の落つるも、まづ落ちて芽ぐむにはあらず。下よりきざしつはるに堪へずして落つるなり。迎ふる気、下に設けたる故に、待ちとるついで甚だはやし。生・老・病・死の移り来たる事、また、これに過ぎたり。四季はなほ定まれるついであり。死期はついでを待たず。死は前よりしも来たらず、かねてうしろに迫れり。人皆死ある事を知りて、待つことしかも急ならざるに、覚えずして来たる。沖の干潟遥かなれども、磯より潮の満つるがごとし。

Ｂ 女性とともに生きるには

○妻というもの（190段）

妻といふものこそ、をのこの持つまじきものなれ。「いつも独り住みにて」など聞くこそ、心にくけれ。「誰がしが婿に成りぬ」とも、また、「いかなる女を取りすゑて、相住む」など聞きつれば、無下に心劣りせらるるわざなり。ことなる事なき女をよしと思ひ定めてこそ添ひゐたらめと、いやしくもおしはかられ、よき女ならば、この男をぞらうたくして、あが仏とまもりゐたらめ、たとへば、さばかりにこそと覚えぬべし。まして、家のうちをおこなひ治めたる女、いとくちをし。子など出で来て、かしづき愛したる、心憂し。男亡くなりて後、尼になりて年寄りたるありさま、亡き跡まであさまし。

いかなる女なりとも、明け暮れ添ひ見んには、いと心づきなく、憎かりなん。女のためも半空にこそならめ。よそながら時々通ひ住まんこそ、年月経ても絶えぬなからひともならめ。あからさまに来て、とまりゐなどせんは、めづらしかりぬべし。

C　安らかな心を得るためには

◯同じ心ならむ人と（12段）

おなじ心ならん人と、しめやかに物語して、をかしきことも、世のはかなき事も、うらなくいひ慰まんこそうれしかるべきに、さる人あるまじければ、つゆ違はざらんと向ひゐたらんは、ひとりあるここちやせん。

たがひに言はんほどの事をば、「げに」と聞くかひあるものから、いささか違ふ所もあらん人こそ、「我はさやは思ふ」など、あらそひにくみ、「さるから、さぞ」ともうち語らはば、つれづれ慰まめと思へど、げには、すこしかこつかたも我とひとしからざらん人は、大方のよしなしごと言はんほどこそあらめ、まめやかの心の友には、はるかに隔たる所のありぬべきぞ、わびしきや。

◯つれづれわぶる人（75段）

つれづれわぶる人は、いかなる心ならん。まぎるるかたなく、ただひとりあるのみこそよけれ。

世にしたがへば、心、外の塵に奪われて惑ひやすく、人に交はれば、言葉、よその聞きに随ひて、さながら心にあらず。人に戯れ、物に争ひ、一度は恨み、一度は喜ぶ。そのこと定まれる事なし。分別みだりに起りて、得失やむ時なし。惑ひの上に酔へり。酔ひの中に夢をなす。走りて急がはしく、ほれて忘れたる事、人みなかくのごとし。

いまだ誠の道を知らずとも、縁を離れて身を閑かにし、事にあづからずして心を安くせんこそ、しばらく楽しぶとも言ひつべけれ。「生活・人事・伎能・学問等の諸縁を止めよ」とこそ、摩訶止観にも侍れ。

D　達人の眼に映るものは

○達人の人を見る眼（194段）

達人の人を見る眼は、少しも誤るところあるべからず。

たとへば、ある人の、世に虚言を構へ出だして人を謀る事あらんに、すなほにまことと思ひて、言ふままに謀らるる人あり。あまりに深く信をおこして、なほ煩はしく虚言を心得そふる人あり。また何としも思はで、心をつけぬ人あり。また、いささかおぼつかなく覚えて、頼むにもあらず、頼まずもあらで、案じゐたる人あり。また、まことしくは覚えねども、人のいふ事なれば、さもあらんとてやみぬる人もあり。また、さまざまに推し、心得たるよしして、賢げにうちうなづき、ほほ笑みてゐたれど、つやつや知らぬ人あり。また、推し出だして、「あはれ、さるめり」と思ひながら、なほ誤りもこそあれとあやしむ人あり。また、「異なるやうもなかりけり」と、手を打ちて笑ふ人あり。また、心得たれども、知れりとも言はず、おぼつかなからぬは、とかくの事なく、知らぬ人と同じやうにて過ぐる人あり。また、この虚言の本意をはじめより心得て、少しもあざむかず、構へ出だしたる人と同じ心になりて、力を合はする人あり。

愚者の中の戯れだに、知りたる人の前にては、このさまざまの得たる所、詞にても顔にても、隠れなく知られぬべし。まして、明らかならん人の、惑へるわれらを見んこと、掌の上の物を見んがごとし。ただし、かやうの推し測りにて、仏法までをなずらへ言ふべきにはあらず。

E　大事を成就するには

○大事を思ひたたむ人（59段）

大事を思ひ立たん人は、去りがたく心にかからむ事の本意を遂げずして、さながら捨つべきなり。「しばしこの事はてて」、「おなじくは、かのこと沙汰し置きて」、「しかしかの事、人の嘲りやあらん。行末難なくしたためまうけて」、「年来もあればこそあれ、その事待たん、ほどあらじ。物騒がしからぬやうに」など思はんには、えさらぬ事のみいとど重なりて、事の尽くる限りもなく、思ひ立つ日もあるべからず。おほやう、人を見るに、少し心あるきはは、皆このあらましにてぞ一期は過ぐめる。

近き火などに逃ぐる人は、「しばし」とやいふ。身を助けんとすれば、恥をもかへりみず、財をも捨てて逃れ去るぞかし。命は人を待つものかは。無常の来たる事は、水火の攻むるよりもすみやかに、逃れがたきものを、その時、老いたる親、いときなき子、君の恩、人の情け、捨てがたしとて捨てざらんや。

（木藤才蔵校注『新潮日本古典集成　徒然草』1977年3月　新潮社）

②学習指導の展開

応用学習は、基本学習で学んだ方法を生かしてグループで読み進めることになる。

各4名で10グループを作り、各グループに代表と記録係を置く。記録係は進捗状況を報告する。10グループの内、各2グループが一つのテーマに取り組む。各グループは、担当教材に対して、読解⟷解釈⟷批評を行い、それをもとに発表資料を作成し発表する。発表準備は、次の通りに進める。

A　グループのメンバー各自が、中心章段と参考章段について、

a. 意味内容を把握し、感想を持つ。

b. 主題の把握、段落相互の関係、論の整理、意味の分かりづらい所を調べることを行い、兼好の考えに対する自分の考えを簡略

にまとめる（1時間）。

B　教材を中心に〈参考〉の考えも入れて発表できるように、話し合いまとめる（2時間）。

C　発表資料は、次の構成でB4一枚にまとめる。

a. 中心教材名を書き、構造図をまとめる。

b. 兼好の主張とその理由（例）等をまとめる。＊参考章段にも触れる。

c. 兼好の考えに対し自分たちの考えを書きまとめる。

d. 参考になることがあればまとめる。イラストを入れても良い。

D　発表

a. 1時間に2テーマについて発表。同テーマでまとめた二つのグループのどちらが発表するかは決めておく。

b. 同じテーマでまとめたもう一つのグループは、質問・意見・感想を述べる。＊もう一つのグループの発表資料も印刷する。

c. 発表グループ以外の学習者は、読みとりノートに、発表教材の主題をまとめるとともに、準備できる質問を書いてくる。

第５節　第３学年の古典教育の構想

単元「歴史を生きた人々—『大鏡』の世界—」

第１項　『大鏡』の教材研究

『大鏡』は、作者、成立不詳の歴史物語である。歴史物語とは、仮名書きの歴史という意味であり、漢文体の正史（六国史）に対して用いられたものである。また、物語風に書かれた歴史であり、史的事実に拠って書かれた物語である。これは新しい物語の発見であったとされる。『大鏡』は、『史記』に倣い紀伝体を採用している。これによって、歴史物語として画期的な効果をあげた。人間の動きを積み重ねることによって歴史を把握しようとし、生き生きと史上人物を描いている。その描き方については、次のようにも述べられている。

> 『大鏡』の描き、語るのは、時間の渦にまかれ、呑まれ、流され、泳ぐ人間の姿そのものである。別して事件の勝者、――泳ぎ抜き耐え抜く、たくましい人間像である。だから、その人の真価をあらわす説話をのがさない。説話におけるその人の表情、言葉、行為を描いてその心底を暗示し、事態のなりゆきを了解させる。説話を一つ一つ積み重ねることによって歴史を語る。これが『大鏡』のとった歴史叙述の方法であり、『大鏡』らしさである。
> （山岸徳平・鈴木一雄編著『鑑賞日本古典文学　第14巻　大鏡・増鏡』1976年1月　角川書店　15頁）

描かれた人物については、「そこに出現する人物像は明確で魅力的で各人物の面目躍如たるものがある。」*[40]との評もある。『大鏡』に登場する人物の特徴は、「激しい意欲と逞しい行動力」であり、「意欲と気力」であった。それは、『大鏡』の最大の評価であった。それを『大鏡』のことばで言えば、「謀略から勇気までの幅」を持つ、勇猛な「こころたましひ」ということになる*[41]。この「こころたましひ」の強靭な人の上に神仏の加護も加わるという。「人が『こころたましひ』の人である時、それが神仏の助けを招き寄せるのだという」*[42]のである。「道長の類まれな栄達は、道長に備わった『こころたましひ』が勝ち取ったもの」*[43]ということになる。

『大鏡』は、「こころたましひ」を描き出すことにおいて、平安時代の「みやび」、「もののあはれ」とは異なる価値を主張した。そのために、表現方法も従来にない、問答体、座談形式という戯曲構成を用い、批判精神や逸話説話の取り込みを容易にし、物語性を豊かにしている*[44]。

２　高校生の『大鏡』の読み

『大鏡』を教材として、1991年に、３年生を対象に単元テーマを「歴史を生きた人々」とする授業を行った。授業後に学習者の一人が、次の感想を残している。

今回大鏡を読んだ中で、私は藤原道長が一番印象に残りました。大鏡を学習するまでは私は道長を、日本史で学んだ程度しか知りませんでした。だから、「弓争い」と「肝試し」で、道長の多方面からのエピソードを知って、とても強烈な印象を受けました。

道長がまだ身分の低かった頃、父道隆のはからいで伊周と競射し、大胆な発言をして的に矢を射ました。その当時の人々は、道長のことを批判しただろうけど、私はこの話のなかで、道長の強引さが道長を名の残る歴史上の人物にしたのだと思いました。また肝試しの時も、証拠品に天皇が座る高御座の一部を持って帰ってきました。わざわざ玉座である高御座を削ったところに、道長の力の強大さが感じられたと思います。

歴史上の偉大な人物とは、たいていが強引で、自分勝手な人が多い。でも、このぐらいの性格でないと、天下を握れないのかもしれない。それが道長の話から感じ取った私の印象です。

大鏡を読んでいるうちに、その物語の中の行動のひとつひとつが、現在に反映しているな、とあらためて思いました。花山天皇のように政治的陰謀でおとしめられることも、ちょこちょこ見られます。その表面的結果をみるのではなく、その奥にあるエピソードを見る世継の目が、今の人々には欠けているのではないか、と思います。たとえば日本の今度の入閣者を見ると、リクルート事件にかかわった人が４人もいます。時が真実をあやふやにしているようですが、真実を確実にうけとめる目も必要だということが分かりました。

大鏡を読んでいろんな事実・事件を見て、とても勉強になりまし

た。（OT 女）
（渡辺春美「『大鏡』学習指導の試み―『歴史を生きた人々』の場合―」『国語科授業活性化の探究Ⅱ―古典（古文）教材を中心に―』1998 年 8 月　溪水社　234・235 頁）

「歴史を生きた人々」の一人である道長が印象深かったとしている。道長の印象から、「歴史上の偉大な人物」の人物像を「強引で、自分勝手な人」として描き出している。その「力の強大さ」の陰で、「花山天皇のように政治的陰謀でおとしめられること」があるとし、そこに「現在に反映」するものを見ている。と同時に、その背後にある真実を見るために「世継の目」が必要だと考えるに至っている。

十分とはいえないが、「歴史を生きた人々」の人物像を『大鏡』をとおして形象化し、意味づけることが、現実を解釈することに繋がっている。また、『大鏡』に「世継の目」（「真実を確実にうけとめる目」）を、「真実」を見るために必要なこととして価値づける読みもなされている。ここに〈古典〉としての『大鏡』の内化を見ることができる。『大鏡』の読みの可能性を示す感想文と言える。

第２項　指導計画

1　教材編成

「歴史を生きた人々」をテーマとして、『大鏡』から、平安期摂関制の中、権力を求めて生きる人々が描き出された教材を選定した。選定したものは、いずれも教科書で用いられている。それを、道長を巡る人物と道長その人を描いた教材に分けて、下記の通りに編成しなおした。

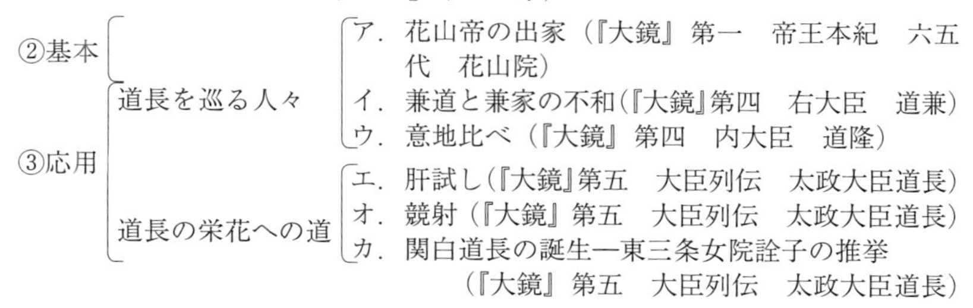

教材の編成を、授業展開に重ねて、構造化して図示すれば、次（【図6-4】）のようになる。

【図 6-4　単元「歴史を生きた人々」の構造】

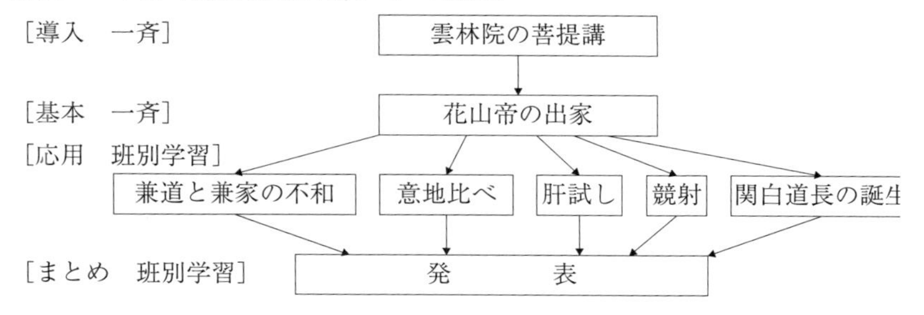

2　指導目標

①『大鏡』の語りの方法と目的を理解する。

②表現に即し、歴史的な背景を踏まえて、語られる登場人物の心情と生き方を把握し、人物像を理解する。

③『大鏡』を学ぶことをとおして、感想を持ったり、生き方を考えたり、批評したりすることができるようにする。

④人物に焦点を当て、その言動に留意し、歴史的背景を踏まえて、心情、生き方、ならびに人物像をとらえることができる。

⑤単語・語彙・文法、および風俗・習慣・有職故実に関する知識を、積極的に広げ、深め、身につけることができる。

⑥班別学習の中で、学習を計画し、協力して実行し、まとめ、発表できるようにする。

3　指導計画

(1) 指導計画

単元「歴史を生きた人々—『大鏡』の世界—」の指導計画は、以下のとおりである。

【表 6-7　単元「歴史を生きた人々」の指導計画】

過	学習活動	支援活動	育成能力	時
導入	1．学習内容の全体提示 A【一斉学習】 2．雲林院の菩提講 ①範読・音読 ②あらすじ把握 ③登場人物把握 （翁二人、媼、若侍、筆記者） ④語りの目的・語りの場 ⑤語りの目的口語訳）	1．学習内容の全体提示 学習の手引き 2．ワークシート（略）に基づく。 ①音読は読み慣れを中心とする。 二人組で読み合い、正確に速く読む練習をする。 ②あらすじ把握は、主要登場人物を押さえて発表。発表は、リレー式で、発表をつなぎ合わせて概要となるようにする。 ③登場人物として、翁二人、媼、若侍を挙げさせる。筆記者については、「菩提講に詣でて侍り」「見侍り」の主語を尋ねる。 ④⑤口語訳は、「年頃、～たまひぬる」まで、範囲を広げて訳すことにする。口語訳では、「む」「べし」「まほし」「けむ」「ず」「ぬ」といっ	【知識】 ○文法の知識を活かして読むとともに、文法的知識を確かにする。 ○生活・社会・時代背景への理解を活かして内容を読みとり、それらの知識を確かなものとする。 【技能】 1　読解力 ○内容解釈と関連させて、音読を行う。 ○文脈から語句の意味を推定し、理解する。 ○文法的知識を活かし、表現に基づいて場面を豊かにイメージし、内容を的確にとらえる。 2　解釈力 ○疑問を見出し、既有の知識を用い、疑問を解決するとともに、解決過程を検討し、追究	2

	⑥語りの方法 —登場人物設定理由	た助動詞、「ばや」「か」「こそ」といった助詞に留意させる。 ⑥歴史を自ら体験した（見聞した）こととして多角的に対話する老人、聞き手代表の若侍、筆記者等の役割を考えさせる。	を深める力。 ○歴史語りの方法の意味を検討し、特定する力。 ○登場人物の人物像をとらえる力。○歴史語りの構造、登場人物像とも関連させ、主題を創造的に把握する力。 ３　批評力 ○古典を創造的に読みとり、表現・説得性・形象性・主題を、既有の知識も用いて批評する力。 【態度】 ○『大鏡』を関心を持って古典を主体的に読むことによって、豊かに生きようとする態度。	
基本	Ⅰ　道長を巡る人々 B【一斉学習】 ３．花山帝の出家 ①範読・音読練習 ②あらすじ把握 ③興味・関心、気づき、質問発表 ④主要登場人物の言動の絡み合いと展開を読み取る。	３．ワークシート（2）に基づく。 ①全体範読の後、音読練習は、１時間目、「あはれなる事は～空泣きしたまひけるは」までを中心に行う。２時間目、「花山寺におはしましつきて～目守り申しける」を音読。 ②脚注他を基に、登場人物とその言動を中心に、大きくあらすじをとらえる。 ③内容、表現に基づいて、自由に発表させる。 ④花山天皇と粟田殿と上下二段に分けてそれぞれの言動をとらえ、絡み合わせて展開をとらえられるようにす	１　読解力 ○内容解釈と関連させて、音読を行う。 ○文脈から語句の意味を推定し、理解する。 ○文法的知識を活かし、表現に基づいて場面を豊かにイメージし、内容を的確にとらえる。 ２　解釈力 ○疑問を見出し、既有の知識を用い、疑問を解決するとともに、解決過程を検討し、追究を深める力。	2

	⑤語り手の評価を読み取る。 ⑥学習者の疑問を基に政治的背景を知る。 ⑦主題について考えさせて発表、交流を経て主題をとらえさせる。 ⑧感想、批評をまとめる。	る。 「あはれなる事は～空泣きしたまひけるは」に傍訳を付ける。 ⑤世継のことばに込められた意味をとらえる。 ⑥系図を示す。系図に基づいて政治的背景を説明させる。摂関政治について理解させる。 ⑦世継のことば、政治的背景も考え合わせて主題を考えさせる。 ⑧ワークシートに記入。	○登場人物の人物像をとらえる力。○背景をとらえる力。 ○登場人物像とも関連させ、主題を創造的に把握する力。 ○主題を既有の知識、現代の事象とも結びつけてとらえる力。 ３　批評力 ○古典を創造的に読みとり、表現・説得性・形象性・主題を、既有の知識も用いて批評する力。 【態度】 ○『大鏡』を関心を持って古典を主体的に読むことによって、豊かに生きようとする態度。	
応用	Ⅱ　道長の栄華への道 C【班別学習】 ４．班別学習の取組み ○次の教材について、①１教材に２班が取り組む。②３時間をかけて発表資料作成。③発表資料は、次のようにする。 ア．構造図 イ．一部傍訳資料を作成。 ウ．参考（大鏡の特質・文学史上の位置・摂関政治の仕組み・歴史的背景・有職故実・貴族の生活・風俗・習慣など）	①一班４人で10班編成。教材に２班が取り組む。 ②ワークシート(3)(略)に基づいてグループ学習を行う。 ③発表資料をワークシートの指示にしたがってまとめる。 ④発表資料は、全班分を印刷して配付できるようにする。	上記の力を育成するとともに、下記の力の育成を目指す。 ○学習者自らが計画し、創造的に読んでいく力。 ○読み、理解したことを他者と共に検討する力。 ○発表資料にまとめる力。	3

	エ．批評 ○兼道と兼家の不和、○意地比べ ○肝試し、○競射、○関白道長の誕生			
まとめ	D【発表】 ○発表は、５班が行う。 ○発表班以外は、質問。 ○発表後、テーマを決めて小論文作成。 E【学習の振り返り】	①司会、計時係りを選定する。 ②発表班以外の学習者は、同じ段の担当班の発表時に、質問ができるように準備させておく。 ③小論文の手引きを準備する。 ④小論文の題目は、人物論、『大鏡』論、権力と人間、社会制度と人間、歴史と人間等。 「『歴史を生きた人々』の学習をふり返る」という題で感想を書かせる。	○まとめたことを分かりやすく発表する力。 ○質疑に対し適切に答える力。 ○章段から原文を引用して論を展開する力。 ○自らの考えを論理的に述べる力。 ○批評する力。	2

4　学習指導の展開

（1）導入

単元「歴史を生きた人々―『大鏡』の世界―」の全体計画を理解させるために、以下の学習の手引きを作成した。

大鏡―状況を生きる―

Ⅰ　学習目標

①『大鏡』の語りの方法と目的を理解する。
②表現に即し、歴史的な背景を踏まえて、語られる登場人物の心情と生き方を把握し、人物像を理解する。
③『大鏡』を学ぶことをとおして、感想を持ったり、生き方を考えたり、批評したりすることができるようにする。
④人物に焦点を当て、その言動に留意し、歴史的背景を踏まえて、心情、生き方、ならびに人物像をとらえることができる。

⑤単語・語彙・文法、および風俗・習慣・有職故実に関する知識を、積極的に広げ、深め、身につけることができる。

④班別学習の中で、学習を計画し、協力して実行し、まとめ、発表できるようにする。

Ⅱ　教材

ア．雲林院の菩提講（『大鏡』第一　序）

イ．花山帝の出家（『大鏡』第一　帝王本紀　六五代　花山院）

1 道長を巡る人々

ウ．兼道と兼家の不和（『大鏡』第四　右大臣　道兼）

エ．意地比べ（『大鏡』第四　内大臣　道隆）

2 道長の栄花への道

オ．肝試し（『大鏡』第五　大臣列伝　太政大臣道長）

カ．競射（『大鏡』第五　大臣列伝　太政大臣道長）

キ．関白道長の誕生━東三条女院詮子の推挙（『大鏡』第五　大臣列伝　太政大臣道長）

Ⅲ　学習の展開

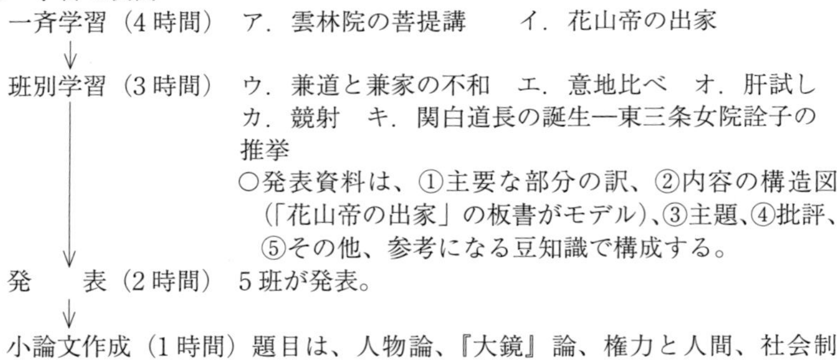

(2) 基本学習の展開

①教材

教材は、「傍注資料」として作成し、学習者が傍注を施すことができるよう工夫している。

○花山帝の出家

　次の帝、花山院天皇①と申しき。冷泉院②の第一の皇子なり。御母、贈皇后宮懐子③と申す。

　永観二年甲申（きのえさる）八月二十八日、位につかせたまふ。御年十七。寛和二年丙戌（ひのえいぬ）六月二十二日の夜、（あさましくさぶらひしことは）、人にも知らせたまはで、みそかに（お知らせなさらないで、ひそかに）花山寺におはしまして、（御出家入道せさせたまへりしこそ）。

御年十九。世をたもたせたまふこと（在位なさったのは）二年。その後二十二年おはしましき。

　あはれなることは、（おりおはしましける夜は）、藤壺④の上の御局の小戸より出でさせたまひけるに（お出になられたが、）、有明の月のいみじくあかかりければ（あまりにあらわであるよ）、「顕証（けんそ）にこそありけれ。いかがすべからむ」と仰せられけるを、「さりとて、とまらせたまふべきやう侍らず。神璽⑤（しんし）・宝剣⑥わたりたまひぬるには（皇太子の所に渡ってしまわれたので）」と、粟田殿⑦のさわがしまうしたまひけるは（せきたてもうしなさったのは）、まだ、帝出でさせおはしまさざりけるさきに（天皇がお出にならぬ前に）、手づからとりて、春宮⑧の御方に（わたしたてまつりたまひてければ）、かへり入らせたまはむことはあるまじく（宮中にお帰りになることはあってはならないと）思して、しか申させたまひけるとぞ。さやけき影を、まばゆく思し召しつるほどに、月のかほにむら雲のかかりて、すこしくらがりゆきければ、「（わが出家は成就するなりけり）」と仰せられて、歩み出でさせたまふほどに、弘徽殿⑨の女御の御文の、日頃破り残して御身を放たず御覧

①花山天皇一九六八～一〇〇八年。在位九八四～九八六年。
②冷泉院一九五〇～一〇一一年。在位九六七～九六九年。村上天皇と安子の皇子。
③懐子一藤原懐子。九四五～九七五年。伊尹の娘。
④内裏にある清涼殿の后・女御が泊まる部屋。
⑤八尺瓊勾玉（やさかにまがたま）
⑥天叢雲剣（あまのむらくものつるぎ）
⑦藤原道兼。兼家の三男。
⑧皇太子。懐仁親王、後の一条天皇。
⑨藤原為光女（むすめ）、忯子（しし）。花山帝の愛妃。

とりにお入りになっ じけるを思し召し出でて、「しばし」とて、取りに入りおは た時のことですよ　どうしてこのように　お しましけるほどぞかし、粟田殿の、「いかにかくは思し召し 思いになられるのですか ならせおはしましぬるぞ。ただ今過ぎば、おのづから障り (　　　) も出でまうできなむ」と、そら泣きしたまひけるは。 剃髪なさった後で 花山寺におはしまし着きて、御(み)ぐしおろさせたまひて後 にぞ、粟田殿は、「まかり出でて、大臣⑨にも、かはらぬ姿、 いま一度見え、かくと案内申して、かならずまゐり侍らむ」 と申したまひければ、「朕をば謀るなりけり」とてこそ泣か せたまひけれ。あはれにかなしきことなりな。日頃、よく、 弟子になってお仕えいたしますと約束して、(　　　　) 御弟子にてさぶらはむと契りて、すかしまうしたまひけむ がおそろしさよ。 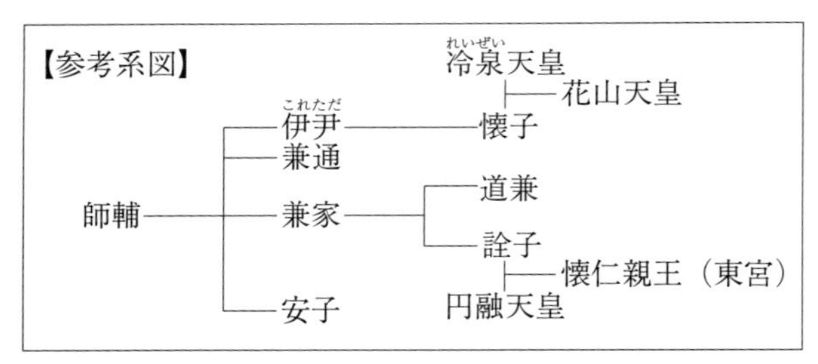 （『大鏡』第一　帝王本紀　六五代　花山院　橘健二『大鏡』 1974年12月　小学館）	⑨太政大臣藤原兼家。道兼の父。

②学習指導の展開

基本学習においては、次の学習の手引きを用いて、学習目標と学習課題を明確にして展開する。

大鏡―花山帝の出家―

学習目標

①場面と登場人物をとらえ、筋の展開を、歴史的背景、摂関制度を踏まえて理解する。
②状況を生きる登場人物について感想を述べたり、批評したりする。
③敬語（たまふ・す・さす・仰す）に留意し、助動詞（き・む・べし・まじ）、助詞（こそ）について理解し、文脈に応じて訳せるようにする。
④歴史的背景、摂関制度について理解する。
⑤人物の言動とその展開を構造図にまとめられるようにする。
⑥物語の内容に関心をもって、読み、批評することができる。

学習課題

1．繰り返し音読練習をする。
2．本文空白部に傍訳をつけなさい。
3．どのような内容の話か短くまとめ、感想を述べなさい。
4．摂関制度を踏まえ、出家がどのような背景のもとに行われたかまとめなさい。
5．「花山帝の出家」の主題を考えなさい。
6．本段の今日的な意味について考え、感じ考えることをまとめなさい。

基本学習の授業の展開は、以下のとおりである。

板　書　計　画	学　習　活　動
	1　音読練習した後、黙読し内容を読み取る。
花山天皇の出家	2　教材の空欄部（　）に傍訳をつける。
第一場面	3　文章を読解し、意味内容をつかむ。
花山天皇 （九六八～一〇〇八年） 冷泉帝と懐子の皇子 在位（九八四～九八六年） 御出家入道―あさましく候ひしこと	4　興味あること、気づき、疑問等を述べ合う。 〈問題意識〉 5　場面に分けて、次の通りに読み進める。その際、花山天皇、粟田殿の言動を把握するとともに、語り手の感想、推察にも留意する。
第二場面 （花山帝）藤壺の上の御局の小戸より出でさせ給ふ	(1) 花山天皇の紹介と退位の異常さに関する語り手の感想を読み取る。 (2) ①花山帝の密かな宮中退出と、有明の月の明るさに、「顕証にこそ」とする逡巡を読み取る。

花山天皇 有明の月 顕証にこそ	粟田殿（道兼） 手ずから取りて 東宮に「神璽・宝剣わたり給ひぬ」 さわがし申し給ふ ↑ （帰り入らせ給はんことは、あるまじく覚す）	②また、「手ずから取りて」、神璽・宝剣を東宮方に手渡し、先を急がせる道兼の言動をとらえる。 ③さらに、語り手の感想をとらえる。 ④その上で、誰に皇位を継承させようとしているか、その理由について疑問を投げかける。 (3) ①花山帝が、むら雲が月にかかったことにより、出家・退位の成就を思いつつ、なお亡き弘徽殿の女御の文を取りに戻るところにためらいを読み取る。
第三場面 花山帝 月にむら雲 出家は成就 女御の御文← 取りに入りおはす	粟田殿（道兼） ただ今過ぎば、さはりも出でまうで来なむ。 ｜ そら泣きし給ふ （謀略への批判）	②女御の死が出家の背景にあることを説明する。 ③道兼は、文を取りに花山帝が引き返したことで、出家の大願成就の機会を失いかねないと「そら泣き」をする。 ④道兼が「そら泣き」をしたと語るところに語り手の批判を読み取る。 (4) ①花山帝の出家成就とともに、豹変する道兼を読み取る。 ②ようやく気づく花山帝の嘆きを読み取る。
第四場面 花山帝 剃髪し出家 はかるなりけり	粟田殿（道兼） 大臣にも、変わらぬ姿、いま一度見え、案内して必ず参り侍る ↑ すかし申しけむが恐ろしさよ	③「すかし申しけむが恐ろしさよ」とする、語り手の批判を読み取る。 ④本段の全体を把握して感想を述べ合う。 〈感想の表出〉 6　何のために「すかし」たのか、系図をみながら背景を考える。 7　本段の主題について考えを述べ合う。 〈主題1の表出〉 8　本段の主題を再検討し、今日的意味を考える。 〈主題2の表出〉 9　本段を批評・評価する。 〈批評〉

(3) 応用学習

①教材

応用学習の教材は、「１　教材編成」に示したとおり、「兼道と兼家の不和」・「意地比べ」・「肝試し」・「競射」・「関白道長の誕生―東三条女院詮子の推挙」の５章段から編成している。各編は、脚注を補い、本文の一部に傍注を施せるように作成している。その内の一例として「競射」を、次に示すことにする。

○道長と伊周との競射	
（　　）に口語訳を入れなさい。 帥殿[1]の、南院[2]にて人々集めて弓あそばししに、この殿[3]（わたらせたまへれば）、思ひがけずあやしと、中関白殿[4]思し驚きて、（いみじう饗応しまうさせたまうて）、下臈[5]におはしませど、前にたてたてまつりて、（まづ射させたてまつらせたまひけるに）、帥殿、矢数いま二つ劣りたまひぬ。中関白殿、また御前にさぶらふ人々も、「いま二度延べさせたまへ」と申して、延べさせたまひけるを、やすからず思しなりて、「さらば、延べさせたまへ」と仰せられて、（また射させたまふとて）、仰せらるるやう、「道長が家より帝・后たちたまふべきものならば、この矢あたれ」と仰せらるるに、（同じ物を中心にはあたる物かは）。次に、帥殿射たまふに、いみじう臆したまひて、御手もわななく故にや、的のあたりにだに	1　藤原伊周（974～1010年）。中関白藤原道隆の子。内大臣、関白代行、道隆の死後、太宰権帥に左遷。 2　藤原道隆の二条邸の南にあった建物。 3　藤原道長（966～1027年）。藤原兼家の子。摂政・太政大臣。日記『御堂関白記』がある。 4　藤原道隆（953～995年）。藤原兼家の子。「中関白」というのは、道隆が兼家と道長の「中」の関白であったから。 5　官位の低い者。正暦５年（994年）伊周は道長を超えて内大臣になった。

近くよらず、無辺世界を射たまへるに、関白殿、色青くなりぬ。また、入道殿射たまふとて、「摂政・関白すべきものならば、この矢あたれ」と仰せらるるに、はじめの同じやうに、的の破るばかり、同じところに射させたまひつ。饗応し、もてはやしきこえさせたまひつる興もさめて、こと苦うなりぬ。父大臣、帥殿に、(「なにか射る。な射そ、な射そ」)と制したまひて、ことさめにけり。 入道殿、矢もどして、やがて出でさせたまひぬ。その折は	
[6]左京大夫とぞ申しし。弓をいみじう射させたまひしなり。 また、いみじう好ませたまひしなり。	6　左京職の長官。副知事のような官。左京職は、戸籍・租税・訴訟などを司る役所。
(今日に見ゆべきことならねど)、[7]人の御さまの、いひ出でた	7　道長の態度。
まふことのおもむきより、([8]かたへは臆せられたまふなむめり)。 （『大鏡』　第五　大臣列伝　太政大臣道長）	8　副詞。いくらかは、という意味。

②学習指導の展開

応用学習は、次に示す「学習の手引き」に従って展開することになる。

単元「歴史を生きた人々ー『大鏡』の世界」
「応用学習」（班別学習）の手引き

1　使用テキスト
①兼道と兼家の不和（『大鏡』第四　右大臣　道兼）
②意地比べ（『大鏡』第四　内大臣　道隆）

③肝試し（『大鏡』第五　大臣列伝　太政大臣道長）
④競射（『大鏡』第五　大臣列伝　太政大臣道長）
⑤関白道長の誕生―東三条女院詮子の推挙（『大鏡』第五　大臣列伝　太政大臣道長）

２　班の構成

４名で班を編制する（計10班）。各班に班代表と記録係を置く。班代表は司会を兼ねる。

３　班別学習―発表準備

①最期の参内（『大鏡』　太政大臣兼通）を教材として、教員が発表のモデルを提示。
②学習計画を立て、協働で準備を進める。

(1) 発表課題

１教材に２班が取り組む。②３時間をかけて発表資料作成。③発表資料は、次のようにする。

①傍注資料を作成する。
②構造図―場面（場所・時・人物）とその変化を把握する。
③主題の把握と批評。グループ内で、次のように進めよう。
ア．①②の課題をまとめた後、表現・内容に関する、気づき・疑問を出し合う。
イ．繰り返し読み、感想をもとに主題の把握に向けて話し合う。
ウ．班員が個々に考えた主題を出し合い、交流する。
エ．主題に当てはまる例があるかどうかも考えて、納得のいく、一般性・普遍性のある主題にまとめる。
オ．内容･表現･主題、読後感から批評し合い、総合してまとめる。個々の考え並記してまとめてもよい
④参考（大鏡の特徴・文学史上の位置・摂関政治の仕組み・歴史的背景・有職故実・貴族の生活・風俗・習慣など）を資料に加えてもよい。
＊　参考図書等（図書室「『大鏡』参考資料コーナー」に配置）を利用するとよい。

(2) 発表時の手順

①発表は、１時間に２テキストに関して行う。発表10分以内、質疑応答10分以内。
②同じテキストを担当する二つの班の内、一つの班が発表、他の１班は質疑を行う。担当した二つの班以外からも質疑応答を行う。
③教員による講評。

第６節　古典教育の構想のまとめ

以上、「関係概念」としての古典観に基づいて、古典教育を構想した。この古典観に基づく古典教育は、必然的に学習者の主体的な学びを求める。そのために、学習者の興味・関心、問題意識に応じる、あるいは、それらを喚起する、価値ある主題を設定した。主題は、古典を読む観点として、また、古典と現代社会をつなぐ観点として働く。その主題のもとに、教材を開発・選定・編成することを試みた。さらに、主体的学習の場を組み込み、生きて働く力の獲得を目指して、指導過程を基本（一斉学習）・応用（グループ学習）・発展（個別学習）とした。その指導過程に、学習形態を重ね、主体的学習を構造化しようとした。教材は、この指導過程、指導形態にも応じて、開発・選定・編成されている。

また、主体的な学びを成立させるためには、学びを支える能力の育成を必要とする。本研究では、第２章で創造的に読む力として、読解力・解釈力・批評力を措定したが、それを、古典教育を構想するにあたって、３学年にわたる能力目標として３段階に分けてカリキュラム化した。

古典の継承と発展は、創造的な読みに基づく内化によって確かなものとなる。構想においては、内化を目指す古典教育を志向した。そのためにも、古典教育を主題単元学習として構想した。主体的、創造的な読みと批評によって、読みの内実としての〈古典〉は、内化されることになる。

本章では、具体的には、高等学校１年で、単元「『伊勢物語』―生き方としての『みやび』を問う―」、２年で、単元「無常の世を生きる―『方丈記』・『徒然草』―」、３年で、単元「歴史を生きた人々―『大鏡』の世界―」の授業を構想した。同じものではないが、先行の実践事例によって、構想の基盤は築かれていると考える。ただ、本構想では、内化に至る過程を組み入れており、その検証は、今後の実践研究に拠らねばならない。

総じて言えば、ここに1章から5章までの研究を統合して高等学校における古典教育を構想した。しかし、現実的には、高校生が多様であることを考え、その実態に合わせたカリキュラムの柔軟な活用がなされればならないと考える。

【注】

*1 渡辺春美「古典学習材開発・編成の観点—古典学習材の開発・編成個体史を手がかりに—」(『月刊国語教育研究』440号 2008年12月 日本国語教育学会 4—9頁)、⑥の「アジア・世界の古典」については、片桐啓恵「古典教材の〝発見〟—自己発見をめざす国語学習の場で—」(『日本語学』9巻 1990年1月 明治書院)、浜本純逸「世界認識の履歴を学ぶ古典学習」(記念論文集編集委員会編『浜本純逸先生退任記念論文集 国語教育を国際社会へひらく』2008年3月 溪水社)を参考にした。

*2 竹村信治「附論 古典教室へ」(竹村信治『discours 言述論—for 説話論集』2003年5月 笠間書院 575頁)

*3 渡辺春美「古典入門期指導の試み—学ぶ意味に触れる授業を目指して—」(『国語教室』11月号 1990年11月 大修館書店 参照)

*4 世羅博昭「『平家物語』の学習指導—『一の谷の合戦』場面を中心に—」(『国語科教育』第29集 1982年3月 全国大学国語教育学会 参照)

*5 渡辺春美「国語科授業活性化の試み—『枕草子』の学習指導の場合—」(『研究紀要』32号 1996年3月 大下学園祇園高等学校 参照)

*6 渡辺春美「『伊勢物語』—みやびの世界を歩く—」の試み」 第54回国語教育全国大会 第19分科会 日本国語教育学会 口頭発表資料 1991年8月、所収 渡辺春美『国語科授業活性化の探究Ⅱ—古典(古文)教材を中心に—』1998年8月 溪水社 参照)

*7 渡辺春美「古典の授業活性化の試み—『日本永代蔵』の読みを中心に—」(『和泉紀要』22号 1996年3月 大阪府立和泉高等学校 参照)

*8 渡辺春美「古典教材の授業活性化の試み—〈『大鏡』—歴史を生きた人々〉の場合」(第33回広島大学教育学部国語教育学会 口頭発表資料 1992年8月、所収 渡辺春美『国語科授業活性化の探究Ⅱ—古典(古文)教材を中心に—』1998年8月 溪水社 参照)

*9 渡辺春美「〈『源氏物語』—様々な愛の姿—〉の学習指導—古典の学び手を育てる単元学習の試み—」(第57回 国語教育全国大会全体会 1994年8月 日本国語教育学会口頭発表資料、所収 渡辺春美『国語科授業活性化の探究Ⅱ—古典(古文)教材を中心に—』1998年8月 溪水社 参照)

＊10　野地潤家「古典文芸教材化の基本問題」（『文芸教育』14　1975年4月　明治図書　参照）

＊11　世羅博昭「『国語Ⅰ』・『国語Ⅱ』における古典指導―生き生きとした古典教室の創造をめざして―」（『国語教育研究』第29号1985年6月　広島大学教育学部光葉会）

＊12　竜田徹は、竜田徹「学習意義にを自己評価する力を育む国語科学習指導―『目標の二重構造化論』『二重カリキュラム的総合単元論』の検討を通して―」（『日本教科教育学会誌』34巻第3号　2011年12月　日本教科教育学会　5頁）において、世羅博昭の提唱する「目標の二重構造化」論に対しては、「言語能力―指導目標、言語内容―学習目標という固定的な関係のなかでは、言語学習の本質を考えようとしている子どもの存在を見落としかねない。」と言及している。

＊13　世羅博昭は、世羅博昭「古典教育」（日本国語教育学会編『国語教育総合事典』2011年12月　朝倉書店　157頁）において、指導過程を、Ⅰ．導入、Ⅱ．展開、Ⅲ．まとめに分け、Ⅱの展開部を、(1) 基本学習（①モデル学習・②練習学習、(2) 発展学習（①応用学習Ⅰ〈自由選択教材による個別学習・グループ学習〉）・応用学習Ⅱ（共通教材による一斉学習・表現活動の場）に分けて、全体の指導過程を「三段階の指導過程」として提示している。この指導過程は、1単元あたりの時数が増えるとともに指導過程が複雑になるので、参考に留めた。

＊14　渡辺実「解説」（渡辺実校注『新潮日本古典集成　伊勢物語』1976年9月　新潮社　143頁）

＊15　渡辺実「解説」（渡辺実校注『新潮日本古典集成　伊勢物語』1976年9月　新潮社　146頁）

＊16　阿部俊子「解説」（阿部俊子『伊勢物語（下）全訳注』1979年9月　講談社　235頁参照）

＊17　片桐洋一編『鑑賞日本古典文学第5巻　伊勢物語　大和物語』1975年11月　角川書店　45頁）

＊18　秋山虔「みやび」（秋山虔編『王朝語辞典』（2000年3月　東京大学出版会　423頁）、他に、秋山虔「伊勢物語の世界形成」（堀内秀晃・秋山虔校注『竹取物語　伊勢物語　新日本古典文学大系17』1997年1月　岩波書店）にも同様の見解が見える。

＊19　諸田龍美「伊勢物語〈みやび〉再考　東アジア〈文化ダイナミクス〉の視点から」（山本登朗編『伊勢物語　虚構の成立（伊勢物語　成立と享受①）』2008年12月　竹林社　参照）

＊20　渡辺実「解説」（渡辺実校注『新潮日本古典集成　伊勢物語』1976年9月

新潮社　143頁）

＊21　渡辺実「解説」（渡辺実校注『新潮日本古典集成　伊勢物語』1976年９月　新潮社　146頁）

＊22　諸田龍美「伊勢物語〈みやび〉再考　東アジア〈文化ダイナミクス〉の視点から」（山本登朗編『伊勢物語　虚構の成立（伊勢物語　成立と享受①）』2008年12月　竹林社　289頁）

＊23　阿部俊子「解説」（阿部俊子『伊勢物語（下）全訳注』1979年９月　講談社　235頁）

＊24　大曽根章介・久保田淳他７名編『日本古典文学大事典』（2010年６月　大日本法令印刷　1137頁）

＊25　大曽根章介・久保田淳他７名編『日本古典文学大事典』（2010年６月　大日本法令印刷　1137・1138頁参照）

＊26　佐竹昭広・久保田淳校注『方丈記　徒然草』（1989年１月　岩波書店　２頁参照）

＊27　西郷信綱・永積安明・広末保著『日本文学の古典　第二版』（1966年２月　岩波書店　113頁）

＊28　震災の体験者にとっては、フラッシュバックの恐れがあり、慎重に扱うことが求められる。

＊29　大曽根章介・久保田淳他７名編『日本古典文学大事典』（2010年６月　大日本法令印刷　850頁）

＊30　他に例えば、（1）作者の感想や意見を述べたもの（総計123段）〈①人間あるいは人事（計118段）、②自然（計５段）〉、（2）逸話・奇聞・滑稽談その他の話を記したもの（総計61段）〈①逸話（計43段）、奇聞・滑稽談・その他（計18段）〉、（3）知識を書き留めたもの（総計54段）〈①有職故実（計22段）、②有職故実以外の知識（計32段）〉、（3）物語的な場面を描いたもの（総計４段）、（4）思い出や自賛を記したもの（総計３段）などがある。（木藤才蔵「解説」木藤才蔵校注『新潮日本古典集成　徒然草』1977年３月　新潮社　317―320頁参照）

＊31　西尾実「徒然草を指導される人のために」（土井忠生編『徒然草学習指導の研究』1962年５月　三省堂　258頁）

＊32　島内祐子『兼好―露もわが身も置きどころなし―』（2005年５月　ミネルヴァ書房　221頁）

＊33　木藤才蔵「徒然草と兼好」（木藤才蔵校注『新潮日本古典集成　徒然草』1977年３月　新潮社　261頁）

＊34　高村薫「沈滞と貧困の風景」（2015年８月29日　高知新聞）

＊35　渡辺春美「『徒然草』学習指導の試み―表現を軸として―」（渡辺春美

『国語科授業活性化の探究Ⅱ—古典（古文）教材を中心に—』1998年8月　溪水社）

＊36　島内祐子『徒然草をどう読むか』（2009年5月　左右社　6頁参照）

＊37　杉本秀太郎『徒然草』（1996年1月　岩波書店　187頁参照）

＊38　浮橋康彦「古典学習の作業化5　『方丈記』『行く川の流れ』（古典を主体的に楽しく学習させるために）」（『月刊実践国語教育情報』4-4　1986年4月　教育出版センター　72頁参照）

＊39　浮橋康彦「古典学習の作業化5　『方丈記』『行く川の流れ』（古典を主体的に楽しく学習させるために）」（『月刊実践国語教育情報』4-4　1986年4月　教育出版センター　71頁参照）

＊40　石川徹「解説」（石川徹校注『大鏡』1989年6月　新潮社　388頁）

＊41　渡辺実『大鏡の人々』（1987年2月　中央公論社　191頁参照）

＊42　渡辺実『大鏡の人々』（1987年2月　中央公論社　192頁）

＊43　渡辺実『大鏡の人々』（1987年2月　中央公論社　192頁）

＊44　山岸徳平・鈴木一雄「序説」（山岸徳平・鈴木一雄編著『鑑賞　日本古典文学　第14巻　大鏡・増鏡』（1976年1月　角川書店　参照）

結章　研究の総括と成果

第１節　研究の総括

１　研究の目的・方法と意義

高等学校における古典（古典古文の意）の授業に対して興味・関心を持たない学習者が増加し、古典離れ、古典嫌いに至っている現状がある。古典の学習が、学習者の生活と精神を相対化し、認識を新たにするとともに、文化の継承と発展に関わることを考えれば、古典教育の改善は、国語教育に携わる者の切実な課題の一つである。この課題に応え、古典教育の現状を根底から改善するためには、古典観そのものをとらえ直すことが必要になってくる。

古典観は、大別すれば、「典型概念」としての古典観と、「関係概念」としての古典観に分けることができる。前者は、古典を先験的に価値を持つ、優れた典型、範型であるとする古典観であり、後者は、〈古典〉は、読み手が、読み、意味づけ、価値を見い出すことによって初めて出現するとする古典観である。

前者の「典型概念」に基づく古典教育は、典型、範型としての古典を学習者に教え与えることになりがちであった。学習者の問題意識によってとらえた創造的な読みは、しばしば恣意的な、幼い読み、誤った読みとして排除された。結果として、読みの内実としての〈古典〉は、多くの学習者によって内化されることなく、遠い存在になっていった。後者の「関係概念」に基づく古典教育では、学習者が、古典との対話をとおして、創造的に読み、新たな価値を発見する。学習者が古典と価値ある関係性を築く中で、〈古典〉は学習者に内化され、継承されることになる。

本研究の目的は、「関係概念」としての古典観に基づく古典教育の理論化とともに、高等学校古典教育の改善を図ろうとするところにある。

そのために、古典観（研究課題①）、古典教育観（研究課題②）、学習者の主体的な読みの過程（研究課題③）、教材の開発・選定・編成（研究課題④）、指導法（研究課題⑤）、「関係概念」に基づく古典教育の構想（研究課題⑥）について研究を進めることにした。

本研究の意義は、古典教育の改善、新たな古典教育に基づく古典教育の創造、主体的な学びの創造、古典の読みの過程と内化の解明、古典を創造的に読む技能の把握に認めることができる。

2　研究の総括

以下、本研究の過程を総括し、研究課題に重ねて、章ごとにまとめることにする。

第１章〈研究課題①〉では、古典教育論の展開を考察した。主要な、増淵恒吉・西尾実・荒木繁・時枝誠記・益田勝実・西郷竹彦の６人の古典教育論、および昭和40年代（1965～1974年）の古典教育論を対象として「典型概念」としての古典観による古典教育論と「関係概念」としての古典観による古典教育論とから比較し、前者から後者への展開の動向を把握した。さらに平成年代（1989年～）における「関係概念」としての古典観にかかわる諸理論の状況とを概観し、「関係概念」に基づく古典教育の可能性を把握することに努めた。

第２章〈研究課題②〉は、本章において、「関係概念」に基づく古典教育の基礎論として位置づけた。まず、益田勝実の目標観を検討し、「関係概念」に基づく古典教育の目標の設定を試みた。また、西尾実、増淵恒吉、藤原与一、竹村信治の想定している古典を読む力を検討し、古典を創造的に読み、意味付け、価値づけるための読む力をとらえた。

次に、益田勝実の授業構想を対象として考察し、「関係概念」に基づく古典教育の方法を抽出した。併せて、創造的な読みと読む力を身につけるための指導過程に、ユーリア・エンゲストロームの「学習活動の構造」論を援用し、段階的指導過程論の具体化を図った。古典を対読むためには、「道具」（技能・方法・モデル）が必要である。また、「道具」を身につけた自立的な読者の育成のためには、教師による「道具」の一斉指導から、グループによる学び合いによる応用を経て、個々の学習者による活用にいたる場が必要であり、その段階的な過程も「学習活動の構造」論に重ねてとらえることができた。さらに、内化の過程についても、ユーリア・エンゲストロームの「最近接発達領域の段階構造」の論を応用して解明しようとした。

第３章〈研究課題③〉では、「関係概念」に基づく古典教育を構想するために、具体的な古典教育実践において、学習者がどのように位置付けられてきたかを史的に把握した。また、主題単元学習の授業における学習者の主体的学びの方法について考察を進めた。主体的な学びのためには学習者が興味・関心や問題意識を持つことが必要である。問題意識を古典教育に位置づける必要があると考えられた。その意義と方法を考察するために、荒木繁の問題意識喚起の古典教育を再検討することにした。

次に、第４章〈研究課題④〉では、まず、教材研究論を史的に考察し、教材研究の在り方を把握した。また、古典教材開発・編成の実際を史的に概観し、学習者の認識を深め、古典との関係性を築くための教材開発・編成の方法について考察した。この考察によって、教材の「古典」的価値の教授を重視した教材開発・編成から、学習者の興味・関心、問題意識を重視したそれへの展開が看取された。さらに、その展開の根底に「古典」的価値のとらえ直しがあることも理解された。

第５章〈研究課題⑤〉では、加藤宏文・片桐啓恵・北川真一郎・牧本千賀子の古典教育実践事例を対象として、①興味・関心、問題意識の喚起、②教材開発、③主体的学習の保障、④付けるべき読む力の設定、⑤創造的読みと批評、⑥協働的学習、⑦学習者による古典の批評をとおした内化の７点を観点として考察・検討し、古典教育のための有効な方法を把握し、活用しようとした。また、４人古典教育実戦の方法は、創造的読みを促す授業の「場」に収斂されると考え、授業の「場」ついても考察を加えた。

第６章〈研究課題⑥〉は、第１章から第５章を受けて、古典を読む力の系統化と高等学校３年間のカリキュラムの作成とを行った。また、内化とその指導過程の解明を試みた。その上で、①「関係概念」としての古典観、②主体的な読み手としての学習者の位置づけ、③学習者の実体に応じた古典教材の開発・編成、④発展的指導過程、⑤古典の内化、⑥古典の学び手の育成、という点を踏まえた古典教育実践を具体的に構想した

第２節　研究の成果

本研究における成果を、以下に、研究課題ごとにまとめることにする。

１　古典教育論の展開

―「典型概念」から「関係概念」に基づく古典教育へ―〈研究課題①〉

増淵恒吉・西尾実・荒木繁・時枝誠記・益田勝実・西郷竹彦の、６人の古典教育論の検討と、昭和40年代の古典教育、および古典観の考察によって「関係概念」としての古典観を古典教育の構想の基礎とした。「関係概念」に基づく古典教育は、学習者と古典との関係性の構築を求める。それゆえに、学習者を学びの主体と位置づけ、その問題意識を関係性構築の駆動力とする。それは、問題意識に基づく読みによる古典の形象化と文学体験、およびその意味づけ、価値の発見を重んじるものである。このような「関係概念」に基づく古典教育は、古典の内化を促し、〈古典〉の継承発展を確かなものにしていく。

本章で取り上げた古典教育論は、現在も併存している。しかし、史的に見れば、古典観は、「典型概念」としての古典観から、「関係概念」としての古典観に比重が移りつつあると考える。それに従って、古典の読みの指導も、読解的方法から、古典との対話による価値の創造へと向かってきた。その転換は、古典教育論としては、昭和40年代に始まる。

その後、平成年代初期の10年間の「関係概念」に基づく古典教育をめ

ぐる周辺理論の状況として、読者論の研究、日本語教育における文化学習指導研究、国文学研究、古典（カノン）化の研究、学習理論研究を取り上げた。ここに挙げた研究領域のいずれについても、1970年代～1990年代にかけてパラダイムの転換が生じている。「関係概念」に基づく古典教育も、そのパラダイム転換の一つに位置づけられる。それは、今後の古典教育の可能性を拓くものである。

２　「関係概念」に基づく古典教育の基礎〈研究課題②〉

「関係概念」に基づく古典教育は、自立した学習者を求める。そのような学習者を育成するためには、古典を読む力の育成が必要になる。ここでは、古典を読む力を、知識・技能・態度に分けてとらえた。［知識］には、①言語要素、②言語表現、③古典に表れる生活、社会、有職故実、宗教、④古典の書かれた時代背景や時代思潮に関する知識などが含まれる。また、［態度］については、①古典への興味・関心、②古典に親しみ、進んで読もうとする態度、③古典を読むことによって、豊かに生きようとする態度を段階的に考えた。［技能］については、意味理解・形象化のための「読解力」と、深層的、総合的かつ創造的な意味づけのための「解釈力」、価値発見のための「批評力」に分けてとらえた。これまで読解力中心であった古典を読む力を意味生成とその批評に広げて措定したものである。

さらに、ユーリア・エンゲストロームの理論によって、「関係概念」に基づく古典教育の構造の解明、同じく、エンゲストロームの「最近接発達領域の段階的構造」によって内化に至る読みの過程の解明を試みた。学習者による内化の過程を、次のとおりに考えた。

①興味・関心、問題意識に基づき、積極的な読みに向かう〈問題意識〉

②読解の段階。場面を形象化し意味づけるが、整合性を得られない。〈初期の意味付けとしての感想の表出〉

③解釈の段階。整合性のあるモデルを求め、創造的に主題を設定す

る。〈主題1として表出〉

④設定した主題を、他の事象に適応できるように修正し、一般化する。〈主題2として表出〉

⑤創造された主題と、〈古典〉を対象に批評を加える。〈批評として表出〉……→〈内化〉

「関係概念」に基づく古典教育の方法として、a. 読むことの観点提示と読む技能の習得、b. 問題意識の喚起と追求、c. 追求の焦点化、d. 形象化と意味づけ、e. 主体的学習と交流による追求、f. 内化を見い出すことができる。授業はこれらを複合的かつ有機的に取り入れて構成する必要がある。

3　古典教育史における学習者の定位〈研究課題③〉

学習者を主体的な読み手として位置づけ、古典との対話をとおして創造的に読み、〈古典〉を内化する古典教育を追究した。この課題の考究のために、古典教育における学習者の定位を史的に考察した。

学習者の定位は、戦後導入された経験主義に基づく新教育による影響が大きかった。その後の定位の歴史は、古典の学びに必要な主体的学習者の発見と、学習者を生かす指導方法の追求の歴史であった。学習者の豊かな古典の理解・感得を求める、指導者の古典教育の追求は、古典観の史的転換に必然性を持たせたと見える。古典の継承と発展も主体的な学習者の〈古典〉の内化なしにはありえない。主体的な学びの追求は、「典型概念」に基づく古典教育から、「関係概念」に基づく古典教育へと展開していくための基盤ともなったであろう。

また、経験主義単元学習と主題単元学習とを取り立てて、その構造における学習者の位置づけを明らかにした。学習者を位置づける授業構造なしには、学習者主体の授業にはなりえないことが理解された。さらに、古典との関係性を築き、内化を促進するために、問題意識に着目した。

国語教育界では用いられることの少ない「問題意識」は、近年、他の分野で使われることが増大している概念である。本章では、荒木繁の問題意識喚起の古典教育を再検討し、問題意識を「関係概念」に基づく古典教育の方法に位置づけた。

荒木繁の問題意識喚起の文学教育は、次のようにまとめることができる。喚起された「問題意識」によって、『万葉集』の鑑賞は、主体的でアクチュアルなものとなり、生徒は、古典としての『万葉集』の文学的な生命を発見するに至る。生徒の学習過程を中心にまとめれば、①問題意識の喚起→②現実への問題意識（現実への批判・人間的生き方の希求）→③創造的読みの積極的追求（A 読解→解釈→ B 課題の発見→ C 課題の追求→ D 意味の創成）→④「文学的ないのち」の創造的発見、となる。この①から④に至る過程には、(A) 問題発見、(B) 問題の本質的把握、(C) 積極的追求、(D) 問題意識の検討、さらに、(E) 追求過程の活性化があることが推察される。その結果として、認識の「有意味」として、「文学的ないのち」が創造的に発見されるに至る。その発見に至る過程とその発見をとおして、生徒個々に「認識的価値的変革」は引き起こされることになる。ここに、古典文学鑑賞における問題意識喚起の機能の意義を見い出すことができる。

4　古典の教材研究と開発・選定・編成〈研究課題④〉

教材研究を史的に考察し、「学習者不在の作品研究・文章研究」から、「学習者を介在させた教材研究論」への展開を把握した。その上で、「学習者を介在させた教材研究論」を、学習者の実態に基づく、「目的論的研究」と「方法論的研究」に分けることの有効性について考察した。教材の開発・選定・編成は、学習者を介在させた教材研究論が基礎とされなければならない。

「関係概念」としての古典観に基づくとき、教材は、学習者が主体的に働きかけ、創造的な読み（読解⟷解釈⟷批評）によって価値を見い出すことをとおして、現代を生き抜く糧を得る可能性を持つものでなければならない。そのためには、学習者にとって価値ある主題に統合される教材開発を、次の教材開発の観点から行うことを考察した。

(1) 情意的観点—①学習者の興味・関心、問題意識に基づく教材

②古典に親しみ、読み、学ぼうとする態度を育てる教材

(2) 価値的観点―③認識（感動）を深め、示唆、指針、反省等を得ることのできる教材

④言語に関する認識を深めることのできる教材

(3) 技能育成的観点―⑤技能を育成することに適切な教材

(4) 方法論的観点―⑥主体的な学習のための指導形態・指導過程に関わって必要とされる教材

(1) の①は、学習者の興味・関心、問題意識に合わせるというのではない。前もって育て高めた興味・関心、問題意識に基づく教材の開発を求めるのである。(1) の②は、開発される教材によるとともに、(2) (3) (4) の観点からの教材開発による学習内容の充実にもかかわって育成される。

(2) の「価値的観点」は、先験的に存在するとする古典の価値に基づく観点ではない。現代と未来を生きるために学ぶべき価値であり、それは、また、学習者の読みによって創造される可能性のある価値の予想に基づく教材開発の観点である。すなわち、(2) の③④は、学習者による学習の可能性を見越した教材開発ということになる。

観点の (1) ～ (4) は、便宜上、整理したものである。それぞれは、学習実態に応じて、優先順位に差異はあっても、関連しあって教材開発に働くと考えねばならない。本章では、これらの観点に基づく教材開発の事例も取り上げて、論じている。

5　古典教育実践の検討

―「関係概念」に基づく古典教育の観点から―〈課題研究⑤〉

加藤宏文・片桐啓恵・北川真一郎・牧本千雅子の実践事例を「関係概念」に基づく古典教育の観点から考察して参考にし、その指導法を把握した。また、実践例の考察から、以下の方法を抽出した。

【導入】①学習者の興味・関心の育成、②問題意識の喚起。

【展開】③目標の二重構造化、④主題（テーマ）による学習の統合、⑤

指導過程（課題発見→課題解決→学習成果の検討→学習の反省→発展、あるいは、基本→応用→発展）、⑥教材化、⑦活動の導入、⑧主体的学習の支援、⑨古文の史的展開と特質の把握、⑩音読・朗読・群読、⑪古文を読む意義の実感、⑫古文を読む力の育成。

【終結】⑬作品の評価、⑭学習成果の集積。

これらの方法によって、古典教育の構想を行った。

また、実践事例から、古典の創造的読みを発動する「場」についても考察した。その要件として、①問題意識、②対話と多声、③モデル（道具）、④メタ認知を導出した。

6　「関係概念」に基づく高等学校古典教育の構想〈研究課題⑥〉

高等学校における古典教育を「関係概念」としての古典観に基づいて構想した。

①従来の「典型概念」に基づく古典教育パラダイムに替わり、「関係概念」としての古典観に基づき、学習者を学びを構成する主体として位置づけ、創造的な読みによる〈古典〉との関係性の構築と内化を求める古典教育を構想において具体化した。②読みの技能を身につけた主体的な学習者を育成するために、「関係概念」に基づく読む力を、知識・技能（読解・解釈・批評）・態度の観点から措定し、高等学校３年間を視野に入れて系統化を行った。③系統化した読む力を組み入れ、学習者の興味・関心、問題意識に基づき、教材の開発・編成を行い、高等学校古典教育の３年間のカリキュラムを作成することも行った。④それぞれの学年の単元は、ユーリア・エンゲストロームによる「学習活動の構造」論を援用し、段階的指導過程（基本→応用→発展）のもとに計画し、技能の習得と認識の深化・拡充を図った。⑤それぞれの単元において、ユーリア・エンゲストロームの「最近接発達領域の段階構造」論に基づく、内化にいたる過程（興味・関心、問題意識→感想の表出→主題１の表出・交流→主題２の表出→批評・・・内化）を取り入れて具体化した。

本論では、学年ごとの複数の単元から、次の３つの単元を選び、授業構想を具体化して提示した。

①単元「『伊勢物語』—生き方としての『みやび』を問う—」(1学年)

②単元「無常の世を生きる—方丈記・徒然草—」(2学年)

③単元「歴史を生きた人々—『大鏡』の世界—」(3学年)

この内、②は、次の考えに基づいている。

現代に生きる人々に、阪神大震災、東日本大震災の記憶は、生々しく刻まれている。さらに異常気象による洪水、土砂災害、噴火が重なった。近未来に巨大地震に見舞われるという予測も確実視されている。国家間、民族間、宗教間の対立、紛争が起こり、国際秩序は乱れ、その影響は日本にも及んでいる。社会体制、社会秩序にも綻びが顕著になり、生活基盤そのものが不安定になっている。このような中、意識裡、無意識裡に無常観が、人々の中に広がりつつあるのではないであろうか。

本単元では、学習者は、まず、詠嘆的無常観を湛えた「ゆく河の流れ」に出会い、生々しい、「大地震」を読む。無常の実感は、学習者に生起するであろう。本単元では、次いで『徒然草』によって、中世の無常の時代を生きた兼好のものの見方・感じ方・考え方と対話し、今日に生きる私たちの社会、生活と私たち自身を見つめ、考えることになる。このようなねらいに基づいて単元を構想した。

参考文献

1　著書（著者・書名・発行年月・発行者）

秋山虔編『源氏物語必携』（1981年3月　學燈社）
――――『源氏物語事典』（1990年10月　學燈社）
阿部俊子『伊勢物語（下）全訳注』（1979年9月　講談社）
荒木繁『文学教育の理論』（1970年9月　明治図書）
石井庄司『近代国語教育論史』（1983年12月　教育出版センター）
石川徹校注『大鏡』（1989年6月　新潮社）
石原千秋『読者はどこにいるのか　書物の中の私たち』2009年10月　河出書房）
伊東武雄『高校古典教育の探究』（1983年3月　溪水社）
――――『高校古典教育の考究』（1992年12月　溪水社）
――――『高校古典教育の論究』（2003年10月　溪水社）
岩島公『私の国語教育の形成―垣内松三・西尾実と単元学習―』（2000年2月　東洋館出版）
ヴィゴツキー　柴田義松監訳『文化的歴史的精神発達の理論』（2005年9月　学文社）
浮橋康彦『読む力をつける国語教育』（1984年8月　明治図書）
内田伸子『発達心理学』（1999年3月　岩波書店）
有働裕『これからの古典ブンガクのために　古典教材を考える』（2010年9月　ペリカン社）
大内善一『国語科教材分析の観点と方法』（1990年2月　明治図書）
大河原忠蔵他編『文学教育の理論と教材の再評価』（1967年3月　明治図書）
大河原忠蔵『状況認識の文学教育』（1982年7月　有精堂出版）
大谷信介編著『問題意識と社会学研究』（2004年3月　ミネルヴァ書房）
大津雄一『『平家物語』の再誕　創られた国民的叙事詩』（2013年7月　NHK出版）
大槻和夫『大槻和夫著作集　第六巻　文学・古典文学の授業』（2005年6月　溪水社）
大西道雄『国語科授業論序説』（1994年12月　溪水社）
大平浩哉編『高等学校国語科　新しい授業の工夫20選〈第3集〉』（1993年7月　大修館書店）
大村はま『大村はま国語教室　3　古典に親しませる学習指導』（1991年7月

筑摩書房）
大矢武師・瀬戸仁『高等学校における古典指導の理論と実践』（1979年5月　明治書院）
岡本明『新註　日本文芸選　抒情編　白鳥の悲歌―日本文芸の叙情的展開』（1950年11月　学芸出版社）
加藤宏文『高等学校　私の国語教室―主題単元学習の構築―』（1988年6月　右文書院）
――――『生きる力に培う「主題」単元学習』（1999年4月　明治図書）
上谷順三郎『読者論で国語の授業を見直す』（1997年3月　明治図書）
木藤才蔵校注『新潮日本古典集成　徒然草』（1997年3月　新潮社）
記念論文集編集委員会編『浜本純逸先生退任記念論文集　国語教育を国際社会へひらく』（2008年3月　溪水社）
木下順二『古典を訳す』（1978年5月　岩波書店）
倉澤栄吉『近代国語教育のあゆみⅠ－遺産と継承－』（1968年11月　新光閣書店）
倉澤栄吉・小海永二・増淵恒吉編『中学校国語科教育講座　第2巻　読むことの指導Ⅰ』（1972年2月　有精堂）
小西甚一『古文研究法』（1955年9月　洛陽社）
小林正治『古文指導から古典教育へ』（2003年8月　溪水社）
小山清『国語科教育の理論と実践』（2001年9月　溪水社）
西郷竹彦『西郷竹彦文芸教育著作集　第10巻　古典文芸の世界』（1981年10月　明治図書）
――――『西郷竹彦　文芸・教育全集　第11巻　文芸の世界Ⅴ　古典文芸』（1998年2月　恒文社）
――――『西郷竹彦　文芸・教育全集　第13巻　文芸学入門』（1998年2月　恒文社）
西郷信綱代表編集『岩波講座　文学の創造と鑑賞　文学の学習と教育』（1955年3月　岩波書店）
西郷信綱・永積安明・広末保著『日本文学の古典　第二版』（1966年2月　岩波書店）
佐伯胖監修・渡部信一編『「学び」の認知科学事典』（2010年2月　大修館書店）
坂本英一『高等学校国語指導の実践』（1982年9月　右文書院）
佐々木定夫他13名編『近代国語教育のあゆみ　Ⅲ―遺産と継承―』（1979年11月　新光閣書店）
佐竹昭広・久保田淳校注『方丈記　徒然草』（1989年1月　岩波書店）
佐藤公治『認知心理学からみた読みの世界―対話と共同的学習をめざして―』

（1996年10月　北大路書房）
佐藤学『教育方法学』（1996年10月　岩波書店）
――――『教育の方法』（2010年3月　左右社）
三宮真智子編著『メタ認知　学習を支える高次認知機能』（2008年10月　北大路書房）
島内祐子『兼好―露もわが身も置きどころなし―』（2005年5月　ミネルヴァ書房）
――――『徒然草をどう読むか』（2009年5月　左右社）
世羅博昭『『源氏物語』学習指導の探究』（1989年7月　溪水社）
――――『私の国語教育実践・研究の歩み（抄）―教えながら教えられながら―』（2001年8月　イシダ測機）
世羅博昭・渡辺春美・内藤一志『高等学校における戦後古典教育実践の調査研究』（2005年3月　2004年度～2005年度科学研究費補助金（基盤研究C　課題番号16530597）研究成果報告書）
全国大学国語教育学会編『国語科指導法の改造』（1972年3月　明治図書）
――――――――――『国語科教育学研究の成果と展望』（2002年6月　明治図書）
――――――――――『国語科教育実践・研究必携』（2009年5月　学芸図書）
――――――――――『公開講座ブックレット④　国語教材研究の方法―伝統的な言語文化・文学教材（現代文）―』（2013年2月　全国大学国語教育学会）
――――――――――『国語教育学研究の成果と展望　Ⅱ』（2013年3月　学芸図書）
――――――――――『国語科カリキュラムの再検討』（2016年6月　学芸図書）
高橋亨『色ごのみの文学と王権―源氏物語の世界へ―』（1990年10月　新典社）
高橋亨・久保朝孝編『新講　源氏物語を学ぶ人のために』（1995年2月　世界思想社）
高森邦明『近代国語教育史』（1979年10月　鳩の森書房）
高森邦明先生退官記念論文集編集委員会編『国語教育研究の現代的視点』（1994年7月　東洋館出版）
竹長吉正『読者論による国語教材研究　中学校編』（1995年10月　明治図書）
竹村信治『discours　言述論―for説話集論』（2003年5月　笠間書院）
田近洵一『戦後国語教育問題史』（1991年12月　大修館書店）
田近洵一編集・解説『現代国語教育論集成編　西尾実』（1993年3月　明治図

書）
田近洵一・浜本純逸・府川源一郎編著『「読者論」に立つ読みの指導　小学校低学年編』（1995年2月　東洋館出版社）
――――――――――――――――『「読者論」に立つ読みの指導―小学校中学年編』（1995年2月　東洋館出版社）
――――――――――――――――『「読者論」に立つ読みの指導―小学校高学年編』（1995年2月　東洋館出版社）
――――――――――――――――『「読者論」に立つ読みの指導―中学校編』（1995年2月　東洋館出版社）
田近洵一『戦後国語教育問題史［増補版］』（1999年5月　大修館書店）
田近洵一・浜本純逸・大槻和夫編『たのしくわかる高校国語Ⅰ・Ⅱの授業』（1999年10月　あゆみ出版）
田近洵一『創造の〈読み〉新論―文学の〈読み〉の再生を求めて―』（2013年4月　東洋館出版）
鶴田清司『〈解釈〉と〈分析〉の統合をめざす文学教育―新しい解釈学理論を手がかりに―』（2010年3月　学文社）
時枝誠記『国語教育の方法』（1954年4月　習文社）
――――『国語学原論　続篇』（1955年6月　岩波書店）
――――『改稿　国語教育の方法』（1970年4月　有精堂）
外山滋比古『異本論』（1978年11月　みすず書房）
――――『古典論』（2001年8月　みすず書房）
長尾高明『古典指導の方法』（1990年1月　有精堂）
――――『鑑賞指導のための教材研究法　分析批評の応用』（1990年2月　明治図書）
中村格『現代国語教育論考（上）―現状と課題―』（1983年　教育出版センター）
西尾実『文芸作品研究序説』（1948年1月　新人社）
―――『国語教育学の構想』（1951年1月　筑摩書房）
―――『国語国文の教育』（1929年11月　古今書院）
―――『新しい文章への道（ＩＤＥ教育選書）』（1963年1月　民主主義教育協会）
―――『講座　文学教育』（1959年8月　牧書店）
西尾実編集者代表『古典Ⅱ（古文）学習指導の研究』（1965年10月　筑摩書房）
西尾実編『文学教育』（1969年8月　有信堂）
西尾実『西尾実国語教育全集　第1巻』（1974年10月　教育出版）
―――『西尾実国語教育全集　第5巻』（1975年6月　教育出版）
―――『西尾実国語教育全集　第8巻』（1976年2月　教育出版）

───『西尾実国語教育全集　第９巻』(1976年５月　教育出版)
───『西尾実国語教育全集　別巻１』(1978年９月　教育出版)
日本国語教育学会編著・倉澤栄吉代表『ことばの学び手を育てる　国語単元学習の新展開　Ⅳ　高等学校編』(1992年８月　東洋館出版社)
────────『国語教育総合事典』(2011年12月　朝倉書店)
日本文学教育連盟『戦後文学教育研究史　上巻』(1962年８月　未来社)
───────『戦後文学教育研究史　下巻』(1962年12月　未来社)
日本文学協会編『文学教育　日本文学講座Ⅶ』(1957年６月　東京大学出版会)
──────『文学教育の理論と教材の再評価』(1967年３月　明治図書)
日本文学協会国語部会編『講座　現代の文学教育［第６巻］　中学・高校［古典編］』(1984年５月　新光閣書店)
野地潤家『読解指導論─琴線にふれる国語教育─』(1973年10月　共文社)
────『国語教育学史』(1985年６月　共文社)
────『国語教育通史』(1985年６月　共文社)
────『古文指導の探究』(1996年５月　溪水社)
野宗睦夫『高校国語教育─実践報告─』(1964年４月　私家版)
長谷川孝士編著『中学校　古典の授業─全国実践事例─』(1973年12月　右文書院)
浜本純逸『戦後文学教育方法論史』(1978年９月　明治図書)
浜本純逸・松崎正治『作品別　文学教育実践史事典・第二集─中学校・高等学校編─』(1987年10月　明治図書)
浜本純逸『国語科教育論』(1996年８月　溪水社)
浜本純逸『文学教育の歩みと理論』(2003年３月　東洋館出版社)
浜本純逸監修・田中宏幸・坂口京子共編『文学の授業づくりハンドブック　第４巻─授業実践史をふまえて─　中・高等学校編』(2010年３月　溪水社)
浜本純逸『国語教育総論』(2011年１月　溪水社)
ハルオ・シラネ　鈴木登美編『創造された古典─カノン形成・国民国家・日本文学』(1999年４月　新曜社)
飛田隆『戦後国語教育史　上巻』(1983年８月　教育出版センター)
───『戦後国語教育史　下巻』(1983年10月　教育出版センター)
飛田多喜雄『国語教育方法論史』(1965年　明治図書)
─────『国語科教育方法論体系　国語学力論と教材研究法』(1984年５月　明治図書)
─────『続・国語教育方法論史』(1985年４月　明治図書)
飛田多喜雄・野地潤家監修　小和田仁・小川雅子編・解説『国語教育基本論文集成　第17巻／国語科と古典教育論　古典教育論と指導研究』(1993年

明治図書）
飛田多喜雄・野地潤家監修　橋本暢夫編集・解説『国語教育基本論文集成　第24巻／国語教育方法論（1）　教材研究方法論』（1993年　明治図書）
飛田多喜雄『国語科教育方法論体系　国語学力論と教材研究法』（1984年1月　明治図書）
日向一雅『源氏物語の王権と流離』（1989年1月　新典社）
深田博己監修・宮谷真人・中条和光編著『認知・学習心理学』（2012年3月　ミネルヴァ書房）
藤井貞和『古典を読む本』（1980年10月　日本ブリタニカ）
藤原与一『毎日の国語教育』（1958年5月　福村書店）
――――『私の国語教育学』（1974年6月　新光閣書店）
船山謙二『戦後日本教育論争史』（1958年10月　東洋館出版）
細川英雄編『ことばと文化を結ぶ日本語教育』（2002年5月　凡人社）
細川英雄『日本語教育は何をめざすか―言語文化活動の理論と実践―』（2004年4月　明石書店）
堀内秀晃・秋山虔校注『竹取物語　伊勢物語　新日本古典文学大系17』（1997年1月　岩波書店）
牧本千雅子『ひびきあう　高校国語教室を求めて』（2002年9月　友月書店）
増淵恒吉『国語科教材研究』（1971年4月　有精堂）
――――『増淵恒吉国語教育論集　上巻　古典教育論』（1981年2月　有精堂）
宮崎健三・野地潤家・石井茂編著『古典の教え方〈物語・小説編〉』（1972年5月　右文書院）
山岸徳平・鈴木一雄編著『鑑賞日本古典文学　第14巻　大鏡・増鏡』（1976年1月　角川書店）
山住勝広『活動理論と教育実践の創造―拡張的学習へ―』（2004年3月　関西大学出版部）
山住勝広『拡張する学校　協働学習の活動理論』（2017月6月　東京大学出版会）
山元隆春『文学教育基礎論の構築　読者反応を核としたリテラシー実践に向けて』（2005年4月　溪水社）
山本登朗編『伊勢物語　虚構の成立（伊勢物語　成立と享受①）』（2008年12月　竹林社）
ユーリア・エンゲストローム　山住勝広・松下佳代他5名訳『拡張による学習　活動理論からのアプローチ』（1999年8月　新曜社）
ラマーン・セルダン著・栗原裕訳『ガイドブック　現代文学理論』（1989年7月　大修館書店）

ロラン・バルト　花輪光訳『物語の構造分析』（1979年11月　みすず書房）
渡辺春美『国語科授業活性化の探究Ⅱ―古典（古文）教材を中心に―』（1998年8月　溪水社）
――――『戦後古典教育論の研究―時枝誠記・荒木繁・益田勝実三氏を中心に―』（2004年3月　溪水社）
――――『戦後における中学校古典学習指導の考究』（2007年3月　溪水社）
渡辺実校注『新潮日本古典集成　伊勢物語』（1976年9月　新潮社）
渡辺実『大鏡の人々』（1987年2月　中央公論社）

2　論文（著者・題目・掲載誌・発行年月・発行者）

足立悦男「古典教育試論」（『国語科研究紀要』7号　1975年3月　広島大学附属中・高等学校）
阿部秋生・益田勝実他「《シンポジウム》古典教材は現状でいいか」（『国文学言語と文芸』41号　1965年5月　大修館書店）
荒木繁「民族教育としての古典教育―『万葉集』を中心として―」（『日本文学』2巻9号　1953年11月　日本文学協会）
―――「文学教育の課題―問題意識喚起の文学教育―」（『文学』21巻12号　1953年12月　岩波書店）
―――「文学教育について―大会での討議のために―」（『日本文学』4巻9号　1955年9月　日本文学協会）
―――「文学の授業―その原理・課題・方法について―」（和光学園国語研究サークル編『文学をどう教えるか』1965年10月　誠文堂新光社）
―――「古典教育の課題―『民族教育としての古典教育』の再検討―」（『日本文学』17巻12号　1968年12月　日本文学協会）
伊豆利彦「文学教育に関する一面的感想―荒木繁氏の『文学の授業』に関連して―」（『日本文学』15巻4号　1966年4月　日本文学協会）
伊東武雄「蜻蛉日記指導の一つの実践―普通科甲の場合―」（『国語教育研究』第20号　1973年12月　広島大学教育学部光葉会）
稲益俊男「古典教育の課題と方法―万葉集・枕草子・日本永代蔵を中心に―」（『日文協国語教育』　第6号　1977年11月　日本文学協会）
井上敏夫「国語科教材研究の方法―文学教材を中心に―」（『教育科学国語教育』　1980年4月　明治図書）
岩島公「『奥の細道』の鑑賞指導―メモを重ねる試み―」（『実践国語教育』第20巻第225号　1959年6月　実践国語教育研究所）
浮橋康彦「古典の教材化―組合わせ法をめぐって―『おくのほそ道』を中心として―」（『国語教育研究』29号　1985年6月　広島大学教育学部光葉会）

――――「古典学習の作業化5 『方丈記』『行く川の流れ』(古典を主体的に楽しく学習させるために)」(『月刊実践国語教育情報』4-4 1986年4月 教育出版センター)
小川貴士「日本語学習者の日本文化把握の変化と日本事情教育への試論」(『21世紀の「日本事情」』 第3号 2001年11月 「日本事情」研究会)
小野牧夫「西尾実の文学教育論の今日性」(『大東文化大学紀要』第21号 1983年3月 大東文化大学)
片桐啓恵「手づくりの古典教室―グループによる研究・再表現活動の試み―」(『月刊国語教育研究』 93号 1980年2月 日本国語教育学会)
――――「五里霧中の舳先―1年の終わりの古典人形劇」(『国語教育研究』第26号中 1980年11月 広島大学教育学部光葉会)
――――「一年間の授業をどうつくるか―国語科・商業科三年生との一年間―」(『ながさきの高校生活指導』 1987年8月 長崎高校生活研究会)
――――「古典教材の〝発見〟―自己発見をめざす国語学習の場で―」(『日本語学』第9巻第1号 1990年1月 明治書院)
――――「ことばを通して自己を育てる力を」(『月刊生徒指導』1992年12月 学事出版)
――――「ファンタジーとしての『竹取物語』をまるごと読む―定時制一年生の教室で―」(『水脈』8号 1994年2月 水脈の会)
――――「教室に声をとりもどすために―群読『『平家物語』の群像』を中心に―」(『国語教育研究』第29号 1994年2月 広島大学教育学部光葉会)
――――「長崎水脈の会―水脈のようにことばの学びの輪を―」(『月刊国語教育』16巻2号 1996年5月 東京法令出版)
――――「単元学習を実践する力量を高めるために―授業者のためのワークショップ―」(『国語教育研究』第43号 2000年3月 広島大学教育学部光葉会)
――――「情報編集力と自己教育力の核(コア)を求めて―『ながさき水脈の会』と共に追求してきたこと―」(『水脈』18号 2005年2月 水脈の会)
加藤宏文「主題単元学習における相互批評の役割―『歴史としくみの中を、生きぬこう。』の場合―」(『国語教育攷』第3号 1987年8月 国語教育の攷の会)
――――「『自己主張』が、『生きる力』となるとき」(『月刊国語教育』17巻3号 1997年6月 東京法令出版)
北川真一郎「作品への視野をひらく古文の読解指導―古文学習指導の三年間のあゆみをふりかえって―」(『国語教育研究』第41号 1998年3月 広島大学教育学部光葉会)

――――――「『平家物語」を読む―古典講読に通じる授業実践―」(『国語教育研究』第36号　1993年3月　広島大学教育学部光葉会)
倉澤栄吉「国語科の教材研究」(『教育研究』第14巻9号　1959年9月　東京教育大学附属小学校内初等教育研究会)
――――「教材研究の基本的条件」(『授業研究』5号　1964年4月　明治図書)
小林國雄「学習材としての古典教材―高等学校を中心に―」(『月刊国語教育研究』244号　1992年8月　日本国語教育学会)
小山清「『国語Ⅰ』の実践的研究（基調提案）―八つの主題単元を中心にして―」(『国語科研究紀要』　第13号　1982年6月　広島大学附属中・高等学校)
西郷竹彦「関連・系統をめざす文芸教材の分析・研究」(『文芸教育』　1981年1月　明治図書)
下田忠「問題意識にもとづく学習指導の実際―古典教育の場合―」(『国語教育研究』第16号　1969年4月　広島大学教育学部光葉会)
菅原敬三・山本昭「『国語Ⅰ・Ⅱ』の実践的研究（2）―単元『ことばの発見』―」(『国語科研究紀要』　第15号　1984年6月　広島大学附属中・高等学校)
鈴木醇爾「益田勝実教科書編集の歩み」(『日本文学』40巻8号　1991年8月　日本文学協会)
世羅博昭「『平家物語』の学習指導の試み――一の谷の合戦場面を取り上げて―」(『研究紀要』第4号　1973年3月　広島県立呉三津田高等学校)
――――「『源氏物語』の学習指導―『明石の上物語』を中心に」(『年報』第16号　1975年3月　広島県高等学校教育研究会国語部会)
――――「『源氏物語』の学習指導―『明石の上物語』を中心に」(『年報』第17号　1976年2月　広島県高等学校教育研究会国語部会)
――――「『源氏物語』教材化の実態分析―昭和52年度用『古典Ⅱ』教科書の場合―」(『研究紀要』　第2号　1977年3月　広島県立安古市高等学校)
――――「『平家物語』の学習指導―『一の谷の合戦の場』をとりあげて―」(『国語教育研究』第24号　1978年8月　広島大学教育学部光葉会)
――――「古典Ⅱにおける『源氏物語』の教材化―『明石の上物語』と『浮舟物語』をとりあげて―」（『国語教育研究』第26号中　1980年11月　広島大学教育学部光葉会)
――――「『平家物語』の学習指導―『一の谷の合戦』場面を中心に―」(全国大学国語教育学会編　『国語科教育』第29集　1982年3月　学芸図書)
――――「『国語Ⅰ』の実践的研究（中間総括）　特集・『国語Ⅰ』の実践的研究（3）―八つの単元を中心に―」(『国語科研究紀要』第13号　1982年6月

広島大学附属中・高等学校）
――――「『国語Ⅰ』・『国語Ⅱ』における古典指導：生き生きとした古典教室の創造をめざして〈協議会記録〉」（『国語教育研究』第29号　1985年6月　広島大学教育学部光葉会）
――――「私の高校古典教育論―単元学習の発想を導入した古典指導を―」（『日本語学』第9巻1号　1990年1月　明治書院）
――――「学習者と古典との対話をはかる古典授業の創造」（『月刊国語教育研究』第274号　1995年2月　日本国語教育学会）
――――「小山式国語科授業に何を学んだか」（『国語研究紀要　小山先生退官記念号』　1998年3月　広島大学附属中・高等学校）
――――「高等学校における古典指導の創造的展開―単元の編成と指導法の開拓―」（博士論文　2006年3月　広島大学）
竹長吉正「高校古典教育の教材―増淵恒吉の古典教育観の検討を視座として―」（『埼玉大学紀要　教育学部』第36巻　1987年10月　埼玉大学教育学部）
竹村信治「国文学領域から（2）古文学習　「読解力」育成に向けた5段階学習(2)」（研究代表者　佐々木勇『中等教育における教科内容に関する研究』プロジェクト　2009年3月　広島大学大学院教育学研究科）
――――「古典の読解力」（『中学校国語指導シリーズ　充実した読解力養成のために』 2011年　学校図書）
竜田徹「学習意義を自己評価する力を育む国語科学習指導―『目標の二重構造化論』『二重カリキュラム的総合単元論』の検討を通して―」（『日本教科教育学会誌』第34巻第3号　2011年12月　日本教科教育学会）
田中孝彦「今日の中学生の知的欲求」（『教育』49巻2号　1999年2月　国土社）
塚田泰彦「学習者のテクスト表現過程を支える21世紀のパラダイム（パネル・ディスカッション）」（『国語科教育』46集　1999年3月　全国大学国語教育学会）
遠田晤良「文学の教育と研究」（『国語国文研究』31号　1965年9月　北海道大学国文学会）
時枝誠記「古典教育の意義とその問題点」（『国語と国文学』33巻4号　1956年4月　至文堂）
内藤一志「昭和二〇年代における古典学習指導についての考察」（『国語科教育』33集　1986年3月　全国大学国語教育学会）
――――「戦後古典教育史のために―日本文学協会の活動を対象にして（1）―荒木繁『民族教育としての古典教育』成立の背景としての古典研究―」（『語学文学』29号　1991年3月　北海道教育大学語学文学会）

────「増淵恒吉の古典教育観の一考察：目標観の変化を中心にして」（『北海道教育大学紀要 第一部C 教育科学編』42巻2号　1992年2月　北海道教育大学函館分校）
────「『古典教育の現在』についての覚書」（『語学文学』41号　2003年3月　北海道教育大学語学文学会）
────「古典教育有意義論の行方─『古典に親しむこと』を考える契機として─」（『月刊国語教育研究』405号　2006年1月　日本国語教育学会）
────「小中高における古典（古文）学習指導の系統性と課題」（『月刊国語教育』488号　2012年12月　日本国語教育学会）
永野賢「文章論的教材研究」（『月刊国語教育研究』8巻12号　1988年3月　東京法令出版）
中村格「西郷竹彦著『古典文芸の世界』私見」（『文芸教育』特集37号　1983年1月　明治図書）
中村淳子「読みにおける主体形成と古典文学教育─『源氏物語』『手習』巻前半を中心として─」（『はまゆう』 2005年5月　三重県高等学校国語科研究会）
西尾実「古典教材論」（『文学』7巻1号　1939年1月　岩波書店）
───「国文学に於ける民族主義の問題」（『文学』16巻11号　1948年11月　岩波書店）
西尾実・増淵恒吉・古田拡・西郷信綱・広末保・益田勝実他「座談会　文学教育をめぐって─その課題と方法─」（『日本文学』2巻7号　1953年9月　日本文学協会）
西尾実「文学教育の問題点」（『文学』21巻9号　1953年9月　岩波書店）
───「文学教育の問題点再論」（『文学』28巻9号　1960年9月　岩波書店）
───「古典教育の意義」（『国文学　解釈と教材の研究』6巻2号　1961年1月　学燈社）
野地潤家「国語科教材研究への提言」（『初等教育資料』 1970年7月　文部省）
────「古典文芸教材化の基本問題」（『文芸教育』第14号　1975年4月　明治図書）
長谷川滋成「『国語Ⅰ』の実践的研究（基調提案）─単元『愛』の場合─」（『国語科研究紀要』第12号　1981年6月　広島大学附属中・高等学校）
浜本純逸「西尾実の文学教育論の展開」（『日本文学』31巻8号　1982年8月　日本文学協会）
坂東智子「大村はまによる単元学習指導『古典入門─古典に親しむ』についての考察─学習者は古典世界をどのように内面化したか─」（『解釈　国語・国文学』55巻5・6号　2009年5月　解釈学会）

――――「文化継承プロセスとしての古典学習指導構築理論の提案」(『山口大学教育研究部研究論叢』62巻1号（第Ⅰ部　人文科学・社会科学） 2013年1月　山口大学教育学部)
飛田多喜雄「古典教材の再評価〈どういう観点から行うか〉 2　中学校段階を中心に―『人間性開発』を主たる観点として―」(『教育科学国語教育』1967年9月　明治図書)
平田與一郎「古典教材の位置」(『コトバ』2巻4号　1949年4月　国語文化学会)
堀芳夫「『国語Ⅰ』の実践的研究　基調提案―単元『自然』の場合―」(『国語科研究紀要』第11号　1980年6月　広島大学附属中・高等学校)
――――「『国語Ⅰ』の実践的研究3　―単元『愛―戦いの庭で』―」(『国語科研究紀要』第12号　1981年6月　広島大学附属中・高等学校)
前野昭人「『平家物語』―那須与一」(『文芸・教育』12号　1974年7月　明治図書)
益田勝実「一つの試み―十年目の報告―」(『日本文学』10巻7号　1961年8月　日本文学協会)
益田勝実他4名「討論座談会　国語教育における古典と現代」(『言語と文芸』3巻6号　1962年1月　おうふう)
益田勝実「古典教材の再評価〈義務教育段階でとりあげることの意義〉1　近代の厚みを再認識することが先決」(『教育科学国語教育』1967年9月　明治図書)
――――「古典文学教育の場合」(解釈学会編『解釈』22巻5号　1976年5月　教育出版センター)
増淵恒吉「古典の単元学習」(『国文学　解釈と鑑賞』14巻10号　1949年10月　至文堂)
――――「古典教育管見」(『文芸教育』第14号　1975年4月　明治図書)
水田潤「古典教育論の構造」(『立命館文學』170・171号　1959年7月　立命館大学人文学会)
山本義美・世羅博昭「増淵恒吉文献目録」(『国語教育史研究』第9号　2007年12月　国語教育史学会)
渡辺春美「『源氏物語』指導の試み―古典に親しむ態度の育成を目指して―」(『月刊国語教育』202号　1989年3月　東京法令出版)
――――「古典入門期指導の試み―学ぶ意味に触れる授業を目指して―」(『国語教室』11月号　1990年11月　大修館書店)
――――「『伊勢物語』―みやびの世界を歩く―」の試み〉」(第54回国語教育全国大会　第19分科会日本国語教育学会　口頭発表資料　1991年8月)
――――「〈『源氏物語』―様々な愛の姿―〉の学習指導―古典の学び手を育て

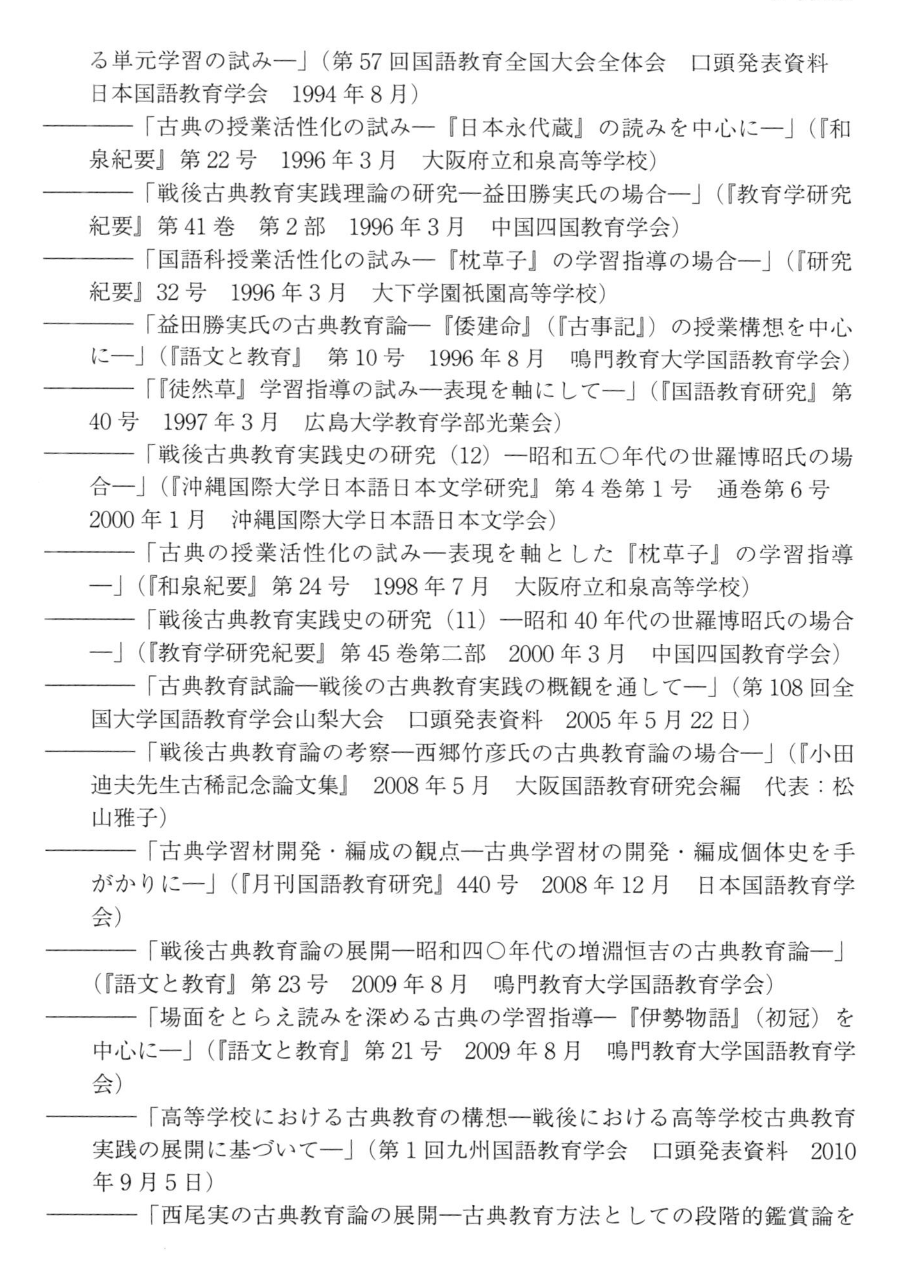

る単元学習の試み―」（第57回国語教育全国大会全体会　口頭発表資料　日本国語教育学会　1994年8月）

――――「古典の授業活性化の試み―『日本永代蔵』の読みを中心に―」（『和泉紀要』第22号　1996年3月　大阪府立和泉高等学校）

――――「戦後古典教育実践理論の研究―益田勝実氏の場合―」（『教育学研究紀要』第41巻　第2部　1996年3月　中国四国教育学会）

――――「国語科授業活性化の試み―『枕草子』の学習指導の場合―」（『研究紀要』32号　1996年3月　大下学園祇園高等学校）

――――「益田勝実氏の古典教育論―『倭建命』（『古事記』）の授業構想を中心に―」（『語文と教育』 第10号　1996年8月　鳴門教育大学国語教育学会）

――――「『徒然草』学習指導の試み―表現を軸にして―」（『国語教育研究』第40号　1997年3月　広島大学教育学部光葉会）

――――「戦後古典教育実践史の研究（12）―昭和五〇年代の世羅博昭氏の場合―」（『沖縄国際大学日本語日本文学研究』第4巻第1号　通巻第6号　2000年1月　沖縄国際大学日本語日本文学会）

――――「古典の授業活性化の試み―表現を軸とした『枕草子』の学習指導―」（『和泉紀要』第24号　1998年7月　大阪府立和泉高等学校）

――――「戦後古典教育実践史の研究（11）―昭和40年代の世羅博昭氏の場合―」（『教育学研究紀要』第45巻第二部　2000年3月　中国四国教育学会）

――――「古典教育試論―戦後の古典教育実践の概観を通して―」（第108回全国大学国語教育学会山梨大会　口頭発表資料　2005年5月22日）

――――「戦後古典教育論の考察―西郷竹彦氏の古典教育論の場合―」（『小田迪夫先生古稀記念論文集』 2008年5月　大阪国語教育研究会編　代表：松山雅子）

――――「古典学習材開発・編成の観点―古典学習材の開発・編成個体史を手がかりに―」（『月刊国語教育研究』440号　2008年12月　日本国語教育学会）

――――「戦後古典教育論の展開―昭和四〇年代の増淵恒吉の古典教育論―」（『語文と教育』第23号　2009年8月　鳴門教育大学国語教育学会）

――――「場面をとらえ読みを深める古典の学習指導―『伊勢物語』（初冠）を中心に―」（『語文と教育』第21号　2009年8月　鳴門教育大学国語教育学会）

――――「高等学校における古典教育の構想―戦後における高等学校古典教育実践の展開に基づいて―」（第1回九州国語教育学会　口頭発表資料　2010年9月5日）

――――「西尾実の古典教育論の展開―古典教育方法としての段階的鑑賞論を

中心に―」(『高知大学教育学部研究報告』第71号　2011年3月　高知大学教育学部)
――――「古典教育カリキュラムの構想―育成すべき学力を明確にした高等学校古典教育の構想―」(『九州国語教育学会紀要』第1号　2012年3月　九州国語教育学会)
――――「高等学校古典教育の構想―『方丈記』『徒然草』を中心に―」(『九州国語教育学会紀要』　第2号　2013年3月　九州国語教育学会)
――――「古典単元学習の展開―広島大学附属高等学校の場合―」(『九州国語教育学会紀要』第3号　2014年3月　九州国語教育学会)
――――「牧本千雅子の古典教育実践の考察―「関係概念」としての古典観に基づく古典教育の観点から―」(『九州国語教育学会紀要』第3号　2015年3月　九州国語教育学会)

あとがき

本書は、2014年度に広島大学に提出した博士論文「『関係概念』に基づく高等学校古典教育の研究」を加筆修正して刊行するものである。本書の研究内容は、古典教育を軸とした、私の国語教育学研究の発展として位置付けることができる。私の国語教育学研究は、試行錯誤しつつ展開したが、文学教材による授業の活性化の探究に始まり、古典(古文)の授業活性化を求めて、古典教育論史の研究、古典教育実践史の研究、古典教育課程史の研究へと展開した。

本書の内容は、それらの成果に基づき、古典教育の創造を求めて考究したものである。古典教育の改善を求めて、実践と理論から、高等学校における古典教育のカリキュラムと授業を具体的に構想しようとして成った。

博士論文の構想において、当初、私は、戦後における古典教育実践史の研究を念頭においていた。戦後の古典教育実践の内実がどのように展開したかをとらえ、その成果と課題を明らかにしたいと考えていた。しかし、戦後の古典教育実践史の研究を古典教育の創造に直接繋ぐには、いくつもの越えねばならない課題があることが理解された。私は、古典教育実践史の研究から古典教育の創造の基礎論的研究に博士論文の軸足を移すことにした。古典教育の創造には、①どのような古典観に基づくか、②古典教材の開発・選択・編成をどうするか、③主体的な学びを発動させる発展的な指導過程はどうあるべきか、④古典の読みにはどのような力が必要か、⑤主体的読み(読解・解釈・批評)と内化のメカニズムはどのようなものか、などの課題の解明が必要だと考えた。その追究を、これまでの研究を踏まえつつ進めていった。この内、古典の内化は、創造的読みと古典の継承・発展にかかわる、古典教育の創造の中核的な課題であった。その考究は、ヴィゴツキーの内化論を経て、ユーリア・エンゲストロームの「活動理論」と「最近接発達領域の段階構造」の論に出会ったことによって進展した。内化に至る読みのメカニズムを私なりに把握できたのは、幸いであった。本研究によって、25年を超えて取り組んできた古典教育研究に基礎論的な基盤を築くことができたことを喜びとしたい。

博士論文は、主査としての吉田裕久先生、副査としての田中宏幸先生、竹村信治先生、山元隆春先生に審査いただいた。斯界を代表する先生方の目を通していただいたことは、私の深い喜びとなっている。

博士論文の提出に至る研究の過程では、多くの方々に励まし、導いていただいた。それなしには、本書をまとめることは叶わなかった。衷心からお礼を申し上げたい。

取り分け、野地潤家先生(2016年5月15日ご逝去)には、学部(広島大学)において、また、大阪府教育委員会から派遣されて学んだ大学院(鳴門教育大学大学院)において、懇切なご指導をいただいた。大学院を修了して後は、長年にわたって、年明けの早い時期に当該年の研究計画・執筆計画をもって先生の下をお尋ねし、数々のご助言をいただいた。先生のご助言と励ましによって、私は進むべき方向を見定め、安心して研究に打ち込むことができた。研究成果の刊行についても、常に変わることなくご相談に乗っていただだいたばかりか、先生は快く「まえがき」をもお寄せ下さった。修士論文をもとに、それに益田勝実の古典教育論に関する研究を加えてまとめた『戦後古典教育論の研究―時枝誠記・荒木繁・益田勝実の三氏を中心に―』を刊行した折に、先生は、「次は博士論文ですよ。」と声をかけて下さった。先生のこの一言によって、意識の外にあった博士論文を私の努力目標として目指すことになった。遅々とした歩みであったが、ようやく博士論文を書きまとめることができ、学恩の一端に報いることができたことは、大きな幸せである。お亡くなりになる前年の12月初旬に、入院された先生をお見舞いし、学位論文授与のご報告をした。先生は「我がことのように嬉しい」とお喜び下さった。先生に重ねて深い感謝の念をお伝えしたい。

また、世羅博昭先生には、大学院で指導教員としてご指導いただいたばかりか、機会あるごとに研究を深める機会を与えていただいた。科学研究費補助金による「高等学校における戦後古典教育実践の調査研究」(2001～2003年・2004～2005年）に研究分担者として加えて下さったのも先生である。先生は、鳴門教育大学ご退任を前に、博士論文「高等学校における古典指導の創造的展開―単元の編成と指導法の開拓―」(2006年3月）をおまとめになった。ご自分の古典教育実践に基づき、古典教育内容論(意義論、目標論、学力論)、古典教育方法論(教材開発・編成論、授業構造論）を導き出された、先生ならではの独創的なご論文である。先生は、身を以て私に学位論文の執筆に向かわせて下さった。わが身の幸せを思わないではいられない。

本書の刊行によって、一区切りがついたという思いはあるが、今後に追究すべき課題は残っている。戦後古典教育実践史の研究、戦後漢文教育史の研究、学習個体史の研究などの課題である。今後は、わが身に残された時間を考えつつ、これらの課題に取り組んで行きたい。

最後になるが、長く単身赴任を続けている私を気遣い見守ってくれた母、夏子と、家族を守り、遠くから私を支えてくれた妻、知佐子にもお礼を言いたい。

本書は、独立行政法人日本学術振興会の科学研究費補助金(研究成果公開促進費）の交付を得て刊行するものである。

本書の刊行に関しては、溪水社社長の木村逸司氏、および木村育子氏に格別のご高配を頂いた。ここに記して深く感謝を申し上げる。

2018年2月13日　咲き初めた白梅に雪の舞う日に

著者　渡辺　春美

事項索引

【さ】

【た】

【な】

【は】

【ま】

【や】

【ら】

【わ】

人名索引

[著者紹介]

渡辺　春美（わたなべ　はるみ）

1951（昭和26）年、愛媛県に生まれる。1969（昭和44）年愛媛県立宇和島東高等学校卒業。1973（昭和48）年、広島大学教育学部高等学校教員養成課程（体育科）卒業。1975（昭和50）年、同（国語科）卒業。1994（平成6）年、鳴門教育大学大学院学校教育研究科　教科・領域教育専攻（言語系コース）修了。1975年4月から、香川県大手前高等（中）学校、大阪府立岬高等学校、大阪府立和泉高等学校。1999（平成11）年、沖縄国際大学文学部助教授、同総合文化学部教授。2007（平成19）年4月、高知大学総合教育センター教授、高知大学教育研究部人文社会科学系教育学部門教授、高知大学教育学部附属小学校校長（兼任）を経て2016（平成28）年3月、退職に伴い高知大学名誉教授。京都大学・京都女子大学非常勤講師。2018（平成30）年4月、京都ノートルダム女子大学特任教授。博士（教育学）。国語教育学専攻。全国大学国語教育学会、日本国語教育学会、日本文学協会、日本読書学会、日本教科教育学会、国語教育史学会、中国四国教育学会会員。

[主な著書]

『国語科授業活性化の探究―文学教材を中心に―』（1993年8月　溪水社）
『国語科授業活性化の探究Ⅱ―古典（古文）教材を中心に―』（1998年8月　溪水社）
『ディベート・ガイド』（共訳　2000年3月　溪水社）
『国語科授業活性化の探究Ⅲ―表現指導を中心に―』（2002年3月　溪水社）
『戦後古典教育論の研究―時枝誠記・荒木繁・益田勝実三氏を中心に―』（2004年3月　溪水社）
『戦後における中学校古典学習指導の考究』（2007年3月15日　溪水社）
『八重山の地域性』（共著　2006年3月　編集工房東洋企画）
『国語科教職課程の展開―国語科授業実践力の探究―』（編著　2006年3月　溪水社）
『小学校国語　教室熱中！「伝統的な言語文化」の言語活動アイデアBOOK』（編著　2012　年12月　明治図書）
『国語教育の創造―授業の活性化を求めて―』（2016年3月　南の風社）
『古典教育の創造―授業の活性化を求めて―』（2016年3月　溪水社）

「関係概念」に基づく古典教育の研究
—古典教育活性化のための基礎論として—

2018（平成30）年2月20日　発　行

著　者　渡辺　春美

発行所　株式会社　溪水社
広島市中区小町1-4（〒730-0041）
電話082-246-7909　FAX082-246-7876
e-mail: info@keisui.co.jp
URL: www.keisui.co.jp

印刷・製本　モリモト印刷

ISBN978-4-86327-423-5 C3081